पहला रंग

पहला रंग

देवेन्द्र राज अंकुर

राजकमल प्रकाशन

ISBN : 978-81-7178-860-6

मूल्य : ₹695

पहला संस्करण : 1999
तीसरा संस्करण : 2021
This book is printed on **Print on Demand** Technology : 2025

प्रकाशक : राजकमल प्रकाशन प्रा. लि.
1-बी, नेताजी सुभाष मार्ग, दरियागंज
नई दिल्ली-110 002

शाखाएँ : अशोक राजपथ, साइंस कॉलेज के सामने, पटना-800 006
पहली मंजिल, दरबारी बिल्डिंग, महात्मा गांधी मार्ग, प्रयागराज-211 001
1, अनमोल सोराबजी संतुक लेन, धोबी तलाव, मरीन लाइंस, मुम्बई-400 002
वेबसाइट : www.rajkamalprakashan.com
ई-मेल : info@rajkamalprakashan.com

PAHALA RANG
by Devendra Raj Ankur

पहला रंग

देवेन्द्र राज अंकुर

राजकमल प्रकाशन

ISBN : 978-81-7178-860-6

मूल्य : ₹695

पहला संस्करण : 1999
तीसरा संस्करण : 2021
This book is printed on **Print on Demand** Technology : 2025

प्रकाशक : राजकमल प्रकाशन प्रा. लि.
1-बी, नेताजी सुभाष मार्ग, दरियागंज
नई दिल्ली-110 002

शाखाएँ : अशोक राजपथ, साइंस कॉलेज के सामने, पटना-800 006
पहली मंजिल, दरबारी बिल्डिंग, महात्मा गांधी मार्ग, प्रयागराज-211 001
1, अनमोल सोराबजी संतुक लेन, धोबी तलाव, मरीन लाइंस, मुम्बई-400 002
वेबसाइट : www.rajkamalprakashan.com
ई-मेल : info@rajkamalprakashan.com

PAHALA RANG
by Devendra Raj Ankur

सहधर्मिणी तेजिंदर एवं
बेटियों अस्मिता और अमृता के लिए

कला प्रयोजन, वागर्थ, पूर्वग्रह, रंग प्रसंग, छायानट, वैचारिकी, रंगायन, तद्भव, वसुधा, कलावार्ता, अक्षर पर्व का आभार जिनमें ये लेख पहली बार प्रकाशित हुए।

रंगभूमि

आज से ठीक चालीस बरस पहले स्कूली शिक्षा के दौरान जिन साहित्यिक एवं सांस्कृतिक संस्कारों की नींव पड़ी थी, उसी के प्रतिफलन के रूप में तीस बरस पहले राष्ट्रीय नाट्य विद्यालय में एक प्रशिक्षार्थी की हैसियत से प्रवेश लिया था और तब से लेकर आज तक रंगमंच, साहित्य और दूसरी कलाओं से संबद्ध जो भी प्रश्न, दुविधाएँ, जिज्ञासाएँ और अवधारणाएँ मन में बनती रही हैं, उन्हीं का एक संकलन है—'पहला रंग'।

ऐसा भी नहीं है कि ये प्रश्न पहली बार मन में उठे हों। मुझे याद है कि 1967 से 1969 के बीच भी महेश आनंद के साथ मिलकर ऐसे प्रश्नों के उत्तर खोजने की प्रक्रिया में 'रंग संकेत' शीर्षक से संयुक्त रूप से एक पुस्तक लिखने की योजना कई बार बनी थी और आज भी हम दोनों में प्रायः उसके विषय में संवाद होता रहता है। संभव है कभी निकट भविष्य में वह पुस्तक भी लिखी जाए।

यों तो लिखने का क्रम भी कम से कम पिछले तीस सालों से जारी है और वह लेखन गाहे-बगाहे पत्र-पत्रिकाओं में प्रकाशित भी होता रहा है लेकिन यहाँ संकलित सभी लेख पिछले दो सालों में ही लिखे और विभिन्न पत्रिकाओं में प्रकाशित हुए हैं। कह सकता हूँ कि एक लंबे अरसे तक व्यावहारिक रंगकर्म के बाद जो सोच और समझ बनी होगी, उसका कुछ आभास इन लेखों में ज़रूर मिलेगा।

यह सच है कि रंगकर्म और उससे जुड़े विषयों पर लेखन के लिए कम से कम तीस वर्षों से आदरणीय नेमि जी भी कोंचते और प्रोत्साहित करते रहे हैं लेकिन वह कभी भी नियमित रूप से संभव नहीं हो पाया। इधर जबसे राष्ट्रीय नाट्य विद्यालय द्वारा 'रंग प्रसंग' का नियमित प्रकाशन आरंभ हुआ है और मुझे भी उसके प्रकाशन-संपादन से जुड़ने का अवसर मिला तो शायद एक नियमितता के चलते लेखन को लेकर भी एक प्रतिबद्धता का अहसास हुआ।

मुझे नहीं लगता कि इन लेखों के बहाने से मुझे सारे प्रश्नों के उत्तर मिल गए हैं। शायद स्थिति ठीक इसके विपरीत है। लिखने की प्रक्रिया में और ज़्यादा प्रश्न पैदा होते चले गए हैं और उन पर सोच-विचार लगातार जारी है। यहाँ जो भी लेख एकत्रित हैं, उन्हें एक सहज-सा अनुक्रम देने की कोशिश की गई है। यद्यपि वे किन्हीं उपशीर्षकों से परिभाषित नहीं हैं, फिर भी कम से कम चार विभिन्न दिशाओं की ओर संकेत करते ज़रूर दिखाई पड़ेंगे।

पहला खंड कला, साहित्य और रंगमंच की मूलभूत प्रकृति, विकास और इतिहास में से उभरते हुए प्रश्नों का अपनी तरफ से कुछ उत्तर जैसा खोजने की कोशिश है। इनमें जो प्रश्न सबसे ज़्यादा मुखर होकर आया होगा, वह है भारतीय रंगमंच में भारतीयता की खोज। क्या भारतीय रंगमंच का अपने आप में भारतीय होना पर्याप्त नहीं कि उसके लिए अलग से भारतीयता की खोज की जाए ? फिर यह खोज कहाँ से आरंभ की जाए ? देखा जाए तो यह खोज भारतीय रंगमंच का एक अनिवार्य अंग कब नहीं थी ? भरत का 'नाट्यशास्त्र' क्या उसी खोज की सहज परिणति नहीं ? भास, कालिदास, शूद्रक, विशाखदत्त और भवभूति के नाटक उसी भारतीयता की खोज के सूचक नहीं ? इनमें से किन्हीं दो नाटककारों के कथ्य अथवा शिल्प पर क्या कोई एक जैसी टिप्पणी की जा सकती है ? जो आलोचक मोहन राकेश, गिरीश कार्नाड, विजय तेन्दुलकर अथवा बादल सरकार के नाटकों को पश्चिम से प्रेरित मानते हैं, उन्होंने विशाखदत्त के 'मुद्राराक्षस', शूद्रक के 'मृच्छकटिक' अथवा भास के 'उरुभंग' के विषय में ऐसी टिप्पणी कभी क्यों नहीं की ? ये तीनों नाटक भी तो भारतीयता के उस बने-बनाए ढाँचे में फिट नहीं बैठते। क्या यही कोशिश पिछले डेढ़ सौ वर्षों में भारतेंदु, प्रसाद, टैगोर और भुवनेश्वर ने नहीं की ? यहाँ तक कि पूरी तरह से पश्चिम के व्यावसायिक रंगमंच के प्रभाव में विकसित पारसी नाटकों और रंगमंच में भी यह कोशिश बदस्तूर नज़र आती है। यदि ऐसा न होता तो आज के भारतीय अभिनेता के प्रशिक्षण में जिस तरह से पारसी रंगमंच की शैलियों, युक्तियों और पद्धतियों का प्रयोग किया जा रहा है, उसकी कोई सार्थकता न रह जाती ? क्या यह सच नहीं कि आज के अभिनेता को जितना कुछ कूडिआट्टम से मिल सकता है, उससे कहीं ज़्यादा पारसी अथवा कंपनी रंगमंच से भी मिल सकता है ? शम्भू मित्र द्वारा सोफोक्लीज़ और इब्सन के नाटकों के मंचन पश्चिमी रंगमंच की खोज से क्यों नहीं जोड़े जाते ? ब्रेष्ट के नाटकों के मंचन को लेकर भी मेरे मन में बराबर यही सवाल उठता रहा है। पहले खंड के लगभग सभी लेखों में उपर्युक्त सारे सवालों, ऊहापोह और शंकाओं से नितांत अपने स्तर पर साक्षात करने की कोशिश भर है।

दूसरे खंड में अपने से पूर्ववर्ती पीढ़ी के सात रंग-निर्देशकों की रचना-प्रक्रिया के माध्यम से आज के रंगमंच की एक विविधवर्णी तस्वीर उभरकर सामने आती है। ये सभी वे निर्देशक हैं, जिन्होंने उसी खोज को अपने-अपने ढंग से आगे बढ़ाने की कोशिश की। उनके काम से, उसकी गुणवत्ता से अथवा उनकी पद्धति से सहमति-असहमति हो सकती है लेकिन इसमें कोई दो राय नहीं हो सकतीं कि ये वे निर्देशक हैं, जिन्होंने अलग से अपनी एक राह बनाई। इसी पीढ़ी के और भी दूसरे महत्त्वपूर्ण निर्देशक हैं लेकिन मुझे उनका काम देखने के बहुत ज़्यादा अवसर नहीं मिले। यहाँ भी मेरा आग्रह तथ्यात्मक सूचनाओं पर उतना नहीं है, जितना उनकी रचना-प्रक्रिया को समझने पर। इसीलिए जब पहली बार इनमें से कुछ लेखों में कुछ तथ्यों की सूचनाएँ ग़लत प्रकाशित हो गई थीं तो प्रतिभा अग्रवाल और जयदेव तनेजा जैसे सजग पाठकों ने तुरंत उस ओर मेरा ध्यान

या। पुस्तक रूप में लाते समय उन्हें सुधार लिया गया है। उदाहरण के लिए 'एवं ...' की प्रस्तुति के अंत में इंद्रजित के हत्यारे के रूप में ग़लती से श्यामानंद जालान नाम चला गया था। दरअसल उस हत्या के ज़िम्मेदार मोहन महर्षि थे। उन दिनों एक ...क की अलग-अलग निर्देशकों द्वारा की जाने वाली नाट्य-प्रस्तुतियों की बहार और ...छार में अनायास ही यह भूल हो गई थी, जिसके लिए मैं श्यामानंद जी से माफी माँगता ...यों यह भूल शायद कोई भूल भी नहीं, जैसा कि ब. व. कारंत के अनुसार, "मैंने ...ता' की इतनी प्रस्तुतियाँ की हैं कि अब मुझे याद भी नहीं कि किन प्रस्तुतियों की ...ी ने न तो देवदत्त का चुनाव किया, न कपिल का और प्रायः निर्देशक का ही ...नाव कर लिया।" बहरहाल, ये सभी निर्देशक मेरे अग्रज हैं, प्रिय हैं और इसीलिए इन पर मैंने खुलकर लिखने की कोशिश की है। आशा है कि इसी लेखन की अगली कड़ी ...ने हमउम्र और समकालीन निर्देशकों पर होगी, जिसमें एक लेख स्वयं अपने काम पर ...ि लिखूँगा। विश्वास है कि वह उतना ही खुला, निष्पक्ष और निर्मम होगा, जितना मैं ...ों पर लिखते समय रहा हूँ।

तीसरे खंड के तीन लेख वस्तुतः बीसवीं शताब्दी के कम से कम बीस हिंदी नाटकों ...ंगमंचीय अध्ययन के पहले तीन लेख हैं। कुछ लोग आज भी यह मानते हैं कि ...मंच से अलग भी नाटक का अपना एक साहित्यिक महत्त्व है लेकिन मुझे इस तर्क में ...ई वज़न नज़र नहीं आता। इसीलिए मैंने इन नाटकों को यथासंभव दोनों पक्षों से ...ने-समझने की कोशिश की है। ज़ाहिर है, यहाँ भी किसी अंतिम निष्कर्ष पर पहुँचने ...सायास कोशिश नहीं है। पहले दो नाटकों को मंच पर प्रस्तुत करने के अवसर तो ...झे स्वयं भी मिले हैं, अतः जो भी अध्ययन की दृष्टि उभरकर आई है, वह मेरे अपने ...नुभवों का परिणाम भी हो सकती है।

अंतिम खंड के चारों लेख और एक साक्षात्कार पिछले पच्चीस वर्षों में एक ही दिशा में काम करते हुए जो भी विचार पैदा हुए, उनकी एक झलक प्रस्तुत करते हैं।

मुझे खुशी है कि ये सारे लेख पहली बार एक साथ 'पहला रंग' में संकलित और प्रकाशित हो रहे हैं। जब-जब ये लेख लिखे गए, सहृदय मित्रों में प्रयाग शुक्ल, भारत रत्न भार्गव, जयदेव तनेजा और महेश आनंद ने इन्हें पहली बार पढ़ा और कई बार तो पढ़ने की बजाए साथ बैठकर सुना और अपने बहुमूल्य सुझाव दिए, जिनका मैंने यथास्थान उपयोग किया है। सुनाना तो इस हद तक हुआ है कि अब दोस्त लोग मिलते ही जाने की जल्दी में होते हैं कि कहीं मैं कोई नया लेख सुनाना न शुरू कर दूँ। लेकिन यह भी उतना ही सच है कि यदि वे लोग साथ में न होते तो संभवतः ये लेख कभी लिखे ही न जाते। इस दृष्टि से मैं प्रयाग शुक्ल और महेश आनंद का विशेष रूप से आभारी हूँ, जिन्होंने लेखों का चुनाव और उन्हें एक निश्चित क्रम देने में मेरी पूरी मदद की।

मैं अपनी सहधर्मिणी तेजिंदर का आभार सबसे ज़्यादा मानता हूँ, जिसने मुझे घर-परिवार की दूसरी व्यावहारिक ज़िम्मेदारियों से बिल्कुल मुक्त रखा है। इसी मुक्ति का नतीजा है

यह 'पहला रंग' और इसीलिए उसे और अपनी दोनों बेटियों को समर्पित है।

राष्ट्रीय नाट्य विद्यालय के निदेशक श्री रामगोपाल बजाज को धन्यवाद देकर उन्हें छोटा करना होगा, जिन्होंने विद्यालय के प्रकाशन विभाग से जोड़कर अनायास ही मुझे भी नियमित लेखन की ओर प्रवृत्त कर दिया।

और अंत में—राजकमल प्रकाशन के प्रबंध निदेशक श्री अशोक महेश्वरी के प्रति हार्दिक ज्ञापन, जिन्होंने निस्संकोच इस पुस्तक को प्रकाशित करना स्वीकार किया और निश्चित समय-सीमा के भीतर यह कार्य संपन्न कर दिया।

लेखन आपके सामने है। आपकी सहज, बेबाक, दो-टूक प्रतिक्रियाएँ मुझे 'दूसरा रंग' के लिए प्रेरित करेंगी—इस विश्वास के साथ।

25 अगस्त, 1999

—देवेन्द्र राज अंकुर

अनुक्रम

आदमी और कला की ज़रूरत

आदमी और कला का रिश्ता सृष्टि के जन्म की कहानी से ही बहुत गहरे में जुड़ा हुआ है। वैज्ञानिक, भौगोलिक अथवा प्राकृतिक प्रक्रिया के तहत सृष्टि का जन्म कैसे भी हुआ हो, उसकी सबसे सुंदर और कलात्मक परिणति आदमी का प्रादुर्भाव होना है और कालांतर में इसी आदमी ने कला को जन्म दिया। अतः यह स्वयंसिद्ध है कि पहले आदमी की सृष्टि हुई और फिर उसने अपनी ज़िंदगी से जुड़ी दूसरी चीज़ों को जन्म दिया—घर, परिवार, भोजन, व्यवसाय, कर्म-कांड, विश्वास, धर्म और कला—समय के एक लंबे अंतहीन अंतराल में और यह भी ज़रूरी अथवा निश्चित नहीं कि ये सारी चीज़ें आदमी के साथ किसी क्रमिक विकास में आकर जुड़ी होंगी। जितना रहस्यमय और जादूभरा वह क्षण रहा होगा, जब इस धरती पर पहले आदमी ने आँखें खोली होंगी, ठीक उतने ही सम्मोहक क्षण वे भी रहे होंगे उसके लिए, जब दो पत्थरों को आपस में घिसते उसने पहली बार अचानक आग का सामना किया था। जब सूरज, चाँद, वर्षा, तूफ़ान आदि प्राकृतिक तत्त्वों के प्रभाव को पहली बार अनुभूत किया होगा और जब उसके हृदय में पहली-पहली बार किसी और के सान्निध्य की इच्छा पैदा हुई होगी। ये सब कुछ जब भी हुआ हो, एक बात निश्चित है कि अनायास, सहज और अचानक ही हुआ होगा। क्या कला की उत्पत्ति की कहानी भी आदमी की ज़िंदगी में इसी तरह से अचानक शुरू हुई होगी अथवा किसी विशेष क्षण में उसे उसकी ज़रूरत महसूस हुई और उसने कलाओं को जन्म दिया ? इस प्रश्न का कोई भी संभावित उत्तर पाने के लिए हमें एक बार फिर से इतिहास में लौटना होगा।

यद्यपि इसका कोई लिखित या लिपिबद्ध इतिहास मौजूद नहीं है लेकिन फिर भी आज से लगभग एक-डेढ़ लाख वर्ष पहले आदमी का इतना विकास अवश्य हो गया था कि वह कबीलों में रहने लगा था, जंगली जानवरों का शिकार करके शाम को सब एक घेरे में इकट्ठे होते, शिकार को भून-पकाकर खाते और आग के चारों तरफ़ नाच-कूदकर अपने आनंद का इज़हार करते थे। आज जैसी कोई शाब्दिक भाषा नहीं थी उसके पास लेकिन एक संप्रेषण की भाषा तो थी—ध्वनियों की भाषा, मुद्राओं की भाषा और हाव-भाव, शारीरिक हरकतों की भाषा। सबकी जीवन चर्या एक जैसी थी, सबके अनुभव एक समान थे और सबके सरोकार भी लगभग एक से थे। इसलिए बहुत दिनों तक कोई नई घटना नहीं हुई।

लेकिन एक दिन, आज प्रचलित अनेकानेक कलाओं में से, एक कला ने शायद

पहली बार उसके जीवन में प्रवेश पा लिया और ऐसा तब घटित हुआ, जब आग के चारों तरफ बैठे लोगों में से किसी एक ने अपने अनुभवों को बाकी सबसे शेयर करना शुरू कर दिया। मैंने अभी थोड़ी देर पहले इस बात का उल्लेख किया था कि सबके अनुभव एक जैसे ही होते थे तो फिर उसके साथ ऐसा क्या घटित हुआ होगा कि उसे दूसरों के साथ शेयर करने की ज़रूरत महसूस हुई। निश्चय ही वह अनुभव रोज़मर्रा जैसा नहीं रहा होगा, उस दिन अवश्य ही कुछ ऐसा विशेष घटित हुआ होगा जो उसने इससे पूर्व कभी अनुभव नहीं किया होगा अर्थात् वह किसी-न-किसी क्राइसिस का सामना करके लौटा होगा। उसकी अपनी दिनचर्या में यह क्राइसिस संभवतः दो प्रकार का हो सकता था—एक तो किसी नए और ज़्यादा खूँखार और ताकतवर जानवर से मुठभेड़ हो गई होगी और उसे मार गिराने में अपने अदम्य साहस का परीक्षण देना पड़ा होगा अथवा वह किसी दूसरे कबीले के लोगों के हाथों में पड़ गया होगा और वहाँ कैसे या तो उन्हें मारकर या भागकर अपनी जान बचाने में सफलता पाई होगी। बहरहाल, उसके साथ जो भी घटित हुआ, उसे दूसरों के साथ शेयर करने की इच्छा ने उसके अनजाने दुनिया की पहली कला को जन्म दे दिया और वह थी कहानी सुनाने की कला। उसके बाद तो फिर कहानी दिखाने की कला, कहानी चित्रित करने की कला, कहानी गायन की कला इत्यादि अलग कलाओं, जैसे—अभिनय, चित्रकला, संगीत, नृत्य, कठपुतली और बहुत बाद में शब्द के आने पर साहित्य एवं उसके विविध रूपों का विकास होता चला गया, जो आज तक जारी है। सभी सभ्यताओं में कलाओं का यह इतिहास समय के अंतराल में थोड़ा-बहुत आगे-पीछे ज़रूर होगा लेकिन उनका विकास कमोवेश इसी रूप में हुआ।

लेकिन यहीं यह प्रश्न महत्त्वपूर्ण हो उठता है कि आखिर आदमी को कला की ज़रूरत क्यों पड़ी और इस ज़रूरत का अनुभव सबको क्यों नहीं होता। यदि हम पहली कला अर्थात् कहानी सुनाने की कला के जन्म की तरफ़ ग़ौर करें तो कुछ सूत्र हमारे हाथ आते हैं, जिनके माध्यम से उपर्युक्त प्रश्न का उत्तर खोजा जा सकता है। एक सूत्र तो यही कि किसी भी जीवनानुभव को कला रूप में परिवर्तित होने के लिए उसका सामान्य से अलग होना बेहद ज़रूरी है—क्राइसिस के अंतर्गत जिन दो विकल्पों का उल्लेख किया गया है, वह उसी विशेष अनुभव की तरफ़ संकेत करते हैं। दूसरा और उससे भी ज़्यादा महत्त्वपूर्ण तथ्य यह है कि उस अनुभव को किसी दूसरे के साथ बाँटने की इच्छा अर्थात् उस अनुभव को अपने से अलग करके दूसरों तक पहुँचाना और एक-दूसरे स्तर पर उस संकट अथवा नाटकीय अनुभव को एक से अधिक लोगों में प्रसारित कर उसे सार्वजनिक एवं सार्वजनीन बना लेना ताकि उस संकट का तनाव अपने लिए तो हलका हो ही जाए, दूसरों के लिए भी उसका प्रभाव कुछ-कुछ वैसा ही पड़े ताकि यदि उन्हें वास्तविक ज़िंदगी में स्वयं कभी ऐसे क्षणों का सामना करना पड़े तो वे पहले से उसके लिए तैयार रहें।

अब इस विचार को और आगे बढ़ाया जाए तो जिज्ञासा होती है कि यह तो सही

है कि पहले तो कोई घनीभूत अनुभव चाहिए और फिर उसकी अभिव्यक्ति। क्या हम सभी ऐसे या इससे मिलते-जुलते सघन क्षणों के भीतर से नहीं गुज़रते ? यदि गुज़रते हैं तो फिर उसे अभिव्यक्त क्यों नहीं कर पाते ? एक स्तर पर हम अपने वास्तविक जीवन में तो अपने इन अनुभवों को अभिव्यक्ति देते ही हैं। उदाहरण के लिए अपने परिवार के किसी प्रिय सदस्य की मृत्यु हमारे लिए शोक का घनीभूत अनुभव होता है और हम उसे दुःख या रुदन से अपने से बाहर अभिव्यक्ति भी देते हैं—क्या इस अभिव्यक्ति को कला की संज्ञा से अभिहित किया जा सकता है ? भरत के 'नाट्यशास्त्र' में रस-विवेचन के अंतर्गत इसी जिज्ञासा का समाधान प्रस्तुत करने का प्रयत्न किया गया है—उनके अनुसार हर आदमी में स्थायी भाव के रूप में कुछ संवेदनाएँ आदिम काल से ही मौजूद हैं, लेकिन वे अपने आपमें रस की कोटि तक नहीं पहुँच जातीं अर्थात् स्थायी भाव को रस की ऊँचाई तक पहुँचाने के लिए पूरी एक प्रक्रिया चाहिए जिसे बाद के आचार्यों ने रस-निष्पत्ति के नाम से विश्लेषित करने की कोशिश की है। यह रस-निष्पत्ति ही अंततः वह अभिव्यक्ति है जो स्थायी संवेदना को कला में परिवर्तित करती है और इसी के साथ इन दोनों में एक और बहुत ही महत्त्वपूर्ण अंतर हो जाता है—जीवन में मृत्यु की संवेदना अथवा अनुभव सदैव दुःखदायी और शोकपूर्ण होता है, लेकिन यही अनुभव जब हमें किसी चित्र, इतिहास अथवा नाटक में देखकर प्राप्त होता है तो वह ठीक इसके विपरीत आनंददायक होता है। बेशक मंच पर मृत्यु के दृश्य को किसी अभिनेता के माध्यम से अनुभूत करने पर हम भी कुछ क्षणों के लिए शोकाकुल हो जाएँ और आँखों से आँसू भी निकल पड़ें लेकिन हमारी स्मृति में वे क्षण उस अभिनेता के यादगार अभिनय की सुखद स्मृति के रूप में जीवित रहते हैं और बरसों बाद भी उन्हें याद करके हमें उतना ही आनंद प्राप्त होता है।

इससे यह बात तो निश्चय ही स्पष्ट हो जाती है—जीवन का अनुभव और कला का अनुभव दो अलग-अलग चीज़ें हैं। कला जीवन की अनुकृति होते हुए भी जीवन नहीं है, जिस प्रकार जीवन भी अपने तमाम सघन-गहन अनुभवों के बावजूद कला नहीं कहला सकता। हम चाहें तो इस प्रक्रिया की एक और व्याख्या भी कर सकते हैं—जन्म लेने के बाद हरेक आदमी के जीवन का ग्राफ़ सीखने के स्तर पर लगभग एक ही जैसे आगे बढ़ता है—बोलना, चलना, नकल करना, पढ़ना-लिखना यानी जीवन के विभिन्न अनुभवों के भीतर से गुज़रना और अपने-अपने ढंग से उन्हें अभिव्यक्ति देना—फिर वह क्या है जो एक आदमी को शिक्षक बनाता है, दूसरे को डॉक्टर, तीसरे को वकील इत्यादि। हम सीधे-सीधे कह सकते हैं कि ये सभी चुनाव तो आदमी उम्र के एक पड़ाव पर आकर पूरी तरह से सोच-समझकर करता है और उन्हें कलाओं में नहीं रखा जा सकता। यदि इस तर्क को स्वीकार कर लें तो क्या कलाएँ आदमी की वह आंतरिक अभिव्यक्ति हैं, जिन्हें वह सोच-समझकर कभी नहीं चुनता। वे उसके जीवन में घटित हो जाती हैं। फिर अलग-अलग आदमी की अलग-अलग कला रूपों में रचना करने के पीछे क्या कारण हैं ? क्या इसके पीछे कहीं वह सोच-समझकर माध्यम का चुनाव करने

वाली प्रक्रिया काम नहीं कर रही है, जैसी डॉक्टर, इंजीनियर के साथ होती है। यह स्वीकार कर भी लिया जाए कि जीवन में कम-से-कम दो प्रकार के विकल्प उपलब्ध हैं—एक डॉक्टर, इंजीनियर, नौकरी, व्यवसाय अर्थात् वह विकल्प जो आदमी की भौतिक ज़रूरतों को पूरा करता है और जिसे आदमी सोच-समझकर स्वीकार करता है। दूसरा वह जिसे आदमी चाहे सोच-समझकर चुने अथवा वह उसके जीवन में घटित हो जाए, वह भी उसकी भौतिक ज़रूरतों को पूरा करने का माध्यम बन सकता है और आजकल तो बनता भी है, उस आदमी के संदर्भ में उस कला-रूप की ज़रूरत को रेखांकित किया जा सकता है। लेकिन पहला विकल्प चुनने वाले को भी उसकी ज़रूरत क्यों महसूस होती है ? क्या सिर्फ़ इसलिए कि वह स्वयं उस अनुभव में मूलभूत स्तर पर शामिल नहीं था ? क्या जिस विकल्प में वह स्वयं मौजूद है, उससे क्षणिक निजात पाने के लिए ? क्या अपने मौजूदा यथार्थ के समानांतर एक और संसार में विचरण करने के लिए, चाहे वह संसार भी यथार्थ हो अथवा मायावी हो ? बहरहाल, एक बात बिलकुल साफ़ और स्पष्ट है कि उस आदमी के संदर्भ में फिर भी कला की ज़रूरत को काफ़ी हद तक समझा जा सकता है जिसका मूलभूत विकल्प कला नहीं है, क्योंकि यह सहज स्वाभाविक है कि हम सदैव अपने से अलग कुछ पाने, पकड़ने या स्वयं कोई दूसरा हो जाने की चेष्टा में लीन रहते हैं।

अतः, अब तक के संक्षिप्त विचार-विमर्श से एक बात तो लगभग निश्चित है कि कम-से-कम उस व्यक्ति के संदर्भ में कला की ज़रूरत को समझा जा सकता है जो उसके बाहर का है अर्थात् वह स्वयं किसी कला माध्यम में काम नहीं करता वरन् एक दूसरे बाहरी तत्त्व की तरह से उससे साक्षात्कार करता है। लेकिन मेरी जिज्ञासा उससे भी आगे की है—आखिर उस आदमी के संदर्भ में कला की ज़रूरत को कैसे जाँचा परखा जाए जो स्वयं कलाकार है। एक लेखक को लिखने की ज़रूरत क्यों है ? एक चित्रकार रंगों के साथ क्यों खेलता है ? एक नृत्यकार किसी नृत्य शैली में क्यों नृत्य करता है ? यही सारे प्रश्न गायक, अभिनेता या निर्देशक से भी किए जा सकते हैं। ज़ाहिर है कि इन प्रश्नों के वे उत्तर मेरी जिज्ञासा का समाधान नहीं हैं कि वे अपने-अपने माध्यम में रचना नहीं करेंगे तो क्या करेंगे ? अपने माध्यमों में रचना-कर्म उन्हें जीवनयापन तो देता ही है, इसके साथ-साथ यदि वे व्यक्ति को, समाज को भी कुछ दे सकें तो कला की ज़रूरत की इससे बड़ी भूमिका और क्या हो सकती है ? न मैं यहाँ उस पुराने तर्क को उठाना चाहता हूँ कि 'कला कला के लिए है' या 'कला जीवन के लिए है'। क्या हमें ऐसा नहीं लगता कि कला की ज़रूरत के पक्ष में उपर्युक्त सारे स्पष्टीकरण निहायत ही खोखले और भोंथरे हो गए हैं जब हम उस वास्तविक यथार्थ पर नज़र डालते हैं जो कलाकार की रचना और उसके अपने जीवन के बीच मौजूद है। क्या उन दोनों में गहरा अंतर्विरोध नहीं है ? पिछले मात्र पाँच हज़ार साल के इतिहास में ही मैं मात्र पाँच ऐसे रचनाकर्मियों के नाम जानने को उत्सुक हूँ जिनके लिए कला कहीं अपने शुद्ध अर्थ में कला रही हो ? जिनके जीने के ढंग और रचना कर्म में हम कोई भेद न कर सकें ?

जिनके लिए कला एक साधन नहीं वरन् स्वयं में एक साध्य हो ? मुझे नहीं लगता कि हमें इनमें से किसी भी प्रश्न का उत्तर हाँ में मिल पाएगा।

इसीलिए इनसे मिलते-जुलते उत्तर और समाधान भी मुझे निहायत सतही लगने लगे हैं, जैसे कि कला की ज़रूरत सहज आत्माभिव्यक्ति के लिए है, वह अपने अंतर को बाहर से जोड़ने के लिए अथवा वह एक से बहुत हो जाने के लिए है। यदि हम कला के जन्म की तरफ लौटें तो निश्चित रूप से उपर्युक्त सारे तर्क वज़नदार जान पड़ते हैं—आदिम मनुष्य की पहली चित्रलिपि, आदिम मनुष्य की पहली अभिनय प्रक्रिया, पहले कवि वाल्मीकि की पहली कविता या फिर किसी भी रचनाकार द्वारा अपनी पहली-पहली रचना का सृजन। लेकिन इसके बाद ? चित्रकला और साहित्य जैसी कलाओं में फिर भी इस ज़रूरत को अनुभूत किया जा सकता है, क्योंकि संभवतः यही दो माध्यम ऐसे हैं, जिन्हें शुद्ध माध्यम या शुद्ध कला की संज्ञा दी जा सकती है यानी इनका जन्म पहली-पहली बार स्वयं रचनाकार के भीतर से ही होता है लेकिन दूसरी कलाओं के विषय में क्या और कैसे विचार किया जाए—संगीत में राग निश्चित हैं, नृत्य में मुद्राएँ निश्चित हैं और रंगमंच में आलेख निश्चित है, फिर वहाँ कला के जन्म और सृष्टि को कैसे रेखांकित किया जाए ? यद्यपि यहाँ भी दो-टूक उत्तर तुरंत मौजूद है—सब कुछ निश्चित होने के बाद भी गायक की कला इसी में है कि वह अपनी निजी पहचान कैसे पैदा करे, नृत्यकार की मौलिकता इसी में है कि कैसे उस निश्चित और रूढ़ विधान को बरकरार रखते हुए भी उसे उलाँघ जाए और रंगकर्मी का तो माध्यम ही ऐसा है कि एक ही आलेख की अलग-अलग प्रस्तुति उसे कला के उच्चतम शिखर तक पहुँचाती है। लेकिन क्या हम इस तथ्य से इनकार कर सकते हैं कि उपर्युक्त सफ़ाई में सहजता से ज़्यादा एक सायास कोशिश झलकती है अर्थात् जहाँ पहले से एक बना बनाया ढाँचा तैयार है उसे लेकर आगे बढ़ने की प्रक्रिया को सहज आत्माभिव्यक्ति के दायरे में रखा जाए अथवा सोच-विचार कर सृजन-प्रक्रिया के दायरे में रखा जाए ?

मेरे अपने माध्यम रंगकर्म में तो यह जिज्ञासा और भी ज़्यादा जटिल रूप में सामने आती है। यदि एक लिखित अथवा मौखिक आलेख पहले से मौजूद है तो फिर उसकी मंच-प्रस्तुति क्या है ? निर्देशक उस आलेख के माध्यम से क्या करना चाहता है ? वह अपनी बात रखना चाहता है तो फिर स्वयं ही आलेख भी क्यों नहीं रच लेता ? नाटककार की बात कहना चाहता है तो नाटककार ने तो उस बात को कह ही दिया है, फिर उसे मंच पर लाने की ज़रूरत क्यों है ? यही सारे प्रश्न अभिनेता, मंच-सज्जाकार, वेशभूषाकार, संगीतकार, गरज यह कि रंगकर्म से जुड़े हर व्यक्ति से किए जा सकते हैं और उत्तर भी तुरंत मिल जाते हैं—नाटक चूँकि अपने लिखित रूप में एक पूर्ण विधा नहीं है, इसलिए उपर्युक्त सारे कर्मियों के माध्यम से वह मंच पर अपनी पूर्णता को प्राप्त करता है। दूसरे शब्दों में नाटक एक द्विजन्मी कला है, जिसका पहला जन्म नाटक की रचना के रूप में होता है और दूसरा जन्म उसके मंचन के रूप में होता है। इस अर्थ में उसकी तुलना एक पक्षी से की गई है, जो पहले अंडे के रूप में और फिर

उससे एक पक्षी के रूप में पैदा होता है। इन समानांतर तुलनाओं को थोड़ी देर के लिए छोड़ भी दिया जाए, नाटक के संदर्भ में यह जटिल समस्या ज्यों-की-त्यों वर्तमान रहती है—नाटक के जन्म को कला माना जाए अथवा उसके मंचन को कला माना जाए ? नाटक के जन्म के रूप में तो वह सीधे-सीधे नाटककार का रचना कर्म है, अतः वह उसके लिए एक कलात्मक अभिव्यक्ति के रूप में रखा जा सकता है। लेकिन उसका मंचन किसकी कला-कृति है ? निर्देशक की, अभिनेताओं की अथवा अन्य रंगकर्मियों की, जो उसके मंचन की प्रक्रिया से जुड़े रहे हैं। यदि इनमें से किसी एक व्यक्ति की कला-कृति मानी जाए तो वह कौन होगा ? और यदि सबकी सामूहिक रचना मानी जाए तो वह कला कहाँ तक मानी जा सकती है ? मान लीजिए, एक व्यक्ति के रूप में हम निर्देशक या अभिनेता को उसके सर्जक के रूप में स्वीकार कर लें तो एक और समस्या खड़ी होती है—नाटक के मंचन का चुनाव निर्देशक के लिए उसकी अपनी इच्छा, अपनी अंतःप्रेरणा का फल है लेकिन ठीक यही बात अभिनेताओं के संदर्भ में कैसे कही जा सकती है ? उन्होंने या उस नाटक के मंचन से जुड़े अन्य व्यक्तियों ने तो स्वयं उस नाटक को मंचन के लिए नहीं चुना है, वे संभवतः एक अनुबंध के तहत उससे जुड़े हों। ऐसी स्थिति में यह सारी रचना-प्रक्रिया कहाँ तक एक अंतःप्रेरित रचना-प्रक्रिया के रूप में मानी जाए और कहाँ तक एक शुद्ध अनुबंध के आधार पर तैयार की जाने वाली रचना के रूप में ली जाए ? और फिर यह भी तो नितांत संभव है कि स्वयं निर्देशक ने ही पहले उसके मंचन को मात्र एक व्यावसायिक अनुबंध के तहत ही स्वीकार किया हो। यदि नाटक के मंचन से जुड़े सभी पक्षों के लिए उसकी शुरुआत एक प्रायोजित अनुबंध से ही हुई है, तो फिर हम उसकी अंतिम परिणति को कला के साथ कैसे जोड़ें ? जीवन-यापन और अनुबंध के रिश्ते को तो आसानी से पकड़ा जा सकता है लेकिन वह कला के रूप में कैसे पहचाना जाए ? यह अहम सवाल अपनी जगह ज्यों-का-त्यों मौजूद रहता है। वह इसलिए कि नाटककार के स्वतःस्फूर्त अनुभव के विषय में तो कोई विवाद नहीं है लेकिन निर्देशक का अनुभव ठीक उसी रूप में सहज, स्वतःस्फूर्त और संवेदना प्रेरित कैसे हो सकता है क्योंकि पहले तो उसकी रचना-प्रक्रिया में पढ़ना शामिल है, फिर रचना के विषय में आत्मचिंतन, अभिनेताओं से विचार-विमर्श और अंत में बिलकुल शुरू से लेकर आखिर तक तैयारी का सिलसिला—इस पूरे प्रकरण में सोच-समझकर तैयार की गई कला-कृति का बिंब उभरकर आता है अथवा एक ऐसी कला-कृति जो इंट्यूटिव हो—अपने जन्म या उद्‌भावना में ? क्या इसीलिए प्रायः इस बिंदु पर विवाद होता रहता है कि रंगमंच को एक शुद्ध कला माना जाए अथवा मिश्रित कला ? इसी से जुड़ा एक पक्ष और भी है रंगकला का, जो बाक़ी सारी कलाओं के अनुभव से बिलकुल अलग है—किसी चित्र को आप उसकी संपूर्णता में एक कैनवास पर, किसी गायक को या नर्तक को मंच पर उसकी एकांत उपस्थिति के रूप में और साहित्य को मात्र शब्दों के माध्यम से अनुभूत कर ले सकते हैं लेकिन मंच पर एक नाटक के घटित होते समय जो भी हमारा अनुभव होता है, अंततः वह किस स्तर पर

घटित हो रहा है ? मेरे कहने का तात्पर्य यह है कि जब हम कोई नाटक देख रहे होते हैं, तो वस्तुतः क्या देख रहे होते हैं ? एक कहानी, या कि उसका दृश्य-बंध, या कि प्रकाश-योजना, वेशभूषा, संवाद, भाषा, अभिनेता, उसकी गतियाँ, हाव-भाव, संवेदनाएँ—क्या यह सब अलग-अलग टुकड़ों में देखा जा सकता है या देखा जा रहा है या कि एक अन्विति के रूप में ? और अंत में वर्षों बाद भी यदि किसी नाटक की प्रस्तुति याद रहती है तो उसकी आकृति क्या होती है ?

ये सारे सवाल कला और विशेषतः अपने माध्यम को लेकर मेरे मन में इस लेख के बहाने से नहीं वरन् इसके बहुत पहले से उठते रहे हैं और सचमुच मुझे उनका उत्तर आज तक नहीं मिला है। शायद इसीलिए कि अपने माध्यम को लेकर व्यावहारिक स्तर पर इतना क्रियाशील रहा हूँ ताकि विचार के माध्यम से समाधान खोजने की बजाय कार्य के माध्यम से कारण तक पहुँचना ज़्यादा आसान हो। दूसरे शब्दों में, शायद इसे यों कहा जा सकता है कि दिल के रास्ते से दिमाग़ की सीमा तक पहुँचा जाए अर्थात् लगातार पढ़ने की भूख है, पढ़ते-पढ़ते बहुत-सी चीज़ें दिल को छू जाती हैं या झकझोर डालती हैं या उकसा देती हैं, उन्हें मंच पर लाने की ललक पैदा होती है, जाने-पहचाने अभिनेता मित्रों के साथ बैठकर पढ़ते हैं, चुनते हैं, तैयार करते हैं बिना किन्हीं लंबी-चौड़ी बहसों के और जब दर्शक उसे देखकर हमें उसमें निहित नए-नए अर्थों से स्वयं हमारा ही साक्षात्कार कराते हैं तो बेहद खुशी होती है। क्या कला का मूल्य और मर्म वही नहीं है कि जो रचना अपने अर्थों में जितनी खुली होगी, वह उतनी ही शाश्वत, सार्वजनीन और सार्वकालिक होगी। यदि हम उसमें मात्र एक अर्थ की ही तलाश करते रहेंगे तो वह कितनी बासी और भोंथरी हो जाएगी !

यह मात्र अप्रासंगिक नहीं है कि मध्यकालीन जापान के परिवेश में स्थित कहानी 'राशोमन द्वार' या उस पर सैंतालीस-अड़तालीस साल पहले बनी अकिरा कुरोसावा की फ़िल्म 'राशोमन' सत्य या कला के इन्हीं अलग-अलग रूपों को बेहद झकझोरकर रख देने वाली तसवीर पेश करने वाली कला-कृति के रूप में सदैव याद रहेगी। क्या आदमी को भी कला की ज़रूरत इसलिए नहीं है कि हर आदमी अपने से बाहर की सच्चाई को अपनी दृष्टि और दृष्टिकोण से अनुभूत और व्याख्यायित करना चाहता है ?

साहित्य और प्रदर्शनकारी कलाएँ अंतरंगता के सूत्र

इसमें कोई संदेह नहीं कि हरेक कला मनुष्य के अंतर को बाह्य से जोड़ने का माध्यम है अर्थात् उसके आंतरिक भावों, संवेदनाओं एवं अनुभव-अनुभूतियों की अभिव्यक्ति किसी-न-किसी रूप में होती है। इन्हें शास्त्रकारों ने सुविधा के लिए तीन वर्गों में बाँट दिया है—साहित्य, जिसमें कविता, कहानी, उपन्यास, नाटक और वे सारी विधाएँ समाहित हैं जो मुख्यतः मौखिक अथवा लिखित शब्द पर आधारित हैं। ललित कलाएँ, जिनमें वे कला रूप आते हैं जो चित्रकला, मूर्तिकला, स्थापत्य कला इत्यादि के नाम से जाने जाते हैं और रंगों, ब्रशों, कैनवास, मिट्टी, पत्थर और इनसे मिलती-जुलती किसी भी सामग्री का प्रयोग करते हैं और अपने अंतिम चरण में एक ठोस आकार प्राप्त करते हैं। प्रदर्शनकारी कलाएँ, जिनमें मुख्यतः संगीत, नृत्य और नाट्य जैसे वे कला रूप हैं, जिनका माध्यम भी मनुष्य है और रचयिता भी मनुष्य है अर्थात् यहाँ साधन और साध्य एक ही तत्त्व है और वह है मनुष्य नामक जीवंत तत्त्व। इन तीन प्राचीन प्रदर्शनकारी कलाओं के साथ पिछले डेढ़-दो सौ वर्षों में विकसित फ़ोटोग्राफ़ी, फ़िल्म, वीडियो और दूरदर्शन जैसे यांत्रिक माध्यमों को भी सम्मिलित किया जा सकता है। आज यदि हम प्रदर्शनकारी कलाओं की नई-नई संभावनाओं पर विचार करें तो कंप्यूटर और इंटरनेट से प्राप्त चाक्षुष बिंबों को भी कहीं-न-कहीं ललित कला अथवा प्रदर्शनकारी कला की श्रेणी में परिभाषित करना पड़ेगा। ज़ाहिर है कि यह सारा विवेचन निहायत ही सतही है और इसे दोहराने का एकमात्र उद्देश्य यही था कि यहाँ से हम अपने विषय के और गहरे व जटिल सूत्रों की ओर बढ़ सकते हैं। यहीं पर पुनः दोहराव का ख़तरा उठाते हुए भी दो बातों की ओर संकेत करना आवश्यक है—एक तो यह कि अंततः उपर्युक्त उल्लिखित सभी कलाओं की रचना-प्रक्रिया कमोबेश एक समान है। कलाकार अपने से बाहर उपलब्ध अनुभव-संसार से अपनी सामग्री को अपने अंतर तक ग्रहण करता है और फिर उसे अपने-अपने कला-माध्यम में अभिव्यक्ति देता है। एक प्रकार से यह पूरी प्रक्रिया गोलाकार है—बाहर से भीतर और पुनः बाहर तक। दूसरे, साहित्य अपने अलग-अलग माध्यमों में तो उपस्थित है ही, वह ललित कलाओं और प्रदर्शनकारी कलाओं के मूल स्रोत के रूप में भी क्रियाशील रहता है। इसे यूँ भी कहा जा सकता है कि हर कला अपने-आप में एक नैरेटिव हैं अर्थात् कोई-न-कोई कहानी वहाँ हमेशा मौजूद रहती है। इस अर्थ में हर कला एक-आयामी न होकर कम-से-कम द्विआयामी

और कई बार तो बहु-आयामी हो जाती है—पहला, उसका ठीक हमारे सामने दिखलाई पड़ने वाला स्थूल, अमूर्त या ठोस रूप, दूसरा इस रूप के पीछे से झाँकता एक और कथ्य व कथानक और तीसरा, इन दोनों के मेल से देखने वाले के मन-मस्तिष्क में जन्म और आकार लेता अपना अर्थायाम। मैं समझता हूँ कि इस जानी-पहचानी पूर्व-पीठिका के पश्चात् साहित्य और प्रदर्शनकारी कलाओं की अंतरंगता के विविध पहलुओं का अध्ययन करना अत्यंत सहज एवं सरल हो जाता है।

सबसे पहले साहित्य की मूल प्रकृति की ओर लौटा जाए। यह सर्वमान्य तथ्य है कि मनुष्य ने अपने आदिमकाल में ही संप्रेषण की एक भाषा की खोज कर ली थी। भले ही, यह भाषा अपने आरंभ में मात्र ध्वनियों एवं शारीरिक हरक़तों की भाषा थी। कालांतर में इसे चित्र एवं शब्द-चित्र मिले और बहुत बाद में उस विकसित शब्द का जन्म और विकास हुआ, जिस रूप में आज हम उससे परिचित हैं। इस पूरी विकास-प्रक्रिया में एक चीज़ शुरू से लेकर आज तक निरंतर उपस्थित रही है और वह है भाषा का बोला जाने वाला रूप और लिखा जाने वाला रूप। बाद में इसी का एक तीसरा रूप मुद्रित भी सामने आया, लेकिन शब्द की मूल प्रकृति में कोई अंतर नहीं आया। वह आज भी उतना ही निराकार है, जितना अपने आदिम युग में रहा होगा। आदिम युग में तो फिर भी शारीरिक हरकतों के रूप में उसका कुछ-न-कुछ साकार स्वरूप वर्तमान था, लेकिन जब से उसने भाषा के विकसित रूप को ग्रहण किया, वह ज़्यादा-से-ज़्यादा निराकार होता चला गया है। कहने का तात्पर्य यही है कि शब्द अपने दृश्यत्व में मात्र कुछ अक्षर इकाइयों का व्याकरणीय मेल है। काग़ज़ पर लिखे गए अथवा मुद्रित रूप में भी उसमें कोई दृश्य या बिंब समाहित नहीं है, लेकिन जब हम किसी विशेष प्रसंग में उन शब्दों को सुनते या पढ़ते हैं तो वही निराकार शब्द हमें एक ऐसे दृश्य-संसार में ले जाते हैं जो संपूर्ण रूप में साकार और ठोस जान पड़ता है, यद्यपि छूकर देखने के स्तर पर वह पुनः उतना ही अमूर्त एवं निराकार हो जाता है। साहित्य को इसीलिए शायद एक शुद्ध विधा का दर्जा दिया गया है, क्योंकि वह मूलतः शब्दों पर आश्रित है और शब्द एक साथ ही निराकार भी हैं और साकार भी अर्थात् उन्हें निराकार से साकार तक पहुँचने के लिए किसी दूसरे बाहरी उपकरण की ज़रूरत नहीं पड़ती। यों एक रूप में दूसरे उपकरण के स्थान पर उस श्रोता-पाठक की उपस्थिति को नज़र-अंदाज़ नहीं किया जा सकता, फिर भी शब्दों के साकार बिंबों में परिवर्तित होते जाने की प्रक्रिया उसके मन-मस्तिष्क की आँखों के सामने घटित होती रहती है, जिसका कोई बाहरी रूप हमारे सामने नहीं आता। इतना ही नहीं, यह आंतरिक साकार बिंब भी अपनी सत्ता में एकदम मुक्त एवं स्वतंत्र है। किन्हीं भी दो पाठकों-श्रोताओं के मन-मस्तिष्क में हूबहू वही बिंब उभरें, यह कतई ज़रूरी नहीं है। कब एक बिंब पुनः निराकार हो जाता है, दूसरे में स्थानांतरित हो जाता है या बहुत से बिंब गुंफित होकर न जाने कौन सा नया आकार ग्रहण कर लें—मनुष्य के भीतर चलने वाली यह रचना-प्रक्रिया इतनी सूक्ष्म और जटिल है कि उसे किसी भी निश्चित परिभाषा में बाँधा नहीं जा सकता। सीधे-सीधे

समझने के स्तर पर इतना ही कहा जा सकता है कि लेखक के अंतर में बाहरी संसार से प्राप्त अनुभवों के आधार पर कुछ बिंब जन्म लेते हैं, वह उन्हें शब्दों के रूप में एक 'निराकार आकार' देता है और अंततः वे पाठक अथवा श्रोता के भीतर पुनः आकार ग्रहण करते हैं। हर स्थिति में शब्द और उनसे बनते बिंब पूरी तरह से स्वतंत्र हैं—शब्दों के अपने बिंब, रचयिता के अपने बिंब और ग्रहण करने वाले के अपने बिंब, जबकि इन तीनों स्तरों पर शब्दों में अपने-आप में कोई परिवर्तन नहीं होता।

शब्द, उसकी ध्वनि और उसमें से उभरते दृश्य की संभावना ने ही कालांतर में प्रदर्शनकारी कलाओं को जन्म दिया। संगीत, नृत्य एवं नाट्य—तीनों ही शब्द पर आधारित हैं, लेकिन अलग-अलग रूप में। संगीत में शब्द एक ध्वनि के रूप में अपने मूल एवं शुद्ध निराकार रूप में मौजूद है तो नृत्य में वह शारीरिक गतियों एवं मुद्राओं में एक दृश्य रूप ग्रहण कर लेता है और नाट्य में एक साथ ध्वनि एवं दृश्य के माध्यम से एक ठोस बिंब में परिवर्तित होता जाता है। इस प्रकार उपर्युक्त तीनों विधाओं का पहला स्रोत तो साहित्य अथवा शब्द ही है, लेकिन बस यहीं तक मूल रचयिता यानी लेखक की ज़रूरत होती है। इसके बाद तो दर्शक अथवा श्रोता के बीच अनिवार्य रूप से एक तीसरे तत्त्व की अपरिहार्यता है अर्थात् शब्द और श्रोता-दर्शक के बीच एक तीसरा तत्त्व और प्रवेश करता है, जो कहीं गायक है, कहीं नर्तक है और कहीं अभिनेता है। यह तीसरा तत्त्व साहित्य को अनुभूत करने की प्रक्रिया में कहीं सम्मिलित नहीं था, लेकिन प्रदर्शनकारी कलाओं का वह आवश्यक व अनिवार्य अंग है।

जिस प्रकार शब्दों के बिना साहित्य की कल्पना नहीं की जा सकती, रंगों-रेखाओं के बिना चित्रकला की कल्पना नहीं की जा सकती, उसी प्रकार इस जीवंत तत्त्व के बिना इन प्रदर्शनकारी कलाओं के अस्तित्व की कोई ठोस कल्पना नहीं की जा सकती। यद्यपि आज इस बात पर बहस की जा सकती है कि संगीत को रिकार्डेड रूप में सुनकर भी उतना ही आनंद लिया जा सकता है, नृत्य को वीडियो व दूरदर्शन जैसे माध्यम में भी उसकी संपूर्णता में अनुभूत किया जा सकता है और फ़िल्म ने तो बड़े-से-बड़े नाटकीय अनुभव को भी सहज-सुलभ रूप में उपलब्ध करा दिया है। यदि गहराई से देखा जाए तो क्या अपने यांत्रिक रूपों में भी वह तीसरा तत्त्व यहाँ उपस्थित नहीं है—एक कैसेट, वीडियो, फ़िल्म अथवा पर्दे के रूप में ? इतना ही क्यों, इन यांत्रिक रूपों तक पहुँचने की रचना-प्रक्रिया तो अंततः उसी तीसरे तत्त्व के माध्यम से ही पूरी हुई है। कहा जा सकता है कि साहित्य में लेखक के अनुभव संसार और पाठक के अनुभूत संसार के बीच यदि किसी तीसरे तत्त्व का अस्तित्व माना भी जाए तो वह स्वयं शब्द है। इसके समानांतर प्रदर्शनकारी कलाओं में उपर्युक्त तीनों तत्त्वों के परे एक और अतिरिक्त तत्त्व की आवश्यकता पड़ती है, जिसकी जीवंत उपस्थिति की ऊपर चर्चा की गई है।

लेकिन साहित्य और प्रदर्शनकारी कलाओं को अनुभूत करने की प्रक्रिया ठीक एक-दूसरे के विपरीत है। जैसा कि विवेचित किया जा चुका है, साहित्य में शब्द निराकार से पाठक और श्रोता के लिए साकार की ओर बढ़ते हैं, लेकिन संगीत, नृत्य और नाटक

में सारी अनुभव-प्रक्रिया साकार से निराकार की ओर बढ़ती है। किसी हद तक संगीत एवं साहित्य को लगभग एक ही स्तर पर अनुभूत किया जा सकता है, यानी गायक की जीवंत उपस्थिति को छोड़कर शब्द यहाँ भी उतने ही निराकार होते हैं, यद्यपि वे चुपचाप पढ़े नहीं जा रहे हैं वरन् एक रूढ़, नियमबद्ध एवं निश्चित राग में सुने जा रहे हैं। लेकिन अपनी मूल प्रकृति में वे यहाँ भी शब्द ही रहते हैं और इसीलिए संगीत व साहित्य एक-दूसरे के बहुत निकट पड़ते हैं। नृत्य एवं नाटक में स्थिति एकदम भिन्न है। नर्तक स्वयं तो शब्दों को ध्वनि के स्तर पर झेलता ही नहीं है, वे प्रायः पृष्ठभूमि से अथवा मंच पर बैठे वाद्य-वृंद के समूह द्वारा ही बोले या गाए जाते हैं। लेकिन रेखांकित करने लायक तथ्य यह है कि उन शब्दों को वह नर्तक मंच पर शारीरिक गतियों एवं मुद्राओं के माध्यम से एक निश्चित आकार दे रहा है। इस प्रकार यहाँ निराकार और साकार एक साथ उपस्थित हैं और यह साकारता भी ठोस स्तर पर कम-से-कम दो रूपों में मंच पर विद्यमान है—एक तो नर्तक की अपनी जीवंत उपस्थिति और दूसरे उसके गतिविधान एवं मुद्राओं से बनने वाला दृश्यत्व। यह अलग बात है कि इतना ठोस दृश्यत्व होने के बाद भी अंततः उसकी परिणति निराकार में होती है, क्योंकि अपने व्याकरण में वे गतियाँ और मुद्राएँ कितनी भी निश्चित क्यों न हों, इसके बावजूद दर्शक उनसे अपने-अपने बिंब और अर्थ ग्रहण करने के लिए स्वतंत्र है। इसी के साथ निराकार इस रूप में भी कि नर्तक के मंच से परे हटते ही इस ठोस दृश्यत्व का कोई चिह्न वहाँ शेष नहीं रहता—शेष रहता है तो मात्र दर्शक की स्मृति में, पुनः उसी रूप में उसके मन-मस्तिष्क में जैसे साहित्य और संगीत का शब्द रह जाता है। नृत्य की अपनी निजी एवं मौलिक खोज यही है कि निराकार शब्दों को सचमुच का एक ठोस आकार देना और उस आकार को उतना ही तरल, लचीला एवं क्षणभंगुर बना देना।

नाट्य, नाटक अथवा रंगमंच को अनुभूत करने की प्रक्रिया सबसे ज़्यादा जटिल है। सबसे पहले तो वहाँ भी साहित्य की तरह मात्र शब्द हैं, लेकिन वे अपने-आप में पूर्ण और अंतिम नहीं हैं। साहित्य में एक बार लिखित और मुद्रित होने के बाद शब्द अपनी पूर्णता को प्राप्त कर लेता है, लेकिन रंगकर्म में शब्द के पूर्ण और अंतिम होने की शुरुआत ही शब्द के लिखे जाने के बाद होती है। ऐसा इसलिए है क्योंकि नाटक अनिवार्य रूप से एक प्रदर्शनकारी कला है, जबकि साहित्य के साथ ऐसी कोई शर्त नहीं जुड़ी है। फिर शब्दों के साथ नाटक साहित्य और नृत्य से इस मायने में भी अलग सलूक करता है कि यहाँ शब्दों को बोलने वाला और दिखाने वाला भी एक ही व्यक्ति अर्थात् अभिनेता स्वयं है। इसीलिए साहित्य के शब्दों की इयत्ता और रंगमंच के शब्दों की इयत्ता बिलकुल अलग-अलग है—जहाँ साहित्य का शब्द अपने मूल रूप में मात्र एक बिंब, एक चित्रण या एक नैरेटिव भर है, वहाँ नाटक का शब्द अपने-आप में शारीरिक हरक़त और दृश्य को भी समेटे हुए रहता है। इतना ही नहीं, अभिनेता के साथ-साथ एक-दूसरे में गुँथे हुए कई अन्य तत्त्व भी क्रियाशील होते हैं—संगीत, वेशभूषा, रूप-सज्जा, आलोक-सज्जा, मंच-उपकरण व मंच-सज्जा। इस प्रकार मंच पर शब्द स्वयं तो अभिनेता की आवाज़

एवं शरीर के माध्यम से एक बिंब और दृश्य में बदलता ही है, इसके साथ ही बहुत सी दूसरी चीज़ों का प्रयोग करके एक ठोस आकार ग्रहण करता है। यह कहना ज़्यादा सही होगा कि मंच ही एकमात्र ऐसी प्रदर्शनकारी कला है, जिसमें शब्द अपनी त्रिआयामी ठोसता को प्राप्त करते हैं। एक दूसरे पक्ष से विचार किया जाए तो इतने ठोसत्व के बाद भी शब्दों की नियति यहाँ भी वही रहती है यानी वे चाहे कितने भी साकार हो जाएँ, उन्हें अंततः निराकार ही होना है। इसके अतिरिक्त मंच पर घटित होने वाले दृश्य को देखने की प्रकृति भी शेष सब कलाओं से भिन्न है, क्योंकि नाटक के दृश्य को अभिनेता और निर्देशक चाहे कितना भी निश्चित क्यों न कर लें, दर्शक-दीर्घा में अलग-अलग स्थान पर बैठे दर्शकों के लिए उसका अर्थ भी भिन्न-भिन्न होगा। दूसरे, नाटक संगीत या नृत्य की तरह ऐकांतिक कला नहीं है, वरन् एक दूसरे समूह को अपने में समाहित किए रहती है और इसलिए उसका दृश्यत्व ठोस होकर भी अत्यंत पारदर्शी है क्योंकि किस विशेष क्षण में मंच पर कौन सा कला-रूप रेखांकित हो जाए, यह प्रक्रिया भी अपने-आप में उसे निरंतर तरल और गतिशील बनाए रखती है। तीसरी और सबसे महत्त्वपूर्ण बात यह है कि मंच पर घटित होने वाला नाटक जिस दिन वहाँ जन्म लेता है, उसी दिन अपनी समाप्ति पर उसकी मृत्यु भी हो जाती है। नाटक समाप्त होने के बाद अंततः क्या शेष रहता है हमारी आँखों के सामने—कुछ भी तो नहीं। यदि कुछ शेष रहता भी है तो उसी तरह से हमारी स्मृति में और मन-मस्तिष्क में जैसे संगीत, नृत्य में होता है और एक-दूसरे स्तर पर साहित्य में—क्या अंततः शब्दों की अंतिम परिणति निराकार से साकार और पुनः निराकार होना ही है ? ललित कलाओं में ऐसी स्थिति नहीं है—आज भी न जाने कितने हज़ार वर्षों पूर्व चित्रित और निर्मित मूर्तियाँ और स्थापत्य के चिह्न ज्यों-के-त्यों सुरक्षित हैं। साहित्य का लिखित एवं मुद्रित शब्द भी अपने उसी रूप में आज भी उपलब्ध है। लेकिन संगीत, नृत्य एवं नाट्य के बिंब एवं दृश्य की जीवंतता और ठोसत्व मात्र उसी क्षण के लिए हैं। क्या इसका यह अर्थ लिया जाए कि साहित्य की तुलना में प्रदर्शनकारी कलाएँ अल्पायु हैं ? इतिहास पर दृष्टिपात किया जाए तो तथ्य बिलकुल इसके विपरीत जाते हैं। प्रदर्शनकारी कलाओं का न केवल जन्म साहित्य से पहले हो गया था बल्कि वे आज भी निरंतर गतिशील हैं। बेशक उनकी मूल प्रकृति में कोई अंतर नहीं पड़ा है, क्योंकि वे आज भी रोज़ पैदा होती हैं और उसी रोज़ मरती भी रहती हैं। इसका एकमात्र रहस्य यही है कि जैसे साहित्य में अंततः शब्द सुरक्षित रह जाते हैं, प्रदर्शनकारी कलाओं में जीते-जागते, जीवंत तत्त्व मनुष्य की भागीदारी ही उसका वह सशक्त पक्ष है, जो अपनी शर्तों पर शब्दों को झेलता है, उनका सामना करता है और प्रायः उन्हें लाँघकर आगे निकल जाता है।

साहित्य के शब्द में समाहित दृश्य-बिंब, संगीत, नृत्य एवं नाटक का स्वयं में प्रदर्शनकारी होना; मध्यकाल में चित्रकला जैसे दो-आयामी माध्यम में पर्सपैक्टिव की खोज से प्राप्त तीसरे आयाम से ठोस यथार्थ का भ्रम पैदा करने की संभावना—समय के लंबे अंतराल में ये प्रेरणा स्रोत तो स्वाभाविक विकास के रूप में रखे ही जा सकते

हैं। औद्योगिक क्रांति के परिणामस्वरूप इनसे भी अधिक विकसित होनेवाली फ़ोटोग्राफ़ी, फ़िल्म, दूरदर्शन, वीडियो जैसी प्रदर्शनकारी कलाओं ने शब्द से अलग अपने अस्तित्व की पहचान स्थापित की है। कुछ सीमा तक फ़ोटोग्राफ़ी और मुद्रित शब्द को भले ही एक-दूसरे के आस-पास रखकर देख लें, क्योंकि अपने अंतिम रूप में दोनों एक स्थिर आकार ग्रहण कर लेते हैं, चाहे वे एक दूसरे से एकदम भिन्न हैं यानी शब्दों से दृश्य और बिंब स्वयमेव मन में उभरते हैं और चित्रों से प्राप्त कहानी को शब्दों में बाँधा जा सकता है। इनके विपरीत फ़िल्म, दूरदर्शन और वीडियो—इन तीनों कला-रूपों में शब्द की अनिवार्यता कतई नहीं है, यहाँ तक कि अभिनेता जैसे जीवंत तत्त्व की भी कोई अपरिहार्य स्थिति नहीं है। मेरे कहने का अर्थ यह है कि इन माध्यमों में शब्द और उसे बोलने वाले अभिनेता के बिना भी काम चल सकता है क्योंकि मूल रूप से ये कलाएँ मात्र चाक्षुष बिंबों पर आश्रित हैं। यह अलग बात है कि आज भी शब्द और ध्वनि, संगीत और नृत्य, नाटक और अभिनेता अपनी संपूर्ण बिंबगत एवं दृश्यगत संभावनाओं के साथ इन कला-रूपों के साथ संबद्ध हैं। दूसरे शब्दों में पूर्णरूपेण दृश्य माध्यम होते हुए भी इन्हें शब्द से छुटकारा नहीं मिला है—क्या ये साहित्य के शब्दों की शक्ति और अस्मिता का सूचक नहीं है कि वे माध्यम भी, जो शब्द का सहज विकास नहीं हैं, शब्द पर ही आश्रित हैं। एक दूसरे दृष्टिकोण से भी ये कलाएँ शब्द के बहुत निकट आ जाती हैं। जिस प्रकार शब्द अपनी ध्वनि एवं संयोजन से बिंबों एवं चित्रों के वास्तविक होते जाने के यथार्थ का भ्रम उत्पन्न करते हैं, उसी तरह ये यांत्रिक माध्यम भी अपनी मूल प्रकृति में बाहरी यथार्थ को ज्यों-का-त्यों प्रस्तुत कर देने की क्षमता के बावजूद अंततः मात्र उसका भ्रम ही होकर रह जाते हैं। संगीत, नृत्य और रंगमंच में भी यथार्थ का भ्रम होते हुए हम जीवंत गायक, नर्तक और अभिनेता को चाहें तो स्पर्श करके भी अनुभूत कर सकते हैं, लेकिन इन यांत्रिक कलाओं में तो वह नितांत असंभव है। रेडियो, फ़िल्म, दूरदर्शन और वीडियो आदि कितना भी तकनीकी विकास क्यों न कर लें, क्या वे संगीत, नृत्य और नाटक देखने के उस अनुभव का सामना कर सकते हैं, जहाँ सुनने-देखने वालों की वाह-वाही की तत्काल प्रतिक्रिया मंच पर उपस्थित कलाकार तक पहुँच जाती है और उसकी प्रदर्शन-कला एक नई स्फूर्ति और एक नया रूप लेकर आगे बढ़ती है। क्या यही कारण नहीं है कि महज़ पिछले दो-डेढ़ सौ वर्षों में ही विकसित होकर और अपने प्रभाव में अत्यंत शक्तिशाली माध्यम बन जाने के बावजूद आज इन्हें अपने अस्तित्व के लिए बाक़ी सारी प्रदर्शनकारी कलाओं के मुकाबले ज़्यादा संघर्ष करना पड़ रहा है। इससे भी ज़्यादा एक और कारण भी है। जहाँ साहित्य एवं दूसरी जीवंत प्रदर्शनकारी कलाओं ने मनुष्य के जीवन के सामाजिक ढाँचे को बरकरार रखा हुआ था, वहाँ इन अधुनातन कलाओं ने उस सामाजिकता को पूरी तरह से समाप्त कर दिया है और आदमी अपने में सिमटकर बिलकुल अकेला और वैयक्तिक होते जाने को अभिशप्त है।

उपर्युक्त विवेचन और विश्लेषण के बाद एक तथ्य फिर भी स्वयंसिद्ध है और वह यह कि साहित्य और अन्य सारी प्रदर्शनकारी कलाएँ अपनी प्रकृति एवं अभिव्यक्ति की

प्राविधियों में बेशक एक-दूसरे से नितांत भिन्न हों, लेकिन वे साहित्य के उस मूल गुण से कभी दूर नहीं हो पाएँगी, जो उसने शब्दों के पीछे से उभरती, झाँकती और संप्रेषित होती कहानी के रूप में अपने पास बचाकर रखा हुआ है और यही अंतरंगता का वह सूत्र भी है, जो सारी कलाओं और विधाओं में समान रूप से संचरण करता रहता है। इसीलिए मौखिक, लिखित अथवा मुद्रित शब्द की सीमाओं और संभावनाओं को पीछे छोड़कर दूसरी प्रदर्शनकारी कलाएँ कितनी भी आगे क्यों न निकल जाएँ, वे अपने-आप को कभी भी साहित्य से अलग नहीं कर पाएँगी। इसका मात्र एक ही उदाहरण पर्याप्त है—एक ओर मीडिया के प्रचार-प्रसार के कारण शब्द की महत्ता पर ही प्रश्नचिह्न लगता रहा है, तो दूसरी ओर पत्र-पत्रिकाओं एवं पुस्तकों के रूप में शब्द का प्रसार और भी ज़्यादा बढ़ता जा रहा है। यह बात निरंतर लगती चित्रकला की प्रदर्शनियों, संगीत, नृत्य और नाटकों के नियमित प्रदर्शनों में उमड़ती जनसमूह की उपस्थिति के रूप में भी रेखांकित की जा सकती है। सबसे ज़्यादा उल्लेखनीय बात यह भी है कि विभिन्न कलाओं के आपसी लेनदेन में जितनी आवा-जाही बीसवीं शताब्दी के उत्तरार्द्ध में हुई है, उतनी शायद इतिहास में कभी नहीं हुई। यदि एक ओर सभी कलाएँ अपने-अपने माध्यमों में शिखर तक पहुँचकर पुनः शून्य की ओर लौट रही हैं और इस तरह से अपनी एक वर्तुलाकर यात्रा पूरी कर रही हैं, वहीं वे एक दूसरे पर और भी ज़्यादा अंतर्निर्भर होती जा रही हैं। साहित्य और प्रदर्शनकारी कलाओं की अंतरंगता के भावी सूत्र आगामी शताब्दी में क्या नए रूप, रंग और रेखाएँ उकेरेंगे—यह अध्ययन निश्चित ही बहुत दिलचस्प साबित होगा।

भारतीय रंगकर्म : प्रयोग और परीक्षण की एक अर्द्धशती

आज से दो-ढाई हज़ार वर्ष पूर्व भारतीय नाट्यशास्त्र में जहाँ नाट्य लेखन के दस प्रकारों की 'दशरूपक' के अंतर्गत विवेचना की गई, वहीं उनकी प्रयोग-विधि को लेकर भी कम-से-कम दो विकल्प सुझाए गए—लोकधर्मी और नाट्यधर्मी प्रस्तुति शैलियाँ। तब से लेकर लगातार इनकी परिभाषा और स्वरूप के विषय में आधिकारिक विद्वानों, अध्येताओं और रंग-समीक्षकों के बीच अच्छी-खासी चर्चा होती रही है। सुविधा के लिए हम इन दोनों शैलियों को इस प्रकार व्याख्यायित कर सकते हैं—लोकधर्मी अर्थात् नितांत सरल, सहज एवं लगभग रोज़मर्रा के जीवन से जुड़े व्यवहार को प्रयोग में लाने वाली और नाट्यधर्मी अर्थात् औपचारिक, रूढ़ और काफ़ी अभ्यास से अर्जित मुद्राओं एवं गतिविधान के भीतर से उभरने वाली नाट्य-शैली। भारत के प्राचीन रंगमंच के किसी लिपिबद्ध इतिहास की अनुपस्थिति में यह अनुमान लगाना कठिन है कि नाटकों के प्रयोग में अंततः इनका क्या साकार रूप रहा होगा, लेकिन उसके पश्चात् मध्यकाल में पल्लवित और विकसित क्षेत्रीय रंगमंच के माध्यम से इन दोनों शैलियों की एक स्पष्ट झाँकी हमारे समक्ष उपस्थित होने लगती है—यह एक बहुत ही रोचक तथ्य है कि जहाँ उत्तर भारत की सभी क्षेत्रीय नाट्य-शैलियाँ लोकधर्मी हैं, वहाँ दक्षिण भारत में लगभग पूरी तरह से नाट्यधर्मी प्रस्तुति शैली पर आग्रह है। बेशक, इस तरह के विकास के लिए दोनों क्षेत्रों की भौगोलिक एवं राजनीतिक परिस्थितियाँ भी ज़िम्मेदार हैं, लेकिन जिस बात का नोटिस लिया जाना चाहिए, वह यह है कि कहीं-न-कहीं ये दोनों प्रस्तुति-शैलियाँ भारतीय रंगकर्म के आरंभ से ही एक-दूसरे के समानांतर प्रयोग का आधार बनती रही हैं।

पिछले डेढ़ सौ वर्षों में भारतीय रंगमंच की प्रस्तुति शैलियाँ ठोस रूप में हमारे सामने आती हैं और वह भी आधुनिक रंगमंच के संदर्भ में, जो गाँव और कस्बों में नहीं वरन् कहीं-न-कहीं नागर संस्कृति के रूप में शिक्षित, प्रबुद्ध एवं साहित्यिक रंगकर्मियों के माध्यम से प्रस्फुटित हुआ। इस रंगकर्म के एक छोर पर हैं भारतेंदु, जिन्होंने लोकधर्मी रास्ता चुना और दूसरे ध्रुवांत पर हैं जयशंकर प्रसाद और रवींद्रनाथ टैगोर, जिन्होंने अपनी रचनाओं के लेखन एवं प्रयोग में नाट्यधर्मिता को प्रमुखता दी। इन दोनों छोरों के बीच एक तीसरी धारा भी निकलकर आई, जो पाश्चात्य एवं भारतीय प्रस्तुति-शैलियों का संगम है, जो कहीं पारसी रंगमंच, कहीं कंपनी थिएटर, कहीं मैलोड्रामा की हदों को छूते हुए यथार्थवाद में अभिव्यक्त हुई।

उपर्युक्त पृष्ठभूमि के संदर्भ में यदि हम पिछले पचास वर्षों के रंगकर्म का मूल्यांकन करने का प्रयत्न करें तो दो-तीन बिंदु अनायास ही अलग से दीख जाते हैं। सबसे पहली और महत्त्वपूर्ण बात तो यह है कि इस दौर में जो भी प्रयोग और परीक्षण हुए हैं, वे या तो रचनाकार ने किए अथवा निर्देशकों ने। यदि अभिनेता इसमें शामिल हुए भी तो ये ऐसे अभिनेता थे जो स्वयं ही निर्देशक भी थे। रचनाकार और निर्देशक की अहम भूमिका बनने तथा अभिनेता के गौण होते जाने के ऐतिहासिक कारण भी मौजूद हैं। जब तक नाट्यालेख मौखिक रहा है, जैसे कि मध्यकाल की सभी नाट्य-शैलियों में, तो अभिनेता या नट ही रंग-प्रयोग के केंद्र में था। लेकिन जैसे ही लिखित और बाद में प्रकाशित शब्द का आविर्भाव हुआ तो उसने रचनाकार को तो पुनः प्रतिष्ठित किया ही, इसके साथ-साथ सर्वथा एक नए तत्त्व के जन्म का कारण भी बना और वह था निर्देशक। यदि हम गहराई से अध्ययन करें तो यह तत्त्व भारतीय नाट्य परंपरा में बहुत पहले से मौजूद था। संस्कृत नाटकों के आरंभ में सूत्रधार और बाद में लोक रंगमंच की विभिन्न शैलियों में सूत्रधार की मंच पर आद्यंत उपस्थिति एक ऐसे व्यक्ति के अस्तित्व की सूचना देती है, जो मात्र प्रस्तुति का प्रबंधक ही नहीं, नियामक भी रहा होगा। कहा जाता है कि निर्देशक का प्रादुर्भाव रंगमंच को पश्चिम की देन है लेकिन मुझे लगता है कि इसके संकेत भी 'नाट्यशास्त्र' जैसे ग्रंथ की रचना में ही उपलब्ध हैं क्योंकि भरत जो भी रहा हो, जहाँ भी रहा हो, इतना निश्चित है कि वह रंग-समीक्षक न होकर रंग-प्रयोक्ता रहा होगा।

दूसरा महत्त्वपूर्ण तथ्य यह है कि भारतीय रंगमंच को सदा से पश्चिम के यथार्थवाद का अनुकरण माना जाता रहा है और सत्तर के दशक से शास्त्रीय एवं लोक नाट्य-शैलियों के साथ आधुनिक रंगमंच के तालमेल को पहली बार रंगमंच में भारतीयता की खोज के साथ बड़े ज़ोर-शोर से जोड़ा जाता है। लेकिन जैसा कि ऊपर दी गई पृष्ठभूमि से साफ तौर पर ज़ाहिर होता है, भारतीयता की यह खोज पिछले डेढ़ सौ वर्षों से लगातार रचनाकार और रंगकर्मियों के बीच प्रयोग की आधार रही है। यहाँ इस तथ्य को भी रेखांकित किया जाना चाहिए कि यह खोज प्रत्यक्ष-अप्रत्यक्ष रूप से भारतीय स्वतंत्रता संग्राम की प्रक्रिया से भी जुड़ी हुई थी और जब भी नाट्य रचना एवं उसकी प्रस्तुति के रूप में इस खोज का विस्फोटक प्रज्वलन हुआ तो उसने यथार्थवाद के भीतर से ही अपना मार्ग चुना। मात्र दो नाटकों की रचना और उनके मंचन इस स्थापना की पुष्टि के रूप में पर्याप्त हैं। उन्नीसवीं शताब्दी के उत्तरार्द्ध में 'नील दर्पण' नामक नाटक और बीसवीं शताब्दी के लगभग आधे में पुनः बँगला भाषा में रचित एवं मंचित नाटक 'नवान्न'। पहले नाटक की रचना के समय तो पश्चिम में इब्सन का लेखन भी सामने नहीं आया था, फ़िल्म जैसे यथार्थवादी माध्यम का जन्म भी नहीं हुआ था। अतः वह शुद्ध रूप से लोकधर्मी प्रस्तुति शैली पर आधारित यथार्थवाद के माध्यम से एक भारतीय कथ्य का प्रयोग और परीक्षण है। उसी रूप में 'नवान्न' भी उसी समय के आसपास पश्चिम में कला और फ़िल्मों में आए नियो रियलिज़्म के समानांतर भारतीय रंग, रूप

एवं भूमि पर अवस्थित भारतीय यथार्थ है। अपने तर्क अथवा स्थापना को थोड़ा और बल प्रेमचंद की 'कफ़न' और 'गोदान' जैसी रचनाओं से भी मिलता है।

मैं समझता हूँ कि इस पूरे प्रसंग के बाद जब मैं पिछले पचास वर्षों के भारतीय रंगकर्म का आकलन करता हूँ तो मुझे मुख्य रूप से चार दिशाओं की ओर संकेत करता हुआ रंगकर्म दीख पड़ता है। बेशक, ये दिशाएँ भले ही अलग-अलग हैं, लेकिन इन सबका लक्ष्य एक ही रहा है और वह यह है कि भारतीय कथ्य, भारतीय अभिनय शैली और भारतीय संवेदनाओं के बीच से एक ऐसे रंगमंच की नींव तैयार करना, जिसका पूरे जनमानस के साथ व्यापक स्तर पर एक रिश्ता बन सके। देखने की कोशिश करें कि वे चार दिशाएँ अथवा मार्ग अथवा विकल्प कौन-कौन से हैं और उन्होंने भारतीय रंगकर्म में प्रयोग और परीक्षण की दृष्टि से कौन से प्रतिमान स्थापित किए।

तो सबसे पहले नज़र पड़ती है उन निर्देशकों के काम पर जिन्होंने यथार्थवाद के भीतर से अपना रास्ता चुना। इसमें कोई संदेह नहीं कि इन निर्देशकों ने पश्चिमी नाटकों का भी मंचन किया, लेकिन ध्यान देने और ज़ोर देकर कहने की बात यह है कि उससे हमारा रंगमंच पश्चिमी नहीं हो गया वरन् अपनी संपूर्ण प्रकृति में वह फिर भी भारतीय ही रहा। जब इन निर्देशकों ने इसी रास्ते से भारतीय नाटकों का मंचन किया तो सचमुच एक नई, ताज़ी, संवेदनशील और उतनी ही आधुनिक अभिनय शैली ने जन्म लिया। बंगाल में यदि हम उत्पल दत्त जैसे अभिनेता निर्देशक के रंगकर्म को इस श्रेणी में रख सकते हैं तो हिंदी रंगमंच में इसका ठोस उदाहरण है—इब्राहीम अलकाज़ी का रंगकर्म और उसमें भी मैं उनके द्वारा निर्देशित तीन नाटकों की विशेष चर्चा करना चाहूँगा। ये हैं **'आषाढ़ का एक दिन', 'अंधायुग' और 'तुग़लक'**। इन तीनों ही प्रस्तुतियों ने अलग-अलग कारणों से भारतीय रंगमंच में अपनी पहचान स्थापित की—'आषाढ़ का एक दिन' की प्रस्तुति आधुनिक हिंदी रंगमंच के आरंभ-बिंदु के रूप में बेहद चर्चित हुई, जहाँ निर्देशक ने खुले मंच पर राकेश जैसे नाटककार की काव्यात्मक भाषा को यथार्थवादी प्रस्तुतीकरण के माध्यम से पूरी तरह से भारतीय परिवेश प्रदान किया। यही बात 'अंधायुग' की प्रस्तुति के विषय में एक और तरह से व्याख्यायित की जा सकती है। ग्रीक नाटक के महाकाव्यात्मक स्वरूप और फ़लक से प्रभावित जहाँ नाटक की रचना में ही वे व्यापक त्रासद तत्त्व मौजूद हैं, वहाँ निर्देशक ने अपनी प्रस्तुति को भी एक बहुत बड़े खुले मंच का इस्तेमाल करके ग्रीक रंगमंच की सी भव्यता और वृहद्ता लाने का सफल प्रयास किया। इसी तरह के प्रयास की तीसरी कड़ी के रूप में मेघदूत के खुले मंच पर एक ऐतिहासिक नाटक 'तुग़लक' की प्रस्तुति है। रोचक तथ्य यह भी है कि ये तीनों प्रस्तुतियाँ अपने शिल्प, रंग और कलेवर में यथार्थवाद से प्रभावित होती हुई भी हमें क्यों पश्चिम की बजाय भारतीय रंगमंच के ज़्यादा नज़दीक लाती हैं, तो इसका सबसे बड़ा कारण तीनों का खुले मंच पर प्रस्तुत होना है। यथार्थवाद को इन लोगों ने मात्र तीन दीवारोंवाले बंद घर के भीतर ही सीमित करके रख दिया—इसके विपरीत अमाल अल्लाना की प्रस्तुति 'महाभोज' को देखें, जो पुनः एक खुले रंगमंच पर भारतीय आलेख,

भारतीय अभिनेता एवं भारतीय अभिनय शैली का एक और प्रतिमान बनती है। मेरा अभिप्राय मात्र इतना है कि हम उपर्युक्त अथवा इनसे मिलती-जुलती दूसरी प्रस्तुतियों के संदर्भ में कब तक पाश्चात्य प्रभाव का रोना रोते रहेंगे, जबकि सारी प्रस्तुतियाँ अपनी संवेदना और संप्रेषण में पूरी तरह से भारतीय हैं और हमारी आज की ज़िंदगी के दिन-प्रतिदिन के सवालों से जुड़ी हुई हैं। यहाँ आग्रह उन निर्देशकों अथवा उनकी प्रस्तुतियों के नाम गिनाने का बिलकुल नहीं है बल्कि मात्र उस दिशा की ओर संकेत किया गया है, जिसके माध्यम से भारतीय रंगमंच की चतुर्मुखी तस्वीर का पहला रुख उजागर होता है। फिर भी यदि इस परंपरा के आगे की कड़ियाँ देखना ही चाहें तो साठ-सत्तर के बहुत से प्रसिद्ध निर्देशकों, यथा—सत्यदेव दुबे, श्यामानंद जालान, ओम शिवपुरी, राजेन्द्रनाथ, विजया मेहता और बाद में मोहन महर्षि, एम. के. रैना, प्रसन्ना के काम को शामिल किया जा सकता है। कभी-कभार इन निर्देशकों ने ज़ायका बदलने के लिए कुछ प्रयोग भी ज़रूर किए हैं, जैसे अलकाज़ी का 'मिट्टी की गाड़ी', विजया मेहता का 'अभिज्ञानशाकुंतल', प्रसन्ना का 'उत्तररामचरित', लेकिन उनकी मुख्य प्रकृति यथार्थवाद के दायरे में ही रही है।

भारतीय रंगकर्म की सक्रियता का दूसरा पहलू पुनः पचास और साठ के दशक में किए गए दो अत्यंत कल्पनाशील, महत्त्वाकांक्षी एवं चिंतक निर्देशकों के प्रवर्तक कार्य से संबद्ध है, जिन्होंने भारतीय एवं पाश्चात्य शैली के मिश्रण से एक नई शैली तैयार की जो नाटकों के प्रस्तुतीकरण में अद्भुत रूप से भारतीय होकर सामने आई। ये निर्देशक हैं—बंगाल के शंभु मित्र और उत्तर भारत के हबीब तनवीर। ध्यान देने की बात है कि इनके काम की शुरुआत भी पहले पश्चिम के यथार्थवाद से ही हुई थी, लेकिन बाद में भारतीय लोक नाट्य-शैलियों एवं अभिनय पद्धतियों की ओर लौटकर आए। इस दृष्टि से शंभु मित्र द्वारा प्रस्तुत ग्रीक नाटक 'राजा इडिपस', इब्सन का 'गुड़ियाघर' अथवा 'एनिमी ऑफ पीपल' उल्लेखनीय हैं। लेकिन इससे भी ज़्यादा चर्चित एवं मौलिक रंगकर्म है रवीन्द्रनाथ टैगोर के नाटकों की प्रस्तुति-शैली की उद्भावना। यह मात्र आकस्मिक संयोग नहीं है कि भारतीय रंगमंच के दो समकालीन नाटककारों—प्रसाद और टैगोर को शुरू से हाशिए पर रख दिया गया और यह अंतिम रूप से मान लिया गया कि इनके नाटक अनभिनेय हैं। प्रसाद तो अपने ऐतिहासिक कथ्यों के कारण तब भी कुछ हद तक रंगकर्मियों के बीच ग्राह्य रहे, लेकिन टैगोर के साथ यह सुविधा भी नहीं थी। उनके नाटक जिस दुरूह दर्शन, अमूर्त शैली और जटिल शिल्प-विधान पर आधारित हैं, उसके चलते देश के दूसरे प्रांतों में तो किसी निर्देशक ने उन्हें उठाया ही नहीं, स्वयं बंगाल में भी यदा-कदा उनकी प्रस्तुतियाँ हुईं भी तो किसी सही दिशा के अभाव में बुरी तरह से असफल साबित हुईं। लेकिन जब शंभु मित्र ने अपने ग्रीक नाटकों एवं भारतीय नाटकों के अनुभवों से प्राप्त सामग्री के उपयोग से टैगोर के नाटकों में एक सर्वथा नई अभिनय शैली का आविष्कार किया तो दर्शक समुदाय अचंभित रह गया और यह भ्रम एकबारगी ही टूट गया कि टैगोर के नाटक मंचित नहीं किए जा सकते। इसके

पश्चात् तो देश भर के रंगकर्मियों के बीच टैगोर के नाटक बार-बार मंचित होते रहे हैं, जिसकी शुरुआत का पूरा-पूरा श्रेय शंभु मित्र को दिया जाना चाहिए। यहाँ इस बात की चर्चा के बिना यह प्रसंग अधूरा रह जाएगा कि अंततः शंभु मित्र द्वारा प्रस्तुत अभिनय-शैली का सारांश क्या है ? मेरे विचार में उन्होंने मैलोड्रामा के अतिरेक से रहित एक ऐसे सूक्ष्म यथार्थ के भीतर से शैलीबद्ध अभिनय खोजने पर बल दिया, जो बाहरी आंगिक अभिनय का कम-से-कम आश्रय लेकर, आंतरिक एवं वाचिक की नई व्याख्या पर आधारित था, जो सीधे-सीधे बंगाल की अपनी संगीतमय वाचन शैली भी नहीं थी। दूसरे शब्दों में कहूँ तो संगीतमयता की अपेक्षा काव्यात्मक संप्रेषण पर उनका ज़्यादा आग्रह रहा अर्थात् है तो गद्य लेकिन कहीं काव्य की परतों के भीतर से उभरता हुआ—इन सभी तत्त्वों ने मिलकर प्रस्तुति में एक ऐसा असर पैदा किया जो निश्चय ही अभूतपूर्व था।

इस दौर के दूसरे निर्देशक हैं—हबीब तनवीर, जिनके द्वारा प्रस्तुत 'आगरा बाज़ार' और 'मिट्टी की गाड़ी' पचास से साठ के बीच की अत्यंत महत्त्वपूर्ण नाट्य प्रस्तुतियाँ हैं। शंभु मित्र की ही परंपरा में हबीब तनवीर का पहला साक्षात्कार भी पश्चिमी रंगमंच से ही हुआ और विशेषतः ब्रेष्ट से, लेकिन जब उन्होंने स्वयं अपना रंगकर्म शुरू किया तो दो विभिन्न शैलियों के मिश्रण से एक नई शैली का निर्माण किया। इस मायने में उनका काम कई स्तरों पर शंभु मित्र से नितांत भिन्न भी रहा है। यथा उनके अभिनेता महानगरों के शिक्षित नवयुवक-युवतियाँ न होकर गाँव की ज़मीन से जुड़े हुए वे लोग थे, जो अपने साथ वहाँ की लोक परंपराओं को लेकर आए थे। दूसरे उन्होंने अपने नाटकों में किसी एक भाषा का प्रयोग न करके एक प्रांत विशेष की बोलियों का इस्तेमाल किया और अंततः दूसरे नाटककारों की रचनाओं की अपेक्षा स्वयं नाट्य-रचना का काम ज़्यादा-से-ज़्यादा किया। इससे जहाँ उनके रचनात्मक व्यक्तित्व की बहुमुखी प्रतिभा के दर्शन होते हैं, वहीं लगभग चालीस वर्षों तक लगातार एक ही दिशा में किए गए रंगकार्य के ठोस परिणाम भी सामने आते हैं, जिसने परवर्ती रंगकर्मियों को प्रेरित किया। इस क्रम में चाहें तो हम कुमार वर्मा, रतन थियम, भानु भारती, बंसी कौल के रंगकर्म का मूल्यांकन कर सकते हैं।

इससे आगे बढ़ें तो तीसरी धारा ऐसे रंगकर्म की है, जो पूरी तरह से भारतीय रंगशैलियों पर आधारित रंगकर्म है, फिर चाहे वे रंगशैलियाँ शास्त्रीय हों अथवा लोक। इसमें भी दो स्पष्ट विभाजन दृष्टिगोचर होते हैं—एक कतार ऐसे निर्देशकों की है, जो पूरी तरह से शास्त्रीय नाट्य शैलियों को अपनाते हैं। उदाहरण के लिए गुजरात के गोवर्धन पांचाल का संस्कृत नाटकों के मंचन के संदर्भ में किया गया काम अथवा केरल में कावलम नारायण पणिक्कर द्वारा प्रस्तुत संस्कृत नाटकों के मंचन। यह भी एक रोचक अध्ययन का विषय हो सकता है कि मूलतः दोनों ही निर्देशकों की प्रेरणा केरल की परंपराशील नाट्यशैली कूडिआट्टम रही है। इसी के सामानांतर ऐसे निर्देशक हैं जिन्होंने लोक शैलियों के माध्यम से अपना रास्ता अपनाया। इस संदर्भ में शांता गाँधी के प्रयासों

का उल्लेख किया जाना चाहिए। उनके साथ-साथ क. व. सुब्बना भी उसी पीढ़ी के निर्देशक हैं। मज़ेदार बात यह है कि इन दोनों ही निर्देशकों ने क्रमशः 'जसमा ओडन' और 'अभिज्ञानशाकुंतल' जैसे चिर-परिचित नाट्यालेखों की पुनर्रचना की और उनके मंचन को लेकर व्यावहारिक प्रयोग भी किए। आने वाली पीढ़ी में कर्नाटक से ब. जयश्री, पंजाब से नीलम मानसिंह जैसे निर्देशकों को रखा जा सकता है। यों इस श्रेणी में और भी बहुत से लोगों के काम का उल्लेख किया जा सकता है लेकिन जैसा मैंने शुरू में ही लिखा था कि इस लेख का उद्देश्य लोगों के नाम गिनाना उतना नहीं है, जितना भारतीय रंगकर्म के विविध रूपों की एक साफ़ तस्वीर प्रस्तुत करना। फिर भी यदि उल्लेख किया जाना आवश्यक है ही तो अस्सी से नब्बे के दशक के बीच एक साथ बहुत से युवा निर्देशकों के काम ने ध्यान आकर्षित किया था, जिन्होंने लोक नाट्य शैलियों से अलग-अलग तत्त्व लेकर अपनी रंग-प्रस्तुतियों में पिरोए थे। लेकिन चूँकि इसमें से बहुत सा रंगकर्म किसी आंतरिक प्रेरणा के तहत न होकर, महज़ योजनाबद्ध तरीक़े से हुआ था, यही कारण है कि यह रंगकर्म जितनी शीघ्रता से पूरे मंच पर छा गया था, उससे भी कहीं अधिक तेज़ी से वह ओझल भी हो गया।

अंत में मैं उस प्रवृत्ति का विवेचन करना चाहूँगा, जहाँ निर्देशकों ने ऐसी रंग-प्रस्तुतियों की रचना की है जो प्रत्यक्षतः किसी भी भारतीय, पाश्चात्य अथवा और कहीं से भी ली गई नाट्य-शैलियों पर आधारित नहीं रही हैं वरन् स्वयं प्रस्तुति के आलेख के भीतर से ही सहज रूप से जो भी प्रस्तुति-शैली खुद-ब-खुद उभरकर आ गई, वही उसकी अंतिम परिणति है। इस दिशा में सबसे ज़्यादा रंगकर्म ब. व. कारंत ने किया है। यद्यपि यह भी सत्य है कि वह कभी-कभी अपने प्रदेश की लोक नाट्य शैली यक्षगान के कुछ तत्त्वों का अपने काम में इस्तेमाल करते रहे हैं और इसका बहुत जाना-पहचाना उदाहरण है शेक्सपीयर के 'मैकबेथ' पर आधारित उनकी रंग-प्रस्तुति 'बरनम वन'। लेकिन मेरी दृष्टि में उनके रंगकर्म का वह हिस्सा ज़्यादा महत्त्वपूर्ण है, जिसमें उन्होंने किसी चिर-परिचित शैली का सायास आश्रय नहीं लिया। उदाहरण के लिए मैं उनकी प्रस्तुति 'अंधेर नगरी' का उल्लेख करना चाहूँगा। निश्चित रूप से यह प्रस्तुति भारतीय रंगमंच की एक ऐसी प्रस्तुति थी, जिसने अपनी स्वतंत्र रंगशैली की स्वतः खोज एवं रचना का रास्ता प्रशस्त किया। कहने को इस प्रस्तुति में गीत, संगीत, नृत्य और रंग क्या नहीं था ? लेकिन क्या हम कह सकते हैं कि किसी भी एक तत्त्व को किसी एक प्रदेश विशेष से जोड़कर उसका अध्ययन किया जा सकता है ? शायद आज प्रयत्न इसी तरह की रंगशैली का होना चाहिए जो अपनी पूरी प्रकृति में भारतीय हो लेकिन किसी विशेष प्रचलित शैली पर आधारित न हो क्योंकि उस दिशा में हम सदा प्रस्तुति को मात्र उस पूर्वापर शैली के संदर्भ में विवेचित करने लगते हैं। मैं स्वयं अपने रंगकर्म को भी इस शैली के अंतर्गत परिभाषित करना चाहूँगा। बिलकुल युवा एवं इस शताब्दी के आखिरी दशक के किसी निर्देशक का उल्लेख करना हो तो मैं अनामिका हक्सर का नाम लेना चाहूँगा। संभवतः उनकी प्रस्तुतियों में सभी कलाओं की रेखाएँ आपस में इस तरह से

घुल-मिल जाती हैं कि यह खोज-बीन करना ही व्यर्थ है कि प्रस्तुति में कौन सा तत्त्व कहाँ से आया ?

उपर्युक्त विवरण और विवेचन से संभवतः यह काफ़ी हद तक स्पष्ट हो जाता है कि भारतीय रंगकर्म की यह अर्द्धशती अपने रंग-रूप और रेखाओं में बहुआयामी रही है, लेकिन फिर भी यह विडंबना है कि एक शताब्दी के अंतिम दशक में हम इस बात को लेकर चिंतित हैं कि इस समय भारतीय रंगमंच में एक गतिरोध उत्पन्न हो गया है और हम रंगमंच के संक्रमण काल से गुज़र रहे हैं। यह धारणा कुछ तो संचार माध्यमों जैसे फ़िल्म, दूरदर्शन एवं वीडियो के प्रभावस्वरूप बनती चली गई है, दूसरे सिर्फ़ रंगमंच में ही नहीं, साहित्य, नृत्य, संगीत एवं अन्य ललित कलाओं के संदर्भ में भी इस धारणा को बल मिला है, लेकिन हमें याद रखना होगा कि इस प्रकार का गतिरोध भारतीय रंगकर्म के संदर्भ में कोई नया नहीं है—लगभग एक हज़ार ईस्वी के आसपास संस्कृत रंगकर्म के अवसान पर ऐसा ही हुआ था, लेकिन तुरंत ही उसका प्रतिफलन विभिन्न क्षेत्रीय लोकधाराओं में दिखाई पड़ता है। फिर आज से लगभग दो-ढाई सौ वर्ष पूर्व अंग्रेज़ों के आने पर यह लोकधारा का रंगमंच अवरुद्ध सा दिखाई देता है किंतु उसके बरक्स पारसी रंगमंच का आविर्भाव हो जाता है। इस शताब्दी के तीसरे दशक में सवाक् फ़िल्मों के आगमन पर पारसी रंगमंच भी पीछे छूट जाता है और एक विशेष प्रकार का प्रबुद्ध, भले ही अपने व्यवहार में शौकिया, रंगकर्म खड़ा होने लगता है। इसके बाद के सारे इतिहास पर तो हम बात कर ही चुके हैं।

अंत में अपनी मूल स्थापना पर ही लौटना चाहूँगा कि जिस प्रकार पूरे विश्व के रंगमंच ने एक गोलाकार यात्रा की है, उसी तरह से हमारे देश का रंगकर्म भी जाँचा-परखा जा सकता है। उसकी अपनी पहचान, अपनी अस्मिता और अपना अस्तित्व आरंभ से एक लगातार सक्रिय प्रक्रिया का अंग रहा है, इसलिए उसमें भारतीयता की खोज जैसे नारे और मुहावरे कोई अर्थ नहीं रखते। क्या उपर्युक्त संपूर्ण विवेचन के पश्चात् यह तथ्य स्वयंसिद्ध नहीं है कि यह खोज भारतीय रंगकर्म में न जाने कब से विद्यमान रही है—मैंने तो मात्र एक अर्द्धशती में उसकी तरफ़ एक हलका सा संकेत भर देने की कोशिश की है।

भारतीय रंग परंपरा में अभिनय के बदलते प्रतिमान

रंगमंच का सबसे ज़्यादा प्रमुख, अनिवार्य और अपरिहार्य तत्त्व है—अभिनय। अतः कोई आश्चर्य नहीं कि रंगमंच के इतिहास में अभिनय की परिभाषा, स्वरूप और प्रक्रिया को लेकर सबसे ज़्यादा चर्चा हुई है, होती रही है और आज तक जारी है। पश्चिम में अरस्तू के 'कला जीवन की अनुकृति' से शुरू होकर अभिनय को सच, झूठ, करने, होने, हो जाने—न जाने कितने कोणों से जाँचा-परखा गया है, लेकिन एक बात पर सभी मतामत और परिभाषाएँ एकमत हैं कि मंच पर अभिनेता द्वारा दर्शक के लिए जो कुछ भी प्रस्तुत किया जा रहा है, वह दर्शक के लिए तो विश्वसनीय होना ही चाहिए। उससे भी पहले वह स्वयं अभिनेता के लिए भी उतना ही विश्वसनीय होना चाहिए अर्थात् वह मंच पर जो कुछ भी प्रस्तुत कर रहा है, उसे स्वयं अपने लिए वह विश्वसनीय लगना चाहिए, फिर कोई कारण नहीं कि वह उसे किसी भी रूप, आकार एवं शैली में प्रस्तुत करे, दर्शकों के लिए भी वह उतना ही विश्वसनीय होगा।

भारतीय रंग-परंपरा में भी अभिनय को लेकर प्राचीन काल से ही चर्चा-परिचर्चा होती रही है और कई मायनों में तो यह पश्चिम से भी ज़्यादा जटिल रूप में सामने आती है। संसार के दूसरे देशों की तरह ही भारत में भी अभिनय का विधिवत विकास हुआ है—आदिम मनुष्य की ध्वनियों एवं हाव-भाव की मुद्राओं से किसी घटना के सुनाने, दिखाने और फिर उसका अभिनटन करने के लंबे इतिहास में भी अभिनय कला का एक स्वतंत्र एवं संपूर्ण कला के रूप में विकास होता गया। बाद में वाचिक और लिखित शब्द के आने के बाद अभिनय के बीज पहले महाकाव्यों को गाकर सुनाने की परंपरा के रूप में और बाद में उन्हीं महाकाव्यों पर आधारित नाटकों के मंचन के माध्यम से पूर्व और पश्चिम दोनों रंग-परंपराओं के इतिहास में लगभग एक साथ अथवा कुछ पहले या बाद में अभिनय की जो विकास-प्रक्रिया सामने आई, उससे हम सभी परिचित हैं।

हमारे यहाँ अभिनय की सबसे पहली परिभाषा भरत के 'नाट्यशास्त्र' में उपलब्ध है, जो स्वयं अभिनय शब्द में ही समाहित है—अभि+नी+यच् अर्थात् अभि उपसर्ग नी धातु और यच् प्रत्यय के संयोग से अभिनय शब्द बना है, जिसका अर्थ है सामने लेकर जाना। इस अर्थ में यह परिभाषा एकदम साफ़, स्पष्ट एवं सीधे-सीधे इस कला के उद्देश्य को संप्रेषित कर देती है और वह यह है कि अभिनय एक ऐसी कला या माध्यम है जिसकी सहायता से अभिनेता नाटककार के शब्दों, विचारों अथवा कहानी को सामने

बैठे दर्शकों तक पहुँचाता है। भरत द्वारा प्रतिपादित अभिनय की इस व्याख्या में अनायास ही रंगमंच के सभी तत्त्व सम्मिलित हो जाते हैं—नाटककार अथवा नाटक, स्वयं अभिनेता एवं उसका माध्यम अर्थात् उसकी वाणी और शरीर, एक प्रदर्शन-स्थल, जहाँ वह अपनी कला का प्रदर्शन कर रहा है और अंत में सामने बैठे दर्शक। एक दूसरे रूप में लिखित या मौखिक शब्द के जीवित तत्त्व अभिनेता के माध्यम से उतने ही जीवंत दर्शकों तक पहुँचने की प्रक्रिया का नाम है—अभिनय। बेशक, यह प्रक्रिया शब्द के मात्र वाचन अथवा गायन में भी घटित होती है, लेकिन जब तक उसमें अभिनटन का चाक्षुष दृश्यत्व सम्मिलित न हो, वह अभिनय नहीं कहला सकती अर्थात् अभिनय के साथ अनिवार्यतः उसके प्रदर्शन की शर्त भी जुड़ी हुई है। अतः यह सहज स्वाभाविक ही है कि नाटक, साहित्य की दूसरी विधाओं से अलग, तभी अपनी पूर्णता को प्राप्त करता है, जब वह अपने प्रदर्शित रूप में दर्शकों के सामने प्रस्तुत होता है।

यहाँ तक तो सभी कुछ सहज गम्य है लेकिन कठिनाई तब पैदा होती है, जब भरत चार प्रकार के अलग-अलग अभिनयों का विवेचन करते हैं—वाचिक अभिनय, आंगिक अभिनय, आहार्य अभिनय और सात्विक अभिनय। यदि हम इन्हें अभिनय के अलग-अलग अंगों के रूप में समझने की चेष्टा करें तो भरत का विवेचन अत्यंत सहज लगता है। अर्थात् अभिनय कला वाणी, शरीर, शरीर की वेशभूषा, अलंकरण, रूपसज्जा इत्यादि, प्रदर्शन में प्रयोग की गई कोई विशेष शैली और इन सबको मिलाकर सात्विक यानी सूक्ष्म अभिनय, जिसे भरत ने सामान्य अभिनय भी कहा है। यदि हम उन्हें अंगों के रूप में स्वीकार न करके अभिनय की चार अवस्थाओं के रूप में देखें तो भी बात एकदम समझ में आती है। वाचिक अभिनय अर्थात् अभिनय की पहली अवस्था या चरण, जब अभिनेताओं की मंडली आपस में बैठकर नाटक को पढ़ती है, उसकी कहानी, शब्दों एवं अर्थों को बोलने एवं रंगभाषण के माध्यम से हृदयंगम करती है। यह पूरी प्रक्रिया अभिनय के वाचिक पक्ष से संबद्ध है।

आंगिक अभिनय वह दूसरी अवस्था है जब अभिनेता अपनी गतियों, मुद्राओं एवं हाव-भाव से नाटक के वाचिक को एक दृश्य, एक रूप और एक आकार देना आरंभ करते हैं। वाचिक के साथ आंगिक के जुड़ने से नाटक स्वयमेव दृश्यत्व ग्रहण करने लगता है।

आहार्य अभिनय स्वाभाविक रूप में वह तीसरा चरण है, जब अभिनेता नाटक के लिए अनुकूल वेशभूषा, आभूषण—अलंकरण, उपकरणों का पहले अभ्यास के तौर पर और अंत में वास्तविक प्रदर्शन के दिन प्रयोग करते हैं।

और अंत में सात्विक अभिनय संभवतः वह सबसे ऊँची और श्रेष्ठ अवस्था है अभिनय की, जिसमें अभिनेता से अपेक्षा की जाती है कि वह वाचिक, आंगिक एवं आहार्य के साथ इस प्रकार समाहित होकर एकाकार हो जाए कि अभिनय के दौरान ये भेद अपने स्वतंत्र रूप में अलग-अलग न दिखाई पड़ें वरन् एक सामान्य तत्त्व के रूप में दिखाई दें। यह तभी संभव है ज़ब अभिनेता बाहरी तत्त्वों को छोड़कर सूक्ष्म एवं

आंतरिक अभिनय की तरफ़ बढ़े यानी अपनी कला से अभिनय का निचोड़ या सार प्रस्तुत करे। इसीलिए इस अवस्था का नाम सात्विक अभिनय रखा गया है और इसे सबसे ज़्यादा महत्त्वपूर्ण माना गया है।

चित्राभिनय को अभिनय के किसी स्वतंत्र अंग के रूप में नहीं बल्कि मंच पर कभी-कभी उस परिवेश स्थान या वातावरण से जुड़े गतिविधान में उल्लेखित किया गया है, जैसे पर्वत पर चढ़ने का अभिनय, समुद्र में तैरने का अभिनय आदि। देखा जाए तो यह भी आंगिक अभिनय के अंतर्गत ही आता है लेकिन यहाँ भरत का तात्पर्य संभवतः ऐसे गतिविधान से रहा होगा, जिसकी मुद्राएँ शास्त्रीय अथवा रूढ़ न होकर मात्र एक चित्र का-सा आभास देने तक आवश्यक रही होंगी।

वाचिक, आंगिक एवं आहार्य यदि परस्पर घुल-मिलकर सात्विक यानी सामान्य अभिनय की ओर बढ़ते हैं, तो सात्विक को सामान्य कहे जाने की एक और व्याख्या भी प्रस्तुत की जा सकती है और वह यह कि सात्विक वह तत्त्व है, जो बाक़ी सारे अभिनयों में सामान्य या आवश्यक रूप में उपस्थित रहना ही चाहिए। कहने का तात्पर्य यह है कि अभिनेता का वाचिक भी सात्विक हो, आंगिक भी सात्विक हो और आहार्य भी सात्विक हो तभी प्रदर्शन के दौरान दर्शन के साथ वह तन्मयता, तादात्म्यता एवं विश्वसनीयता बनेगी जिसकी अभिनेता को अपेक्षा रहती है।

क्या भरत द्वारा प्रस्तुत चतुर्मुखी अभिनय की उपर्युक्त व्याख्या हमें आज अपने ज़्यादा निकट, समीचीन और समकालीन नहीं जान पड़ती ? क्या किसी भी नाटक में किसी पात्र या भूमिका की तैयारी की जिस सहज प्रक्रिया से आज का अभिनेता गुज़रता है, वह इस व्याख्या के उसी क्रमिक विकास को प्रस्तुत नहीं करती ?

अभिनयों के भेद-प्रभेद से भरत कहीं एक और संकेत भी देते से लगते हैं—वाचिक अभिनय यानी शायद उन नाटकों में अभिनय, जो वाचिक की बहुलता पर आधारित हों। क्या आज भी हम कभी-कभी किसी नाटक को देखकर ऐसी प्रतिक्रिया नहीं देते कि उसमें व्यर्थ का शब्द-जाल बहुत था। आंगिक अभिनय शायद वे नाटक जो नृत्य-नाटकों की श्रेणी में रखे जा सकें और आहार्य अर्थात् जिसमें किन्हीं विशेष नेपथ्य से जुड़े तत्त्वों पर आग्रह हो। पश्चिम में ऐसी अभिव्यक्ति प्रायः सुनाई पड़ती है, जैसे कॉस्ट्यूम ड्रामा अथवा पीरियड प्ले आदि। बहरहाल, हम चाहे कितनी भी तरह से इन अभिनयों की व्याख्या करें, एक बात निश्चित है कि भरत का संपूर्ण विवेचन आज के अभिनेता की दृष्टि से भी नितांत आधुनिक, सार्थक एवं समकालीन जान पड़ता है। इसके पश्चात् भरत ने इन चारों शीर्षकों के अंतर्गत जो चर्चा की है, वह तो और भी समसामयिक है, इसीलिए उसे यहाँ उल्लेख करने की कोई आवश्यकता नहीं रह जाती। संक्षेप में, वाचिक के अंतर्गत वाणी के उद्‌गम स्थल, अभिधा, लक्षणा, व्यंजना, अलग-अलग सुर इत्यादि; आंगिक में शरीर के अलग-अलग अंगों-उपांगों की मुद्राएँ एवं उनके अर्थ, आहार्य में मंच-उपकरण बनाने की विभिन्न विधियाँ और सात्विक में विशेष रूप में स्वेद, स्तंभ, मूर्च्छा, अश्रु आदि अभिनय की सूक्ष्म अभिव्यक्तियों का वर्णन है।

यहाँ उपर्युक्त वर्णन की अपेक्षा इस बात पर विचार किया जाना चाहिए कि तत्कालीन नाटकों के प्रदर्शन में अभिनय की रचना-प्रक्रिया क्या रहती होगी और वह मंच पर दृश्य-रूप में क्या आकार ग्रहण करती होगी। इस दृष्टि से भरत ने पहले तो दो धर्मिताओं का उल्लेख किया है, जो लोकधर्मी एवं नाट्यधर्मी के नाम से अभिहित की गई हैं। जैसा कि इनके नाम से ही स्पष्ट है, लोकधर्मी में अभिनेता अपनी रोज़मर्रा की ज़िंदगी से जुड़ी मुद्राओं, चर्याओं, हाव-भाव एवं आवाज़ का प्रयोग करता होगा। यह अनुमान सहज ही लगाया जा सकता है कि अभिनय की यह शैली विशेष रूप से गद्य के प्रयोग में काम आती होगी, जिसका एक और संकेत तत्कालीन बोलचाल की बोलियों एवं भाषाओं की नाटकों में उपस्थिति से भी मिलता है, जैसे—प्राकृत, पालि, अपभ्रंश इत्यादि। यहाँ तक कि कुछ पात्रों के लिए तो इन्हीं बोलियों-भाषाओं में संवाद करने का नियम था। इसके विपरीत नाट्यधर्मी शैली अभिनेता वहाँ प्रयोग में लाते होंगे, जहाँ काव्य की उपस्थिति है क्योंकि उसके माध्यम से अपने हृदय के भावों की आंतरिक अभिव्यक्ति मुद्राओं एवं गतियों में साकार करते होंगे; गीत, संगीत एवं नृत्य का अधिकाधिक सहारा लेते होंगे और अपने अभिनय में संपूर्ण रूप से सांकेतिक एवं अमूर्त हो उठते होंगे, जो मात्र मुद्राओं एवं गतियों में निहित अर्थ छायाओं एवं ध्वनियों के माध्यम से दर्शक तक पहुँचता होगा। यहीं पर यह चर्चा करना भी अप्रासंगिक नहीं होगा कि पश्चिम और पूर्व की अभिनय प्रक्रिया के संदर्भ में विवेचन करते हुए रंग-चिंतकों एवं आलोचकों ने दो अलग-अलग अवधारणाएँ प्रस्तुत की हैं—उनके अनुसार पश्चिम का अभिनय चरित्र-परक अर्थात् रिप्रेजेंटेशनल है और भारत की रंग-परंपरा में अभिनय प्रस्तुति-परक अर्थात् प्रेज़ेंटेशनल है। इसको यों भी समझ सकते हैं कि पश्चिम का अभिनेता एक चरित्र या भूमिका की तैयारी के लिए बाकायदा उस चरित्र को उसकी वेशभूषा, हाव-भाव, बोलने का ढंग एवं सोच के स्तर पर स्वयं पर आरोपित करता है, अथवा हूबहू बिलकुल वैसा ही मंच पर दिखने का अभिनय करता है, जबकि हमारे यहाँ अभिनेता की एक पात्र के रूप में कल्पना की गई है, जिसमें कोई भी सामग्री डाल दो, वह उसी सामग्री का पात्र कहलाने लगेगा। उदाहरण के लिए एक खाली गिलास में दूध रखा है, तो वह दूध का गिलास है। उसमें से दूध निकालकर कोई दूसरा पेय उसमें डाल दिया तो वह उस पेय का गिलास कहलाने लगेगा यानी पात्र के अपने स्वरूप में कोई परिवर्तन नहीं होगा, जबकि पश्चिमी दृष्टि से सामग्री में भी परिवर्तन होगा और पात्र के स्वरूप में भी। लेकिन अपने यहाँ वेशभूषा, रूपसज्जा, मुद्राएँ एवं गतियाँ पहले से निश्चित एवं नियमबद्ध होने के कारण कोई भी अभिनेता उस पात्र को अभिनीत करें, दर्शक तुरंत पहचान लेंगे कि वह कौन सा पात्र कर रहा है। उसे अलग से कोई चरित्र-चित्रण करने की आवश्यकता नहीं है।

मुझे लगता है कि इस प्रकार की अवधारणाओं के पीछे यथार्थवादी अभिनय एवं शैलीबद्ध अभिनय—इन दो शैलियों को अलग-अलग देखने से पैदा हुई भ्रांति उत्तरदायी है। यह सही है कि यथार्थवाद दिन-प्रतिदिन के व्यवहार से संबद्ध है लेकिन मंच पर

क्या वह हूबहू उसी रूप में आता है ? यदि ऐसा होता तो फिर नाटक देखने की क्या ज़रूरत है ? क्या मंच पर प्रस्तुत यथार्थवाद भी वास्तविक यथार्थवाद नहीं वरन् अभिनय की एक शैली ही है। दूसरी ओर शैलीबद्ध अभिनय को मात्र एक रूढ़ि, युक्ति अथवा व्याकरण के ही रूप में स्वीकार कर लेने से यह भ्रांति उत्पन्न हो गई है कि उसके लिए किसी चरित्र-निर्माण, उसकी संवेदना एवं अनुभूति की कोई आवश्यकता नहीं है। यदि इसे स्वीकार कर लिया जाए तब तो संगीत एवं नृत्य जैसी कलाओं में प्रत्येक राग एवं मुद्रा पहले से निश्चित है, तो फिर क्यों एक गायक अथवा नर्तक की प्रस्तुति दूसरे से अलग हो जाती है ? क्या इसमें गायक अथवा नर्तक की अपनी भावाभिव्यक्ति की उस निजी प्रक्रिया का योगदान नहीं है, जिसमें से अभिनेता भी गुज़रता है, चाहे वह यथार्थवादी नाटक में अभिनय करे अथवा शैलीबद्ध नाटक में ?

यदि हम भरत के अभिनय-सिद्धांतों एवं प्रक्रिया को मात्र तकनीकी, रूढ़, नियमबद्ध और रीतिबद्ध मानकर ही विवेचित करते रहेंगे तो रस-निष्पति को कहाँ स्थान देंगे, जिसका मूल मंत्र ही यही है कि 'तत्र भावानुभाव संचारी भाव योगाद्ररसनिष्पत्ति' : अर्थात् वहाँ भाव, अनुभाव, संचारीभाव के योग से रस निष्पत्ति होती है। इस सूत्र में 'वहाँ' किसके लिए प्रयोग किया गया है ? निश्चित रूप से अभिनेता के लिए जो पहले स्वयं किसी अनुभव एवं अनुभूति से गुज़रता है और फिर उसे दर्शक तक पहुँचाता है। यदि अभिनेता मुद्राओं और गतियों के तकनीकी जाल तक ही सीमित होकर रह जाएगा तो वह अपने प्रदर्शन को रस की कोटि तक कैसे पहुँचाएगा ? वस्तुतः, हमारी परंपरा में अभिनय को प्रस्तुति-परक के रूप में लेने का अर्थ ही यही है कि सब कुछ पहले से निश्चित होने के बावजूद दर्शक यही देखने के लिए आता है कि कोई विशेष अभिनेता किसी विशेष पात्र को कितना नए ढंग, रंग और रूप में प्रस्तुत कर रहा है। इसीलिए रंगमंच को पूरी तरह से अभिनेता का माध्यम और 'नाट्यशास्त्र' को उसकी डायरी के रूप में मान्यता दी गई है। हाँ, रस-प्रक्रिया में इस बात को रेखांकित करना नितांत आवश्यक है कि जब अभिनेता का भाव या अनुभूति उस पूरी प्रक्रिया से गुज़रकर दर्शकों तक पहुँचती है तो वह मात्र उसके अपने तक सीमित नहीं रह जाती वरन् एक ऐसे सार्वजनीन अनुभव में परिवर्तित हो जाती है, जिसे परवर्ती आचार्यों ने साधारणीकरण की संज्ञा दी है। यदि ऐसा न होता तो भरत के रस-सिद्धांत की कोई सार्थकता ही नहीं रह जाती। मैं तो यहाँ तक कहना चाहूँगा कि भरत का रस-सिद्धांत ही क्यों, अरस्तू का विरेचन-सिद्धांत, यथार्थवादी नाटकों में अभिनय का प्रभाव, ब्रेष्ट का महाकाव्यात्मक रंगमंच—क्या सबका मूल उद्देश्य यही नहीं है कि अंततः रंगमंच अभिनेता के व्यक्तिगत अनुभव से शुरू होकर उसे एक ऐसे विशाल एवं अमूर्त अनुभव में तबदील कर देता है जो सार्वजनिक हो, सर्वग्राह्य हो और सचमुच में ब्रह्मानंद को पाने के आस्वाद जैसा हो। भरत के अभिनय-सिद्धांत का सारे का सारा आग्रह नाट्यधर्मी पर होने के बाद भी वह लोकधर्मी अथवा आज की भाषा में कहें तो वह यथार्थवादी दृष्टि कहीं छूटती नहीं, जब वह विस्तारपूर्वक इन पक्षों का विवेचन करते हैं कि प्रत्येक अलग-अलग रस

का मूल रंग कौन सा है, प्रत्येक पात्र को किस प्रकार की वेशभूषा धारण करनी चाहिए, नाटक में कौन सी भूमिका किस प्रकार के व्यक्तित्व वाले अभिनेता को देनी चाहिए। क्या ये सारे विवरण चरित्र-निर्माण और उसे ज़्यादा-से-ज़्यादा प्रामाणिक और विश्वसनीय बनाने की उसी रचना-प्रक्रिया से संबद्ध नहीं हैं, जिनके माध्यम से आज का अभिनेता भी गुज़रता है। संक्षेप में, उपर्युक्त सारे प्रश्नों, जिज्ञासाओं और विवेचना को यों समेटा जा सकता है कि किसी भी भूमिका को तैयार करते समय अभिनेता की आंतरिक यात्रा एक जैसी ही रहती है, यद्यपि बाहरी स्तर पर वह अपनी अभिव्यक्ति अलग-अलग रूप और शैली में करती है, जिसके लिए हमारे यहाँ दो विकल्प 'नाट्यशास्त्र' के समय से ही प्रस्तुत हैं—लोकधर्मी और नाट्यधर्मी। इन्हीं दोनों शैलियों को विश्व की विभिन्न रंग-परंपराओं के संदर्भ में भी बड़ी आसानी से व्याख्यायित किया जा सकता है।

भारतीय अभिनेता की लंबी रंगयात्रा में यह तथ्य बहुत दिलचस्प जान पड़ता है कि अंततः उसकी सारी कोशिश उस शास्त्र, उस नियमबद्धता एवं रूढ़िबद्धता से मुक्ति पाने की है, जिसमें उसे भारतीय रंगमंच के उदयकाल में ही बाँध दिया गया था। उसका सौभाग्य रहा कि उसे यह अवसर एक सामूहिक कला से जुड़े रहने के कारण एक हज़ार ईस्वी के आसपास ही मिल गया, जबकि उसी के समानांतर दूसरी ऐकांतिक कलाएँ जैसे नृत्य और संगीत आज भी उसी शास्त्र में आबद्ध हैं, जहाँ से इन तीनों कलाओं की शुरुआत हुई थी। बेशक, इसके लिए तत्कालीन राजनीतिक परिस्थितियाँ भी उतनी ही ज़िम्मेदार हैं, लेकिन इस बात से भी इनकार नहीं किया जा सकता कि रंगमंच वस्तुतः एक ऐसी गतिशील, प्रगतिशील और सार्वजनिक कला है, जिसे दिन-प्रतिदिन बदलते समाज के साथ अपने आपको बदलना पड़ता है, बल्कि कई अर्थों में समाज से भी आगे बढ़कर उसका पथ-प्रदर्शक बनना पड़ता है।

इसीलिए संस्कृत रंग-परंपरा का अवसान मानो भारतीय अभिनेता की मुक्ति के लिए वरदान साबित हुआ। यह मुक्ति उसे एक नहीं, अनेक स्तरों पर मिली। लिखित आलेख से मुक्ति, एक ही भाषा से मुक्ति, एक ही शैली से मुक्ति, सीमित दर्शक समुदाय से मुक्ति और एक अर्थ में शैक्षणिक प्रशिक्षण से मुक्ति। इसमें कोई संदेह नहीं कि इस मुक्ति की प्रक्रिया में उसे बहुत कुछ खोना भी पड़ा, जिनमें सबसे बड़ी थी—आर्थिक सुरक्षा एवं संरक्षण। लेकिन उसके बरक्स जो कुछ उसने पाया, वह निश्चित रूप से उस खोने से ज़्यादा बढ़कर मूल्यवान है। पहली बार अभिनेता को अपने परिवार के स्तर पर मान्यता मिली, यहाँ तक कि पूरे के पूरे परिवार ने रंगकर्म को अपनी आजीविका एवं साधना का अंग बना लिया। उसे जीवनभर एक ही स्थान और संस्था की बजाय पूरे देश के भ्रमण का अनुभव मिला और पहली बार अपनी कल्पना, आशु-अभिनय, प्रदर्शन स्थल के खुलेपन और एक विशाल दर्शक समुदाय के साथ जुड़ने का अहसास हुआ। इन सब बातों ने मिलकर मध्यकालीन अभिनेता के व्यक्तित्व एवं कृतित्व में एक ऐसे खुलेपन का विस्तार किया, जो पश्चिम के अभिनेता के लिए संभव नहीं था। इससे भी बढ़कर एक और दूसरे रूप में भी उसके अभिनय में निखार आया। उसने शास्त्र

से मुक्ति तो पाई, लेकिन शास्त्र की कुछ चीज़ें अनायास ही पीढ़ी-दर-पीढ़ी उसके साथ चलती भी रहीं, जिनके साथ उसकी अपनी क्षेत्रीय और लोक शैलियों ने मिलकर उसकी कला को और पुख़्ता कर दिया। उदाहरण के लिए शास्त्रीय रंगमंच का ख़ाली और निस्संग प्रदर्शन-स्थल, मंच पर शुरू से लेकर आख़िर तक उपस्थित रंगमंडली, मंच पर बार-बार कुछ गोलाकार गतियों से ही नाटक के परिवेश, स्थान और कार्य-व्यापार परिवर्तन की सूचना, नाटक में हर तरह की सम-सामयिकता और तात्कालिकता के बावजूद उसकी कहानी के तत्त्व को शुरू से लेकर अंत तक पकड़े रहना। देखा जाए तो एक हज़ार ईस्वी से लगभग सत्रहवीं शताब्दी तक का समय भारतीय रंग-परंपरा में अभिनय के उत्कर्ष का सबसे सुंदर और सुदीर्घ पड़ाव है। इतना ही नहीं, सबसे ज़्यादा प्रयोगवादी भी, जिसमें भारत की ही दो नाट्य परंपराओं—शास्त्रीय यानी नागर और लोक यानी देसी कलाओं के आपसी सिंथेसिस से अनजाने ही अभिनय की एक नई शैली का जन्म हो रहा था, जो न तो पूरी तरह से शैलीबद्ध है, न पूरी तरह से यथार्थवादी है और किसी भी रूप में विदेशी तो है ही नहीं। क्या आज के भारतीय रंगमंच को किसी ऐसी ही अभिनय शैली एवं प्रस्तुति शैली की अपेक्षा नहीं, जो हमारी अपनी ही रंग-परंपराओं से सहज रूप में पाई जा सके ? क्या आधुनिक रंगमंच के पहले भारतीय नाट्यकार और अभिनेता-निर्देशक भारतेंदु ने इसी रास्ते की तलाश नहीं कर ली थी ? दुर्भाग्य से, अल्पायु में ही उनकी मृत्यु ने इस दिशा में आगे होने वाले प्रयोगों से हमें आज से सौ-डेढ़ सौ साल पहले ही वंचित कर दिया। भरत के चहुँमुखी अभिनय की वास्तविक छटा मध्यकाल में ही दीख पड़ती है—वाचिक के उदाहरण के रूप में उत्तर भारत की अधिकांश लोकशैलियाँ, विशेष रूप से रामलीला, नौटंकी, भाँड और स्वांग, आंगिक के उदाहरण के लिए यक्षगान, आहार्य के प्रतीक के रूप में कथकलि और सात्विक की दृष्टि से कूडिआट्टम। यदि सात-आठ सौ वर्ष तक ये सारी लोक शैलियाँ लगातार जीवित रहीं और आज भी हैं और वह भी संस्कृत या शास्त्रीय रंगमंच की तरह बिना किसी राजकीय संरक्षण के, तो इससे इन शैलियों की शक्ति, जीवंतता और जनमानस पर पड़े गहरे प्रभाव का सहज ही अनुमान नहीं लगाया जा सकता ? इस दृष्टि से तो यह रंग-परंपरा शास्त्रीय शैली से भी अधिक प्रभावकारी सिद्ध हुई है। हमें लोक रंगशैली एवं अभिनय की इसी आत्मा एवं शक्ति को आज के रंगमंच में पाने, पकड़ने और जोड़ने की कोशिश करनी चाहिए, जबकि हम सदा उनके बाहरी उपादानों यानी गीत, संगीत एवं नृत्य में ही उलझकर समय नष्ट करते रहे हैं। हमें इस दिशा में गंभीर विचार-विमर्श करना चाहिए कि क्या लोक शैलियाँ मात्र अपने गीत, संगीत या नृत्य की वजह से जीवित रही हैं अथवा लोक अभिनेताओं की उस बहुमुखी प्रतिभा के बल पर, जिसका ये तत्त्व मात्र एक छोटा सा अंश है ? आज हम ब्रेष्ट के 'खड़िया का घेरा' में तो इस सिद्धांत का ज़ोर-शोर से पोषण करते हैं कि ज़मीन का स्वामी उसे ही होना चाहिए, जो उसे जोतता है, न कि वह जो उसका मात्र उत्तराधिकार से स्वामी है। यही बात 'जसमा ओडन' में जब कामकुंडला जैसी अप्सरा कहती है और स्वर्ग छोड़कर इसी

धरती पर रहने की बात करती है, तब हम उसे धर्म एवं मिथक के लबादे में लपेटकर ख़ारिज कर देते हैं। इसी प्रकार शेक्सपीयर के 'हैमलेट' में नाटक के भीतर नाटक वाले दृश्य में उसे देखने वाले दर्शकों यानी नाटक के पात्रों पर उसका जो प्रभाव पड़ता है, उस पर जमकर चर्चा होती है लेकिन उससे भी सात-आठ सौ वर्ष पहले भवभूति जब अपने नाटक 'उत्तररामचरित' में भी नाटक के भीतर नाटक वाला दृश्य प्रस्तुत करते हैं और उसका नाटक के दर्शक पात्र पर और भी गहरा असर होता है, तो शायद किसी को उस प्रसंग की याद भी नहीं आती ? इससे भी पूर्व भास के नाटक 'प्रतिमा नाटक' का तो उल्लेखमात्र ही पर्याप्त है। यहाँ इस प्रसंग पर अलग से कोई विशेष चर्चा करने की आवश्यकता नहीं रह जाती कि लोक रंग-परंपरा के अभिनेता की रचना-प्रक्रिया क्या रहती होगी, फिर भी कुछ संकेत ग्रहण किए जा सकते हैं। सबसे पहले तो यही कि लिखित आलेख के अभाव में पीढ़ी-दर-पीढ़ी किसी विधिवत् प्रशिक्षण के तहत नहीं वरन् एक मौखिक परंपरा के रूप में नाटक की कहानी का बाहरी ढाँचा एक-दूसरे तक पहुँचता गया होगा और इसमें अभिनेता की अपनी तात्कालिक सूझ-बूझ और कल्पना ने भी उसमें बहुत कुछ जोड़ दिया होगा। इसीलिए मध्यकाल में जहाँ रंगमंच में अभिनेता उसका केंद्रीय तत्त्व हो गया, वहीं एक और भी महत्त्वपूर्ण तत्त्व का विकास हुआ, जिसे आज हम सूत्रधार के नाम से जानते हैं। यह सूत्रधार शास्त्रीय नाट्य परंपरा में भी रहता था, लेकिन वहाँ उसका मात्र इतना ही काम है कि नाटक के आरंभ में उसका परिचय देकर प्रस्थान कर लेना। लोक रंगमंच में उसकी मंच पर आद्यंत उपस्थिति एक ऐसे प्रस्तुति के नियामक की सूचना देती है, जिसे पाश्चात्य नाट्य परंपरा में निर्देशक के नाम से जाना गया, जो हमारी अपनी लोक रंग-परंपरा में न जाने कब से विद्यमान है। वह कथा को आगे बढ़ाता है, यदि किसी दृश्य को करते-करते अभिनेता बहुत दूर निकल जाएँ तो उन्हें लौटाकर मूल कहानी पर केंद्रित करता है, कभी-कभार स्वयं भी किसी भूमिका में उतर आता है और तात्कालिक एवं समसामयिक सामाजिक, राजनीतिक स्थितियों पर टिप्पणियाँ तो करता ही है। क्या ब्रेष्ट के अभिनय दर्शन में अलगाव का सिद्धांत यही नहीं है ? चूँकि हर नए सिद्धांत, हर नई अवधारणा और हर नए दर्शन को पश्चिम से ही आयातित होना है, तो फिर यहाँ सब कुछ पहले से उपस्थित हो भी, क्या अंतर पड़ता है ? इसमें कोई संदेह नहीं कि शास्त्रीय के बाद लोक-रंग ने भारतीय अभिनय की यात्रा में अपना विशेष योगदान दिया और हमें उसी परिप्रेक्ष्य में उसके महत्त्व को आँकना चाहिए।

भारतीय रंगमंच में अभिनय का तीसरा पड़ाव तब आता है, जब उन्नीसवीं सदी के उत्तरार्द्ध में अंग्रेज़ी शासन के प्रभाव-स्वरूप आगामी लगभग सौ वर्षों तक पारसी रंगमंच, कंपनी थिएटर अथवा शुद्ध व्यावसायिक रंगकर्म का जन्म, पोषण और प्रचलन रहता है। इसमें कोई संदेह नहीं कि इस रंगमंच के कर्ता-धर्ता लोगों का एकमात्र उद्देश्य पैसा कमाना था, लेकिन जहाँ तक अभिनेता की कला के विकास का प्रश्न है, निश्चित ही पारसी रंगमंच ने उसमें अपना विशेष योगदान दिया। सबसे पहले तो रंगमंच को

शास्त्रीय रंगमंच की तरह मात्र नागर अथवा बुद्धिजीवी वर्ग के लिए नहीं और न ही लोक रंगमंच की तरह केवल ग्रामीण यानी आम आदमी के खाँचे में फिट करके देखने की बजाय उसे एक साथ सभी तरह के दर्शकों के लिए ग्राह्य बनाने की दिशा में पहल की। इससे भी आगे शास्त्रीय और लोक रंगमंच में उपस्थित जन-समुदाय से भी बड़े दर्शक-समूह के लिए अपनी अभिनय कला का विस्तार किया। यहाँ तक कि अतिरंजना की सीमाओं को छूने के बावजूद आवाज़ एवं रंगभाषण की सीमा को कहाँ तक बढ़ाया जा सकता है और भावना और संवेदना के स्तर पर उसका कितना गहरा असर पैदा किया जा सकता है—उन दिनों के दर्शक आज भी उसका ज़िक्र करते थकते नहीं हैं। पहली बार भारतीय रंगमंच में स्वयं अभिनेता से ही अभिनय के साथ-साथ गाने की भी अपेक्षा की जाने लगी, क्योंकि मंच पर शुरू से लेकर आख़िर तक बैठे गायक और वादक यहाँ नदारद थे। कोरस की बजाय व्यक्तिगत गायन और बाद में युगल गीत के जन्म का श्रेय भी इस परंपरा को है। यह सत्य है कि पैसे कमाने के शुद्ध व्यापारिक दृष्टिकोण ने नाटकों के उस साहित्यिक पक्ष को गौण बना दिया, जो तत्कालीन नाटककारों यथा भारतेंदु, प्रसाद, माधव शुक्ल की रचनाओं में दीख पड़ते हैं। लेकिन सभी पारसी नाटकों के विषय में यह बात नहीं की जा सकती। आग़ा हश्र कश्मीरी के यहाँ 'यहूदी की लड़की' और 'रुस्तम सोहराब' जैसे उच्चकोटि के गहरे त्रासद नाटक मौजूद हैं, जो ग्रीक त्रासदियों का-सा अनुभव प्रदान करते हैं तो 'सीता वनवास' जैसा करुण और मार्मिक हिंदी नाटक भी उपस्थित है जो भवभूति के 'उत्तररामचरित' की याद दिलाता है। इसी प्रकार राधेश्याम कथावाचक का 'वीर अभिमन्यु' और 'भक्त प्रहलाद' तथा नारायण प्रसाद बेताव का 'महाभारत' आदि—धर्मवीर भारती के 'अंधायुग' से पहले युद्ध की विभीषका और परिणाम पर प्रश्न उठाने वाली नितांत मौलिक साहित्यिक रचनाएँ हैं। लेकिन यहाँ प्रश्न आलेख से भी ज़्यादा उस अभिनय शैली की खोज का था, जो भारतीय परंपराओं यथा शास्त्रीय एवं लोक और पाश्चात्य के अद्‌भुत मिश्रण से तैयार होकर भी अपनी एक अलग ही पहचान बनाने में सफल हुई। इस अभिनय शैली में न तो शास्त्रीय रंगमंच जैसी जटिल एवं अमूर्त गतियाँ एवं मुद्राएँ थीं और न ही लोक रंगमंच की मौखिक आलेख पर आधारित स्वच्छंदता वरन् एक ऐसी नई शैली जो लिखित आलेख के ढाँचे में बँधी होने के बावजूद अपनी प्रस्तुति में एक सहज शैलीबद्धता लिए हुई थी। एक ओर मंच पर पैदा किए जा सकने वाले तमाम तकनीकी प्रभावों के कारण यथार्थ का भ्रम उत्पन्न करने का आग्रह था, तो दूसरी ओर रँगे हुए परदों के इस्तेमाल के सामने अभिनेताओं द्वारा भावों और संवेगों की अतिरंजित अभिव्यक्ति उसी क्षण यथार्थ के उस भ्रम को तोड़ भी डालती थी। यथार्थ के इस भ्रम के टूटने की अंतिम परिणति तब होती थी, जब किसी दृश्य के असर से भाव-विह्वल होकर दर्शक कह उठते थे—'वंस मोर...वंस मोर' और मंच पर उपस्थित अभिनेता उस दृश्य की पुनरावृत्ति करने लगते थे। भारतीय परंपरा में एलीएनेशन अथवा अलगाव की उपस्थिति का इससे बड़ा उदाहरण और क्या हो सकता है ? यह सहज स्वाभाविक ही है कि आधुनिक अभिनेता

की रचना-प्रक्रिया और प्रशिक्षण के संदर्भ में पारसी अभिनेता की भूमिका पर पुनर्विचार हो रहा है। इसमें कोई संदेह नहीं कि बेशक साहित्य के पंडित आलोचकों ने इस परंपरा के लगभग सभी नाटकों को अनदेखा-सा कर दिया लेकिन संवादों की भाषा, उच्चारण, रंगभाषण एवं अभिनय की अंतहीन क्षमताओं, संभावनाओं एवं विकल्पों की दृष्टि से इन सौ वर्षों में प्रचलित अभिनय परंपरा को सही रूप में रेखांकित किया जाना चाहिए।

इस शताब्दी के पिछले पचास वर्ष यदि भारत की आज़ादी के पचास वर्षों की दृष्टि से महत्त्वपूर्ण हैं तो भारतीय अभिनेता की अनवरत यात्रा के रूप में भी कम महत्त्व नहीं रखते। आज के अभिनेता के सामने यदि एक तरफ़ पिछले तीन हज़ार वर्षों के रंगमंचीय इतिहास में उपलब्ध शास्त्रीय, लोक, यथार्थवादी, अभिव्यंजनावादी, अमूर्त और असंगत, मनोशारीरिक और महाकाव्यात्मक अर्थात् अभिनय की अनंत दिशाओं का भंडार उपस्थित है, वहीं यह भी उतना ही क्रूर एवं नंगा सच है कि आज न तो किसी एक विकल्प से काम चलने वाला है और न ही इस बात के लिए बहस की गुंजाइश और अवकाश है कि उपर्युक्त सभी विकल्पों के प्रयोग से एक नई अभिनय शैली का निर्माण कर लिया जाए। मेरे विचार में आज के अभिनेता के सामने अपने पूर्ववर्ती अभिनेताओं की अपेक्षा ज़्यादा बड़ी चुनौतियाँ हैं। इससे पहले का अभिनेता एक काल-विशेष में प्रचलित, स्वीकृत और व्याख्यायित अभिनय शैली और परंपरा से बखूबी अपना काम चला लेता था। एक मायने में अभिनय उसे विरासत में प्राप्त हो जाता था, जहाँ नाटक के मौखिक आलेख के साथ-साथ ही उसे मंचित करने की विधि-प्रविधि और अभिनय की परंपरा भी पीढ़ी-दर-पीढ़ी सहज ही उपलब्ध हो जाती है, लेकिन आज के अभिनेता के न तो अपने परिवार में यह परंपरा नियमित स्तर पर उपलब्ध है और न ही अपने परिवार के बाहर ही यह विकल्प उस रूप में उपलब्ध है। एक प्रकार का शून्य है उसके समक्ष। देखा जाए तो यह स्थिति एक प्रकार से बहुत ही सकारात्मक स्थिति है, क्योंकि आज अभिनेता बिना किसी पूर्वाग्रह के किसी भी दिशा में अपनी पगडंडी की शुरुआत कर सकता है, वह उपर्युक्त सारे विकल्पों को बारी-बारी से आज़माकर अपने लिए एक विकल्प चुन सकता है और अंततः एक संभावना यह भी बनती है कि वह पहले तो सोच-विचार कर एक पूरी प्रक्रिया के भीतर से गुज़रते हुए अपने को न्यूट्रल करे और फिर जो कुछ वह सहज रूप से अपने भीतर ले सके, उसे स्वीकार करता चले।

हाँ, एक बात उसे सदैव ध्यान में रखनी होगी कि आख़िर वह जो कुछ भी कर रहा है या करना चाहता है, वह दर्शकों के लिए भी उतना ही संप्रेषणीय होना चाहिए—इस प्रकार अभिनय के जो नए प्रतिमान बनेंगे, वे सचमुच में भविष्य के रंगमंच की भी एक ठोस तस्वीर प्रस्तुत करेंगे।

भारतीय रंगमंच में मंच-अभिकल्पन एवं दृश्यांकन

संपूर्ण विश्व रंगमंच में ही मंच अभिकल्पन एवं दृश्यांकन की एक स्वतंत्र कला के रूप में अवधारणा मध्यकाल के आसपास जन्म लेती और विकसित होती है। लेकिन एक दूसरे रूप में वह रंगमंच की शुरुआत से ही अपने अस्तित्व का संकेत देना शुरू कर देती है—रात्रि का समय, एक घेरे में बैठे लोग, बीच में आग और उस पर पकते हुए मांस के भोज के बाद उसी से जुड़ी घटनाओं का पहले वर्णन और फिर अभिनटन। आदिम रंगमंच के इस चित्र में मंच अभिकल्पन एवं दृश्यांकन भले ही उस रूप में उपस्थित न हो, जिस रूप में आज हम उससे परिचित हैं, लेकिन फिर भी उससे जुड़े कुछ आवश्यक तत्त्वों की उपस्थिति यहाँ भी अपने क्षीण एवं धुँधले आकार में ही सही, दिखाई ज़रूर पड़ती है। एक बेहद अनौपचारिक प्रदर्शन-स्थल, एक प्राकृतिक वातावरण की सृष्टि, जिसमें चाँद की रोशनी, आग एवं दूसरे पेड़-पौधे, पहाड़ आदि सम्मिलित हैं। वेशभूषा के नाम पर संभवतः पेड़ों की छालें और जानवरों की खालें, मंच उपकरणों के रूप में लाठियाँ, डंडे और भाले, रूपसज्जा के लिए मिट्टी, पत्ते या मुखौटों से मिलते-जुलते हुए कुछ शिरस्त्राण—क्या ये सब मिलकर अपने-आप में एक मंच-अभिकल्पन एवं दृश्यांकन से बने मायावी संसार की सृष्टि नहीं कर देते, जिसे जाने-अनजाने आदिम मनुष्य ने खेल-खेल में अपने साथ जोड़ लिया था।

मंच अभिकल्पन एवं दृश्यांकन का एक और रूप पहली बार बहुत बाद में विकसित शास्त्रीय रंगमंच में देखा जा सकता है जो भारत, यूनान, रोम, जापान और मध्यकाल में शेक्सपीयर रंगमंच में विद्यमान है। जहाँ प्रदर्शन-स्थल एकदम निश्चित, रूढ़, स्थिर एवं निस्संग रूप में उपस्थित है। अर्थात् वह नाटक के अनुसार बदलने वाला मंच अभिकल्पन एवं दृश्यांकन नहीं है, वरन् उस पर कोई भी नाटक खेला जा सकता था, लेकिन उसके अपने स्वरूप में कोई परिवर्तन नहीं होगा। इसीलिए इस प्रदर्शन-स्थल को भी प्रेक्षागृह की अवधारणा के रूप में स्वीकार किया गया, न कि नाटक के लिए की जाने वाली स्वतंत्र मंच अभिकल्पना एवं दृश्यांकन के रूप में। यह तो सच है कि प्रदर्शन-स्थल के ऐसे निश्चित रूप का बाक़ायदा एक लंबा इतिहास है, जो पाँचवीं शती ई. पू. से पाँचवीं शती तक अर्थात् कम-से-कम एक हज़ार वर्ष तक तो अनवरत और बाद में पुनः जापान और शेक्सपीयर के माध्यम से चौदहवीं शती से सोलहवीं शती के बीच अपने ठोस अस्तित्व की सूचना देता है।

यहाँ एक सवाल उठाया जा सकता है कि यदि प्रदर्शन-स्थल के रूप में इतने

विकसित रंगमंच का जन्म संभव था, वेशभूषा, प्रकाश, मुखौटों के रूप में अभिकल्पन से जुड़े दूसरे तत्त्वों का विकास भी हुआ तो मंच अभिकल्पन एवं दृश्यांकन की अवधारणा एवं क़ला का जन्म एवं विकास क्यों नहीं हो पाया ? मेरे विचार में इसका मूल कारण वह स्रोत-सामग्री है, जिस पर पूर्व और पश्चिम में मध्यकाल तक नाटकों के कथानक आधारित रहते आए। हमारे यहाँ रामायण, महाभारत, पुराण, लोककथा, इतिहास, पश्चिम में यूनानी कवि होमर का 'इलियड एंड ओडेसी', जापान के नोह नाटकों के बौद्ध धर्म से जुड़े सूत्र, शेक्सपीयर के नाटकों की होलिनशेड के इतिहास में उपलब्ध ऐतिहासिक चरित्र एवं कहानियाँ—ये सब कुछ दर्शकों के लिए पहले से पढ़ा-सुना और जाना-पहचाना था। इसलिए नाटक-दर-नाटक कभी अलग से उस परिवेश को तैयार करने की ज़रूरत नहीं पड़ी, यद्यपि वह वहाँ उपस्थित तो रहता ही था—पात्रों के संवादों के माध्यम से, गतियों के माध्यम से और अंततः दूसरे रंगतत्त्वों के माध्यम से। यूनानी नाटकों में यदि समय, स्थान और कार्य-व्यापार की अन्विति ने भी मंच अभिकल्पन एवं दृश्यांकन की आवश्यकता को गौण बना दिया तो भारतीय, जापान एवं शेक्सपीयर के रंगमंच में उपलब्ध समय, स्थान एवं कार्य-व्यापार की बहुलता एवं स्वतंत्रता के कारण उसकी कोई कमी अनुभव नहीं की गई।

सतही तौर पर देखा जाए तो भारतीय रंगमंच का इतिहास भी उपर्युक्त पृष्ठभूमि एवं विवेचन का अपवाद नहीं है, लेकिन यदि गहराई से अध्ययन किया जाए तो मंच अभिकल्पन एवं दृश्यांकन के तत्त्व भारतीय रंगमंच में पहले मिलने शुरू हो जाते हैं। मैं अपनी स्थापना के लिए मात्र दो-तीन तथ्यों की ओर रंग-अध्येताओं एवं विद्वानों का ध्यान आकर्षित करना चाहूँगा—बेशक हमारे यहाँ भी नाट्यशास्त्र में मंच एवं प्रेक्षागृह की वैसी ही रूढ़, स्थिर एवं निश्चित परिकल्पना की गई है, जैसा कि दूसरे देशों के शास्त्रीय रंगमंच के साथ हुआ, लेकिन किसी भी स्थायी प्रेक्षागृह की अनुपस्थिति क्या इस ओर संकेत नहीं देती कि जब-जब नाटकों का मंचन किया जाता होगा, तभी अस्थायी तौर पर ऐसा मंच-निर्माण किया जाता होगा अर्थात् कहीं-न-कहीं नाटक के अनुसार मंच-निर्माण की आवश्यकता के बीज विद्यमान होने की सूचना मिलती है। यही क्यों, मंच एवं प्रेक्षागृह के तीन अलग-अलग प्रकार एवं आकार और फिर उनके भी तीन-तीन नाप के हिसाब से भेद यानी कुल मिलाकर नौ प्रकार के प्रदर्शन स्थल एवं प्रेक्षागृह—'दशरूपक' में चर्चित अलग-अलग रूपकों के लक्षणों के अनुसार कौन सा रूपक किस प्रकार के मंच पर खेला जाएगा—क्या प्रकारांतर से कहीं मंच-अभिकल्पन एवं दृश्यांकन की ओर ही संकेत नहीं करते ? चाहें तो मत्तवारिणी की मंच के अगले भाग में बाएँ-दाएँ दो विशेष अभिनय स्थलों के रूप में परिकल्पना, षड्-दारूक की एक व्याख्या कि मंच के पिछले हिस्से में छः लकड़ी के टुकड़ों से बना एक ऐसा चित्रपट, जो संगीत-मंडली की पृष्ठभूमि के रूप में नाटक के अनुसार बदलता रहता था, रंगपटी अथवा चित्र-यवनिका का मंच पर होने वाले कार्य-व्यापार में प्रयोग और सबसे महत्त्वपूर्ण एवं अपरिहार्य तथ्य यह कि आहार्य को भी अभिनय के अंतर्गत स्वीकृति दी गई, न

कि अलग से एक स्वतंत्र रंग-तत्त्व के रूप में। कहने का तात्पर्य यही है कि चाहे कितने भी झीने रूप में ही सही, मंच अभिकल्पन एवं दृश्यांकन के जन्म की सूचना पश्चिम की बजाय भारतीय रंगमंच में अपना अहसास बहुत पहले से कराना शुरू कर देती है।

यदि रंगमंच के समानांतर भारतीय चित्रकला एवं मूर्तिकला के इतिहास पर भी ग़ौर किया जाए तो उपर्युक्त धारणाओं को और बल मिलता है। उदाहरण के लिए अजंता व एलोरा की गुफ़ाओं में ईसा से भी कितनी शताब्दियों पूर्व चित्रित बौद्धकालीन जीवन-शैली से जुड़े भित्ति-चित्र—यदि 'स्वप्नवासवदत्ता', 'अभिज्ञानशाकुंतल' और 'मृच्छकटिक' जैसे नाटकों में चित्रकला के माध्यम से दृश्यांकन के छद्‌म संकेत उपलब्ध हैं तो क्या इस बात की परिकल्पना सहज संभाव्य नहीं कि इन भित्ति-चित्रों का कुछ-न-कुछ संबंध तत्कालीन नाटकों में वर्णित जीवन-शैली के दृश्यांकन से भी रहा होगा। चाहें तो ग्रीक रंगमंच में संकेतित 'पेरियाकतोइ' और रोमन रंगमंच में संभावित मुख्य परदे को भी हम इसी प्रकार के दृश्यांकन तत्त्वों में सम्मिलित कर सकते हैं, जो विश्व की सभी प्राचीन रंग-परंपराओं में मौजूद रहे होंगे।

लगभग एक हज़ार ईसवी से लेकर सत्रहवीं शताब्दी तक—सात सौ वर्ष के लंबे इतिहास में—पहली बार एक लचीले, व्यावहारिक एवं यायावर मंच अभिकल्पन एवं दृश्यांकन का आविर्भाव भारतीय रंगमंच में देश के अलग-अलग भागों में क्षेत्रीय अथवा लोक रंगमंच के माध्यम से होता है, जब संस्कृत रंगमंच का अवसान होने लगता है। ऐसा नहीं है कि यह लोक रंगमंच, संस्कृत रंगमंच के जाने के बाद रातोंरात उदित हो गया। इतिहास साक्षी है कि शायद यह धारा संस्कृत रंगमंच के समानांतर आरंभ से ही रही होगी, लेकिन भरत के 'नाट्‌यशास्त्र' भास, कालिदास, विशाखदत्त, भवभूति एवं श्रीहर्ष जैसे नाटककारों के सामने वह अपनी उपस्थिति को उतनी गहराई से महसूस नहीं करा पाई होगी। शायद भरत ने लोकधर्मी नाट्‌य-शैली के अंतर्गत उसी ओर एक हलका सा संकेत देने की कोशिश की है, जो मध्यकाल में पल्लवित लोक रंगमंच की शैली से पूरा मेल खाती है। यदि इसी समय के आसपास हम पश्चिम के रंगमंच पर दृष्टिपात करें तो वहाँ भी पहली बार ऐसी ही मंच-सज्जा एवं दृश्यांकन का जन्म होता है, जब नाटक चर्च के अंदर आरंभ होकर बाहर आता है और शहरों-नगरों के चौराहों पर अलग-अलग देशों में अलग-अलग रूप ग्रहण करता है—कहीं एक लंबे धरातल पर एक सीधी रेखा में नाटक की कहानी से जुड़े दृश्यबंध, कहीं एक घेरे में अलग-अलग दृश्यों के लिए अलग-अलग दृश्यबंध और कहीं घोड़ा-गाड़ी को ही मंच के रूप में प्रयोग करते हुए एक-एक गाड़ी पर नाटक के एक-एक दृश्य का मंचन। जहाँ पश्चिम में इस धार्मिक रंग-परंपरा ने मंचन के तो नए-नए ढंग ज़रूर विकसित किए, लेकिन अभिनय अथवा नाटकों के क्षेत्र में कोई उल्लेखनीय योगदान नहीं दिया, वहाँ भारतीय रंगमंच का यह दौर अभिनय, नाट्‌य एवं मंचन—तीनों दृष्टियों से बहुत उर्वर है।

आख़िर मंच-सज्जा एवं दृश्यांकन की दृष्टि से भारतीय लोक रंगमंच का क्या महत्त्व है ? इस पर विचार करना आरंभ करें तो बहुत से तत्त्व हाथ लगते हैं। भारतीय रंगमंच

पहली बार एक सीमित दर्शक वर्ग को छोड़कर, बंद प्रेक्षागृह से बाहर खुले आकाश के नीचे आता है। इसी के साथ बड़े-बड़े नगरों की नागर सभ्यता और संस्कृति से अलग छोटे-छोटे गाँवों-क़स्बों से अपना खोया हुआ रिश्ता फिर से स्थापित करता है। हर प्रदेश की अपनी निजी भाषा एवं बोली के साथ-साथ तात्कालिक ज़रूरतों के हिसाब से अपने स्वरूप में भी परिवर्तन करता है। यों कुछ बुनियादी तत्त्व सभी लोक शैलियों में एक समान हैं, जैसे—गीत, संगीत, उन्मुक्त गति-विधान, दर्शकों के बैठने की अनौपचारिक व्यवस्था और प्रदर्शनों का रात-रात भर होते रहना लेकिन इन समानताओं के बावजूद उनके दृश्य-पक्ष में बेहद अंतर है। कहीं उनमें रूपसज्जा, वेशभूषा के नाम पर भारी-भरकम सजावट, मुखौटों, गहरे रंगों की भरमार है तो कहीं ये सारे तत्त्व बिलकुल नहीं के बराबर हैं। कहीं गोबर से लिपे-पुते, थोड़े ऊँचे धरातल से ही काम चल जाता है तो कहीं बाक़ायदा सरकंडों एवं खपच्चियों से एक पृष्ठभूमि बनाने पर ज़ोर है और सबसे बड़ी बात यह कि पश्चिम के विरोध में नाटक के प्रदर्शन को समय के लिहाज से मात्र रात्रि के साथ जोड़ना अर्थात् रात्रि के अंधकार में आग, मशालों और बाद में गैस-बत्तियों के माध्यम से एक ऐसे वातावरण की सृष्टि करना, जो स्वयं में ही एक दृश्यबंध बना दे—एक बार फिर से आदिम रंगमंच के खुलेपन का अहसास, यद्यपि वह रंगमंच लोक रंगमंच की तरह घूमंतू नहीं था।

इसी समय के आसपास हम भारतीय चित्रकला में भी मंच एवं दृश्य से जुड़े चाक्षुष तत्त्व पाते हैं। उदाहरण के लिए तत्कालीन मुग़ल चित्रकला शैली के अंतर्गत लघुचित्रों में अंकित किए गए राजाओं और बादशाहों के राज-दरबारों, शिकारों, क्रीड़ाओं एवं यात्राओं के चित्र। लगता है कि चित्रकला में भी एक ऐसी शैली उभरकर सामने आ रही थी, जो अपनी मूल प्रकृति में नाट्यधर्मिता को छोड़कर लोकधर्मी की तरफ़ झुक रही थी। क्या स्वयं भारतीय रंगमंच में भी ठीक वैसा ही नहीं हुआ ? यदि संस्कृत रंगपरंपरा एक औपचारिक शास्त्रीय नाट्यधर्मी शैली पर ज़्यादा आश्रित थी तो मध्यकाल की यह लोकधारा अपने स्वरूप में निहायत ही लोकधर्मी थी।

लेकिन भारतीय रंगमंच की सबसे बड़ी विडंबना यही है कि जब मंच अभिकल्पन एवं दृश्यांकन का एक स्वतंत्र कला के रूप में विकास हुआ तो वह पश्चिम से आयातित होकर ही भारत में आई। पश्चिम में पहली बार पंद्रहवीं-सोलहवीं शती में रेनेसाँ के दौर में रंगमंच के इस तत्त्व का स्वतंत्र विकास इटली में लियोनार्डो द विंची और माइकल एंजेलो जैसे चित्रकारों एवं मूर्तिकारों और सरलियो, सबातिनी जैसे स्थापत्यकारों के प्रयत्नों से हुआ। यद्यपि पश्चिम में इसके विकास के लिए ठोस ऐतिहासिक कारण एवं पृष्ठभूमि भी तैयार थी—चित्रकला में पर्सपैक्टिव की खोज के कारण दो-आयामी माध्यम में तीसरा आयाम जुड़ना, गैस, प्रकाश एवं अन्य तकनीकी तत्त्वों से जुड़ी औद्योगिक क्रांति, प्रेक्षागृह के स्वरूप में आमूल परिवर्तन; नए नाट्य लेखन का जन्म, जो जानी-पहचानी कहानी पर आधारित नहीं था और इसीलिए अपने लिए हर बार एक नए दृश्यबंध की माँग करता था—इतने सारे लगातार घटित होते परिवर्तनों के कारण ये अवधारणाएँ इटली

से होती हुई इंग्लैंड, फ्रांस और दूसरे देशों में पहुँचीं और अंततः दो सौ वर्ष पूर्व अंग्रेज़ों के भारत आने एवं यहाँ शासन करने के साथ-साथ कला एवं संस्कृति के उपर्युक्त तत्त्व भारत में भी पहुँचे।

उन्नीसवीं शती के उत्तरार्द्ध में जब भारत में अंग्रेज़ी शासन की स्थापना हुई, उस समय इंग्लैंड और पूरे पश्चिम में यथार्थवादी नाट्य लेखन का दौर चल रहा था। यूरोप में इब्सन, चेखव और स्ट्रिंडबर्ग जैसे नाटककारों की रचनाओं का मंचन हो रहा था और उन्हीं के अनुरूप प्रकृतवादी अथवा यथार्थवादी मंच अभिकल्पन एवं दृश्यांकन का प्रचलन ज़ोरों पर था। इसी प्रकार के नाट्य लेखन एवं दृश्यांकन ने वहाँ प्रोसीनियम मंच की आवश्यकता को भी जन्म दिया ताकि एक चारदीवारी वाले घर की परिकल्पना को मंच पर साकार किया जा सके, जिसकी एक दीवार दर्शकों के देखने के लिए तोड़ दी गई और बाक़ी की तीन दीवारें कपड़े और लकड़ी की सहायता से बने पार्श्वों को रँगकर तैयार की गईं अर्थात् पहली बार मंच पर एक परिवेश के निर्माण की प्रक्रिया आरंभ हुई। भारतीय रंगमंच में भी सबसे पहले यही रँगे हुए परदे एवं पार्श्व दृश्य-सज्जा के नाम पर प्रयोग में आने लगे। यद्यपि इससे पूर्व भी कुछ कोशिशें स्वयं भारतेंदु जैसे रचनाकार एवं रंगकर्मी ने नाटकों के मंचन के दौरान की थीं, जब उन्होंने चादरों, परदों एवं चारपाइयों इत्यादि से मंच पर चौखटा तैयार किया था। लेकिन पश्चिम का यथार्थवाद भारतीय रंग-परंपरा में अपना तालमेल नहीं बिठा पाया। ऐसा नहीं है कि भारतीय रंगमंच के लिए यह यथार्थवाद कोई नई वस्तु था, वरन् मैंने तो बार-बार इस बात पर ज़ोर दिया है कि लोकधर्मी नाट्य शैली के रूप में वह नाट्यशास्त्र के समय से ही हमारे यहाँ पर उपस्थित था, परंतु वह नाट्य लेखन के साथ नहीं, अभिनय के साथ जुड़ा था। दूसरे, भारतीय रंगमंच ने कभी भी पश्चिम वाले बाहरी यथार्थवाद को प्रश्रय नहीं दिया। यही कारण है कि भारत में यथार्थवादी दृश्यांकन तो ज़रूर आया, लेकिन उसके लिए जिस प्रकार के नाटकों की ज़रूरत थी, वे हमारे यहाँ उस समय लिखे ही नहीं गए। भारतेंदु, प्रसाद और टैगोर—तत्कालीन तीन बड़े नाटककारों के किसी भी नाटक के लिए इस प्रकार के दृश्यबंध की कोई विवशता ही नहीं थी। हिंदी में बहुत बाद में यदि लक्ष्मीनारायण मिश्र, उपेन्द्रनाथ अश्क ने उस प्रकार के नाट्य-लेखन की दिशा में प्रयास किए भी तो उनके नाटक मात्र पाठ्य नाटकों की कोटि से आगे नहीं बढ़े। कमोबेश दूसरी भाषाओं के नाट्य लेखन के साथ भी ऐसा ही हुआ। कुछ सार्थक लेखन हिंदी रंगमंच में भुवनेश्वर के माध्यम से हुआ ज़रूर, लेकिन उनके नाटकों का मुख्य तेवर भी यथार्थवादी की अपेक्षा 'एब्सर्ड' ही था। कितना बड़ा विरोधाभास है कि जब भारत में मोहन राकेश, विजय तेंदुलकर, गिरीश कार्नाड, सुरेन्द्र वर्मा इत्यादि नाटककारों के माध्यम से यथार्थवादी नाट्य-रचना अपने सही एवं सशक्त रूप में सामने आई, तब तक पश्चिम में यथार्थवादी मंच अभिकल्पन एवं दृश्यांकन का दौर कब का समाप्त हो चुका था और भारतीय रंगमंच भी उसे पीछे छोड़कर आगे बढ़ चुका था।

हमारे यहाँ लगभग सौ वर्षों तक एक दूसरी रंग-परंपरा में अवश्य इन रँगे हुए परदों

एवं पार्श्वों का खुलकर प्रयोग हुआ और वह थी पारसी नाट्य परंपरा। यद्यपि यहाँ भी लेखन के स्तर पर उस पश्चिमी यथार्थवादी शैली का कोई प्रभाव नहीं था और न ही नाटकों की अभिनय शैली में वह यथार्थवाद उपस्थित था, फिर भी इस नाट्य परंपरा ने अपनी मंच-सज्जा एवं दृश्यांकन के लिए उन्हीं रँगे हुए परदों एवं पार्श्वों को अपनाया, जो उस समय के विक्टोरियन युग के रोमांटिक नाटकों में प्रयोग में आ रहे थे। पारसी रंगमंच ने भी उन्हें यथार्थ का भ्रम उत्पन्न करने के लिए नहीं, वरन् उस यथार्थ को अधिक-से-अधिक नाटकीय बनाने के लिए ही इस्तेमाल किया। उदाहरण के लिए ये रँगे परदे और पार्श्व यहाँ किसी ठोस परिवेश का निर्माण नहीं करते, वरन् एक सपाट पृष्ठभूमि का काम देते हैं। दूसरे, वहाँ उनके माध्यम से मंच पर बाहरी और आंतरिक दृश्यों का निर्माण संभव हो पाया अर्थात् जब तक भीतर का कोई हैरतअंगेज़ दृश्य तैयार हो रहा हो, तब तक एक दृश्य बिलकुल आगे के परदे के सामने हो सकता था। तीसरे, परदों का अपने-आप में लिपटवाँ होना और दर्शकों की आँखों के सामने ही बदलते जाना पश्चिम के उस यथार्थवाद का कोई आभास शेष नहीं रहने देता। यदि कोई थोड़ा बहुत शुद्ध यथार्थवाद अभिनय के क्षेत्र में संभव हो सकता था तो उसे पारसी नाटकों के खुले एवं बड़े-बड़े जन-समुदाय के सामने मंचित होने की आवश्यकता ने पहले ही नकार दिया था अर्थात् हर बात को बढ़ा-चढ़ाकर अतिरंजित अभिनय के माध्यम से अपने भावों को अभिव्यक्ति देना, जिसमें मेलो-ड्रामा के साथ-साथ गीत-संगीत भी शामिल था।

मंच-सज्जा एवं दृश्यांकन के क्षेत्र में पहली बार सही मायनों में आज़ादी के बाद ही भारतीय रंगकर्मियों का ध्यान गया। यों इससे पहले कुछ प्रयास इप्टा के दिनों में बिजन भट्टाचार्य के नाटक 'नवान्न' के साथ आरंभ हो चुके थे, किंतु इस दिशा में ठोस कार्य उसके बाद ही संभव हो पाया। सबसे महत्त्वपूर्ण तथ्य यह भी है कि रंगकर्म के दूसरे पक्षों की तरह यहाँ भी पहल निर्देशकों के माध्यम से ही हुई—बंगाल में यदि शंभु मित्र ने टैगोर के नाटकों के मंचन के लिए सर्वथा एक नई प्रस्तुति-शैली की खोज की तो उसी के अनुसार वहाँ खालेद चौधरी ने भी एक नए, सांकेतिक एवं अमूर्त दृश्यबंध का विकास किया जो कहीं से भी पश्चिम के यथार्थवाद से प्रभावित नहीं था। इधर इब्राहिम अलकाज़ी का इस क्षेत्र में किया गया रंगकर्म और भी ज़्यादा कल्पनाशील था। नाटकों के मंचन के लिए बंबई में टैरेस थिएटर का निर्माण, दिल्ली में पहले 'आषाढ़ का एक दिन' का खुले में मंचन, फिर 'अंधायुग' जैसे नाटक का फ़िरोज़शाह कोटला के ऐतिहासिक खंडहरों में मंचन और पुनः 'तुग़लक', 'सुल्तान रज़िया' एवं 'अंधायुग' का दिल्ली के पुराने क़िले में प्रदर्शन—ये घटनाएँ भारतीय रंगमंच में मंच अभिकल्पन के ऐसे प्रतिमान हैं जो विश्व रंगमंच के किसी भी प्रयोगवादी रंगमंच के समकक्ष रखे जा सकते हैं। इसी तरह से एम्. एस. सथ्यू का रंगकर्म भी इस संदर्भ में उल्लेखनीय है, जिन्होंने इस कला को पूरी तरह से स्थापित करने में अपनी ठोस भूमिका अदा की।

आज़ादी के बाद वाली पीढ़ी में क्रमशः बंसी कौल, प्रसन्ना, निसार अल्लाना, रॉबिन दास ने अत्यंत महत्त्वपूर्ण प्रयोग किए और तीसरी पीढ़ी में सत्यव्रत राउत का नाम लिया

जा सकता है।

इसमें कोई संदेह नहीं कि उपर्युक्त सभी निर्देशकों एवं अभिकल्पकों ने पहली प्रेरणा पश्चिम से ही ग्रहण की लेकिन कभी भी उसे हू-ब-हू अपने काम में उतारने की कोशिश नहीं की। चाहे उन्होंने पश्चिमी नाटकों के लिए भी अभिकल्पन किया, उनकी अवधारणा सदैव निजी एवं भारतीय ही रही। यही कारण है कि जब कभी उन्होंने पश्चिमी अथवा भारतीय यथार्थवादी नाटकों के लिए भी अभिकल्पन किया तो वह निहायत ही सूक्ष्म, आंतरिक एवं सांकेतिक अभिकल्पन था। उदाहरण के लिए प्रसन्ना का चेख़व के 'थ्री सिस्टर्स', स्ट्रिंडबर्ग के 'फ़ादर', रॉबिन दास का बादल सरकार के 'बाक़ी इतिहास', ऑर्थर मिलर के 'डेथ ऑफ़ ए सेल्समैन', निसार अल्लाना का 'आधे-अधूरे' एवं 'महाभोज', बंसी कौल का 'आला अफ़सर' के लिए किए गए अभिकल्पन निश्चित रूप से भारतीय रंगमंच के सर्वथा नए, मौलिक एवं साहसिक प्रयोगों के मानदंड हैं और जब इन्होंने भारतीय रंगपरंपरा में उपलब्ध संस्कृत नाटकों, लोक नाटकों अथवा समकालीन नाटकों को उठाया तो ये प्रयोग और कल्पनाशील हो उठे—इब्राहिम अलकाज़ी द्वारा परिकल्पित 'मिट्टी की गाड़ी', बंसी कौल द्वारा 'शर्विलक', प्रसन्ना का 'उत्तररामचरित' या 'अग्नि और बरखा', एम.एस. सथ्यू का 'पंछी ऐसे आते हैं' तथा रॉबिन दास का 'जनमेजय का नागयज्ञ' का दृश्यबंध आदि कुछ ऐसे अभिकल्पन हैं जो अपने मूल स्वरूप एवं प्रेरणा में पूरी तरह से भारतीय हैं। इसी के साथ-साथ भारतीय रंगमंच में एक और दिशा में भी महत्त्वपूर्ण प्रयोग हुए, जब प्रमुख चित्रकार और निर्देशक साथ-साथ आकर जुड़े। कुछ काम इप्टा के दिनों में ही सामने आ चुका था, परंतु सत्तर के दशक में ये लेन-देन और बढ़ा। सूरज घई जैसे चित्रकार ने निर्देशक टी.पी. जैन के लिए बादल सरकार के नाटक 'पगला घोड़ा' का बहुत ही सांकेतिक एवं कल्पनाशील दृश्यबंध तैयार किया। उसी समय के आसपास कावलम नारायण पणिक्कर और जी. अरविन्दन का आपसी सहयोग और 'मध्यमव्यायोग' की प्रस्तुति का ऐतिहासिक महत्त्व है। उत्पल दत्त की अधिकांश प्रस्तुतियों में दृश्यबंध और तापस सेन का आलोक—एक साथ दोनों रंगतत्त्वों को रंगमंच में प्रतिष्ठा मिलने के संयोग बने। बिलकुल इधर के रंगमंच में अनुराधा कपूर और नीलिमा शेख तथा अर्पिता सिंह का पारस्परिक सहयोग—निर्देशक और चित्रकार के उसी संबंध की याद दिलाता है, जिसने 'उमराव जान', 'रोमियो जूलियट' और 'सुंदरी' जैसी प्रस्तुतियों को जन्म दिया। ये सारे उदाहरण इस धारणा की पुष्टि के लिए पर्याप्त हैं कि किस प्रकार चित्रकला, मूर्तिकला, फ़ोटोग्राफ़ी इत्यादि अभिकल्पन कलाओं में सारे पश्चिमी प्रभावों के होते हुए भी भारतीय रचनाकारों ने अपनी एक निजी छाप हमेशा अलग से स्थापित की है, उसी प्रकार मंच अभिकल्पन एवं दृश्यांकन के क्षेत्र में भी भारतीय रंगकर्मी अलग से उभरकर सामने आए।

भारतीय मंच अभिकल्पन एवं दृश्यांकन की परंपरा में अभी तक एक ऐसे तथ्य की ओर कोई संकेत नहीं किया गया है, जिसने पश्चिम में बिलकुल ही एक नए प्रकार के परिवेशगत रंगमंच के आविर्भाव के लिए आधारभूमि की ठोस भूमिका अदा की और

वह है उत्तर प्रदेश के बनारस नगर में गंगा नदी के किनारे पर स्थित रामनगर में पिछले सौ-डेढ़ सौ सालों में मंचित होने वाली 'रामलीला'—पूरा कस्बा रामकथा से जुड़े संपूर्ण कार्य-व्यापार के लिए अलग-अलग प्रदर्शन स्थलों में स्थायी रूप में बँटा हुआ है। एक दृश्य से दूसरे दृश्य के कार्यक्षेत्र के लिए यदि पात्रों को यात्रा करनी पड़ती है तो दर्शक भी इस यात्रा के सहभागी रहते हैं। रिचर्ड शेख़नर अमेरिका से आकर इस प्रदर्शन-शैली का ख़ूब गहरे में अध्ययन करते हैं और लौटकर 'परिवेशगत रंगमंच' के माध्यम से एक नए प्रकार के मंच अभिकल्पन एवं दृश्यांकन के सिद्धांत को जन्म देने का श्रेय लेते हैं। ब्रेष्ट अपने महाकाव्यात्मक रंगमंच एवं अलगाव के सिद्धांत की खोज के लिए भरत के 'नाट्यशास्त्र', संस्कृत नाटकों एवं लोक नाटकों के रचना-विधान से प्रेरित होते हैं। ग्रोतोव्स्की चुपचाप, बिना किसी शोर-शराबे और हंगामे के भारत में रहकर कथकलि का अध्ययन करते हैं और अपने देश लौटकर 'पूअर थिएटर' की अवधारणा को जन्म देते हैं—लेकिन यदि कोई भारतीय रंगकर्मी भारत में रहकर ही अपने क्षेत्र में कोई नई खोज, कोई नया सिद्धांत या कोई नई शैली को जन्म देता है तो हम कभी भी उसे उस काम का श्रेय देने की ईमानदारी नहीं बरतेंगे और उसके उत्स के लिए पश्चिम का ही मुँह जोहेंगे।

लेकिन उपर्युक्त सारी उपलब्धियों के बाद भी भारतीय रंगकर्म में मंच अभिकल्पन को उतनी महत्ता कभी नहीं मिली, जितनी कि पश्चिम में, जहाँ एक स्वतंत्र कला के रूप में पिछले सौ-डेढ़ सौ वर्षों में उसका अभूतपूर्व विकास हुआ है। आख़िर ऐसा क्यों हुआ ? मेरे विचार में इसका मुख्य कारण तो यही है कि हमारे यहाँ निर्देशक ही मुख्यतः अभिकल्पक भी रहा है। खालेद चौधरी या निसार अल्लाना जैसे एक दो मंच अभिकल्पकों को अपवाद के रूप में छोड़ दिया जाए तो और कोई भी ऐसा रंगकर्मी नहीं है, जिसने मात्र उसी क्षेत्र को अपने कार्य का एकमात्र विकल्प बनाया हो। सच्चाई तो यहाँ तक है कि यदि उनसे पूछा जाए कि निर्देशन और अभिकल्पन में से वे किस एक विकल्प का चुनाव करेंगे तो निश्चित रूप से वे निर्देशन को ही चुनेंगे। क्या मंच अभिकल्पन निर्देशन की तुलना में दोयम दर्जे का रंगकर्म है, जिसकी वजह से भारतीय रंगकर्मी उसकी ओर जल्दी-जल्दी आकर्षित नहीं होता ? क्या मंच अभिकल्पक को एक निर्देशक के सहयोगी अथवा उसके नीचे रहकर काम करना पड़ता है और उसे निर्देशक का यह वर्चस्व स्वीकार्य नहीं है ? क्या इसलिए कि रंगमंच अपने आविर्भाव से ही या तो पूर्णतः अभिनेता का माध्यम रहा या निर्देशक का और इनके होते हुए किसी तीसरे स्वतंत्र तत्त्व की आवश्यकता ही अनुभव नहीं हुई ? यदि हम पश्चिम में पिछले सौ-डेढ़ सौ वर्षों के इतिहास पर नज़र डालें तो स्थिति बिलकुल उलटी जान पड़ती है। पंद्रहवीं-सोलहवीं शताब्दी में यदि लियोनार्डो द विंची और माइकेल एंजेलो जैसे महान् चित्रकार एवं मूर्तिकार मंच से जुड़े तो बीसवीं शताब्दी में अडोल्फ आपिया, गॉर्डन क्रेग और पिकासो के नाम के उल्लेख के बिना यह अध्याय अधूरा रह जाएगा। आपिया एवं क्रेग का काम तो इतना चर्चित हुआ कि उसने अपने समकालीन निर्देशकों के काम के कद को भी

बौना कर दिया। बाद में यही प्रतिष्ठा अमेरिका में नार्मन बैलगेड्स और ज़ो माइलज़नर ने भी अर्जित की। फ़िल्म जैसे माध्यम में भी, जो कहने को पूरी तरह से निर्देशक का माध्यम है, कला निर्देशक ने पश्चिम और भारत में भी आरंभ से ही अपनी स्वतंत्र सत्ता एवं पहचान बनाए रखी है। वेशभूषाकार एवं संगीतकार तक का फ़िल्म में अलग महत्त्व है।

यदि हम रंगमंच की मूल प्रकृति को समझ लें तो मेरे विचार में भारतीय रंगमंच में इस महत्त्वपूर्ण तत्त्व की अनुपस्थिति को रेखांकित किया जा सकता है और वह है नाटक का अंततः वाचिक पर सबसे ज़्यादा निर्भर रहना। बेशक, रंगमंच में न जाने कितने प्रयोग हो चुके हैं, लेकिन उनके मूल में ध्वनि और शब्द सदैव आवश्यक उपादान रहे हैं और इनका सीधे-सीधे संबंध अभिनेता से है, न कि रंगमंच के अन्य तत्त्वों से। इसीलिए भारतीय रंगमंच में गीत, संगीत, मुद्रा, रूपसज्जा, वेशभूषा और यहाँ तक कि प्रकाश सज्जा ने भी अपनी सत्ता को बरकरार रखा, क्योंकि उपर्युक्त सभी तत्त्वों से अभिनेता को उस परिवेश को ठोस रूप में रचने की ज़रूरत ही नहीं पड़ी। मुझे तो यहाँ तक लगता है कि कभी-कभी अभिनेता को अभिकल्पन के बोझ तले अपना दम घुटता महसूस होता है और वह उससे मुक्त होने के लिए छटपटाने लगता है—क्या पीटर ब्रुक द्वारा प्रतिपादित 'द एम्पटी स्पेस' और ग्रोतोव्स्की ने अपने 'पूअर थिएटर' द्वारा अभिनेता की इसी मुक्ति की आकांक्षा को साकार नहीं किया था ?

भारतीय रंगमंच अपने मूल स्वरूप में चरित्रपरक की अपेक्षा प्रस्तुतिपरक है, इसीलिए यहाँ अभिनय में बेशक लोकधर्मी अर्थात् यथार्थवादी शैली का प्रयोग हुआ, लेकिन मंच सज्जा में तो उसे बिलकुल स्वीकार नहीं किया गया। इसीलिए हमारे यहाँ जितने भी मंच अभिकल्पन एवं दृश्यांकन का विकास हुआ और आज भी हो रहा है, वह अपनी अभिव्यक्ति में नितांत सांकेतिक, संक्षिप्त एवं अमूर्त है और इस प्रकार अभिनेता के वाचिक के लिए मात्र एक पृष्ठभूमि तैयार करता है और अभिनेता की अपनी कला को ज़्यादा-से-ज़्यादा स्थापित होने में मदद करता है। क्या इसे भी मात्र संयोग मान लिया जाए कि जिन धरातलों, सीढ़ियों एवं स्तंभों जैसे निस्संग रंग-तत्त्वों को आज का भारतीय अभिकल्पक अपने दृश्यबंध का हिस्सा बनाता है, वे भरत द्वारा प्रतिपादित मंच एवं प्रेक्षागृह की परिकल्पना में ही पहली बार साकार हुए थे ?

कथा साहित्य और रंगमंच का आपसी लेन-देन

नाटक को साहित्य की एक विधा के रूप में ही स्वीकार किया गया है। यह अलग बात है कि भारतीय नाट्यशास्त्र में 'दशरूपक' के अंतर्गत नाटक के स्वतंत्र विवेचन और दृश्यकाव्य की संज्ञा से जोड़कर उसकी प्रदर्शन-मूलक प्रकृति को भी रेखांकित किया गया है। लगभग ऐसा ही अथवा इससे मिलता-जुलता चिंतन पश्चिमी दुनिया में भी मिलता है जहाँ नाटक के लिए ड्रामा और प्ले दो अलग-अलग शब्दों का प्रयोग हुआ है। ज़ाहिर है कि ड्रामा नाटक के लिखित आलेख और प्ले, यदि शेक्सपीयर के शब्दों को उधार लिया जाए तो 'द प्ले इज़ द थिंग' के अनुसार उसके प्रदर्शित रूप को ही इंगित करता है। लेकिन एक बात दोनों परंपराओं में निर्विवाद रूप से सत्य है कि नाटक को हम चाहे शुद्ध साहित्य की कोटि में रखें अथवा शुद्ध रंगमंच की कोटि में रखें, उसने अपनी स्रोत सामग्री ज़्यादातर साहित्य से ही ग्रहण की है। हमारे यहाँ प्राचीन काल से रामायण, महाभारत, इतिहास, पुराण, लोककथा, जातक कथाएँ इत्यादि नाटकों के कथानक के रूप में प्रचलित रहे हैं तो पश्चिम भी इसका अपवाद नहीं है। ग्रीक कवि होमर के 'इलियड एंड ओडिसी', होलिनशेड की ऐतिहासिक कहानियाँ क्रमशः यूनानी नाटकों और शेक्सपीयर के नाटकों के कथानकों की स्रोत सामग्री के रूप में विख्यात हैं। यहाँ तक कि धार्मिक ग्रंथ जैसे कि बाइबिल भी नाटकों की कहानियों के रूप में इस्तेमाल होते रहे हैं। साहित्य को दूसरी कलाओं की स्रोत सामग्री के रूप में भी देखा जा सकता है। उदाहरण के लिए हमारे यहाँ बौद्ध धर्म से जुड़ी जातक कथाओं पर अजंता, एलोरा की गुफ़ाओं में उपलब्ध चित्र और मध्यकाल में मुग़ल बादशाहों की जीवनियों से संबंधित साहित्य जैसे कि 'बाबरनामा', 'अकबरनामा', 'जहाँगीरनामा' इत्यादि पर आधारित 'मिनिएचर' चित्रकला की एक लंबी परंपरा का उल्लेख किया जा सकता है। इसी के समानांतर पश्चिम में ईसा मसीह के जीवन से जुड़े प्रसंगों पर आधारित लियानार्डो द विंची, माइकल एंजेलो और दूसरे प्रसिद्ध चित्रकारों द्वारा 'द लास्ट सपर' नामक चित्र सहज ही ध्यान में आ जाते हैं। यही बात नृत्य और संगीत कलाओं के विषय में भी कही जा सकती है।

यदि विषय को मात्र साहित्य और रंगमंच के आपसी लेन-देन तक सीमित रखा जाए और उसमें भी विशेषतया कथा साहित्य और रंगमंच के लेन-देन को, ये अध्ययन काफी रोचक हो सकता है कि आखिर यहाँ लेन-देन कितने रूपों में, कितने प्रकार से और कितने स्तरों पर क्रियान्वित होता रहा है। यहीं पर थोड़ा रुककर यह विचार करना भी ज़रूरी लगता है कि साहित्य की अन्य विधाओं की अपेक्षा कथा साहित्य में ऐसे

कौन से निजी गुण अंतर्निहित हैं जिनकी वजह से नाटक उसकी ओर ज़्यादा आकर्षित होता रहा है। मेरे विचार में साहित्य की किसी भी विधा के लिए एक कहानी के होने की अनिवार्यता ही वह मूल तत्त्व है जो नाटक की आधारभूमि बनती है। और नाटक ही क्यों, कहानी की ज़रूरत तो कविता, संस्मरण, रिपोर्ताज इत्यादि दूसरी विधाओं के लिए भी उतनी ही अनिवार्य है। यदि यह कहा जाए कि किसी भी कला के लिए कहानी का होना पहली ज़रूरत है तो कोई अतिशयोक्ति नहीं होगी। लेकिन नाटक के संदर्भ में कथा साहित्य के प्रयोग के कुछ अन्य कारण भी हैं। उदाहरण के लिए कथा साहित्य में छिपी उसकी अपनी नाटकीयता, जो नाटक के बहुत नज़दीक की चीज़ है। इसी के साथ जीवन के विविध पक्षों, रंगों और चरित्रों से जुड़े वे मार्मिक प्रसंग हैं जो किसी भी नाटक के लिए एक सशक्त एवम् जीवंत कथानक और वातावरण का निर्माण करते हैं। यहाँ इस तथ्य को अलग से उल्लेखित करने की कतई ज़रूरत नहीं, सच तो यह है कि कहानी का जन्म पहले हुआ और उसी को सुनाने की परंपरा ने नाटक को भी जन्म दिया। अतः यह सहज स्वाभाविक है कि कहानी कहने, सुनाने और अंततः लिखने की कला ने भी नाटक के शिल्प और संरचना को काफी दूर तक प्रभावित किया होगा। बहरहाल, रंगमंच पर कथा साहित्य के प्रयोगों की आज तक क्रियाशील जो परंपरा और इतिहास उपलब्ध है, उसके भीतर से गुज़रकर ही विषय का अध्ययन किया जाए तो ज़्यादा ठोस एवं व्यावहारिक निष्कर्ष सामने आएँगे। नाटककारों के सामने कथा साहित्य को लेकर पहला विकल्प तो सहज ही उपलब्ध था और वह यह कि सीधे-सीधे कहानी अथवा उपन्यास का उसकी संपूर्णता में नाट्य रूपांतरण कर लेना। इस दृष्टि से पहली कोशिश तो स्वयं रचनाकारों द्वारा ही की गई। उदाहरण के लिए जॉन स्टीन बैक ने अपने विश्व प्रसिद्ध उपन्यास 'ऑफ़ माइस ऐंड मैन' का उसी नाम से नाट्य रूपांतरण किया। इसी से मिलता-जुलता एक उदाहरण हिंदी की लेखिका मन्नू भंडारी का है जब उन्होंने अपने ही उपन्यास 'महाभोज' का उसी नाम से नाट्य रूपांतरण भी किया। दोनों लेखकों के उपन्यासों और नाटकों को एकसाथ मिलाकर पढ़ा जाए तो शिल्पगत अंतर के अतिरिक्त और कोई विभिन्नता नज़र नहीं आती अर्थात् उपन्यास को नाटक में रूपांतरित करते समय उपन्यासकार ने उपन्यास के विवरणात्मक अंशों को या तो बिलकुल छोड़ दिया है या उन्हें भी संवादों का हिस्सा बनाकर प्रस्तुत किया है। कमोबेश ऐसी ही कोशिशें उन निर्देशकों और रूपांतरकारों ने भी कीं जिन्होंने कथा साहित्य को मंचन के लिए चुना। ऐसे निर्देशकों और रूपांतरकारों की एक लंबी कतार है जिसमें कुछ नाम अलग से अवश्य लिए जा सकते हैं। रंजीत कपूर द्वारा पंडित आनंदकुमार के उपन्यास 'बेग़म का तकिया', चाणक्य सेन के उपन्यास 'मुख्यमंत्री', मनोहरश्याम जोशी के उपन्यास 'कुरु कुरु स्वाहा' और विभूतिभूषण वंद्योपाध्याय के उपन्यास 'आदर्श हिंदू होटल' जैसे नाट्य रूपांतरण अपनी तरफ़ से कोई नया शब्द, दृश्य अथवा विवरण जोड़े बिना उपन्यासों की संवादात्मक अभिव्यक्ति मात्र हैं। और यदि उपन्यासों के विवरणों को रखने की ज़रूरत महसूस की भी गई तो उसके लिए सूत्रधार जैसी नाटकीय

युक्ति को प्रयोग में लाकर अथवा किसी मुख्य पात्र को ही सूत्रधार के रूप में इस्तेमाल करके काम चला लिया गया। कहने का तात्पर्य यही है कि कथा साहित्य का रंगमंच पर इस्तेमाल तो अवश्य हुआ, लेकिन उससे किसी नई रचना का जन्म नहीं हुआ। यह बहस काफ़ी हद तक चर्चा में रही कि उपन्यास अपने मूल रूप में ज़्यादा प्रभावकारी था या कि अपने रूपांतरण में। जो भी हो इस काम ने एक रास्ता तो सुझाया ही और इस रूप में ये रूपांतरण और इनके बाद या इनसे पहले के अनगिनत रूपांतर अपना ऐतिहासिक महत्त्व रखते हैं।

कई बार रंगकर्मियों ने किसी विशेष कहानी अथवा उपन्यास को मात्र एक सूत्र के रूप में ग्रहण किया और उसके बहाने से बिलकुल ही नई, अलग और स्वतंत्र रचना उभरकर सामने आ गई। भारतीय रंगमंच में प्रसिद्ध चीनी कहानीकार लू शुन की कहानी 'आह क्यू की सच्ची कथा' पर आधारित दो नाट्यालेखों का उदाहरण दिया जा सकता है। बँगला भाषा में अरुण मुकर्जी द्वारा रचित 'जगन्नाथ' और हिंदी में भानु भारती द्वारा लिखित 'चंद्रमा सिंह उर्फ़ चमकू'। दोनों नाट्यालेख मूल कहानी पर आधारित होते हुए भी उसके हूबहू रूपांतरण नहीं हैं, बल्कि अपने आप में स्वतंत्र नाट्य रचनाएँ हैं। यहाँ तक कि 'जगन्नाथ' और 'चंद्रमा सिंह उर्फ़ चमकू' की भी आपस में कोई तुलना नहीं की जा सकती। 'जगन्नाथ' बंगाल की ग्रामीण पृष्ठभूमि से जुड़े एक भोले-भाले निश्छल आदमी की त्रासदी को प्रस्तुत करता है तो 'चंद्रमा सिंह उर्फ चमकू' उत्तर प्रदेश के पूर्वी हिस्से की बोली और परिवेश को अपनी कथा का आधार बनाता है। बेशक, दोनों नाटकों का अंत काफ़ी हद तक एक जैसा है और अंततः मूल कथा के आसपास ही है। लेकिन दिलचस्प तथ्य यह है कि दोनों नाटक अपनी अंतिम परिणति तक पहुँचने के लिए मूल कहानी की घटनाओं का प्रयोग नहीं के बराबर करते हैं। इसके साथ ही उनकी अपनी घटनाओं के चुनाव में भी कोई मेल नहीं है। यहाँ इस बात का ज़िक्र भी आवश्यक होगा कि दोनों रचनाकारों ने प्रस्तुतियों का निर्देशन भी स्वयं ही किया और शायद नाट्यालेख के ज़्यादा हिस्से प्रस्तुतियों के पूर्वाभ्यास के दौरान विकसित हुए, बदलते रहे और अपने प्रकाशित रूप में प्रस्तुति के बाद ही पहुँचे। इसी कड़ी में एक और कहानी याद आती है—विजयदान देथा की 'खोजी'। हिंदी के दो नाटककारों ने किसी योजना के तहत नहीं, वरन् स्वतंत्र रूप से इस कहानी को अपने नए नाटकों की रचना के लिए आधार बनाया और आश्चर्यजनक रूप से अपने शिल्प और शैली में एक दूसरे से बिलकुल अलग दो नए नाटकों की रचना हो गई। इसमें कोई संदेह नहीं कि कहानी की मुख्य घटनाएँ दोनों नाटकों को एक सुदृढ़ पृष्ठभूमि प्रदान करती हैं लेकिन जिस बात पर ज़्यादा ग़ौर किया जाना ज़रूरी है, वह यह कि जहाँ मृणाल पांडे का नाटक 'जो राम रचि राखा' लगभग यथार्थवादी शैली में लिखे एक लोक नाटक का-सा आनंद देता है, वहाँ असगर वजाहत का नाटक 'वीरगति' नौटंकी अथवा गानों से भरपूर पारसी शैली के माध्यम से अपनी पहचान बनाता है। आज यदि लौटकर 'खोजी' कहानी को पुनः पढ़ा जाए तो इस बात का अंदाज़ा कतई नहीं लगाया जा

सकता कि उस कहानी के साथ रचनाकार ऐसा प्रयोग भी कर सकते हैं। यूँ कहने को वहाँ भी एक लोक कथा है।

शायद किसी कहानी को मात्र आधार रूप में ग्रहण करके सर्वथा नया नाटक रचने की कोशिश का सबसे ज़्यादा प्रखर, उत्तेजक एवम् चर्चित उदाहरण है—हबीब तनवीर का 'चरणदास चोर'। एक बार फिर से एक निर्देशक—रचनाकार ने विजयदान देथा की कहानी 'फितरती चोर' को नाट्यालेख की रचना और प्रदर्शन के लिए चुना। लेकिन अपने अंतिम प्रारूप में आज 'चरणदास चोर' का जो आलेख हमारे सामने उपलब्ध है, वह मूल कृति से नितांत भिन्न है। इसका मुख्य कारण है, निर्देशक के साथ एक अंचल विशेष के अभिनेताओं का जुड़ा होना। इसी के साथ उन अभिनेताओं की अपनी प्रतिभा, शैली और बोली ने भी नाटक की रचना को काफ़ी हद तक प्रभावित किया। देखा जाए तो मूल कहानी में कोई गीत नहीं है। लेकिन हबीब तनवीर के नाट्यालेख का लगभग चौथाई हिस्सा गीतों के सहारे ही आगे बढ़ता है। इतना ही नहीं, नाट्यालेख के पूरे पूर्वार्द्ध में उपस्थित घटनाओं में से मूल कहानी में कोई भी घटना उपलब्ध नहीं है। नाटक का दूसरा अंक यानी उत्तरार्द्ध ही कहानी की घटनाओं से काफ़ी हद तक मेल खाता है, हालाँकि यहाँ भी नाटककार ने पर्याप्त स्वतंत्रता बरती है। सही मायनों में 'चरणदास चोर' का प्रस्तुत आलेख इस बात के लिए याद रखा जाएगा कि किसी नाट्य मंडली के अपने सदस्य और उनका व्यक्तित्व किस तरह से एक आलेख की रचना-प्रक्रिया को प्रभावित कर सकता है।

यदि हम चाहें तो एक समानांतर अध्ययन के लिए रंगमंच के बरक्स फ़िल्म जैसे माध्यम में कथा साहित्य के प्रयोग पर दृष्टिपात कर सकते हैं। फ़िल्म के लिए किसी भी कहानी या उपन्यास का आलेख एक कच्चे माल से ज़्यादा अहमियत नहीं रखता है, फिर भी कम-से-कम दो रूपों में कथा-साहित्य फ़िल्मों में अपनी उपस्थिति दर्ज़ करता है, जो अभी तक के रंगमंच संबंधी विवेचन के नज़दीक है। एक श्रेणी ऐसे फ़िल्मकारों की है, जिन्होंने जब-जब कथा साहित्य को अपनी फ़िल्मों का आधार बनाया तो उसे उसकी संपूर्णता में परदे पर प्रस्तुत करने की कोशिश की। डेविड लीन की फ़िल्म 'डॉ. ज़िवागो' को बोरिस पास्तरनाक के इसी नाम के उपन्यास का हूबहू फ़िल्मी रूपांतरण कहा जा सकता है। दूसरी ओर ऐसे फ़िल्मकार भी हैं जिन्होंने सामग्री तो साहित्य से ज़रूर ली, लेकिन वह सामग्री जब कैमरे के माध्यम से हमारे सामने आई तो वह अपने मूल कथ्य एवं रूप से बिलकुल भिन्न निकली। जैसी कि पश्चिम में ही ब्रेसाँ जैसे निर्देशक की अधिकांश फ़िल्में। भारत में भी मणि कौल और कुमार साहनी जैसे फ़िल्मकारों के शुरुआती दौर की फ़िल्मों को इस दृष्टि से विश्लेषित किया जा सकता है। फ़िल्मों के साथ-साथ दूरदर्शन और वीडियो पर भी कथा साहित्य का खुलकर प्रयोग होता रहा है, अतः उसके विषय में अलग से कोई टिप्पणी करने की आवश्यकता नहीं।

हिंदी रंगमंच में ही तीन निर्देशक और भी ऐसे हैं, जिन्होंने आज तक अपनी हर प्रस्तुति के लिए कथा साहित्य का ही इस्तेमाल किया है। इनमें सबसे पहला नाम है

अनुराधा कपूर, जिसने टैगोर के 'घरै-बाहरे' और 'गोरा', मिर्ज़ा रूसवा के 'उमराव जान' जैसे उपन्यासों और गुजराती के प्रसिद्ध अभिनेता जयशंकर सुंदरी की आत्मकथा को मंच-प्रस्तुति के लिए चुना। हर बार उन्होंने अपने साथ एक रूपांतरकार को भी जोड़ा और इस सहयोग से जो रचना तैयार होकर सामने आई, उसने कथा साहित्य को मंच पर प्रस्तुत करने की दिशा में एक नया विकल्प अवश्य खोजने की कोशिश की, लेकिन अभी भी उसकी कोई स्पष्ट रूपरेखा आना बाक़ी है। वस्तुतः, आलेख अपने अंतिम रूप में न तो पूरी तरह से उपन्यास ही रह पाया और न वह नाटक ही बनता नज़र आया—एक तरह से वह इन दोनों विधाओं के बीच झूलता रह गया। इसका सबसे बड़ा कारण यही रहा कि रूपांतरकार कहीं-न-कहीं सूत्रधार वाली युक्ति से अलग नहीं हो पाए। फिर भी इसमें कोई संदेह नहीं कि ये आलेख रूपांतर की बजाय अपने प्रस्तुतिकरण की वजह से अवश्य काफ़ी चर्चा में रहे, क्योंकि निर्देशक ने उनके मंचन में कला की एक अन्य विधा चित्रकला जैसे माध्यम को जोड़कर दिलचस्प चाक्षुष बिंबों की रचना की।

इससे बिलकुल अलग माया राव का काम दिखाई पड़ता है। मंटो की चिर-परिचित कहानी 'खोल दो' की मंच-प्रस्तुति में उन्होंने कहानी के एक भी शब्द का इस्तेमाल तो किया ही नहीं, यहाँ तक कि पूरी प्रस्तुत में भी कोई 'शब्द' प्रयोग में नहीं लाया गया। 'शब्द' से मेरा आशय भाषा के उस रूढ़ रूप से है, जिसे हम बोली जाने वाली भाषा कहते हैं। इसके विपरीत यहाँ शारीरिक गतियों एवं ध्वनियों की भाषा थी, जिसके भीतर से गुज़रकर निर्देशिका-अभिनेत्री ने पात्र की पीड़ा को अभिव्यक्ति देने का प्रयास किया। अपने-आप में दिलचस्प प्रयोग होते हुए भी प्रस्तुति के रूप में उसका दर्शकों के साथ कोई अंतरंग रिश्ता स्थापित नहीं हो पाया, क्योंकि प्रस्तुति अपने मंच-रूपायन में दुरूह से दुरूहतर होती चली गई। मात्र तीन-चार पृष्ठों की कहानी 'खोल दो' पढ़ने में जितनी गहरी और मार्मिक है, उस पर आधारित लगभग एक घंटे की मंच-प्रस्तुति महज़ एक दिमाग़ी कसरत, करतब और कलाबाज़ी होकर रह गई। इस संदर्भ में आज से लगभग बीस-बाईस साल पहले मुक्तिबोध की कविता 'अँधेरे में' पर आधारित विजय सोनी द्वारा निर्देशित मंच-प्रस्तुति की याद अनायास ही आ जाती है। उस प्रस्तुति में भी कविता का तो शायद ही कोई शब्द प्रयोग में लाया गया था, फिर भी मात्र ध्वनियों और गतियों के कोलाज से वह दर्शकों को एक सम्मोहक अनुभव देने में सफल रही, क्योंकि शब्दों से परे मात्र चाक्षुष बिंबों के रूप में जो कुछ भी मंच पर निर्मित हो रहा था, वह सहज ग्राह्य था। कथा-साहित्य के मंच पर इस प्रकार के प्रयोगों के साथ यही ख़तरा भी है और यही उनकी सीमा भी कि गद्य जैसे ठोस, विवरणात्मक और व्याख्यात्मक माध्यम पर आधारित होने के बावजूद वे अमूर्त होते चले जाएँ और अपनी संप्रेषणीयता ही खो दें। दूसरे शब्दों में कहें तो कहानी यदि मंच पर अपने कहानीपन और नाटकीयता से ही अलग हो जाए तो ऐसे प्रयोग बहुत दूर तक अपनी पहचान नहीं बना पाएँगे। फिर भी इस तथ्य से इनकार नहीं किया जा सकता कि ये प्रयोग कथा-साहित्य और रंगमंच

के एक नए रिश्ते के लिए ज़मीन ज़रूर तैयार करते हैं, जहाँ मूल रचना के एक भी शब्द का इस्तेमाल किए बिना मात्र ध्वनियों एवं शारीरिक गतियों एवं चर्याओं के भीतर से कहानी को एक 'प्रदर्शन-आलेख' में तब्दील किया जाए—इससे मिलती-जुलती कोशिशें नृत्य जैसे माध्यम में भी अलग से हुई हैं बल्कि यह कहना ज़्यादा सही होगा कि नृत्य विधा की मूल प्रकृति व व्याकरण ने ही रंगकर्मियों को इस दिशा में बढ़ने के लिए प्रेरित किया है।

इसी क्रम में जिस तीसरे निर्देशक का ज़िक्र किया गया था वह हैं दिनेश खन्ना। पिछले दस-बारह वर्षों में वह अपने रंगकर्म के लिए निरंतर कथा साहित्य की तरफ़ लौटते रहे हैं। चाहे चेख़व की कहानी 'द बोरिंग स्टोरी' हो, निर्मल वर्मा की कहानियाँ 'डेढ़ इंच ऊपर', 'सुबह की सैर', 'ज़िंदगी यहाँ और वहाँ', रेणु की 'रसप्रिया' इत्यादि का नाम लिया जा सकता है। दिनेश खन्ना ने भी मूल कहानी को हूबहू इस्तेमाल नहीं किया और न ही कहानियों में आए संवादों को भी ज्यों-का-त्यों रहने दिया। एक मायने में उन्होंने अभी तक परिचर्चित विकल्पों से अलग फिर से एक नए रास्ते की तलाश की। और वह यह कि पहले तो मूल रचना में उपलब्ध बिंबों का चुनाव कर लिया गया अथवा उससे मिलते-जुलते या बिलकुल ही नए बिंबों का निर्माण भी किया गया और फिर उनके इर्द-गिर्द एक नए आलेख का ताना-बाना तैयार किया। इस तरह उनका काम पूर्ववर्ती दोनों निर्देशकों से बिलकुल ही अलग दीख पड़ता है जहाँ न तो मूल रचना के सारे शब्दों को रखने पर आग्रह है और न ही उन्हें छोड़कर सिर्फ़ ध्वनियों और गतियों के माध्यम से प्रस्तुति करने पर ज़ोर दिया गया है। अतः अपने मंचित रूप में ये आलेख सचमुच में एक नई रचना और एक नई शैली का आभास कराते दीख पड़ते हैं।

पश्चिम में इस शताब्दी में सबसे ज़्यादा महत्त्वपूर्ण, आकर्षक और रचनात्मक काम प्रसिद्ध जर्मन चिंतक, सिद्धांतकार और नाटककार बर्टोल्ट ब्रेष्ट ने किया है। यह एक बहुत ही रोचक तथ्य है कि उनके किसी भी नाटक की कहानी का स्रोत उनकी अपनी स्वतंत्र और मौलिक परिकल्पना नहीं है, वरन् वे पहले से उपलब्ध अथवा प्रचलित लोककथाओं अथवा उपन्यासों पर आधारित हैं। 'कोकेशियन चाक सर्किल' में एक चीनी लोककथा, 'थ्री पेनी ऑपेरा' में जॉन ग्रे के उपन्यास 'बैगर्स ऑपेरा' और 'मदर' नाटक में वे गोर्की के इसी नाम से लिखे गए उपन्यास को अपने कथानकों के लिए ग्रहण करते हैं। लेकिन महत्त्वपूर्ण बात यह है कि उन्होंने लोककथा, इतिहास और पहले से चिरपरिचित उपन्यासों को अपने नाटकों के कथानकों के लिए महज कच्चे माल के रूप में इस्तेमाल नहीं किया, बल्कि जानबूझकर और सोच-विचारकर रंगमंच में एक नए सिद्धांत की स्थापना के लिए किया। और वह सिद्धांत है—अलगाव का सिद्धांत अर्थात् दर्शकों के लिए नाटक की कहानी पहले से परिचित हो ताकि वे जब नाटक को देखें तो भावनाओं में बहकर नाटक की कहानी के साथ एकाकार न हो जाएँ वरन् बिना इन्वाल्व हुए नाटक की कहानी में से उभरते विचार को पकड़ें और अपनी व्यक्तिगत ज़िंदगी में उसके माध्यम से बदलाव लाने की कोशिश करें। यह एक सुखद संयोग है

कि ब्रेष्ट को अपने 'एलिएनेशन' यानी अलगाव के सिद्धांत की प्रेरणा पूर्व की लोककथाओं और लोक नाट्य परंपराओं से ही मिली, जिनमें कथा साहित्य की अपनी विशेष भूमिका रही है। इतना ही नहीं, अपने सिद्धांत को मंच पर और ज़्यादा परिपुष्ट करने के लिए गीत, संगीत, कोरस और नृत्य जैसे मोहक और आकर्षक तत्त्वों का आश्रय भी लिया। साथ ही साथ स्लाइड्स, फ़िल्म और शैलीबद्ध रूपसज्जा का भी भरपूर इस्तेमाल किया ताकि दर्शक को कभी भी यह भ्रांति न होने पाए कि वह नाटक न देखकर अपने जीवन के यथार्थ को मंच पर देखता है और उसमें डूब जाता है। कथा साहित्य और रंगमंच के आपसी लेन-देन में उसका वैज्ञानिक और वैचारिक उपयोग किस तरह से किया जाना चाहिए और किया जा सकता है, ब्रेष्ट के नाटक इसका बेजोड़ उदाहरण हैं। अतः यह स्वाभाविक ही था कि ब्रेष्ट के सिद्धांत ने अपने पूर्ववर्ती सभी नाट्य सिद्धांतों और परंपराओं, विशेषतः स्तानिस्लाव्स्की द्वारा प्रतिपादित यथार्थवादी रंगमंच एवम् अभिनय की धारणाओं को पीछे छोड़ दिया, साथ ही अपने परवर्ती सिद्धांतकारों को भी काफी दूर तक प्रभावित किया।

अभी तक के पूरे विवेचन में मैंने रंगमंच और कथा-साहित्य के आपसी लेन-देन के एक प्रकार की जानबूझकर कोई चर्चा नहीं की है क्योंकि एक तो अपने रूप और शैली में ही वह उपर्युक्त सभी आकारों प्रकारों से एकदम भिन्न है, दूसरे बहस का मुद्दा यह भी हो सकता है कि उसे समकालीन रंगमंच की श्रेणी में रखा जाए या नहीं। और वह है कहानियों के वाचन, सुनाने और गाने की मौखिक परंपराएँ जो हमारे देश में अज्ञातकाल से प्रचलित रही हैं और आज भी अलग-अलग प्रांतों में अलग-अलग रूपों में विद्यमान हैं। एक दृष्टि से तो कथा साहित्य और रंगमंच के आपसी लेन-देन का शुरुआती बिंदु वे मौखिक कहानियाँ ही हैं, फिर भी इनके मात्र वाचन अथवा गायन से संबंधित होने के कारण वे रंगमंच के दृश्य पक्ष से उतना नहीं जुड़ पातीं जितना कि दूसरी लोककलाओं के साथ हुआ। हाँ, इस मौखिक परंपरा का अपना ऐतिहासिक महत्त्व तो सदैव बना रहेगा।

साहित्य और रंगमंच इन दो विधाओं और कलाओं के आपसी रिश्ते की अंतिम कड़ी है—कहानी का रंगमंच। जैसा कि शीर्षक से ही स्पष्ट है इस रूप में कहानी और रंगमंच एक दूसरे से अलग होते हुए भी अपनी रचना एवम् प्रस्तुति प्रक्रिया में इतने निकट आ जाते हैं कि कहानी में रंगमंच है अथवा रंगमंच पर कहानी है, यह भेद करना कठिन हो जाता है। यहाँ कहानी अपने मूल रूप में हूबहू शब्द-दर-शब्द नाटक में रूपांतरित हुए बिना दर्शक के लिए एक रंगमंचीय अनुभव में परिवर्तित हो जाती है। ज़ाहिर है कि इस प्रक्रिया में कहानी के शब्दों, कथ्य एवम् संरचना के साथ कोई छेड़छाड़ नहीं की जाती अर्थात् कहानी का अलग से कोई मंच अथवा प्रदर्शन आलेख तैयार नहीं किया जाता और कहानी जिस रूप में उपलब्ध है उसी को पहले और अंतिम आलेख के रूप में स्वीकार करके मंचन की प्रक्रिया आरंभ हो जाती है। अभिनेता उसे मंच पर प्रस्तुत करने की प्रक्रिया के दौरान अभिनय के पहले से बने बनाए रूढ़ ढाँचों से काम

नहीं चला पाते और उन्हें एक नई अभिनय शैली और प्रणाली की खोज करनी पड़ती है। यह नई अभिनय शैली या प्रणाली क्या है और कैसे बनती है--क्या इसकी कोई पहले से उपलब्ध परंपरा और इतिहास मौजूद है ? इस प्रश्न का उत्तर ढूँढ़ना सचमुच में दिलचस्प होगा। क्या इस उत्तर के लिए संस्कृत रंगमंच की शास्त्रीय अभिनय शैली की तरफ़ लौटा जाए अथवा लोक रंगमंच की लोकधर्मी शैली की ओर ? पारसी रंगमंच की अभिनय शैली पर ग़ौर किया जाए अथवा शुद्ध यथार्थवादी अभिनय प्रणाली पर ? ब्रेष्ट के एलिएनेशन सिद्धांत से काम चलाया जाए अथवा असंगत नाटकों के लिए प्रयुक्त होने वाली अनाटकीय अभिनय शैली से ? जब हम कहानी के मंचन की वास्तविक व्यावहारिक प्रक्रिया से गुज़रते हैं तो उपर्युक्त विकल्पों में से कोई भी साथ नहीं देता। और अभिनेता को स्वयं से ही सर्वथा एक नई ताज़ी एवम् मौलिक अभिनय शैली को जन्म देना पड़ता है। उसका निर्धारण स्वयं कहानी की संरचना के भीतर से तो होता ही है, इससे भी ज़्यादा वह इस बात पर निर्भर करता है कि किसी कहानी विशेष को मंच पर प्रस्तुत करने के लिए कितने अभिनेता उपलब्ध हैं। जितने पात्र कहानी में उपस्थित हैं यदि उतने ही अभिनेता नाट्य मंडली में मौजूद हैं तब तो कोई रचनात्मक चुनौती का सामना ही नहीं करना पड़ता। लेकिन असली समस्या तब पैदा होती है जब कहानी के लिए अपेक्षित पात्रों और उपलब्ध अभिनेताओं के समूह के अनुपात में काफ़ी अंतर हो। और यहीं से शुरू होती है वह रचना यात्रा जो कहानी के भीतर से उभरते हुए कहानी के रंगमंच को दर्शकों के सामने प्रस्तुत करती है। सबसे पहले तो कहानी उस अपरिहार्यता से मुक्त हो जाती है कि उसे नाट्य रूपांतर के माध्यम से मंच पर प्रस्तुत होना है। और इसी मुक्ति के साथ उसके मंचीय संस्करण के लिए अनगिनत विकल्प और संभावनाएँ खुलने लगती हैं। उदाहरण के लिए अभिनेता किसी बँधे-बँधाए ढाँचे में क़ैद होकर कहानी को उसके मूल स्वरूप में प्रस्तुत कर ही नहीं सकता, क्योंकि कहानी पहले एक विवरणात्मक माध्यम है और उसके बाद कुछ और। अतः सबसे पहली चुनौती तो इस प्रक्रिया में निहित है कि कहानी के विवरण को अभिनय शैली में कैसे ढाला जाए। क्या विवरणों के लिए महज़ सपाट-बयानी का सहारा लिया जाए ? क्या उन्हें भावों के स्तर पर पहले अनुभूत किया जाए और फिर उनकी अभिव्यक्ति की जाए ? क्या उन्हें बोले जाने के दौरान ही एक स्थिति, परिवेश अथवा वातावरण की निर्मिति की जाए ? अभिनेता कहानी को प्रस्तुत करते समय लगातार इन सवालों से जूझता रहता है और हर बार किसी नए रास्ते को ढूँढ़ निक.लता है। यह इसलिए भी संभव है क्योंकि किन्हीं भी दो कहानियों का ढाँचा एक-दूसरे से बिलकुल भी नहीं मिलता-जुलता, जबकि नाटक के साथ ऐसा नहीं है। यदि हम संस्कृत नाटकों की संरचना का अध्ययन करें अथवा ग्रीक और शेक्सपीयर के नाटकों को देखें तो बात एकदम साफ हो जाएगी। लेकिन क्या ऐसा ही ठोस निष्कर्ष हम अलग-अलग कहानीकारों की कहानियों के विषय में प्रस्तुत कर सकते हैं ? अलग-अलग कहानीकारों की बात तो छोड़िए, क्या किसी एक कहानीकार की सारी कहानियों को संरचना के स्तर पर

किसी समान धरातल पर रखा जा सकता है, भले ही उसके कथ्य काफ़ी हद तक एक दूसरे से मिलते-जुलते क्यों न हों। कहानी के अपने मूल कथ्य एवम् स्वरूप के साथ जुड़ी हुई दूसरी चुनौतियाँ बहुत जानी-पहचानी हैं और जिनके विषय में मैंने बार-बार अपने लेखों और साक्षात्कारों में विशद् रूप में विवेचन किया है। अतः उन्हें यहाँ अलग से दोहराने की ज़रूरत नहीं जैसे कि कहानी का तीसरे पुरुष की शैली में लिखा होना, कहानी में मात्र विवरण ही विवरण होना अथवा मात्र संवाद होना और कोई भी विवरण न होना। संक्षेप में पिछले 23-24 वर्षों से लगातार एक ही दिशा में काम करते हुए कथा साहित्य और रंगमंच के जिस आपसी संबंध को मैंने खोजने की कोशिश की है उसका मात्र एक संकेत ही यहाँ दिया जा सकता है।

इस आलेख के माध्यम से मैंने प्रस्तावित विषय के वैचारिक, सैद्धांतिक और अंततः व्यावहारिक पक्षों की जितनी भी संभावनाएँ हो सकती थीं, उनको समेटने का प्रयत्न किया है। यह काम सिर्फ़ हिंदी रंगमंच में ही नहीं, बल्कि देश की हर भाषा में तो हुआ ही, विश्व की दूसरी भाषाएँ भी इससे अछूती नहीं रही हैं। यहाँ उन सब रचनाओं का उल्लेख न तो संभव था और न ही उसकी कोई आवश्यकता थी। कमोबेश सभी रचनाएँ उपर्युक्त विवेचित विकल्पों के भीतर से ही उभरकर रंगमंच तक पहुँचती रही हैं। लेकिन कम-से-कम एक समस्या सभी विकल्पों में अनिवार्य रूप से विद्यमान है और वह है किसी वृहद रचना को लगभग डेढ़-दो घंटे की अवधि के भीतर रंगमंचीय अनुभव के लिए समेट लेना। रूपांतरकारों और निर्देशकों ने अपने-अपने ढंग से संपादन की समस्या को सुलझाने की कोशिशें की हैं, जिसमें मूल कथा को भी हानि न पहुँचे और उसका कथ्य भी अपनी संपूर्णता में दर्शकों तक संप्रेषित हो जाए। इस दृष्टि से प्रेमचंद के उपन्यास 'गोदान' के दो नाट्य रूपांतर सहज ही ध्यान में आते हैं। पहला विष्णु प्रभाकर द्वारा 'होरी' शीर्षक से किया गया नाट्य रूपांतर जिसे राष्ट्रीय नाट्य विद्यालय में कुमार वर्मा के निर्देशन में मेघदूत के खुले मंच पर 1967 में प्रस्तुत किया गया। दूसरा प्रतिभा अग्रवाल द्वारा 'गोदान' शीर्षक से किया गया रूपांतर जिसका मंचन कलकत्ता की अनामिका नाट्य मंडली ने सातवें दशक में किया और उसमें स्वयं रूपांतरकार ने धनिया की भूमिका निभाई थी। मुझे दोनों प्रस्तुतियों को देखने का अवसर तो मिला ही, साथ-साथ मैंने स्वयं भी श्रीराम सेंटर, रंगमंडल के अभिनेताओं के साथ 1985 में प्रतिभा अग्रवाल वाले नाट्यांतरण का मंचन किया। दोनों ही रूपांतरों में मूल रचना 'गोदान' के शहरी हिस्से से जुड़ी कथा और पात्रों को बिलकुल छोड़ दिया गया है और कहानी को मात्र होरी, धनिया, उनका परिवार, गऊ और गाँव के दूसरे प्रभुतासंपन्न लोगों तक केंद्रित किया गया है। मैं समझता हूँ कि इस तरह के संपादन से 'गोदान' दर्शकों के लिए और घनीभूत होकर सामने आया और होरी की करुण और मार्मिक संघर्षगाथा ने उन्हें भीतर तक छुआ। 'गोदान' को लेकर एक तीसरी कोशिश गीत-संगीत के माध्यम से 'एक किसान की कहानी' के नाम से भानु भारती ने भी मंच पर प्रस्तुत की, लेकिन दर्शकों पर उसका कोई बहुत अच्छा प्रभाव नहीं पड़ा क्योंकि प्रस्तुति और रूपांतर कथ्य

से ज़्यादा उसकी फ़ार्म में ही उलझकर रह गए। इस तरह इस प्रस्तुति ने कथा साहित्य और रंगमंच के आपसी लेन-देन को लेकर बिलकुल ही एक नए सवाल से आमना-सामना करवाया कि जब हम किसी उपन्यास अथवा कहानी को नाट्य रूपांतर के लिए चुनें, एक नई रचना के जन्म के लिए चुनें तो हमारे लिए स्वयं से यह प्रश्न करना बेहद ज़रूरी हो जाता है कि अंततः ऐसे प्रयोगों में हम कथ्य को प्रमुखता दें अथवा फार्म को ? स्वयं मुझे इस प्रश्न को लेकर कभी कोई दुविधा नहीं रही, क्योंकि मेरे लिए रचना के शिल्प एवं संरचना से ज़्यादा उसका कथ्य हमेशा महत्त्वपूर्ण रहा है। वास्तव में यही वह मूल तत्त्व है जो मुझे रचना के चयन के लिए प्रेरित करता है।

आज़ादी के पचास साल और हिंदी नाट्यलेखन

जब भी पिछले पचास सालों में भारतीय रंगमंच के संदर्भ में नाट्यलेखन की चर्चा हुई है तो अक्सर ही यह सुनाई पड़ा है कि दूसरी भाषाओं के मुकाबले हिंदी में नाट्यलेखन की स्थिति निहायत ही दयनीय है। हिंदी रंगमंच में या तो दूसरी भारतीय भाषाओं के नाटक होते रहे हैं अथवा विदेशी नाटकों के अनुवाद या रूपांतरणों को प्रमुखता मिली है और आलोचकों को यदि इतने से भी संतोष नहीं मिला है तो उनकी दो-टूक प्रतिक्रिया यह भी रही कि हिंदी में ज़्यादातर कहानियों और उपन्यासों के नाट्य रूपांतर खेले जाते रहे और कहानियों को सीधे-सीधे मंच पर प्रस्तुत करने की प्रेरणा के पीछे भी यही नाट्यभाव काम करता रहा है।

लेकिन वस्तु-स्थिति का जायज़ा लिया जाए तो उपर्युक्त सारी धारणाएँ नितांत आश्चर्यजनक रूप से खंडित होती नज़र आती हैं। एक व्यावहारिक रंगकर्मी होने के नाते मुझे यहाँ तक कहना पड़ेगा कि जो लोग इस तरह के फ़तवे देते रहे हैं, शायद उनका हिंदी रंगमंच से पढ़ने अथवा देखने के स्तर पर कोई रिश्ता रहा ही नहीं है। आज जब आज़ादी के पचास सालों के बहाने मैं हिंदी नाट्यलेखन का मूल्यांकन करने बैठा हूँ तो मुझे सुखद आश्चर्य होता है कि जहाँ हिंदी रंगमंच ने दूसरी भारतीय भाषाओं, विदेशी भाषाओं और साहित्यिक रचनाओं को अपने प्रयोग का आधार बनाया है, वहीं शुद्ध नाट्यलेखन की दृष्टि से भी वह किसी भी भारतीय भाषा से पीछे नहीं है, बल्कि विश्व की किसी भी भाषा में लिखे नाट्य साहित्य के बराबर खड़ा हो जा सकता है।

ज़ाहिर है मेरा आशय यहाँ उन नाटकों से बिलकुल नहीं है जो मात्र पढ़ने के लिए लिखे जाते हैं और जिनका रंगमंच से दूर-दूर तक का भी वास्ता नहीं है, वरन् मेरा संकेत केवल उस नाट्यलेखन की तरफ़ है जो केवल लेखन के स्तर पर ही चर्चित नहीं हुआ, बल्कि उसने अपने अनेकानेक प्रदर्शनों के माध्यम से भी अपनी अलग पहचान बनाई। और, ऐसे नाटकों की संख्या भी इतनी बड़ी है कि यदि सबको लेकर लिखा जाए तो एक संपूर्ण पुस्तक की सामग्री बनती है। अतः सुविधा के लिए मैं इन पचास सालों के कुल सत्रह नाटकों के माध्यम से हिंदी नाट्यलेखन की विविधता की एक तस्वीर प्रस्तुत करने की कोशिश करूँगा। ये नाटक हैं क्रमशः

'कोणार्क', 'अंधायुग', 'आषाढ़ का एक दिन', 'आधे-अधूरे', 'सूर्य की अंतिम किरण से सूर्य की पहली किरण तक', 'छोटे सैयद बड़े सैयद', 'एक और द्रोणाचार्य', 'बकरी', 'रस-गंधर्व', 'कर्फ़्यू', 'पाँचवाँ सवार', 'एक था गधा उर्फ अलादाद ख़ाँ', 'शुतुरमुर्ग', 'हानूश', 'जिस लाहौर नहीं वेख्या ओ जन्मया ही नहीं', 'देवयानी का कहना है' और 'त्रिशंकु'।

उपर्युक्त सूची कोई पूर्ण या अंतिम सूची नहीं है। चाहें तो इसमें कुछ नाम और जोड़े जा सकते हैं अथवा काटे जा सकते हैं, लेकिन ये वे नाटक हैं जो प्रकाशित भी हुए हैं, मंचित भी हुए हैं, चर्चित भी हुए हैं और नाट्यलेखन की एक बहुत ही रोचक झाँकी प्रस्तुत करते हैं। नाटकों पर अलग-अलग विवेचन करने से पहले कुछ समानांतर बिंदुओं पर बात कर लें–

यदि ग़ौर किया जाए तो अपनी स्रोत-सामग्री में ये नाटक तीन-चार मुख्य-धाराओं का प्रतिनिधित्व करते हैं, जिनकी तरफ़ आज के विभिन्न नाटककार बार-बार लौटते रहे हैं–यथा शुद्ध ऐतिहासिकता में से नाटक का जन्म, मिथक अथवा लोककथाओं की फंतासी, समसामयिक राजनीतिक स्थितियों पर व्यंग्य और अंततः आधुनिक जीवन की जटिलताओं में मुख्यतः आदमी और औरत के रिश्ते की जाँच-पड़ताल।

इसमें कोई संदेह नहीं कि ये सारे स्रोत कहीं-न-कहीं भारतेंदु के 'अंधेर नगरी', प्रसाद के 'ध्रुवस्वामिनी' और भुवनेश्वर के तत्कालीन सामाजिक एवं समसामयिक जीवन में पहले से मौजूद हैं और नाट्यलेखन की उस अजस्र एवं निरंतर गति को पुष्ट करते हैं, जो पिछले डेढ़ सौ वर्षों से हिंदी नाट्यलेखन की स्रोतस्विनी रही है। यही बात कमोबेश इन नाटकों के शिल्प के विषय में भी कही जा सकती है। इनमें कहीं पाश्चात्य नाटककार इब्सन की तर्ज़ पर दो अंकों या तीन अंकों वाला यथार्थवादी मुहावरा मौजूद है, कुछ नाटक भारतीय एवं पाश्चात्य नाट्य-शैलियों का अद्भुत मिश्रण है, कहीं भारत की शास्त्रीय और लोक नाट्यशैलियों से प्रेरणा ली गई है और कहीं या तो इन सबके मेल से, नहीं तो अपने-आप से एक नितांत मौलिक बनावट तैयार करने की कोशिश की गई है।

बहरहाल, इस आलेख के मूल मंतव्य पर लौटा जाए और वह यह कि आख़िर आज़ादी के पचास सालों की उपलब्धि के रूप में परिगणित इन नाटकों में ऐसा क्या है, जिसकी वजह से इन्हें चर्चा का आधार बनाया जा रहा है ? मेरी कोशिश होगी कि मैं एक-एक नाटक को लेकर संक्षेप में दो-तीन ऐसे महत्त्वपूर्ण बिदुओं की ओर संकेत करूँ, जो इन नाटकों को मील का पत्थर साबित करने के लिए पर्याप्त होंगे।

तो आइए 'कोणार्क' से शुरुआत करें।

आज़ादी के बाद हिंदी रंगमंच का पहला नाटक, जिसने सचमुच हिंदी नाट्यलेखन को रंगमंचीयता से जोड़ा। एक मिथक अथवा लोककथा पर आधारित होते हुए भी आज के रचनाकार का अंतर्द्वंद्व एक ऐसा कथ्य था जिसने न जाने कितने परवर्ती नाटकों को

प्रभावित किया, चाहे वह 'आषाढ़ का एक दिन' हो, 'आठवाँ सर्ग' हो अथवा 'हानूश' हो। पहली बार आधुनिक हिंदी रंगमंच में त्रि-आयामी जीते-जागते चरित्रों से साक्षात्कार हुआ जो किसी सद् या असद् के चौखटे में नहीं रखे जा सकते, बल्कि अपनी तमाम अच्छाइयों एवं कमज़ोरियों के साथ उपस्थित हैं। ध्यान देने की बात यह है कि आज़ादी के मात्र पाँच वर्षों के भीतर ही किसी भी तरह के आदर्शवाद से रहित एक यथार्थवादी नाटक का जन्म होता है और वह एक पाठ्य नाटक के रूप में नहीं, एक रंग-नाटक के रूप में मंचन के माध्यम से अपनी पहचान बनाता है।

द्वितीय विश्वयुद्ध के ठीक पंद्रह वर्ष बाद यदि पश्चिम में 'वेटिंग फॉर गोडो' जैसी कृति की रचना होती है, तो हिंदी में भी 'अंधायुग' जैसी रचना का जन्म होता है। संयोग मात्र नहीं कि दोनों कहीं-न-कहीं ईश्वर की मृत्यु की घोषणा से संबद्ध हैं अर्थात् कोई आशा, कोई आस्था शेष नहीं है, फिर भी जीना तो है ही लेकिन यह जीना कैसा जीना है ? जहाँ सैम्युल बैकेट ने एक बने-बनाए शिल्प को ही तोड़कर नई ज़मीन तैयार की, वहीं धर्मवीर भारती ने ग्रीक एवं भारतीय शैलियों के भीतर से पुनर्सृजन किया और पहली बार हिंदी में ग्रीक नाटकों के समकक्ष पूरी तरह से कविता में रचित नाटक प्रस्तुत किया। भले ही शुरू में 'अंधायुग' की चर्चा एक रेडियो नाटक की तरह से हुई लेकिन इस तथ्य को अनदेखा नहीं किया जा सकता कि यह अकेला ऐसा नाटक है जिसके शायद सर्वाधिक प्रदर्शन हुए हैं। इतना ही नहीं, 'संशय की एक रात' और 'आत्मजयी' जैसी रचनाओं की मूल प्रेरणा भी 'अंधायुग' को माना जा सकता है।

छठे दशक के अंत और सातवें दशक के पूर्वार्द्ध में कहानीकार मोहन राकेश अपने दो नाटक लेकर उपस्थित होते हैं—'आषाढ़ का एक दिन' और 'आधे-अधूरे'। दोनों ही ऐसे नाटक हैं जिन्होंने सिर्फ़ हिंदी में ही नहीं, पूरे भारतीय रंगमंच में हिंदी नाट्यलेखन को प्रतिष्ठित किया। कथ्य के स्तर पर भी दो ऐसे विकल्प प्रस्तुत किए जो बाद में आने वाले लगभग सभी नाटकों के पथ-प्रदर्शक बने। पहला वही 'कोणार्क' और 'अंधायुग' वाला विकल्प यानी मिथक, इतिहास और लोककथा के भीतर से आज के कथ्य को व्यंजित करना और दूसरा पूरी तरह से समसामयिक धरातल पर रोज़मर्रा की ज़िंदगी में से नाटक की खोज करना। इसके साथ ही इन नाटकों ने भाषा और शिल्प का जो नया तेवर और मुहावरा हिंदी रंगमंच को दिया उसके बारे में इतना कुछ लिखा जा चुका है कि अब अलग से कोई टिप्पणी करने की ज़रूरत नहीं।

यों सुरेन्द्र वर्मा को मोहन राकेश का उत्तराधिकारी नाटककार माना जाता है, लेकिन सही मायने में देखा जाए तो वह राकेश से आगे के नाटककार हैं। स्त्री-पुरुष संबंधों की तमाम जटिलताओं के बावजूद राकेश की स्त्री पूरी तरह से पुरुष को अस्वीकार नहीं कर पाती लेकिन 'सूर्य की अंतिम किरण...' की शीलवती पूरे अस्वीकार के साथ अपनी राह पर चल पड़ती है। देखा जाए तो यह अस्वीकार भी कोई नया

नहीं। इब्सन की नोरा और प्रसाद की ध्रुवस्वामिनी यह अस्वीकृति बहुत पहले दे चुकी थीं, लेकिन जिस प्रकार के कथात्मक ताने-बाने में सुरेंद्र वर्मा ने नाटक को बुना है, उसने अपने मंचन के समय हिंदी रंगमंच को ठीक उसी तरह चौंकाया जैसा लगभग सौ साल पहले नोरा ने अपने रूढ़िवादी समाज को चौंका दिया था। यों बिलकुल आज के मुहावरे में स्त्री-पुरुष के आपसी रिश्तों का एकदम, बेबाक, सपाट और किसी हद तक बोल्ड चित्रण लक्ष्मीनारायण लाल के नाटक 'कर्फ़्यू' और रमेश बक्षी के नाटक 'देवयानी का कहना है' में सुरेन्द्र वर्मा के नाटकों से पहले ही हो चुका था। ग़ौरतलब तथ्य यह है कि ये तीनों नाटक आज़ादी के बाद के उस दौर में लिखे और खेले जाते हैं, जब भारतीय मानस का पूरी तरह से मोहभंग हो चुका था और नितांत व्यक्तिगत संबंधों की सुदृढ़ नींव भी पूरी तरह से चरमरा गई थी।

सत्तर से अस्सी तक का दशक आज़ादी के बाद देश की राजनीतिक स्थिति में एक नया मोड़ लाता है—इमरजेंसी, कांग्रेस का सत्ता से विस्थापन, जनता पार्टी का शासन और मात्र ढाई वर्षों के बाद इस दूसरी आज़ादी से भी भारतीय मानस का मोहभंग। ये सारी राजनीतिक स्थितियाँ इतनी हलचल पैदा करती हैं कि कोई भी क्षेत्र इनसे अछूता नहीं रह पाता चाहे वह साहित्य हो, कला हो अथवा रंगमंच हो। हिंदी नाट्यलेखन का भी यह सबसे उर्वर दौर है। ज्ञानदेव अग्निहोत्री का 'शुतुरमुर्ग', जिसमें एक ऐसे शासक की परिकल्पना की गई जिसे अपनी जनता के दुःख-दर्द के विषय में कोई जानकारी नहीं। एक बार फिर से मानो भारतेंदु का 'अंधेर नगरी' जीवित हो उठता है। बेशक सुरेन्द्र वर्मा का नाटक 'छोटे सैयद बड़े सैयद'—ऐतिहासिक काल मुग़ल शासन के अंतिम दिनों का है, लेकिन अपनी अर्थध्वनि में कितना समसामयिक कि वास्तव में सत्ता के नियामक स्वयं शासक नहीं, बल्कि शासकों को गद्दी पर बिठाकर नेपथ्य से सत्ता-संचालन के सूत्र अपने हाथों में रखने वाले होते हैं।

इसी दौर का एक अन्य अत्यंत महत्त्वपूर्ण नाटक है—'बकरी'। यद्यपि इसकी रचना भारतीय रंगमंच की इस खोज के भीतर से होती है कि कैसे लोक कलाओं का इस्तेमाल आधुनिक रंगमंच में किया जाए और लेखक उत्तर प्रदेश के लोकप्रिय नाट्य रूप नौटंकी को अपने कथ्य का आधार बनाता है, लेकिन देखा जाए तो यह नाटक उस खोज से भी ज़्यादा भारतीय राजनीति के उस वीभत्स चरित्र को अत्यंत क्रूरता से सामने लाता है जहाँ गाँधी जैसे व्यक्तित्व के नाम का भी आज के नेता अपने स्वार्थ के लिए दुरुपयोग करते हैं। रोचक तथ्य यह भी है कि एक बार फिर 'अंधेर नगरी' के बाद बकरी जैसे निरीह पशु को ही कथा के केंद्र में लाया गया है।

राजनीति, व्यक्ति और समाज के खोखले रूप की अंतिम झाँकी के रूप में मानो 'एक था गधा उर्फ अलादाद ख़ाँ' जैसे नाटक से इस दशक का अंत अथवा नवें दशक की शुरुआत होती है। ये सारी नाट्य रचनाएँ ऐसी हैं, जिन्होंने पहली बार हिंदी नाट्यलेखन को सीधे-सीधे तत्कालीन राजनीतिक परिस्थितियों से जोड़कर उसे व्यापक

आधार प्रदान किया है। एक दूसरे दृष्टिकोण से हम 'एक और द्रोणाचार्य' को भी इन्हीं के समकक्ष रख सकते हैं जहाँ प्राचीन मिथक के बहाने से आधुनिक शिक्षा व्यवस्था की उधेड़बुन की गई है और वह भी लोक रंगमंच की गीत, नृत्य और संगीत की बैसाखियों के बिना। इसीलिए तथाकथित लोक नाटकों की तुलना में यह नाटक रंगकर्मियों के बीच ज़्यादा खेला गया, क्योंकि पढ़ने-पढ़ाने वाले लोगों की समस्याओं से अनायास ही जुड़ गया था।

उपर्युक्त उल्लिखित नाटकों के समानांतर चार नाटक एक बिलकुल ही नए ढंग से अपनी उपस्थिति दर्ज़ करते हैं। 'रस-गंधर्व' और 'हानूश' जैसे नाटक, राकेश के बाद, दो चर्चित कहानीकारों की पहली बड़ी नाट्य रचनाएँ हैं और वह हैं मणि मधुकर और भीष्म साहनी। दोनों नाटक लोककथा का सहारा लेते हुए भी अपने शिल्प में एक-दूसरे से नितांत भिन्न हैं—'रस गंधर्व' राजस्थान के ख़्याल लोक नाट्य रूप के बहाने से एक असंगत लेकिन समकालीन कथ्य को लेकर बुना गया है जिसमें बहुत ही रोचक तत्त्वों यथा—संगीत, रंग, नृत्य, गतिविधान को पिरोया गया है। इसके ठीक विपरीत 'हानूश' एक यथार्थवादी गद्य शैली में एक व्यवस्था और एक कलाकार के आपसी संबंधों पर बहुत ही तीखी टिप्पणी करता है। 'रस-गंधर्व' अपने शिल्प में जितना जटिल है, 'हानूश' उतना ही सपाट है; किंतु अपने असर में दोनों नाटक बहुत गहरे साबित हुए, यह उन दिनों इनकी बार-बार की गई प्रस्तुतियों से पता चलता है।

अभी तक मैंने जितने भी नाटकों का उल्लेख किया है, वे मूलतः, कवियों, कहानीकारों अथवा नाटककारों द्वारा लिखे गए हैं। लेकिन इसी आठवें दशक के दो ऐसे नाटक भी हैं जिनकी रचना दो अलग-अलग रंग-निर्देशकों ने की और उनका लेखन ही नहीं वरन् पूरे देश में अलग-अलग शहरों में जाकर उनका निर्देशन भी स्वयं ही किया। ये नाटक हैं—बलराज पंडित का 'पाँचवाँ सवार' और बृजमोहन शाह का 'त्रिशंकु'। दोनों नाटक ही अपने शिल्प में इतने सहज एवं लचीले थे कि हिंदी रंगमंच की लगभग सभी शौकिया और व्यावसायिक रंग-मंडलियों ने उन्हें हाथों-हाथ लिया। दोनों अपने कथ्य में बिलकुल समसामयिक लेकिन पुनः अपने शिल्प में एक-दूसरे से बिलकुल अलग हैं। 'पाँचवाँ सवार' कुछ-कुछ असंगत नाटक का सा शिल्प लिए हुए और 'त्रिशंकु' नाटक के भीतर नाटक जैसा शैलीबद्ध शिल्प लिए हुए है। इसमें कोई संदेह नहीं कि इन दो नाटकों ने इस तथ्य को काफ़ी ज़ोरदार ढंग से रेखांकित किया कि यदि रंगकर्मी स्वयं नाट्यलेखन की ओर उन्मुख हो तो कोई कारण नहीं कि अच्छा नाटक न लिखा जा सके।

इस शताब्दी के अंतिम दो दशक पुनः कुछ ऐसे निर्णायक सिद्ध हुए हैं कि उनकी चर्चा के बिना अपनी सूची के अंतिम नाटक की बात करना अप्रासंगिक होगा। 1984 में इंदिरा गाँधी की हत्या के बाद हुआ नरसंहार, 1992 में बावरी मस्जिद का ध्वंस, इस बीच बार-बार हुए सांप्रदायिक दंगे—ये कुछ ऐसी घटनाएँ हैं, जिन्होंने भारत विभाजन जैसी त्रासदी की कटु यादें पुनः ताज़ा कर दीं। साहित्य में यदि भीष्म साहनी का

उपन्यास 'तमस' आया और एक फ़िल्म और सीरियल के रूप में बेहद चर्चित हुआ शुद्ध सीरियल के रूप में लिखे गए 'बुनियाद' ने भी अपनी छाप छोड़ी तो कहना होगा कि हिंदी नाट्यलेखन भी पीछे नहीं रहा। असग़र वजाहत का नाटक 'जिस लाहौर नहीं वेख्या...' मानो इन वर्षों के दौरान घटी तमाम सांप्रदायिक घटनाओं के प्रतीक के रूप में सदा याद किया जाता रहेगा।

एक ओर जहाँ आम ज़िंदगी में इन दंगों के कारण इतनी उथल-पुथल रही, वहीं दूरदर्शन एवं वीडियो जैसे यांत्रिक माध्यमों का तेज़ी से प्रचार-प्रसार भी इन वर्षों की एक वैज्ञानिक उपलब्धि है। इसने जहाँ प्रकाशित शब्द की महत्ता पर ही प्रश्नचिह्न खड़े कर दिए, वहीं हमारे सामाजिक जीवन के स्वरूप को भी काफ़ी दूर तक प्रभावित किया। इस नए माध्यम से जहाँ रंगकर्मी आकर्षित हुए, नाटककार भी इससे अछूते नहीं रह सके। यही कारण है कि लगभग पिछले पाँच-सात वर्षों में कोई ऐसा नाटक सामने नहीं आया है जिसका उल्लेख किया जा सके। दरअसल, आज हिंदी नाट्यलेखन के समक्ष संकट कथ्य का नहीं और देखा जाए तो यह संकट कभी हिंदी नाट्य लेखन में रहा भी नहीं। उपर्युक्त चर्चित नाट्य भंडार जीवन को उसकी पूरी विविधता में प्रस्तुत करता है, जिनमें से कुछ बिंदुओं की ओर संक्षेप में ही सही, संकेत करने की कोशिश की गई है। संकट यदि कोई है तो वह एक ऐसे शिल्प को, एक ऐसे तेवर को, एक ऐसे मुहावरे को तलाश करने का है, जो दूरदर्शन जैसे माध्यम का डटकर मुकाबला कर सके। संभवतः कई विकल्प प्रस्तुत किए जा सकते हैं इस माध्यम की चुनौती स्वीकार कर अपना शिल्प गढ़ने की दिशा में—क्या आज का हिंदी नाटक अपने व्याकरण में उतना ही जटिल से जटिल हो जाए, जितना दूरदर्शन जैसा माध्यम स्वयं है ? क्या नाट्यलेखन शब्दों को पीछे छोड़ते हुए मात्र चाक्षुष चित्रों तक ही सीमित होकर रह जाए ? क्या गद्य को छोड़कर नाटक पुनः काव्य की तरफ़ लौट चले, और अमूर्त बिंबों की रचना करे ? क्या नाटककार पारसी रंगमंच अथवा यथार्थवादी रंगमंच की तरह से मंच पर पुनः सब कुछ सृजित कर दे, जैसा कि दूरदर्शन में बड़ी सरलता से किया जा सकता है ?

मैं समझता हूँ कि इन सारे विकल्पों में से कोई भी विकल्प अपने आप में पूर्ण नहीं हो सकता। यह बात तो स्वयं सिद्ध है कि नाटक में जो चित्र मात्र शब्दों से प्रस्तुत किए जा सकते हैं, वे दूरदर्शन अपने पूरे तकनीकी एवं यांत्रिक कौशल से भी प्रस्तुत नहीं कर सकता। इसी के साथ जुड़ा है एक दूसरा आवश्यक तत्त्व जिसकी चर्चा अभी तक जानबूझकर नहीं की गई है क्योंकि वह इस लेख का अभीष्ट था भी नहीं और वह यह कि नाटककार के शब्दों को मंच पर अंततः एक जीवंत अभिनेता साकार करता है अर्थात् नाटककार के शब्द की जीवंत एवं साकार उपस्थिति, जो दूरदर्शन चाहे भी, तो भी कभी क्रिएट नहीं कर सकता।

अतः आवश्यकता इस बात की है कि नाटककार अपनी और अपने माध्यम की इस शक्ति एवं संभावना को एक बार फिर से पहचाने और हिंदी नाट्यलेखन के संक्रमण

काल की इस वैतरणी को सफलता से पार करके इक्कीसवीं शताब्दी के आगमन पर एक नए कथ्य, एक नए शिल्प और एक नई ऊर्जा के साथ अपनी नई नाट्य रचना को लेकर उपस्थित हो। बीसवीं शताब्दी के अंतिम वर्षों में कला एवं साहित्य के सभी क्षेत्रों में जिस तरह की आहट, सुगबुगाहट और छटपटाहट सुनाई दे रही है—उसमें से ऐसे नाटक का जन्म निश्चय ही होगा।

इब्राहिम अलकाज़ी की निर्देशन-प्रक्रिया से गुज़रते हुए

बीसवीं सदी का पाँचवाँ दशक जहाँ देश की आज़ादी के कारण महत्त्वपूर्ण है, वहीं भारतीय रंगमंच की अपनी पहचान की दृष्टि से भी कम उल्लेखनीय नहीं है। इसी दशक में इप्टा जैसी संस्था का जन्म हुआ जिसने साहित्य, संगीत, चित्रकला, नृत्य एवं रंगमंच के अनगिनत सक्रिय कर्मियों को एक मंच पर एकत्रित किया। इसी दशक में चार ऐसे रंग-निर्देशकों ने अपनी लंबी नाट्य यात्रा की शुरुआत की, जिनके सतत् प्रयत्नों के आगामी दशकों पर ठोस प्रभाव लक्षित हुए। ये निर्देशक थे—शंभु मित्र, उत्पल दत्त, हबीब तनवीर और इब्राहिम अलकाज़ी। यदि इन चारों निर्देशकों के काम पर एक सरसरी नज़र भी डाली जाए तो अनेक संयोग और समानताएँ एक साथ मिल जाएँगी—चारों ही मूलतः अभिनेता रहे हैं और वहाँ से शुरुआत करके निर्देशन की ओर बढ़े। यों देखा जाए तो हर रंगकर्मी मूलतः अभिनेता ही होता है, जैसे कि साहित्य में हरेक रचनाकार की शुरुआत प्रायः एक कवि के रूप में होती है। शायद इस तरह की शुरुआत का एकमात्र कारण मनुष्य और वह भी कहीं भीतर से रचनाधर्मी मनुष्य की पहली सहज अभिव्यक्ति की प्रक्रिया में निहित है। थोड़ा और आगे बढ़ें तो चारो निर्देशक उस पीढ़ी के प्रतिनिधि हैं, जिन्होंने न केवल स्वयं रंगकर्म का विधिवत् प्रशिक्षण प्राप्त किया वरन् अपने साथ काम करने वाले न जाने कितने युवा रंगकर्मियों को भी लगातार प्रशिक्षित किया। यह भी मात्र संयोग नहीं है कि चारों की जड़ें अपनी शिक्षा-दीक्षा के स्तर पर भारतीय एवं पाश्चात्य—दोनों पद्धतियों से गहरे में प्रभावित रही हैं, और इसी पृष्ठभूमि के भीतर से उनकी अपनी सर्वथा निजी कही जा सकने वाली निर्देशन प्रक्रिया एवं शैलियों का जन्म हुआ। लेकिन जहाँ एक ओर उत्पल दत्त और हबीब तनवीर ने अपनी राजनीतिक विचारधारा को भी अपने रंगकार्य के साथ समाहित किया, वहाँ शंभु मित्र और इब्राहिम अलकाज़ी के साथ ऐसा कुछ नहीं रहा। दूसरे शब्दों में कहें तो शायद उनकी राजनीतिक विचारधारा कभी थी ही नहीं और यदि कोई प्रतिबद्धता रही भी तो वह शुद्ध रंगमंच के साथ थी।

बहरहाल, ये ऊपरी समानताएँ अथवा विभिन्नताएँ यहीं समाप्त होने लगती हैं। इन चारों में भी जो निर्देशक बिलकुल अलग से निकलकर सामने आते हैं—वह हैं इब्राहिम अलकाज़ी। जैसा कि पहले ही कहा जा चुका है कि सभी निर्देशकों ने अपने सहकर्मियों को भी प्रशिक्षित किया किंतु जहाँ बाक़ी दूसरे निर्देशकों ने यह काम अपनी संस्थाओं

में रहकर ही किया, वहाँ अलकाज़ी ने हर बार इसकी शुरुआत विधिवत नाट्य विद्यालय की परिकल्पना के साथ की—चाहे वह रॉयल अकादमी ऑफ़ ड्रामाटिक आर्ट से प्रशिक्षण लेकर आने के बाद बंबई में 'थिएटर यूनिट' की स्थापना हो, चाहे नेशनल स्कूल ऑफ़ ड्रामा में उनका योगदान हो, और अंततः पुनः बरसों बाद दिल्ली में 'लिविंग थिएटर' के माध्यम से नाट्य प्रशिक्षण एवं प्रस्तुति की शुरुआत हो।

दिल्ली में सन् '62 से '98 तक पूरे साढ़े तीन दशकों के बीच अलकाज़ी की सुदीर्घ रंगयात्रा के लगभग सभी पड़ावों का साक्षी रहा हूँ मैं, अतः कोशिश करूँगा कि उनकी निर्देशन प्रक्रिया के कुछ अत्यंत महत्त्वपूर्ण पहलुओं को रेखांकित कर सकूँ। सबसे पहली बार मैंने अलकाज़ी को मलयालम के कवि जी. शंकर कुरुप की एक कविता का पाठ करते हुए सुना—भारतीय ज्ञानपीठ के पहले पुरस्कार समारोह में, जिसमें जी. शंकर कुरूप को सम्मानित किया गया था। कुरुप की एक छोटी सी कविता का अंग्रेज़ी अनुवाद—उसे जिस स्पष्टता एवं गहराई के साथ अलकाज़ी ने पढ़ा था, उसकी याद आज भी मेरे मन में उतनी ही ताज़ा है। और यह याद इसलिए भी पुख़्ता होती चली गई क्योंकि उसके बाद भी उनका जो काम देखने का मौक़ा मिला, उसमें भी भाषा का यह वाचिक पक्ष बिलकुल अलग से दिखाई पड़ता है। यह कहना अतिशयोक्ति नहीं होगी कि हिंदी रंगमंच में शुद्ध और संवेदनशील भाषा एवं रंगभाषण का संस्कार यदि किसी ने दिया है तो उसका पूरा श्रेय अलकाज़ी को दिया जाना चाहिए।

लेकिन वाचिक का यह पक्ष जहाँ कविता में मात्र शब्दों की ध्वनियों, अर्थ-छायाओं एवं पदाघात से साकार किया जा सकता है, वहाँ रंगमंच में उन शब्दों की पृष्ठभूमि के लिए एक पूरा परिवेश भी चाहिए, जिसे रंगमंचीय मुहावरे में दृश्यांकन या दृश्यबंध कहा जा सकता है। मैं यहाँ रंगमंच के इन पक्षों का शुरू में ही इसलिए ज़िक्र कर रहा हूँ क्योंकि किसी भी मंच-प्रस्तुति में श्रव्य और दृश्य के स्तर पर सबसे पहले किसी भी निर्देशक की प्रक्रिया में इन्हीं दोनों तत्त्वों से दर्शकों का साक्षात्कार होता है। यह अनायास नहीं है कि हमारी नाट्य परंपरा में नाटक एवं रंगमंच को 'दृश्य काव्य' कहा गया है। अलकाज़ी के संदर्भ में इस बात का उल्लेख इसलिए ज़रूरी हो जाता है कि जैसे उनके वाचिक पक्ष से परिचय पहले कविता-पाठ से हुआ, उसी तरह उनकी निर्देशन प्रक्रिया के भीतर से गुज़रने वाली पहली कड़ी भी किसी नाटक का निर्देशन नहीं वरन् एक नाट्य प्रस्तुति का दृश्यबंध था। प्रस्तुति थी प्रेमचंद के 'गोदान' पर आधरित विष्णु प्रभाकर के नाटक 'होरी' की कुमार वर्मा के निर्देशन में मेघदूत मंच पर पहला प्रदर्शन, जिसकी अभिकल्पना अलकाज़ी ने तैयार की थी। जिन दर्शकों ने भी उस प्रस्तुति को देखा है, उन्हें मेघदूत के कच्चे, गोबर-लिपे मंच, उसके पीछे मिट्टी की दीवारों से लिपी-पुती झोंपड़ियाँ और उतनी ही अस्थायी दर्शकों के बैठने की व्यवस्था भूली नहीं होगी। ऐसा लगता था कि मानो गोदान में वर्णित वह गाँव ही मंच पर जीवंत हो उठा है। रंगमंच के जानकार लोगों को छोड़कर शायद बहुत कम लोगों को मालूम है कि अलकाज़ी ने लंदन में रंगकर्म के विधिवत् प्रशिक्षण के दौरान निर्देशन में नहीं बल्कि अभिकल्पना में

विशेषज्ञता हासिल की थी। इसके साथ उनकी स्वयं में चित्रकार होने की आधार-भूमि तो थी ही। इस 'होरी' के दृश्यबंध से पूर्व वह 'आषाढ़ का एक दिन' और 'अंधायुग' जैसे भारतीय नाटकों का निर्देशन कर चुके थे। ये दोनों प्रस्तुतियाँ जितनी उनके निर्देशन के लिए चर्चित हुईं, उससे कहीं अधिक उस मंच-परिवेश की परिकल्पना के कारण भी, जो उन्होंने इन दोनों नाटकों के लिए तैयार की। कैलाश कॉलोनी के जिस किराए के मकान में राष्ट्रीय नाट्य विद्यालय का पहला परिसर था, उसी के पिछवाड़े एक छोटे से खुले प्रांगण में 'आषाढ़ का एक दिन' का दृश्यबंध साकार किया गया जो एक प्रकार से खुले मंच और प्रोसीनियम मंच का अद्‌भुत मिश्रण था। दूसरे शब्दों में कहें तो वह प्रस्तुति एवं उसकी मंच-परिकल्पना भारतीय एवं पाश्चात्य रंग-तत्त्वों के मेल से अपनी एक सर्वथा निजी एवं नई पहचान बनाने में सफल हुई। कई रंग-चिंतक तो उस प्रस्तुति को आधुनिक हिंदी रंगमंच की पहली प्रस्तुति के रूप में भी स्वीकार करते हैं। इसके ठीक विपरीत अंधायुग जैसे काव्य-नाटक के लिए अलकाज़ी ने दिल्ली के फ़िरोजशाह कोटला मैदान में स्थित ऐतिहासिक खंडहरों को पृष्ठभूमि के रूप में चुना। नाटक के कथ्य का टूटा-फूटा परिवेश और सचमुच में उपलब्ध विशाल ऐतिहासिक खंडहर—दोनों एक दूसरे में मानों एकाकार हो गए थे।

यहाँ उन दो अन्य भारतीय नाटकों की चर्चा कर लेना भी अप्रासंगिक न होगा, जिनके साथ पुनः अलकाज़ी एक निर्देशक के रूप में नहीं वरन् दृश्यांकनकार के रूप में जुड़े हुए थे—पहला है कन्नड़ नाटककार गिरीश कार्नाड का 'तुग़लक' जिसे पहली बार हिंदुस्तानी में ओम शिवपुरी ने निर्देशित किया और अलकाज़ी ने उसका दृश्यबंध तैयार किया। दूसरा है हिंदी का मौलिक नाटक जगदीशचंद्र माथुर का 'शारदीया' जिसे निर्देशित तो शांता गाँधी ने किया किंतु उसके कलापक्ष से अलकाज़ी बहुत गहरे रूप में जुड़े हुए थे।

उपर्युक्त सारे तथ्यों का उल्लेख इसलिए नहीं किया जा रहा कि अलकाज़ी निर्देशक बाद में और अभिकल्पक पहले हैं वरन् इस बात पर ज़ोर देने के लिए कि उनके यहाँ अभिकल्पना एवं निर्देशन प्रायः एक दूसरे में इतने घुले-मिले रहते हैं कि उन्हें अलग से देख पाना संभव नहीं है। यों आज भी भारतीय रंगमंच में ऐसे बहुत से निर्देशक हैं जो निर्देशन भी करते हैं और अभिकल्पन भी, लेकिन सच्चाई यही है कि या तो वे मात्र निर्देशक के रूप में जाने जाते हैं या अभिकल्पक के रूप में—लेकिन अलकाज़ी की कोई भी प्रस्तुति उठाकर देख लें, मुझे नहीं लगता कि दर्शक को ऐसा अनुभव हुआ होगा कि कोई एक तत्त्व दूसरे पर ज़्यादा हावी है। जिन लोगों को भी उनके साथ काम करने का अवसर मिला है, वे इस बात की तसदीक़ करेंगे कि केवल निर्देशन और अभिकल्पन ही नहीं, वेशभूषा, रूपसज्जा, आलोक सज्जा, मंच उपकरण और संगीत—कहने का अर्थ यह कि रंगमंच का कोई ऐसा पक्ष नहीं जिसकी अंतिम परिकल्पना उनकी अपनी न रही हो। इसके पीछे इन सभी तत्त्वों का उनका अपना अगाध ज्ञान व अनुभव तो है ही, इससे भी ज़्यादा उनकी निर्देशन प्रक्रिया इसके लिए ज़िम्मेदार है।

विश्व में आज न जाने कितने जाने-पहचाने निर्देशक मौजूद हैं, लेकिन मज़े की बात यह है कि निर्देशन की प्रक्रिया मात्र दो तरह की है—एक निर्देशक वह है जो नाटक की प्रस्तुति की शुरुआत में ही पूरी तरह से तैयार होकर आता है अर्थात् नाटक के दृश्यबंध, पात्रों के गति-विधान एवं चर्याएँ, दृश्य-रचना एवं अन्य तत्त्व बिलकुल शीशे की तरह से एकदम स्पष्ट होते हैं उसके सामने। इतना ही नहीं, वह अपनी नोट-बुक में बाकायदा चित्रों और रेखाचित्रों के माध्यम से पूरे नाटक के दृश्यत्व को अपने सामने घटित होता देख चुका होता है। इस अर्थ में वह एक फ़िल्म निर्देशक से समानता रखता है, जो अपनी फ़िल्म को पहले कागज़ पर 'शूट' करता है और बाद में कैमरे व अभिनेताओं के साथ। दूसरा निर्देशक वह है जो नाटक के आलेख के अतिरिक्त पहले से कुछ भी तय करके नहीं आता और प्रस्तुति की तैयारी के दौरान ही अभिनेताओं के साथ काम करते हुए, कुछ रचते हुए, कुछ तोड़ते हुए प्रस्तुति को अंतिम परिणति तक पहुँचाता है। सुविधा के लिए हम पहले निर्देशक को शुद्ध शास्त्रीय निर्देशक और दूसरे को प्रयोगधर्मा की संज्ञा से अभिहित कर सकते हैं। चाहें तो एक तीसरी श्रेणी ऐसे निर्देशकों की भी हो सकती है जो कहीं इन दोनों छोरों के बीच में हो, अर्थात् कुछ चीज़ें वे पहले से तय करके ले आएँ और कुछ पूर्वाभ्यास के दौरान ही सृजित करें।

अलकाज़ी पहली तरह के निर्देशक हैं अर्थात् नाटक का पहला पाठ करने से पूर्व ही उसकी संपूर्ण परिकल्पना उनके यहाँ पहले से मौजूद है। ज़ाहिर है कि इस परिकल्पना की प्रक्रिया बहुत पहले से शुरू हो जाती है और जब वह उनके मन और फिर कागज़ पर पूरा आकार ग्रहण कर लेती है, तभी वह उस नाटक के मंचन का प्रचार-प्रसार आरंभ करते हैं। यही नहीं, एक और दृष्टि से भी मैं उन्हें शास्त्रीय निर्देशक के रूप में रेखांकित करना चाहूँगा—अपने पूरे रंगकर्म में उन्होंने सदैव ऐसे नाटक किए, जिन्हें क्लासिक कहा जाता है। चाहे वे ग्रीक नाटक हों या फिर शेक्सपीयर, मोलियर, यूजीन ओ'नील, जॉन आस्बर्न इत्यादि और भारतीय नाटकों में भी 'आषाढ़ का एक दिन', 'अंधायुग', 'तुग़लक', 'सूर्यमुख', 'जाग उठा है रायगढ़'—लगभग सभी नाटक उसी कोटि के हैं। एक तथ्य की ओर फिर ध्यान जाता है कि उन्हें जितना वे नाटक आकर्षित करते रहे हैं, जिनका परिवेश ऐतिहासिक है, उतना समकालीन ज़िंदगी को आज के मुहावरे में व्यक्त करने वाले नाटक नहीं—शुरुआत के एक-दो पश्चिमी नाटकों, और अंतिम दौर में महेश एलकुंचवार के 'विरासत' को यदि अपवादस्वरूप छोड़ दें तो। कहा जाना चाहिए कि यदि उन्होंने समकालीन जीवन पर भी टिप्पणी की तो सदैव इतिहास, सुदूर अतीत या लोक कथा-फंतासी के माध्यम से ही—मुझे लगता रहा है कि रंगमंच की जिस विराट फ़लक की परिकल्पना उनके मन में रही है, उसकी पूर्ति ऐसे परिवेश के नाटक ही कर सकते थे। इसके स्रोत काफ़ी हद तक उनकी पारिवारिक पृष्ठभूमि में भी खोजे जा सकते हैं, जहाँ से उन्हें नितांत आभिजात्य संस्कार मिले हैं। इसीलिए उनकी प्रस्तुतियों को देखकर कभी भी अनगढ़ता की अनुभूति नहीं होती। वरन् ऐसा लगता है कि हर दृश्य के पीछे, हर गति के पीछे, हर उपकरण के पीछे यानी मंच पर उपस्थित किसी भी

तत्त्व को लेकर एक ज़बरदस्त सोच, व्यवस्था, सलीका और सफ़ाई मौजूद है। कई बार तो ये सारे गुण कुछ आरोपित से भी लगने लगते हैं, जब मंच पर उपस्थित जीवंत अभिनेता मात्र कठपुतली की तरह आचरण करते दिखाई देते हैं।

इसीलिए यह निर्विवाद रूप में सत्य है कि अलकाज़ी की निर्देशन प्रक्रिया से गुज़रकर वही अभिनेता अपनी निजी पहचान स्थापित कर पाए, जो एक बने-बनाए ढाँचे को अपना बनाकर उसमें रंग भर सके, उसे जीवंतता प्रदान कर सके और स्वयं भी आगे बढ़ते रहे। उदाहरण के लिए मैं यहाँ मात्र चार-पाँच अभिनेताओं का नाम लेना चाहूँगा—ओम शिवपुरी, सुधा शिवपुरी, मनोहर सिंह, उत्तरा बावकर और सुरेखा सीकरी। इनमें भी उत्तरा बावकर कार्ल बेवर के माध्यम से, और सुरेखा सीकरी राजेन्द्र गुप्त के माध्यम से हिंदी रंगमंच को अपनी संपूर्ण ऊर्जा एवं संभावनाओं के साथ उपलब्ध हुईं। यही कारण है कि उनकी अधिकांश प्रस्तुतियाँ उनकी निर्देशकीय छाप के कारण ज़्यादा चर्चा में रहीं, न कि किसी अभिनेता विशेष के अविस्मरणीय अभिनय के कारण।

लेकिन इस बात से कतई इनकार नहीं किया जा सकता कि आधुनिक भारतीय रंगमंच में अलकाज़ी पहले ऐसे निर्देशक हैं, जिन्होंने अभिनेता के सर्वांगीण प्रशिक्षण की नींव डाली—उसकी आवाज़, उसका रंगभाषण, उसका शरीर, उसका दिमाग़, उसकी सोच—ऐसा कोई भी पहलू नहीं है जिसके प्रशिक्षण पर उन्होंने ज़ोर न दिया हो। यही कारण है कि जो अभिनेता स्वयं प्रशिक्षण के इस महत्त्व को शुरू में ही समझ गए, वे अपनी लगन, मेहनत और साधना से प्रसिद्धि के शिखर पर पहुँच गए और जिन्होंने उस प्रशिक्षण की महत्ता पर ध्यान नहीं दिया, वे गुमनामी के अँधेरे में खो गए। प्रायः रंगजगत में अलकाज़ी की आलोचना होती रही कि उन्होंने कुछ गिने-चुने अभिनेताओं को ही मुख्य धारा में लाकर खड़ा किया। लेकिन दूसरी तरफ़ यह भी उतना ही सच है कि इसके लिए अभिनेताओं की वह बड़ी संख्या स्वयं भी काफ़ी उत्तरदायी है, जिनके लिए रंगकर्म कभी जीवन की प्राथमिकता एवं प्रतिबद्धता थी ही नहीं—जीवन के एक विशेष मोड़ पर वे कहीं और न जाकर राष्ट्रीय नाट्य विद्यालय चले आए और प्रशिक्षण प्राप्त करने के बाद न तो उन्होंने कोई कोशिश की और न ही फिर कभी इस तरफ़ लौटकर आए।

एक दूसरा आरोप यह भी लगाया जाता रहा है कि उन्होंने भारतीय रंगमंच को पूरी तरह से पाश्चात्य बनाकर रख दिया। इस आरोप के पीछे एक ग़लतफहमी तो यही रही कि उनके कार्यकाल में केवल पश्चिमी नाटक ही प्रस्तुत किए गए। जबकि सच्चाई यह है कि यदि पूरा लेखा-जोखा तैयार किया जाए तो संख्या भारतीय नाटकों की ही ज़्यादा निकलेगी। दूसरे यथार्थवाद को भी पश्चिम से आयातित मानने वाले दृष्टिकोण के कारण भी ऐसी आलोचना होती रही है। तब तो 'आषाढ़ का एक दिन', 'अंधायुग' जैसे नाटकों को भी भारतीय रंगमंच से खारिज़ कर देना पड़ेगा। प्रश्न पश्चिमी या भारतीय नाटकों को करने का उतना नहीं है, जितना किसी भी कृति को लेकर उसे अपने मुहावरे में रूपांतरित करने का है—किसी भी विदेशी नाटक के अनुवाद में अभिनय करते हुए न तो आप वह विदेशी मुद्रा अपना सकते हैं और न वहाँ उसकी दरकार

ही है। इसीलिए अलकाज़ी की प्रस्तुतियों का महत्त्व दोगुना हो जाता है क्योंकि उन्होंने बाहरी परिवेश को देश-विशेष में स्थित करते हुए भी अभिनेताओं की अंतरंग प्रक्रिया को पूरी तरह से यहीं का रहने दिया और मैं समझता हूँ कि यही होना भी चाहिए। यदि ऐसा न हो तब तो ब्रेष्ट के किसी भी नाटक को अपने देश में करने की क्या सार्थकता रह जाती है ? मौलियर के 'कंजूस' और 'तारतूफ' जैसे चरित्र क्या सिर्फ़ फ्रांस में ही उपलब्ध हैं ? ग्रीक नाटक 'इडीपस' में उपस्थित माँ-बेटे के आपसी रिश्तों पर तो हम प्रश्नचिह्न लगा सकते हैं लेकिन शिव बटालवी की लंबी कविता 'लूना' हमारे अपने पुराणों की देन है। सम्राट अशोक के बेटे कुणाल और उसकी पत्नी तिष्यरक्षिता के संबंध इतिहाससम्मत हैं। दरअसल विवाद पूर्व और पश्चिम को लेकर उतना नहीं किया जाना चाहिए, जितना इस ओर ध्यान दिया जाना चाहिए कि शाश्वत, सार्वजनीन प्रश्नों को उठानेवाले नाटक किसी भी ज़मीन से क्यों न लिए गए हों, जहाँ उनका मंचन हो रहा है, अंततः वे उसी भावभूमि पर देखे-परखे जाने चाहिएँ। इस दृष्टि से अलकाज़ी उन गिने-चुने निर्देशकों में हैं जो पूर्व और पश्चिम दोनों से प्रेरणा ग्रहण करते हैं और फिर अपनी एक निजी शैली की रचना करते हैं, जो भले ही उस रूप में भारतीय न मानी जाए, जिस रूप में हमारी शास्त्रीय एवं लोक नाट्य परंपराओं को माना जाता है, जहाँ भारतीयता का अर्थ है नाट्य प्रस्तुति का गीत, संगीत, नृत्य एवं मुद्राओं से सराबोर होना।

मेरे विचार में यदि कोई प्रस्तुति समकालीन कथ्य को उपर्युक्त तत्त्वों की अनुपस्थिति में भी भारतीय परिवेश में प्रस्तुत करती है तो वह उतनी ही भारतीय है—यदि हम अलकाज़ी के पूरे काम को इस संदर्भ में जाँचने-परखने की चेष्टा करें तो सभी आरोप अपने आप बेबुनियाद साबित हो जाएँगे—क्या 'आषाढ़ का एक दिन' में एक रचनाकार का द्वंद्व भारतीय नहीं है ? क्या 'अंधायुग' में भीषण नरसंहार के बाद छाई निराशा भारतीय नहीं है ? क्या 'तुग़लक जैसे विद्वान और चिंतक बादशाह का अंत में मोहभंग एवं एकाकी होते जाना भारतीय नहीं है ? समझ में नहीं आता कि हम कब तक भारतीयता के नाम पर गीत, संगीत, नृत्य जैसी मनोहारी कलाओं की बैसाखियों पर भारतीय रंगमंच को स्थापित करते रहेंगे ? यही वजह है कि आज भी विदेशों में भारत की जो छवि अंकित है, वह साँप और सँपेरा, लोकनृत्यों एवं लोकनाटकों से कहीं अलग नहीं हो पाई है ? क्या हमने कभी भी विदेशों में होने वाले भारतीय महोत्सवों में समकालीन भारतीय रंगमंच के प्रतिनिधित्व के रूप में किसी आधुनिक निर्देशक के नाम एवं काम को प्रस्तावित किया है ? ये सारे प्रश्न एवं जिज्ञासाएँ अलकाज़ी के संदर्भ में इसलिए तीखी और कटु और पूर्वग्रह से ग्रसित जान पड़ने लगती है, क्योंकि यही शंकाएँ हम लोगों ने हबीब तनवीर के काम को लेकर कभी नहीं उठाईं। रतन थियम के काम को लेकर कभी इस तरह के सवाल नहीं खड़े हुए जहाँ एकमात्र लक्ष्य ही केवल विदेशी दर्शकों को लुभाने का रहा है ? कभी किसी रंगचिंतक अथवा आलोचक ने क्या इस बारे में सोचने की ज़हमत उठाई कि थियम के काम का स्वयं अपने देश और यहाँ तक

कि प्रदेश के दर्शक से भी कोई सीधा रिश्ता पिछले बीस-बाईस वर्षों में बना है क्या ? इन सारे सवालों के बीच मुझे अलकाज़ी अपनी तमाम पाश्चात्य पृष्ठभूमि एवं दृष्टि के बावजूद ज़्यादा भारतीय लगते हैं क्योंकि जितना प्रभाव भारतीय रंगमंच और विशेषतः हिंदी रंगमंच पर उनकी रचना प्रक्रिया ने डाला है, उतना संभवतः अकेले किसी और निर्देशक ने नहीं। और सबसे बड़ी बात यह है कि रंगमंच को अपने विद्यार्थियों एवं रंगकर्मियों की जितनी लंबी क़तार अलकाज़ी ने दी है, उसकी कोई दूसरी मिसाल मिलना असंभव है। यह अलग बात है कि उनके बाद की पीढ़ी में से कुछ ने अक्षरशः उन्हीं के व्यक्तित्व को अपने ऊपर आरोपित कर लिया और भीतर से बिलकुल ख़ाली व खोखले होने के कारण मात्र उनकी हास्यास्पद कार्बन कॉपी होकर रह गए। लेकिन जिन निर्देशकों ने उनके बताए रास्ते के माध्यम से अपना अलग रास्ता तलाश किया, वे उनके ऋणी हैं।

अपने वृहद व्यक्तित्व एवं कृतित्व के बावजूद यह भी उतना ही सत्य है कि उन्होंने कभी भी किसी नए, उत्तेजक एवं विवादास्पद आलेख को मंचन के लिए नहीं उठाया। वह ज़िंदगीभर अपने ही बनाए एक ढाँचे में क़ैद रहे और इसका सबसे दुखद पक्ष यह भी है कि एक दिन उस रंगकर्म को ही तिलांजलि देकर अलग खड़े हो गए, जिसने उन्हें देश-विदेश में प्रसिद्धि के शिखर पर पहुँचाया था। और जब वह ठीक चौदह बरस के वनवास के बाद पुनः निर्देशन की तरफ़ लौटे तो एकसाथ उनकी तीन प्रस्तुतियों से जो प्रतिक्रियाएँ मिलीं उससे यही लगा कि अलकाज़ी समसामयिक रंगमंच में बहुत पीछे छूट गए हैं या कि वह अभी तक अपने बनाए उसी संसार में बंद हैं, जो उनके साथ सन् साठ से लगभग अस्सी तक बरकरार रहा था और इस मोहभंग की अंतिम परिणति उनकी एक आख़िरी कोशिश 'लिविंग थिएटर' के रूप में हुई, जिसे उन्होंने प्रशिक्षण केंद्र और रंगमंडल के रूप में तीन-चार बरस तक सक्रिय रखने की कोशिश की। पहले बरस की समाप्ति पर महेश एलकुंचवार के नाटक 'विरासत' के दो-तीन खंडों की एक साथ प्रस्तुति ने निश्चित ही आशा की एक नई किरण जगाई थी, लेकिन बाद के बरसों में 'रॉयल हंट ऑफ़ द सन', 'थ्री सिस्टर्स' और आख़िर में यूजीन ओ नील के नाटक 'डिज़ायर अंडर द एल्मूस' की पंजाबी में प्रस्तुति को देखकर लगा कि क्या ये उसी निर्देशक का काम है, जो लगभग चार दशकों तक भारतीय रंगमंच पर छाया रहा है। यह कड़वी सच्चाई एक बार फिर से उजागर हुई कि शायद अलकाज़ी ऐसे निर्देशक हैं जो बिलकुल नए और नौसिखिए अभिनेताओं के साथ काम कर ही नहीं सकते, उन्हें सदा प्रशिक्षित एवं प्रतिभावान अभिनेता चाहिएँ। विशेष रूप से पंजाबी में प्रस्तुत एक विदेशी नाटक को देखकर तो ऐसा लगा कि हम किसी ऐसे निर्देशक की प्रस्तुति देख रहे हैं, जो शायद अपने रंगकर्म की शुरुआत कर रहा है।

यदि उनके पूरे रंगकर्म का आकलन किया जाए तो बार-बार मन में एक बिंब उभरता है—जीवन भर बड़ी-बड़ी एवं भव्य रंग-प्रस्तुतियों का जन्मदाता अंत में नितांत अकेले में कहीं बैठा है। कुछ-कुछ 'तुग़लक' नाटक के अंतिम दृश्यबिंब की तरह, जहाँ

सभी लोग तुग़लक को छोड़कर चले जाते हैं और वह एक गहरी निद्रा में लिप्त होने लगता है। क्या स्वयं शंभु मित्र के अंतिम कुछ वर्ष भी इसी प्रकार का एक दूसरा समानांतर बिंब उपस्थित नहीं करते ? कहीं यह हमारे आज के समय और रंगमंच की नियति, त्रासदी या विडंबना तो नहीं कि जिन निर्देशकों ने एक समय में अपनी मौलिक रंगदृष्टि, रंगचिंतन और परिकल्पनाओं से संपूर्ण भारतीय रंगमंच को झकझोर कर रख दिया था वे अपने अंतिम दौर में निष्क्रिय होकर बैठ जाएँ और समय आगे निकल जाए।

ये सारी चिंता और पीड़ा इसलिए है कि मैं स्वयं अलकाज़ी का छात्र रहा हूँ और उन्हीं के सिखाए मार्ग से गुज़रकर रंगमंच में अपनी एक अलग पगडंडी बनाने की कोशिश की है। उपर्युक्त सारे प्रश्नचिह्नों के बावजूद उनके साथ बिताए गए क्षणों की वे स्मृतियाँ सदैव मन-मस्तिष्क में जीवित रहेंगी, जो उनकी निर्देशन प्रक्रिया से सीधे-सीधे संबंधित हैं—किसी भी नाटक को निर्देशित करते हुए उसके आलेख में गहरे तक पैठ जाना। शोध-अनुसंधान के भीतर से गुज़रकर दृश्यबंध, रूपसज्जा, मंच उपकरण एवं संगीत या ध्वनियों से जुड़े छोटे-से-छोटे पहलुओं को निश्चित करना, अभिनेताओं को संवाद अदायगी के प्रशिक्षण के साथ-साथ उनकी मुद्राएँ एवं चर्याएँ भी निश्चित करना, लगातार पूर्वाभ्यास के दौरान एक कड़े अनुशासन का अंकुश, समय की पाबंदी और रोज़ाना कितना काम होना है, इसकी पहले से तैयार एक समय-सारिणी। अंत में प्रस्तुति के पहले प्रदर्शन के समय सभी अभिनेताओं को नर्वस न होने के लिए दिलासा देते रहना। इस प्रसंग में एक संवाद का उल्लेख करके इस लेख का समाहार करूँगा—प्रस्तुति का पहला प्रदर्शन था। अलकाज़ी और मैं मंच-पार्श्व में खड़े थे। प्रदर्शन शुरू होने को था। अलकाज़ी ने धीरे से कहा, 'डोंट गेट नर्वस'—'ऑयम नॉट एट ऑल नर्वस, सर' मैंने उत्तर दिया।

'दैट इज़ द प्राब्लम विद यू पीपल। लुक एट मी—हाउ नर्वस आयम।' यह कहकर वह दूसरी तरफ़ चले गए।

संभवतः, उनकी निर्देशन प्रक्रिया को अपनी संपूर्णता में जानने-समझने के लिए उपर्युक्त उद्धरण एकदम सटीक है कि बाहर से व्यवस्थित दिखने वाला कलाकार भीतर से कितना उद्वेलित रहता है।

अनवरत रंग-यात्रा के पचास साल : हबीब तनवीर

भारतीय रंगमंच में ही नहीं, संपूर्ण विश्व रंगमंच में ऐसे किसी रंग-निर्देशक की मिसाल मिलना मुश्किल है, जिसने लगातार एक ही दिशा में, एक ही तरह का, एक ही नाट्य दल के साथ और अंततः एक ही अभिनेताओं के समूह के साथ लगभग पचास साल तक रंगकर्म किया हो और अभी भी उतना ही सक्रिय है। वह निर्देशक है हबीब तनवीर। जिसने अपने दूसरे समकालीन निर्देशकों, यथा—उत्पल दत्त, शंभु मित्र और इब्राहिम अलकाज़ी के साथ-साथ ही अपने रंग-जीवन की शुरुआत की थी लेकिन जहाँ बाक़ी दूसरे निर्देशक अपने अभिनेता, अपनी संस्थाएँ और अपने कार्य की दिशाएँ भी लगातार बदलते रहे, वहाँ हबीब तनवीर ने शुरू में ही जिस पगडंडी पर पैर रखा था, आज भी उसी पर चल रहे हैं। यदि भारतीय रंगमंच में कोई दूसरे समानांतर ढूँढ़ने ही हों तो दो लोग और नज़र आते हैं—एक पारसी रंगमंच के सुप्रसिद्ध अभिनेता मास्टर फ़िदा हुसैन नरसी और दूसरे कर्नाटक में कंपनी थिएटर शैली से जुड़े अभिनेता-निर्देशक गुब्बी वीरन्ना। इनमें भी मास्टर फ़िदा हुसैन एक ही तरह के काम से ज़रूर जुड़े रहे लेकिन वह काम उन्होंने बहुत सी संस्थाओं में रहकर किया। इसी तरह गुब्बी वीरन्ना ने भी काम बेशक एक ही जैसा और एक ही संस्था में रहकर किया, लेकिन उनके यहाँ भी लोग लगातार बदलते रहे। यह काम के प्रति, लोगों के प्रति और संस्था के प्रति प्रतिबद्धता ही वह धुरी है, जिसके चारों तरफ हबीब तनवीर की रंग-यात्रा का इतिहास फैला हुआ है।

1969 में हबीब तनवीर की पहली प्रस्तुति देखने का अवसर मिला। प्रस्तुति थी 'शतरंज के मोहरे'। प्रेमचंद की कहानी 'शतरंज के खिलाड़ी' पर आधारित होते हुए भी लगभग ढाई घंटे का संपूर्ण नाटक। हबीब तनवीर स्वयं भी एक मुख्य भूमिका में। प्रस्तुति की पूरी याद तो बाक़ी नहीं, हाँ, इतना ज़रूर है कि दो-तीन दृश्य-बंध परिवर्तनों के माध्यम से हबीब तनवीर ने एक विदेशी शासन-व्यवस्था की पृष्ठभूमि में दो नवाबों की खिलाड़ियों से मोहरे होते जाने की परिणति को पकड़ने की कोशिश की थी। एक नया चरित्र मस्जिद में रहने वाला एक फ़क़ीर भी था, जो एक तरह का सूत्रधार या व्याख्याता भी कहा जा सकता है। यह भूमिका स्वयं हबीब तनवीर ने अभिनीत की थी। नाटक सीधे-सपाट संवादों के भीतर से उभरता था, उसमें किसी प्रकार के गीत-संगीत को प्रश्रय नहीं दिया गया था। पार्श्व संगीत था तो मात्र रिकार्डेड, जिसका प्रयोग संगीत की अपेक्षा ध्वनि-प्रभाव के रूप में ज़्यादा किया गया था। प्रस्तुति से अधिक हबीब

तनवीर का एक स्वतंत्र नाटककार-अभिनेता और निर्देशक का रूप एक जगह पर देखना मेरे लिए एक बड़ी उपलब्धि थी।

अगले ही वर्ष यानी 1970 में मुझे हबीब तनवीर के साथ काम करने का मौक़ा मिला। 'आगरा बाज़ार' की पुनर्प्रस्तुति के पूर्वाभ्यास से लेकर उसके सत्रह प्रदर्शनों तक बतौर एक अभिनेता उनकी निर्देशकीय रचना-प्रक्रिया को भी निकट से जानने का अवसर मिला। 'आगरा बाज़ार' पहली बार 1954-55 में किया था हबीब तनवीर ने। तब से न जाने कितनी बार कर चुके हैं वह इस नाटक को। यह नाटक अपने कथ्य एवं फ़ार्म में आज भी उतना ही ताज़ा है। दरअसल, यह शुद्ध अर्थों में नाटक है ही नहीं। आगरा के मशहूर शायर नज़ीर अकबराबादी की 16 नज़्मों के माध्यम से तत्कालीन समसामयिक सामाजिक, आर्थिक एवं राजनीतिक वातावरण का डॉक्यूमेंटेशन किया गया है। 'हयवदन', 'घासीराम कोतवाल' या 'जो कुमारस्वामी' जैसे नाटकों से लगभग 15-20 बरस पहले ही 'आगरा बाज़ार' में लोक-तत्त्वों से भरपूर एक शैली को खोज लिया गया है। इस दृष्टि से 'आगरा बाज़ार' को हिंदी रंगमंच की पहली लोक-प्रस्तुति होने का श्रेय दिया जाना चाहिए। हबीब तनवीर ने यहाँ किसी प्रदेश विशेष की लोक-शैली का इस्तेमाल नहीं किया था, बल्कि कथ्य की सामाजिकता में से वह शैली अपने आप ही उभरकर सामने आ गई। ककड़ी, पतंग, चूहा, बंदर, वेश्या, छैला—इन विविध विषयों पर लिखी गई नज़्मों ने स्वयं ही नाटक को लोक भूमि से जोड़ दिया। 'आगरा बाज़ार' अभिनेताओं के समूहन की दृष्टि से भी अद्‌भुत एनसाम्बल था—भटिंडा के दो फ़क़ीर मुख्य गायकों की भूमिका में, छत्तीसगढ़ के बहुत से लोक अभिनेता विविध भूमिकाओं में, विधिवत् प्रशिक्षित और अंततः शौकिया कलाकारों को भी मिलाकर की गई थी यह प्रस्तुति।

इसके बाद तो लगातार उनकी प्रस्तुतियाँ देखने को मिली हैं। स्वयं उनसे भी अपने काम को लेकर सुनने का मौका मिला है। इतनी सारी पृष्ठभूमि के भीतर से हबीब तनवीर के रंगकर्म को समझने की एक कोशिश सहज ही की जा सकती है, विशेषतः उनके नाटककार और निर्देशक वाले पक्ष पर केंद्रित करके।

अपनी पीढ़ी के दूसरे निर्देशकों की तरह हबीब तनवीर की रंगयात्रा की शुरुआत भी पश्चिमी रंगमंच से साक्षात्कार एवं प्रशिक्षण के माध्यम से होती है। वह भारत के उन गिने-चुने निर्देशकों में से है, जिन्होंने पश्चिमी और भारतीय नाट्य परंपराओं और रंग-शैलियों के पारस्परिक मेल-जोल से अपनी एक निजी शैली तैयार की और लगातार एक के बाद एक कई सुप्रसिद्ध और महत्त्वपूर्ण प्रस्तुतियाँ करके उस शैली को केवल भारत में ही नहीं, विदेशों में भी उतना ही लोकप्रिय बनाया। उनके रंगकर्म की शुरुआत भले ही 'हिंदुस्तानी थिएटर' के साथ हुई, जहाँ पहली बार उनका परिचय अपने देश की संस्कृत नाट्य परंपरा और पश्चिम के ब्रेष्ट से हुआ लेकिन उनकी सही शुरुआत 'नया थिएटर' की स्थापना के साथ अपने लिखे नाटक 'आगरा बाज़ार' की प्रस्तुति के साथ होती है। पश्चिमी और भारतीय रंग-तत्त्वों के मेल से किस तरह का एक नया

शिल्प और एक नया नाटक जन्म ले सकता है, उसका सर्वश्रेष्ठ उदाहरण है 'आगरा बाज़ार'। आगरा के मशहूर शायर नज़ीर अकबराबादी की नज़्मों और गज़लों पर आधारित यह नाटक न तो यथार्थवादी नाटक के त्रि-अंकीय शिल्प से कोई मेल खाता है और न ही लोक नाटकों के मनमोहक रंगों, गीतों, नृत्य एवं संगीत से भरपूर है। नाटक जिसकी शायरी पर आधारित है, वह तो कभी नाटक में आता ही नहीं, इसके साथ ही नाटक में भी कोई कहानी मौजूद नहीं है। इसके बावजूद यह नाटक नज़ीर अकबराबादी के समकालीन समाज, लोगों और रीति-रिवाज़ों की ऐसी दिलचस्प तस्वीर पेश करता है जो शायद 'मृच्छकटिक' और 'अंधेर नगरी' के बाद पहली बार देखने को मिलती है। इसीलिए इस तथ्य को कोरा संयोग कहकर नहीं छोड़ा जा सकता कि हबीब तनवीर 'मृच्छकटिक' अथवा 'मिट्टी की गाड़ी' की तरफ़ बार-बार लौटते रहते हैं। लेकिन आश्चर्य है कि जब पचास के दशक में हबीब तनवीर ने 'आगरा बाज़ार' की पहली बार प्रस्तुति की तो किसी ने उसका इस बात के लिए नोटिस नहीं लिया कि जिस भारतीय रंग-शैली की अपने देश को ज़रूरत थी, हबीब तनवीर ने इस नाटक के लेखन एवं प्रस्तुतिकरण के माध्यम से उस वक़्त तलाश कर ली थी, जब भारतीय रंगमंच में भारतीयता अथवा उसकी अपनी निजी पहचान, शैली और स्वरूप का डंका पीटने वाले नारों और मुहावरों का जन्म भी नहीं हुआ था—क्या यह एक ऐतिहासिक तथ्य नहीं है कि जिस दौर में भारतीय रंगमंच पश्चिम के तथाकथित यथार्थवादी प्रभाव में लेखन एवं प्रस्तुति के स्तर पर सक्रिय था, उसी क्षण हबीब तनवीर अपने नाट्यदल के साथ एक ऐसी रंग-शैली की तस्वीर पेश कर रहे थे, जो बाद में भारतीय रंगमंच में मील का पत्थर साबित हुई ? यह सही है कि उनके बाद सत्तर, अस्सी और नब्बे के दशकों में बहुत से निर्देशकों ने इस दिशा में महत्त्वपूर्ण प्रयोग किए और आज तक कर रहे हैं, लेकिन उनकी तुलना हबीब तनवीर के साथ कदापि नहीं की जा सकती। एक तो उन निर्देशकों ने उन अभिनेताओं को लेकर कभी काम नहीं किया, जिनके क्षेत्रों से जुड़ी नाट्य शैलियों के तत्त्व वे अपनी प्रस्तुतियों में इस्तेमाल करते रहे हैं। दूसरे, उनके अभिनेता सदैव शहरी अथवा प्रशिक्षित रहे हैं, जिनका उन शैलियों से कहीं दूर का भी रिश्ता नहीं होता। इसीलिए होता यह रहा है कि ये लोक रंग-शैलियाँ आधुनिक रंगमंच में इन निर्देशकों के माध्यम से आईं भी तो महज़ अलंकरण के उपकरण होकर, जिन्होंने कुछ क्षणों के लिए भले ही दर्शकों को लुभा लिया हो, किंतु भारतीय रंगमंच पर उनका कोई दूरगामी प्रभाव नहीं पड़ा। क्या हमारे पास इस प्रश्न का कोई उत्तर है कि जिस ज़ोर-शोर से लोक-रंग में सराबोर दौर भारतीय रंगमंच पर छाया था, वह अचानक कहाँ तिरोहित हो गया ? कुछ लोग यहाँ अवश्य ही रतन थियम का उदाहरण देना चाहेंगे, जो पिछले लगभग पच्चीस वर्षों से अपने क्षेत्र में रहकर, अपनी संस्था के साथ एक ही तरह का रंगकर्म कर रहे हैं। इन तथ्यों की ऐतिहासिकता तक मैं भी उनसे सहमत हूँ, लेकिन यदि हम तनिक भी गहराई से अध्ययन करें तो बात स्पष्ट हो जाएगी—आज तक इतना रंगकर्म करने के बाद भी थियम ने किसी महत्त्वपूर्ण नाटक को जन्म दिया ? उनकी

प्रस्तुतियों का अपने देश की जनता से यहाँ तक कि उनके अपने क्षेत्र की जनता से भी कोई रिश्ता बना ? क्या अपने क्षेत्र के सारे गीत, संगीत, नृत्य एवं गतियों के इस्तेमाल के बाद भी वे प्रस्तुतियाँ अपने संपूर्ण प्रभाव में भारत की बजाय पश्चिम के ज़्यादा नज़दीक नहीं पड़तीं ? यही वह अंतर है जिसके कारण हबीब तनवीर जैसे निर्देशक का रंगकर्म बेहद सार्थक, समकालीन एवं सशक्त होकर सामने आता है। उनके अभिनेता ज़मीन से जुड़े हुए और विद्यालयी शिक्षा की दृष्टि से अनपढ़ और अशिक्षित हैं, लेकिन ये अज्ञान एवं अशिक्षा उनके काम में कभी आड़े नहीं आई वरन् एक मायने में संस्कृत नाटकों, पश्चिमी नाटकों और समकालीन भारतीय नाटकों की बेहद ताज़ा एवं नई व्याख्या और प्रस्तुति शैली की ज़मीन तैयार कर दी, जो बाहर से देखने पर निहायत अनगढ़ लगती है, लेकिन भीतर तक जाकर अपना असर छोड़ती है।

यहीं पर एक और सवाल का सामना करना पड़ता है कि यदि दूसरे निर्देशकों ने लोक शैलियों को आधुनिक अभिनेताओं एवं आधुनिक रंगमंच पर आरोपित कर दिया तो हबीब तनवीर का रंगकर्म भी इस प्रवृत्ति से कहाँ अलग है ? उन्होंने भी तो छत्तीसगढ़ जैसे क्षेत्र में प्रचलित नृत्य-नाट्य शैलियों—राई, नाचा, माच आदि के बहुत सारे तत्त्वों को अपने काम के लिए इस्तेमाल किया और इससे भी बड़ा आरोप यह है कि उन ग्रामीण कलाकारों को अपनी जड़ों से उखाड़कर शहर में स्थापित कर दिया। लेकिन सच्चाई में ऐसा बिलकुल नहीं है, क्योंकि सबसे पहले हबीब स्वयं उसी क्षेत्र से संबंध रखते हैं, दूसरे उनके कलाकार शुरू से ही कम-से-कम छः महीने अपने क्षेत्र में खेती-बाड़ी और घर-परिवार से जुड़े रहते हैं और छः महीने के लिए दिल्ली आकर उनके रंगमंडल का हिस्सा बनते हैं और तीसरी सबसे महत्त्वपूर्ण बात यह है कि हबीब ने अपने क्षेत्र की लोकशैलियों को ज़बर्दस्ती अपनी प्रस्तुतियों पर थोपने की कोशिश नहीं की। 'आगरा बाज़ार' और 'मिट्टी की गाड़ी'—उनकी दो बहुचर्चित प्रस्तुतियों में उनके अपने प्रदेश की लोक-शैलियों का संभवतः एक भी तत्त्व नहीं है। फिर भी, अगर कभी उन्हें ऐसा करने की ज़रूरत पड़ी भी हो उन्होंने सदैव नए आलेखों की रचना की—'हिरमा की अमर कहानी' और 'बहादुर कलारिन' जैसे नाटकों का इस दृष्टि से उल्लेख किया जा सकता है। आपत्ति लोक रंग-शैलियों के प्रयोग पर उतनी नहीं है, जितनी इस बात पर कि आप उनके साथ क्या व्यवहार करते हैं ? हबीब ने जब-जब 'बुर्जुआ जैंटलमैन', 'गुड वूमैन ऑफ़ सेत्जुआन' अथवा 'मिड समर नाइट्स ड्रीम' जैसे पश्चिमी नाटकों को भी प्रस्तुत किया तो उन्होंने अपने अभिनेताओं को उस बाहरी पाश्चात्य हाव-भाव, व्यक्तित्व प्रदान करने की तरफ़ ज़रा भी ध्यान नहीं दिया—वे अपने व्यवहार में उतने ही खाँटी रहे जितने वे अपने वास्तविक ज़िंदगी में भी थे और इसीलिए वे प्रस्तुतियाँ अपने भारतीय रूपांतर में बेहद सफल रहीं। नहीं तो होता अक्सर यह रहा है कि पाश्चात्य नाटकों का आलेख के स्तर पर तो भारतीय रूपांतर कर लिया जाता है, लेकिन अपनी मूल प्रकृति में उतनी ही विदेशी बनी रहती हैं कि अभिनेताओं की सोच एवं प्रक्रिया में कोई मूलभूत परिवर्तन नहीं होता।

बहरहाल, हबीब तनवीर के रंगकर्म की उपर्युक्त तस्वीर कई प्रकार के दौरों और पड़ावों के भीतर से निकलकर अपना आकार ग्रहण करती है। इस लेख के शुरू में ही इस स्थापना को रखा गया था कि उन्होंने पाश्चात्य एवं भारतीय रंग-शैलियों के मेल से अपनी एक अलग शैली तैयार की। पाश्चात्य में भी सबसे ज़्यादा प्रभाव उन्होंने ब्रेष्ट से ग्रहण किया, जिसका उनके अपने लिखे नाटकों के शिल्प-विधान पर साफ़-साफ़ असर दिखाई पड़ता है। जहाँ तक भारतीय प्रभाव की बात है, वह तो और भी दिलचस्प है। हबीब ने अपनी रंग-यात्रा की शुरुआत एक अभिनेता के रूप में की और वह भी पारसी शैली के नाटकों में। इसके बाद काफ़ी दिनों तक अंग्रेज़ी में नाटकों में अभिनय एवं मंचन से भी जुड़े रहे और जब अपनी तरह के रंगकर्म की शुरुआत की तो जहाँ पूर्व और पश्चिम—दो अलग-अलग धाराओं का मिश्रण किया वहाँ एक दूसरे स्तर पर शहरी एवं ग्रामीण कलाकारों का भी मिश्रण करके बहुत से परीक्षण किए। जब ऐसे परीक्षण बिलकुल असफल साबित हुए, जैसे 'सूत्रधार, 77', 'राजा चम्बा और चार भाई' और 'आगरा बाज़ार' के कुछ शुरू के प्रदर्शन तो उन्होंने अपने कार्यक्षेत्र को पूरी तरह से अपने लोक कलाकारों तक सीमित कर लिया। फिर उसके बाद उन्हें इधर-उधर झाँकने की ज़रूरत नहीं पड़ी।

हबीब तनवीर स्वयं नाटककार भी हैं—इस गुण ने उन्हें अपने रंगकर्म में बेहद मदद की है। लेकिन जहाँ बादल सरकार जैसे नाटककार कथ्य और अभिनेता की बजाय शैली पर आग्रह देने के कारण स्वयं ही अपने जाल में फँस गए, उत्पल दत्त जैसे नाटककार ने अपने नाटकों के निर्देशन में स्वयं ही मुख्य भूमिकाओं में उतरकर शायद कभी-कभार ही किसी दूसरे अभिनेता को अलग से उभरने दिया हो, वहाँ हबीब तनवीर इस दिशा में भी अपवाद रहे हैं। उनके नाटक और पूरा रंगकर्म अभिनेता पर ही केंद्रित रहा है। ऐसा नहीं कि उन्होंने स्वयं अपने नाटकों में अभिनय नहीं किया, लेकिन जब भी किया तो कहीं अलग से दिखाई नहीं पड़े वरन् उसी ग्रामीण अभिनेता समूह का एक हिस्सा हो गए। यही कारण है कि अकेले हबीब तनवीर ही ऐसे निर्देशक हैं, जिनकी प्रस्तुतियों में लालू राम, मदन लाल, ठाकुर राम, फ़िदाबाई, बाबूदास, बृज और भुलवा जैसे लोक कलाकारों ने अपने अभिनय की छाप छोड़ी है। 'चरनदास चोर' जैसी प्रस्तुति हबीब तनवीर के निर्देशन का प्रतिमान है तो उससे भी ज़्यादा मदन लाल और लालू के अविस्मरणीय अभिनय के कारण अपना नाम इतिहास में दर्ज कराती है ? क्या कारण है कि लोक रंग-शैलियों पर आधारित होने के बावजूद अधिकांश चर्चित प्रस्तुतियाँ अभिनेताओं की बजाय निर्देशक के नाम से जानी जाती हैं ? क्या ऐसी प्रस्तुतियों के पीछे से उन रंग-निर्देशकों की मात्र चर्चा में रहने की इच्छा एवं प्रवृत्ति झाँकती नहीं दिखाई देती ?

सबसे पहली बात, जिसे रेखांकित किया जाना ज़रूरी है, वह है हबीब की रंग-यात्रा के तीन पड़ाव। पहले पड़ाव में 'रुस्तम सोहराब' और 'मुद्राराक्षस' जैसी प्रस्तुतियाँ हैं, जो पूरी तरह से शहरी और शौकिया अभिनेताओं के साथ की गईं। दूसरे पड़ाव में

'आगरा बाज़ार', 'मिट्टी की गाड़ी' जैसी प्रस्तुतियाँ हैं, जिनमें शहरी और लोक अभिनेताओं का संगम दिखाई पड़ता है और तीसरे एवं अंतिम पड़ाव में किया गया वह सब काम शामिल है, जो पूरी तरह से छत्तीसगढ़ के अभिनेताओं के साथ किया गया है। इसी दौर में 'चरनदास चोर', 'बहादुर कलारिन', 'शाजापुर की शांतिबाई' और 'लाला शोहरत राय' जैसी प्रस्तुतियों के नाम लिए जा सकते हैं। रंग-यात्रा की इस कड़ी को भाषा के प्रयोग की दृष्टि से भी पकड़ा जा सकता है। मूल अंग्रेज़ी, उर्दू या हिंदुस्तानी के साथ छत्तीसगढ़ी का इस्तेमाल और अंततः सिर्फ़ छत्तीसगढ़ी में ही लेखन एवं प्रस्तुतिकरण उन्हीं तीन पड़ावों से भी संबद्ध है। इप्टा, हिंदुस्तानी थिएटर से नया थिएटर तक लगभग पाँच दशकों की जो रंगयात्रा है, उसमें हबीब तनवीर की जितनी भारतीय दृष्टि समाहित है, उतनी ही वह पाश्चात्य दृष्टि भी, जो उन्हें पाश्चात्य रंगमंच के व्यावहारिक साक्षात्कार से प्राप्त हुई है। भले ही ब्रेष्ट के रंगमंच के व्यावहारिक अनुभव से पहले ही हबीब तनवीर 'आगरा बाज़ार' की रचना एवं प्रस्तुति कर चुके थे लेकिन इसमें कोई संदेह नहीं कि अगले नाटकों के लेखन में उन्हें ब्रेष्ट से बहुत मदद मिली। यहाँ तक कि उन्होंने ब्रेष्ट के नाटक 'द गुड वुमेन ऑफ़ सेत्ज़ुआन' को छत्तीसगढ़ी में प्रस्तुत ही कर दिया। यह प्रस्तुति भाषा से अलग, किसी बोली में ब्रेष्ट की पहली रचना थी। बाद में फ्रिट्ज बेनेविट्ज द्वारा म.प्र. रंगमंडल के साथ बुंदेली में प्रस्तुत 'खड़िया का घेरा' (इनसाफ़ का घेरा शीर्षक से) इसी क्रम को आगे बढ़ाता है। एक निर्देशक के रूप में हबीब तनवीर ने संस्कृत नाटक, पारसी नाटक, ब्रेष्ट और मौलियर जैसे नाटककारों के नाटकों के अलावा या तो स्वयं ही नाट्य रूपांतर किए हैं अथवा मौलिक नाट्य-लेखन किया है। अपने नाटकों के कथास्रोत उन्होंने विभिन्न प्रदेशों में उपलब्ध साहित्य एवं लोक-साहित्य में से ग्रहण किए हैं। उ.प्र., मध्य प्रदेश और राजस्थान—इन तीनों प्रदेशों का जनजीवन इन नाटकों में बार-बार आता है। यह एक अजीब संयोग है कि प्रेमचंद के अलावा उन्होंने किसी अन्य समसामयिक नाटककार का नाटक मंचित नहीं किया है। इसका कारण शायद यही है कि 'आगरा बाज़ार' को छोड़कर उनका कोई नाटक हिंदी में प्रकाशित ही नहीं हुआ है। दूसरे हबीब मूलतः उर्दू में ही लिखते हैं और कई बार तो नाटक की मूल प्रति के अलावा उसकी कोई दूसरी प्रति होती ही नहीं। फिर उर्दू में लिखित नाटक का देवनागरी में उल्था करना भी श्रमसाध्य कार्य है। यही कुछ वजहें हैं, जिनके कारण उनके नाटक प्रस्तुति के माध्यम से ही पाठक-दर्शक तक पहुँचे हैं। अतः यह स्वाभाविक ही है कि उनके नाटककार को निर्देशक या प्रस्तुतकर्ता से अलग करके नहीं देखा जा सकता। मुझे लगता है कि हबीब तनवीर पहले अभिनेता और निर्देशक हैं, बाद में नाटककार। इसीलिए उनकी प्रस्तुतियाँ उनके निर्देशक के संदर्भ में तो चर्चित होती रही हैं, नाटक के आलेख की दृष्टि से उन पर गंभीर चिंतन नहीं किया गया है। यही कारण कि लगभग आधा दर्जन नाटक लिखने के बावजूद उन्हें एक नाटककार के रूप में स्वतंत्र प्रतिष्ठा नहीं मिली है।

हबीब तनवीर ने अपने नाटकों के कथास्रोत मुख्यतः रंगमंच की मौखिक या ज़्यादा

से ज़्यादा श्रव्य परंपरा में से ग्रहण किए हैं। प्रेमचंद की 'शतरंज के खिलाड़ी', नज़ीर की नज़्में, और 'फितरती चोर' भले ही प्रकाशित रूप में पहले से उपलब्ध रहे हों, लेकिन उनका बाक़ी नाट्यलेखन अपनी कहानी और गीतों के लिए लोक रंगमंच की मौखिक परंपरा पर निर्भर करता है। 'राजा चंबा और चार भाई', 'बहादुर कलारिन' या 'रानी हिरमा की अमर कहानी' आंचलिक क्षेत्रों, विशेषतः छत्तीसगढ़ में प्रचलित लोक-कथाओं, मिथक या रोज़मर्रा के दैनिक जीवन से जुड़ी हुई रचनाएँ हैं। इस स्रोत का कोई लिखित रूप नहीं है। यहाँ तक कि ये स्रोत किसी भाषा-विशेष से उतने संबद्ध नहीं हैं, जितने कि बोली से—इसीलिए वे मौखिक परंपरा का हिस्सा है। स्वयं हबीब तनवीर के अभिनेता भी लोक रंगमंच की इसी परंपरा का हिस्सा है। भाषा के लिखित रूप की उन्हें चाहे बहुत जानकारी न हो लेकिन छत्तीसगढ़ी बोली के लहजे और मिजाज़ से वे अभिन्न रूप से जुड़े हैं। अपने अभिनेताओं की इस लोक पृष्ठभूमि को ध्यान में रखते हुए हबीब तनवीर ने उनके साथ तीन प्रकार से नाट्य रचना और प्रस्तुति करने की कोशिश की है। पहली कोशिश 'मिट्टी की गाड़ी' या 'शाजापुर की शांतिबाई' को छत्तीसगढ़ी में मंचन की है। दूसरी कोशिश स्वयं अभिनेताओं की परंपरा में उपलब्ध आशु नाटकों को थोड़ा व्यवस्थित रूप देकर प्रस्तुत करने की है, जैसे कि पूनाराम का 'महाभारत', 'कुश्तिया का चपरासी' या 'मेरा नाम दामाद और गाँव का नाम ससुराल' जैसे प्रदर्शन और तीसरी कोशिश में वे नाटक आते हैं जो अपने कथास्रोत में भले ही लोक-कथाओं पर आधारित हों, लेकिन अपने कथ्य एवं मूल संवेदना में आश्चर्यजनक रूप में मौलिक एवं आधुनिक हैं, चाहे वह 'चरनदास चोर' हो या 'बहादुर कलारिन'।

लगभग पचास वर्षों तक एक ही अंचल विशेष के अभिनेताओं के साथ इस अटूट संबंध ने जहाँ उनके नाटकों को एक शक्ति एवं सामर्थ्य प्रदान की है, वहीं उनकी सीमा भी निश्चित कर दी है। इसीलिए उनका मंचन इसी प्रकार की लोक-परंपरा से आए हुए कलाकारों के साथ ही किया जा सकता है। किसी लोक-परंपरा के अभाव में शहरी अभिनेताओं के साथ उनका मंचन कभी भी प्रभावी नहीं हो सकता। स्वयं निर्देशक हबीब तनवीर भी उत्तरोत्तर शहरी या प्रशिक्षित अभिनेताओं से दूर हटते गए हैं। यह पहलू भी इन नाटकों के एक विशेष अंचल से जुड़े होने के कारण उत्पन्न संभावनाओं एवं सीमाओं को रेखांकित करता है।

छत्तीसगढ़ से हबीब तनवीर का यह जुड़ाव आरोपित भी नहीं है। वह स्वयं उसी क्षेत्र में पैदा हुए हैं लेकिन एक लंबे अरसे तक पाश्चात्य शिक्षा-दीक्षा के बाद पुनः उसी क्षेत्र को समर्पित हो गए हैं। पाश्चात्य रंगमंच से प्राप्त निष्कर्षों को वह अपनी नाट्य रचना में बखूबी इस्तेमाल करते रहे हैं। इस दृष्टि ने आलेख से भी अधिक उनकी प्रस्तुति परिकल्पना को ज़्यादा प्रभावित किया है। पूरी तरह से लोक अभिनय-शैली पर आधारित होते हुए भी अपनी दृश्यबंध कल्पना में वह यथार्थवादी शैली के ज़्यादा नज़दीक पड़ते हैं। 'आगरा बाज़ार' या 'बहादुर कलारिन' जैसे नाटकों के दृश्यबंध काफ़ी भारी-भरकम तो हैं ही, साथ ही लोक नाटक की सहज गति को भी नियंत्रित कर देते हैं। 'राजा चंबा

और चार भाई' जैसी प्रस्तुति तो अपने दृश्यबंध में ही उलझकर रह गई। इसके विपरीत जब भी उन्होंने अपने लोक अभिनेताओं को कम-से-कम दृश्यबंध के सामने प्रस्तुत किया है, उनकी प्रस्तुतियाँ बेहद सफल रही हैं। 'चरनदास चोर' या 'मिट्टी की गाड़ी' जैसी प्रस्तुतियाँ लोक रंगमंच की इस सादगी के कारण सफल सिद्ध हुई हैं। यों भी हबीब तनवीर के नाटक दृश्यत्व की अपेक्षा श्रव्यता पर ज़्यादा आश्रित हैं। संवाद, गीत एवं संगीत इनके ज़रूरी हिस्से हैं, कभी-कभी नृत्य गतियों से दृश्यत्व पैदा होता है। ज़्यादातर यहाँ श्रव्य ही दृश्य है और वह पूरी तरह से अभिनेता पर आश्रित है। इसीलिए अभिनेता के परिवेश को सूचित करते ये यथार्थवादी दृश्यबंध पूरी प्रस्तुति में एक पैबंद सा लगते हैं, जिनके बिना भी प्रस्तुति अपने संपूर्ण प्रभाव में संभवतः उतनी ही समर्थ रहती। नाटकों के ढाँचे में उन्होंने बेशक त्रि-अंकीय शैली का इस्तेमाल नहीं किया है, फिर भी वे छोटे-छोटे दृश्य खंडों में बँटे हुए हैं और प्रकाश व अंधकार के माध्यम से दृश्य-परिवर्तन की प्रक्रिया नाटक को फिर उसी यथार्थवाद के नज़दीक ले जाने की कोशिश है। एक और कारण से भी हबीब तनवीर के ये नाटक यथार्थवादी होने का भ्रम ज़्यादा देने लगते हैं और वह है उनका लगातार रंगद्वारी मंच पर ही मंचन। बहुत कम हबीब तनवीर एक बंद प्रेक्षागृह से बाहर निकले हैं। इसीलिए अभिनेता और दर्शक के आपसी संबंधों के बदलाव की दृष्टि से उन्होंने बहुत कम प्रयोग किए हैं। दिल्ली में त्रिवेणी कला संगम के खुले मंच पर 'शाजापुर की शांतिबाई' या कालिदास नाट्य समारोह के खुले और विशाल मैदान पर 'मिट्टी की गाड़ी' या स्टेडियम में प्रस्तुत 'शाही लकड़हारा' ज़रूर इसके अपवाद हैं।

हबीब तनवीर के नाटकों के साथ सबसे बड़ी सीमा यही है कि अभिनेता विशेष के लिए लिखे होने के कारण अपनी पुनर्प्रस्तुति में किसी नए अभिनेता के साथ वे अपना यथोचित प्रभाव नहीं छोड़ते। आलेख और अभिनेता का यह संबंध 'चरनदास चोर', 'शाजापुर की शांतिबाई' या 'बहादुर कलारिन' जैसी प्रस्तुतियों में उजागर होता है। मदनलाल, लालूराम या फ़िदाबाई जैसे अभिनेताओं पर ही पूरी प्रस्तुति का दारोमदार रहता है। इस रूप में एक साथ बहुत से पात्रों को इस्तेमाल करने के बावजूद उनके नाटक प्रधानतः एक-दो मुख्य पात्रों पर ही केंद्रित रहते हैं। नाटक की यह बुनावट उन्हें क्लासिकल नाटकों की परंपरा के ज़्यादा नज़दीक लाती है। जहाँ भी वह इस लीक से हटे हैं उनके नाटक का पूरा ढाँचा ही बदल गया है, जैसे कि आगरा बाज़ार जैसा वृत्त चित्रनुमा नाटक।

दरअसल नाटकों के केंद्रीय पात्र की सृष्टि के लिए वे कथास्रोत ही ज़्यादा ज़िम्मेदार हैं, जिनके आधार पर नाटक की रचना हुई है। लगभग सभी लोक-कथाएँ किसी एक नायक या नायिका के इर्द-गिर्द ही बुनी जाती हैं। सामाजिक जीवन के दूसरे पहलू उसमें एक स्वतंत्र तत्त्व के रूप में नहीं होते, वरन् वे उस पृष्ठभूमि का काम करते हैं, जिसके भीतर से उस कथा का जन्म होता है। लेकिन प्रस्तुति में प्रायः इन दोनों तत्त्वों के बीच संतुलन कायम नहीं रह पाता। लगता है कि हबीब बहुत से अंतर्विरोधों के बीच से

अपना रास्ता तय करते हुए चलते हैं—उन्हें एक समसामयिक नाटक को लोक अभिनेताओं के साथ शहरी दर्शकों के सामने प्रस्तुत करना होता है। इस संभावना पर विचार करना काफ़ी दिलचस्प साबित हो सकता है कि रंग-व्यक्तित्व की दृष्टि से हबीब तनवीर का कौन सा पक्ष ज़्यादा दिनों तक याद रखा जाएगा ? इसमें कोई संदेह नहीं कि उनका अभिनेता और निर्देशक वाला पक्ष अधिक मुखर होकर सामने आता है, लेकिन सच्चाई यही है कि उनका नाटककार ही सबसे ज़्यादा ठोस एवं सार्थक है। हर बार किसी जाने-पहचाने नाटक की बजाय बिलकुल नए नाटक की रचना उनकी ऊर्जा का परिचायक है। सिर्फ़ नया नाटक ही नहीं, हर बार उस नए नाटक के लिए एक नई बुनावट तैयार करना हबीब तनवीर की ताज़गी को रचना के स्तर पर सूचित करता है। अपनी प्रस्तुतियों में हबीब तनवीर भले ही दोहराव के शिकार हों, लेकिन उनके नाटक अपने कथ्य एवं फॉर्म में एक-दूसरे से बिलकुल अलग हैं। इतना ही नहीं, ये नाटक अपने ढाँचे में बेशक लोक-शैली का अनुसरण करते हों लेकिन कथ्य की दृष्टि से बिलकुल आधुनिक, समसामयिक और यहाँ तक कि आश्चर्यजनक रूप से मौलिक भी जान पड़ते हैं। पहली नज़र में 'बहादुर कलारिन' एक साथ 'राजा इडीपस', 'रुस्तम सोहराब' या 'अभिज्ञान शाकुंतल' जैसे नाटकों से भी प्रेरित जान पड़ सकता है, लेकिन स्वयं छत्तीसगढ़ में ही प्राप्त लोककथा का अध्ययन करने पर नाटक अपनी मौलिकता की विशिष्ट पहचान स्थापित करता है। ब्रेष्ट के 'मदर करेज' की तर्ज़ पर ही रखा गया शीर्षक 'बहादुर कलारिन' सचमुच में एक बेजोड़ नाट्य रचना है।

हबीब तनवीर का रंगकर्म एक और मायने में भी रेखांकित किया जा सकता है। उन्होंने कभी भी अपने रंगकर्म को एक दर्शन, एक विचारधारा अथवा किसी सिद्धांत का जामा पहनाने की कोशिश नहीं की। कभी उनसे गोष्ठियों और सेमिनारों में यह सवाल किया भी गया कि आप इस प्रकार का रंगकर्म क्यों करते हैं तो उनका सीधा-सा जवाब यही रहा है कि मैं ये सब मज़े के लिए करता रहा हूँ। लोगों को हमेशा इस उत्तर से बेहद निराशा हुई है, क्योंकि उनके लिए यह कल्पना करना बेहद मुश्किल हो जाता है कि महज़ मज़े के लिए ही कोई रंग-निर्देशक अपनी ज़िंदगी की आधी सदी गुज़ार दे। लेकिन ये तथाकथित बुद्धिजीवी जब हबीब तनवीर के इस स्पष्टीकरण पर झल्लाते नज़र आते हैं तो वे इस सत्य और तथ्य को शायद बिलकुल भूले हुए होते हैं कि आज से लगभग दो-ढाई हज़ार वर्ष पहले भरत ने भी रंगकर्म के माध्यम से ऐसा ही मज़ा अथवा सुसंस्कृत शब्दावली में कहें तो 'आनंद' या लोकानुरंजन करने की बात नहीं की थी ? भरत और उनके 'नाट्यशास्त्र' को एक मिथक मानकर कुछ देर के लिए छोड़ भी दिया जाए तो बीसवीं शताब्दी के सबसे बड़े रंग-चिंतक एवं निर्देशक-नाटककार ब्रेष्ट ने भी अपने नाटकों एवं रंगकर्म का पहला और मुख्य उद्देश्य यही माना है—पहले मनोरंजन और फिर उसके माध्यम से शिक्षा देने का काम। क्या ये हमारी अपनी तंगदिली का सबूत नहीं है कि हम ब्रेष्ट की बात को तो आँख मूँदकर स्वीकार कर लेते हैं और जब यही बात उनके अनुयायी हबीब तनवीर करते हैं तो हमें यह उद्देश्य बहुत हलका

लगने लगता है ?

मुझे लगता है कि हबीब तनवीर के इस कथन को उसके शुद्ध अभिधात्मक अर्थ में न लेकर उसकी व्यंजना को समझना चाहिए। शायद उनका तात्पर्य यही है कि जिस प्रकार का रंगकर्म वह कर रहे हैं, वह उनके पास सहज एवं सरल रूप में चला जाता है, क्योंकि उसके साथ उनका गहरा रिश्ता है। दूसरे निर्देशकों की तरह उन्हें उसे सीखने की ज़रूरत नहीं पड़ी। एक अर्थ में यह सही है भी। दरअसल, उनका रंगकर्म इसीलिए देखने वालों पर अपना असर छोड़ता है, क्योंकि वह अपनी बुनावट में बेहद सादगी भरा है, उन्होंने कभी भी उसे किसी व्याकरण में बाँधने का प्रयत्न नहीं किया और न ही उसे भारी-भरकम और भड़कीला बनने दिया। यही कारण है कि 'मिट्टी की गाड़ी' जैसा जटिल संस्कृत नाटक उनके माध्यम से बहुत ही सादे किंतु उतने ही कल्पनाशील प्रस्तुतिकरण के माध्यम से संप्रेषित हो जाता है। 'गुड वूमैन ऑफ़ सेत्ज़ुआन' जैसा विचार-प्रधान नाटक 'शाजापुर की शांतिबाई' के रूप में एक मनोरंजक लेकिन उतनी ही उत्तेजक नाट्य प्रस्तुति के रूप में हमारे सामने घटित होता है। किसी भी बड़े से बड़े विदेशी अथवा संस्कृत नाटक में उन छत्तीसगढ़ी कलाकारों का अपना बोलने का लहजा, अपना उच्चारण, अपना हास्य-व्यंग्य और हाज़िर-जवाबी ऐसे घुल-मिल जाते हैं कि उसके बाद कुछ और थोपने की ज़रूरत नहीं पड़ती। यहाँ तक कि विभिन्न प्रस्तुतियों का शिल्प भी लगभग एक जैसा है—कभी दो कथावाचक अथवा एक बड़े कोरस के माध्यम से नाटक के कथानक के आवश्यक हिस्से आपस में जुड़ते हुए और आगे बढ़ते हुए, संगीत-मंडली कभी शुरू से लेकर आख़िर तक मंच पर ही विद्यमान है और कभी पार्श्व मंच में, मंच पर दृश्यबंध या तो बहुत कम या शायद बिलकुल भी नहीं, अर्थात् कोई भी ऐसा तत्त्व नहीं, जिसे हम बार-बार मंच पर न देख चुके हों, लेकिन फिर भी ऐसी क्या बात है कि हर बार ये तत्त्व नए-नए होकर हमें अपनी तरफ़ खींचते हैं ? शायद इसका एकमात्र कारण मंच पर इन लोक कलाकारों की उपस्थिति है, जो आधुनिक और समकालीन भारतीय एवं पाश्चात्य नाटकों के परिवेश से टकराकर एक अलग क़िस्म की स्फूर्ति, ताज़गी और नाटकीयता को जन्म देती है, जो शहरी अभिनेताओं के साथ संभव ही नहीं है।

लेकिन प्रस्तुति की यह सादगी, सहजता एवं अनगढ़ता यदि हबीब तनवीर के रंगकर्म की सबसे बड़ी शक्ति है तो प्रायः एक सीमा भी बनती दिखाई पड़ती है, जब यह मात्र स्थूल और सपाट रूप में सामने आती है। उदाहरण के लिए उनका नाटक 'राजा चंबा और चार भाई' और उसकी मंच-प्रस्तुति। नाटक तो आलेख के स्तर पर बेहद लचर था ही, प्रस्तुति उससे कहीं अधिक कमज़ोर साबित हुई। बिना किसी कारण के भारी-भरकम मंच-सज्जा से सारे मंच को घेरकर रख देना और प्रस्तुति में उसका कोई उपयोग ही न हो—इससे बढ़कर हास्यास्पद स्थिति और क्या हो सकती है ? ऐसी ही एक फूहड़ प्रस्तुति उन्होंने संस्कृत नाटक 'उत्तररामचरित' के रूप में भी दी। लगता ही नहीं था कि यह उसी हबीब तनवीर की प्रस्तुति है, जिसने 'मिट्टी की गाड़ी' और

'मुद्राराक्षस' जैसी ऐतिहासिक महत्त्व की प्रस्तुतियाँ भारतीय रंगमंच को दी हैं। यह देखकर आश्चर्य होता है कि आम तौर पर स्वभाव से धैर्यवान और पूरे व्यक्तित्व में एक ठहराव लिए होने के बावजूद कभी-कभी इतना जल्दबाज़ क्यों हो जाता है यह निर्देशक कि अपनी सारी प्रतिष्ठा को दाँव पर लगा बैठता है और दर्शकों के सामने कुछ भी परोस देता है और आशा करता है कि वे उसे स्वीकार कर लेंगे।

ऐसी ही जल्दबाज़ी और अवसरवादिता उन्होंने 1972 में 'इंद्रसभा' की प्रस्तुति के साथ भी दिखाई, जो सीधे-सीधे सत्ता का बाजा बजाने का माध्यम थी और जिसके पुरस्कार-स्वरूप उन्हें बाद में राज्यसभा की मानद सदस्यता भी मिली। यदि चित्रकार हुसैन ने सत्ता को दुर्गा के रूप में चित्रित करके धन, यश और अपयश—सभी कुछ पाया तो भला हबीब तनवीर क्यों पीछे रहते ? उन्होंने तो प्रस्तुति का शीर्षक ही सत्ता से मिलता-जुलता रख डाला ताकि किसी को भी रंचमात्र संदेह न रहे कि प्रतिबद्धता विचारधारा के साथ ही नहीं, सत्ता के साथ भी हो सकती है।

और कभी-कभी यह जल्दबाज़ी इस पराकाष्ठा तक पहुँच जाती है, जब अधपकी, अधकचरी प्रस्तुति को लेकर ही हबीब तनवीर मंच पर उतर आते हैं—न किसी को संवाद याद हैं, न किसी को यह पता है कि किधर से मंच पर प्रवेश करना है और किधर से प्रस्थान करना है और मुख्य अभिनेता और निर्देशक के रूप में स्वयं हबीब तनवीर हाथ में नाटक का आलेख पकड़े हुए हैं और देख-देखकर संवाद बोल रहे हैं और अभिनय कर रहे हैं, मानों इस बात का भी श्रेय ले रहे हों कि मैं चाहूँ तो नाटक कैसे भी प्रस्तुत तो हो ही जाएगा और दर्शक भी इस अभूतपूर्व प्रस्तुति को देखकर मंत्र-मुग्ध से रह जाएँगे।

कुछ साल पहले हबीब तनवीर भी अपने रंगकर्म में ज़बर्दस्ती लोक रंगों, नृत्यों को थोपने के फेर में पड़ गए थे, जब उन्होंने विदेश यात्राओं के लिए विशेष रूप से कुछ प्रस्तुतियों को तैयार किया। नतीजा यह हुआ कि गीत, संगीत, नृत्य और वेशभूषा के मनमोहक तत्त्व और रंगों से प्रस्तुति बेशक बेहद सुंदर और लुभावनी हो गई किंतु दर्शकों पर अपने कथ्य का कोई गहरा प्रभाव नहीं छोड़ पाईं। इस संदर्भ में 'हिरमा की अमर कहानी' और 'बहादुर कलारिन' का उल्लेख किया जा सकता है, जो कहानी के स्तर पर नई और अलग हटकर होने के बावजूद उपर्युक्त तत्त्वों की भरमार के कारण असफल होकर रह गईं।

समझ में नहीं आता कि एक सृजनधर्मी कलाकार को किन दबावों के तहत इस प्रकार के समझौते करने पड़ते हैं ? कोई ऐसा रचनाकार करे, जिसे ज़िंदगी में कुछ न मिला हो तो भी समझ में आता है लेकिन जब हबीब तनवीर जैसा कलाकार करे, जिसने जो चाहा है, पाया है तो सोचने पर विवश होना ही पड़ता है। जीवन भर अपनी संस्था 'नया थिएटर' के साथ काम करते-करते अंत में आकर उन्होंने एक ऐसा ही समझौता और कर डाला, जब उन्होंने अपने दल-बल सहित अपने रंगकर्म की राजधानी तुग़लक की भाँति दिल्ली से उखाड़कर भोपाल बनाने का निर्णय ले डाला और उसी तेज़ी से

उस पर अमल भी कर लिया। जिस भारत भवन न्यास के सचिव पद को उन्होंने तुरंत ठुकरा दिया था, उसी भारत भवन के रंगमंडल के निदेशक जैसे छोटे से पद को स्वीकार कर लिया ? क्या अपनी जड़ों की तरफ़ लौटने की प्रक्रिया में ? क्या अपने साथ बरसों-बरसों जुड़े लोक कलाकारों को वापस अपने घर भेजने के लिए ? क्या जो कुछ अपने प्रदेश से अपने रचना-कर्म के लिए लिया था, वह अपने प्रदेश को वापस देने के लिए ? ज़ाहिर है ये सारे सवाल केवल मेरे ही नहीं हैं, वरन् उन सब रंगकर्मियों के हैं, जिनकी हबीब तनवीर के रंगकर्म में अटूट आस्था रही है। यही कारण है कि वहाँ जाते ही वह एक के बाद जिस तरह से अनचाहे विवादों और झगड़ों में उलझते चले गए हैं कि यह सोचकर डर लगता है कि कहीं पुनः तुग़लक की ही भाँति दिल्ली लौटने का आदेश न दे डालें।

लेकिन इतना निश्चित है कि हबीब तनवीर कितने भी विवादों के घेरे में आ जाएँ, अपने रंगकर्म की गुणवत्ता को लेकर कितने भी लापरवाह हो जाएँ और अपने जीवन के अंतिम पड़ाव पर पहुँचकर कितने भी समझौते करने लगे हों, उन्होंने अपने पचास वर्षों की अनवरत रंग-यात्रा में भारतीय रंगमंच को जो कुछ दिया है, उसका ऐतिहासिक महत्त्व कभी कम नहीं होगा और यह महत्त्व कम-से-कम तीन दिशाओं में अवश्य दिखाई पड़ता है—'आगरा बाज़ार' जैसे नाटक की रचना ने भारतीय नाट्य लेखन के सामने वह आदर्श प्रस्तुत किया कि किस प्रकार यथार्थवादी ढाँचे से अलग होकर भी पूर्व और पश्चिम की नाट्य परंपराओं के मेल से एक नए क़िस्म के शिल्प के साथ नाट्य रचना की जा सकती है, जिसमें लोक नाट्य शैलियों की कोई ज़बर्दस्ती से इकट्ठी की हुई खिचड़ी नहीं मिलाई गई है, फिर भी उसमें अपने स्वयं के लोकरंग की झलक दिखाई पड़ती है। 'मिट्टी की गाड़ी' ने संस्कृत नाटकों के मंचन का वह सहज और सरल रास्ता सुझाया जो ठेठ हिंदुस्तानी लोकधर्मी यथार्थवादी होते हुए भी निहायत ही सांकेतिक एवं अमूर्त जान पड़ता है और संस्कृत नाटकों में उपलब्ध समय, स्थान एवं कार्य-व्यापार की उन्मुक्तता की समस्याओं को सुलझा लेता है। 'चरनदास चोर' की प्रस्तुति शुद्ध रूप से एक लोककथा को कैसे आधुनिक एवं समकालीन बनाया जाए—भारतीय रंगमंच में इस खोज का सर्वश्रेष्ठ विकल्प है।

ये सारे निष्कर्ष हबीब तनवीर द्वारा लगातार खोजी एवं व्यवहार में लाई जाने वाली भारतीय रंगशैली के साक्ष्य के रूप में सदैव याद किए जाते रहेंगे और भावी रंगकर्मियों के लिए पथ-प्रदर्शन का काम करेंगे।

श्यामानंद जालान : यथार्थवादी रंग में प्रयोगशील तेवर

हिंदी रंगमंच के इतिहास में छठे और सातवें दशक तीन ऐसे निर्देशकों के रंगकर्म से ज़्यादा याद रखे जाएँगे, जिन्होंने कहीं से भी रंगकर्म का विधिवत प्रशिक्षण नहीं लिया था लेकिन फिर भी अपने अनुभव, संवेदना और स्वतः प्रशिक्षण के माध्यम से हिंदी रंगमंच को अपनी विभिन्न मंच-प्रस्तुतियों से अखिल भारतीय स्तर पर प्रतिष्ठित किया। ये निर्देशक हैं—श्यामानंद जालान, सत्यदेव दुबे और डॉ. सत्यव्रत सिन्हा। श्यामानंद जालान ने पाँचवें दशक में, सत्यदेव दुबे ने छठे दशक के प्रारंभ में और सत्यव्रत सिन्हा ने छठे दशक के उत्तरार्द्ध में अपने काम की शुरुआत की और सातवें दशक तक उसे एक विशेष ऊँचाई और परिपक्वता तक पहुँचाया। तीनों ही निर्देशक व्यवसाय के तौर पर रंगकर्म से संबद्ध नहीं थे, फिर भी उसके शौकिया स्वरूप को इतनी गहराई प्रदान की कि अपने स्वभाव एवं अभिव्यक्ति में वह पूरी तरह से व्यावसायिक रंगकर्म के समकक्ष खड़ा हो सकता था। तीनों ही निर्देशक बेशक वैचारिक स्तर पर दक्षिणपंथी विचारधारा में विश्वास रखनेवाले हैं, लेकिन उन्होंने कभी भी अपने काम पर उस विचारधारा को हावी नहीं होने दिया। उनका रंगकर्म इतना आधुनिक, इतना समकालीन और इतना प्रयोगशील रहा है कि यह देखकर आश्चर्य होता है कि एक तरफ़ तो एक ऐसी विचारधारा जो काफ़ी हद तक रूढ़ हो और दूसरी तरफ़ ऐसा रंगकर्म जो निरंतर गतिशील हो—शायद यह अंतर्विरोध ही उनके काम के महत्त्व को और बढ़ा देता है। सबसे बड़ी बात यह कि इधर-उधर भटकने की बजाय तीनों ने लगभग सारी उम्र एक ही नगर को अपनी गतिविधियों का केंद्र बनाए रखा—डॉ. सत्यव्रत सिन्हा इलाहाबाद में, सत्यदेव दुबे बंबई में और श्यामानंद जालान कलकत्ता में। इलाहाबाद तो फिर भी हिंदी क्षेत्र का नगर है, दुबे और जालान ने ऐसे नगरों में हिंदी रंगमंच की शुरुआत और अंततः पहचान स्थापित करवाई, जो मूलतः हिंदी भाषी हैं ही नहीं। एक और दृष्टि से भी तीनों का महत्त्व हिंदी रंगमंच में अप्रतिम है—डॉ. सत्यव्रत सिन्हा ने भारतेंदु ने नाटक 'अंधेर नगरी' की पहली नई, समकालीन एवं एब्सर्ड व्याख्या के माध्यम से पश्चिम के एब्सर्ड रंगमंच के मुहावरे को भारतीय रंग दे दिया, सत्यदेव दुबे ने 'अंधायुग' जैसे काव्य नाटक को पहली बार रंगमंच पर प्रस्तुत करके उसे एक रंग-नाटक की प्रतिष्ठा दिला दी और श्यामानंद जालान ने एक के बाद एक मोहन राकेश के तीनों नाटकों की प्रस्तुति के माध्यम से भारतीय नाटककार और रंगमंच के बीच संवाद की सार्थकता को

रेखांकित किया।

इतने सारे समानांतर धरातलों पर एक साथ यात्रा करने के बावजूद श्यामानंद जालान अपने दोनों समकालीनों से बिलकुल अलग नज़र आते हैं—जहाँ पहले दोनों निर्देशक शुद्ध निर्देशक हैं, यद्यपि कभी-कभी उन्होंने भी अपनी स्वयं की प्रस्तुतियों में अभिनय किया है, उदाहरण के लिए डॉ. सिन्हा 'अंधेर नगरी' में राजा की भूमिका करते रहे हैं लेकिन श्यामानंद जालान ने अपने ज़्यादातर नाटकों को यदि निर्देशित किया है तो उनमें मुख्य भूमिकाओं का भार भी स्वयं ही सँभाला है। इस दृष्टि से उनकी तुलना शंभु मित्र, उत्पल दत्त और बंगाल के दूसरे निर्देशकों से की जा सकती है।

प्रायः देखा गया है कि जब निर्देशक स्वयं ही मुख्य भूमिका में भी होता है तो प्रस्तुति का केंद्र वही होकर रह जाता है। शंभु मित्र की प्रस्तुतियों के साथ भी ऐसा ही हुआ। तृप्ति मित्र यदि प्रस्तुति में अपनी पहचान अलग से स्थापित करने में सफल हुई भी तो अपनी प्रतिभा के बूते पर और यह अलग पहचान कहीं-न-कहीं उनके पारस्परिक अलगाव का भी कारण बनी। लेकिन श्यामानंद जालान अपवाद हैं। मुख्य भूमिकाओं में होने के बावजूद उन्होंने कभी भी अपने को दूसरे अभिनेताओं पर हावी नहीं होने दिया। जब पहली बार उन्होंने मोहन राकेश के नाटक 'आधे अधूरे' को मंचित किया तो मुख्य भूमिका कृष्ण कुमार को दी और स्वयं मात्र निर्देशक के रूप में नेपथ्य में रहे। बाद में कृष्ण कुमार के अलग होने के बाद ही वह स्वयं मुख्य पुरुष की भूमिका में उतरे, लेकिन इससे दूसरे अभिनेताओं की अभिव्यक्ति पर कोई प्रभाव नहीं पड़ा, चाहे स्त्री की भूमिका में प्रतिभा अग्रवाल रही हों, अशोक की भूमिका में कल्याण चटर्जी अथवा छोटी लड़की के रूप में आभा जालान। अभिनय के इस संतुलन का एक दूसरा उदाहरण है 'एवम् इंद्रजित' जिसमें श्यामानंद जालान लेखक के रूप में उपस्थित होते थे और कल्याण चटर्जी ने इंद्रजित का चरित्र अभिनीत किया था। जिन लोगों ने भी उस प्रस्तुति को देखा है, वे इस बात से सहमत होंगे कि मंच पर शुरू से लेकर आखिर तक मौजूद रहने के बावजूद जब-जब लेखक और इंद्रजित आमने-सामने होते थे तो कल्याण चटर्जी उनसे उन्नीस नहीं ठहरते थे। यही कारण है कि उनकी प्रस्तुतियों में विमल लाठ, राजा राम, प्रतिभा अग्रवाल, कल्याण चटर्जी इत्यादि नए-पुराने अभिनेताओं ने भी अपने अभिनय एवं चरित्रांकन की छाप बराबर छोड़ी है।

किसी प्रस्तुति को लेकर निर्देशक और लेखक के बीच कितना लंबा और सार्थक संवाद संभव हो सकता है, इसकी एकमात्र मिसाल है श्यामानन्द जालान द्वारा मोहन राकेश के नाटक 'लहरों के राजहंस' की प्रस्तुति-प्रक्रिया। यद्यपि इसके पूर्व भी जालान राकेश के 'आषाढ़ का एक दिन' की एक अपूर्ण प्रस्तुति कर चुके थे, जिससे वह स्वयं भी बहुत ज़्यादा संतुष्ट नहीं थे। शायद इसी असंतुष्टि ने उन्हें नाटककार के साथ एक लंबे संवाद के लिए उकसाया होगा। अब तो यह पूरा प्रसंग भारतीय रंगमंच का एक ऐतिहासिक दस्तावेज बन गया है जो 'लहरों का राजहंस' की भूमिका के रूप में प्रकाशित भी हो गया है। यह संवाद जहाँ इस तथ्य को प्रकाश में लाता है कि स्वयं लेखक किसी

रचना की लेखन-प्रक्रिया में कितने प्रकार के सवालों से जूझता है, वहीं श्यामानंद जालान जैसे निर्देशक की रचनात्मकता से जुड़ी सोच, जिज्ञासा और पीड़ा को भी उतनी ही शिद्दत से रेखांकित करता है। मैं तो यहाँ तक कहूँगा कि जो लोग चेख़व और स्तानिस्लाव्स्की के इस तरह के संवाद की चर्चा करते अघाते नहीं, उन्हें राकेश का यह लेख अवश्य पढ़ना चहिए। लेखक और निर्देशक के बीच इतने अच्छे संबंध फिर शायद कभी नहीं रहे—या तो निर्देशक हावी होता चला गया अथवा लेखक का अहं आड़े आ गया। लेकिन एक आदर्श संबंध के प्रतिमान के रूप में श्यामानंद-राकेश प्रसंग मील का पत्थर कहा जा सकता है।

एक निर्देशक के तौर पर श्यामानंद जालान के पूरे रंगकर्म का आकलन किया जाए तो उसे तीन चरणों में बाँटकर देखा जा सकता है—पहला दौर जहाँ वह विनोद रस्तोगी के 'नए हाथ' और रूमानी नाटककार मिहेल सैबेशियन के 'छपते-छपते' की प्रस्तुतियों से संबद्ध रहे। 'नए हाथ' का तो शायद उन्होंने निर्देशन भी नहीं किया था। यह दौर एक तरह से उसी प्रशिक्षण का दौर है, जिसकी चर्चा इस लेख के शुरू में की जा चुकी है। दूसरा दौर राकेश के नाटकों से होते हुए बादल सरकार, ज्ञानदेव अग्निहोत्री के 'शुतुरमुर्ग' की प्रस्तुति तक माना जा सकता है। यही दौर उनके रंगकर्म का सबसे ज़्यादा उर्वर दौर है। तीसरा दौर उनकी उन प्रस्तुतियों से संबद्ध है, जिनमें वह अभिनेता के तौर पर शामिल नहीं हुए, जैसे 'पंछी ऐसे आते हैं' अथवा 'हज़ार चौरासी की माँ'। यों अपवादस्वरूप इस दौर में भी बहुत दिनों के बाद श्यामानंद जालान मराठी नाटककार गोविंद पुरुषोत्तम देशपांडे के नाटक 'उध्वस्त धर्मशाला' के मुख्य चरित्र की भूमिका अभिनीत करते हैं अथवा 'आधे अधूरे' के पुरुष पात्र की भूमिका निभाते हैं। लेकिन यह भी उतना ही कड़वा सत्य है कि उनके रंगकर्म की वे ही प्रस्तुतियाँ अंततः याद रखी जाएँगी, जिनमें वह स्वयं भी अभिनेता के तौर पर शुरू से लेकर अंत तक उपस्थित रहते थे। 'अनामिका' से अलग होकर उन्होंने 'पदातिक' जैसी संस्था को जन्म दिया ज़रूर तथा नाटक, नृत्य और दूसरी कलाओं के अंतर्संबंधों को लेकर बड़े-बड़े सेमिनार और संगोष्ठियाँ आयोजित कीं, लेकिन एक निर्देशक वाली पहचान लौटकर नहीं आई। श्यामानंद जालान के बाद जैसे 'अनामिका' धीरे-धीरे मरती चली गई उसी तरह श्यामानंद जालान के साथ होते हुए भी 'पदातिक' की एक नाट्य-संस्था के रूप में कोई ठोस, निजी और अलग पहचान नहीं बनी। इससे भी बड़ी विडंबना यह है कि जो निर्देशक ज़िंदगी भर कलात्मक छटपटाहट से भरपूर रहा हो, वह अंततः राष्ट्रीय-अंतर्राष्ट्रीय सम्मेलनों का आयोजक होकर रह जाए। इधर बरसों बाद उनकी एक प्रस्तुति 'रामकथा-राम कहानी' को देखकर तो यह बात और भी पुष्ट हो गई मानो यह प्रस्तुति उनके रंग-कर्म की परिणति की ही राम कहानी साबित होती है। इसमें कोई संदेह नहीं कि देश में इस बीच तेज़ी से घटती घटनाओं, तनाव और सांप्रदायिक वातावरण के कारण इस प्रस्तुति को पर्याप्त लोकप्रियता प्राप्त हुई, लेकिन जहाँ तक एक निर्देशक के काम की कसौटी बनने की बात है तो ऐसा इस प्रस्तुति में कुछ भी नहीं था।

आख़िर वह मर्म, जादू या रहस्य क्या है जो लगातार उनके हाथ से छूटता चला गया है। मेरे विचार में वह है उनकी प्रस्तुतियों का यथार्थवादी रंग, लेकिन यह रंग यहाँ अपने परंपरागत अर्थ में मौजूद नहीं है। कहना चाहिए कि अभिनय अथवा मंच-सज्जा में यह बाहरी, बनावटी यथार्थ यहाँ या तो मौजूद ही नहीं है और अगर है भी तो निहायत ही क्षीण रूप में, चाहे वह 'आधे-अधूरे' की दृश्य-सज्जा हो अथवा 'एवम् इंद्रजित' या 'पंछी ऐसे आते हैं' की दृश्य-सज्जा हो। दरअसल, श्यामानंद दूसरे समकालीन निर्देशकों से इसलिए भी अलग नज़र आते हैं, क्योंकि उन्होंने अपनी प्रस्तुतियों को कभी भी तड़क-भड़क वाला बाहरी यथार्थ देने की कोशिश नहीं की। इसके विपरीत उन्होंने सदैव उस आंतरिक एवं काव्यात्मक यथार्थ को पकड़ने की कोशिश की जो मंचीय साज-सज्जा से ज़्यादा पात्रों के अभिनय में मुखरित होकर सामने आया। यही कारण है कि उनकी अधिकांश प्रस्तुतियाँ जहाँ उनके अपने अभिनय के कारण याद रहती हैं, वहीं उनमें दूसरे सह-अभिनेताओं के ऊपर किया गया काम भी अलग से दिखाई देता है। श्यामानंद जालान की अभिनय और निर्देशन शैली की पहचान ही यह रही है कि उन्होंने नाटककार के शब्दों के साथ खिलवाड़ कम-से-कम किया और उनकी भीतरी परतों के पीछे छिपे सूक्ष्म यथार्थ पर ज़्यादा बल दिया। बिना किसी गीत-संगीत के इस्तेमाल के 'एवम् इंद्रजित' की ऐसी काव्यात्मक प्रस्तुति जालान जैसा संवेदनशील निर्देशक ही कर सकता था। भारतीय रंगमंच में अलग-अलग निर्देशकों की प्रस्तुतियों के जो अंश मुझे सदैव याद रहेंगे उनमें 'एवम् इंद्रजित' नाटक का यह शायद अंतिम दृश्य भी है जहाँ इंद्रजित एक चट्टान या गुफ़ा सरीखे धरातल पर एक कोने में अकेला बैठा है और लेखक के साथ उसका संवाद चल रहा है--जिस संयम, जिस ठहराव और जिस संवेदनशीलता के भीतर से यह पूरा दृश्य उभरता है, उसकी सिहरन या अनुभूति आज भी महसूस होती है। यही अनुभूति बरसों के बाद 'उध्वस्त धर्मशाला' की प्रस्तुति में स्वयं श्यामानंद जालान की उपस्थिति से मिली, जब वह मुख्य पात्र की दुविधा, संभ्रम और पीड़ा को गद्य के स्तर से उठाकर काव्यमय बना देते हैं। वाचिक का ऐसा असर इधर भारतीय रंगमंच में एक लंबे अरसे से नज़र नहीं आया--शायद इसका कारण रंगमंच में आंगिक एवं आहार्य अभिनय का प्रमुख होते जाना है। इन दोनों तत्त्वों ने प्रस्तुतियों को बाहरी तौर पर तो निश्चय ही आकर्षक बना दिया, लेकिन साथ-साथ अभिनय की जिस गहराई की दरकार थी, उससे उसे वंचित कर दिया। यह तथ्य भी एक रोचक उपन्यास का विषय हो सकता है कि भारतीय रंगमंच के बड़े-बड़े अभिनेता एवं अभिनेत्रियाँ यथा शंभु मित्र, उत्पल दत्त, तृप्ति मित्र, श्रीराम लागू, ओम शिवपुरी, मनोहर सिंह, उत्तरा बावकर, सुरेखा सीकरी आदि लोक रंगमंच की ओर क्यों उन्मुख नहीं हुए ? इसका सीधा-सादा कारण यही है कि उन्हें अपने अभिनय की गहराई को परखने के लिए रंगमंच की यह धारा सदैव कमज़ोर लगती रही--जिस प्रकार के संपूर्ण चरित्र-चित्रण की उन्हें अपेक्षा रहती है, वह लोक अथवा शास्त्रीय रंगमंच उन्हें कभी प्रदान नहीं कर सकता।

इसलिए यह मात्र संयोग नहीं है कि श्यामानंद जालान भी कभी लोक रंगमंच के

मुहावरे की तरफ आकर्षित नहीं हुए। वह परंपरागत अर्थों में यथार्थवादी अभिनय शैली के अभिनेता और निर्देशक हैं और इसी रंग में रँगी प्रस्तुतियों ने उन्हें शिखर तक पहुँचाया है। जब-जब उन्होंने इस धारा को छोड़कर किसी और रास्ते पर चलने की कोशिश की, जैसे कि 'रामकथा-राम कहानी' में तो वह असफल ही सिद्ध हुए। लेकिन यह ज़रूर स्वीकार करना पड़ेगा कि उनका यथार्थवाद अपने रूढ़ अर्थ में यथार्थवाद नहीं है वरन् उसका तेवर हमेशा प्रयोगशील रहा है। इसीलिए मैंने ऊपर ही उसकी काव्यात्मक परतों का उल्लेख किया है। उनकी एक अन्य महत्त्वपूर्ण प्रस्तुति 'शुतुरमुर्ग' में तो यह यथार्थवाद पूरी तरह से शैलीबद्ध अभिनय के माध्यम से सामने आता है। सातवें-आठवें दशक की बेहद चर्चित कृति रही है ज्ञानदेव अग्निहोत्री का नाटक 'शुतुरमुर्ग'—एक प्रकार से भारतेंदु के 'अंधेर नगरी' और शरद जोशी के 'एक था गधा उर्फ़ अलादाद खाँ' के बीच की कड़ी है यह नाटक। उस दौर में इस नाटक की अलग-अलग निर्देशकों द्वारा जितनी भी प्रस्तुतियाँ हुईं, उनमें सबसे ज़्यादा चर्चित प्रस्तुति जालान की ही रही। देश की तत्कालीन राजनीतिक परिस्थितियों के अनुकूल एक 'एब्सर्ड' शैलीबद्ध अभिनय के माध्यम से समसामयिक यथार्थ को प्रस्तुत करना—सचमुच ही एक नई, मौलिक एवं सर्वथा निजी पहचान लेकर आई थी यह प्रस्तुति—एक ही साथ फंतासी और यथार्थ को अपने में समेटे हुए। उस वक़्त इस प्रस्तुति ने अपने दर्शकों पर कुछ-कुछ वैसा ही असर डाला, जैसा कि डॉ. सत्यव्रत सिन्हा की 'अंधेर नगरी' ने डाला था अथवा बाद में कारंत की 'अंधेर नगरी' ने। इसी नाटक की एक दूसरी प्रस्तुति से जुड़ा प्रसंग भी याद आ रहा है, जिसके उल्लेख का लोभ संवरण नहीं कर पा रहा हूँ। राष्ट्रीय नाट्य विद्यालय के खुले रंगमंच 'मेघदूत' में मोहन महर्षि द्वारा निर्देशित प्रस्तुति का मंचन हो रहा था और स्वयं नाटककार ज्ञानदेव अग्निहोत्री दर्शकों में बैठे हुए थे। निर्देशक ने नाटक को बिलकुल ही तोड़-मरोड़कर प्रस्तुत किया था, जिसे नाटककार कतई बरदाश्त नहीं कर पाया और उसने बार-बार चीख-चिल्लाकर नाटक के प्रदर्शन को रोकने की माँग की। श्यामानंद जालान और राकेश संवाद उस दशक का निर्देशक और रचनाकार की दृष्टि से सर्वश्रेष्ठ प्रतिमान था तो मोहन महर्षि और ज्ञानदेव अग्निहोत्री प्रसंग इस संवाद के लगभग संवादहीन होते जाने का सूचक है। उसके बाद तो भारतीय रंगमंच में इस तरह के संवाद की सारी संभावनाएँ ही समाप्त हो गईं। रंगमंच पूर्णतया निर्देशक का माध्यम हो गया और नाटककार, अभिनेता कहीं पीछे छूटते चले गए।

यहाँ यह प्रश्न उठाया जा सकता है कि क्या ऐसी ही तोड़-मरोड़ मोहन महर्षि ने बादल सरकार के नाटक 'एवम् इंद्रजित' के साथ नहीं की थी, जहाँ उन्होंने नाटक के अंत को ही बदल डाला और लेखक के हाथों इंद्रजित की हत्या करवा दी ? ऐसी ही छेड़छाड़ इब्राहिम अलकाज़ी ने बादल सरकार के नाटक 'तीसवीं शताब्दी' के साथ भी की। ऐसा ही कुछ राजिंदर नाथ ने अपनी प्रस्तुति में किया, जब उन्होंने मोहित चट्टोपाध्याय के नाटक 'गिनीपिग' का अंत बदल दिया था ! इधर हाल के वर्षों में 'अग्नि और बरखा' के अंत को लेकर नाटककार गिरीश कार्नाड और निर्देशक प्रसन्ना

के बीच भी ऐसा ही विवाद उत्पन्न हुआ था। इन सारी घटनाओं के संदर्भ में यही कहा जा सकता है कि प्रसन्ना और गिरीश कार्नाड वाले प्रसंग को छोड़कर आलेखों में उल्लिखित परिवर्तन नाटककार की अनुमति और सहमति से किए गए थे। यहाँ तक कि इब्राहिम अलकाज़ी ने अपनी प्रस्तुति का शीर्षक भी बदल दिया था और अपने नए रूप में बादल सरकार के नाटक 'तीसवीं शताब्दी' को 'हिरोशिमा' के नाम से मंचित किया था—एक प्रकार से वह आलेख 'तीसवीं शताब्दी' से प्रेरित एक नई नाट्य-रचना बनकर सामने आया और इसमें नाटककार बादल सरकार को कोई आपत्ति नहीं हो सकी थी। यदि ऐसा ही कुछ किसी आपसी संवाद के माध्यम से मोहन महर्षि और ज्ञानदेव अग्निहोत्री के बीच भी संभव हो सकता तो यह अप्रिय प्रसंग उत्पन्न ही नहीं होता। निर्देशक और रचनाकर के बीच संवाद की स्थिति बनी रहे तो इससे बड़ी आदर्श स्थिति और क्या हो सकती है—इसी के चलते अंततः प्रसन्ना और गिरीश कार्नाड संवाद भी एक सुखद परिणति तक पहुँच ही गया और 'अग्नि और बरखा' के अनवरत प्रदर्शन आज तक हो रहे हैं।

लेकिन बादल सरकार के नाटक 'एवम् इंद्रजित' को बिना किसी परिवर्तन के कर ले जाना संभवतः श्यामानंद जालान के निर्देशकीय कौशल का 'मास्टर स्ट्रोक' माना जा सकता है। सारा नाटक नाटककार के अपने दिमाग़ में चल रहा है। वह इद्रंजित और उससे जुड़े कुछ दूसरे पात्रों के माध्यम से कथा को आगे बढ़ाने की कोशिश कर रहा है। अमल, विमल, कमल और यहाँ तक कि मानसी भी ज़िंदगी की दौड़ में चाहे चूहा-दौड़ ही क्यों न हो, अपने-अपने ढंग से व्यवस्थित हो जाते हैं। केवल इंद्रजित ही शुरू से लेकर आखिर तक इस दौड़ से अलग खड़ा दिखाई देता है—यह अलग दिखाई देना शुरू में तो अत्यंत आकर्षक लगता है, लेकिन जब अंत में आकर भी उसकी नियति वही रहती है तो एक रचनाकार की आंतरिक छटपटाहट, कशमकश और कुंठा का अंदाज़ सहज ही लगाया जा सकता है—क्या ऐसे में किसी रचना को वह फाड़कर फेंक नहीं देता ? कितनी ही रचनाएँ क्या अपूर्ण नहीं रह जातीं ?

बहरहाल, श्यामानंद जालान भारतीय और विशेषतः हिंदी रंगमंच में उस दौर के एक प्रतिनिधि निर्देशक हैं, जब हिंदी रंगमंच संपूर्ण भारतीय रंगमंच के केंद्र में था और निर्देशक दूसरी भारतीय भाषाओं के नए से नए आलेखों को हिंदी रंगमंच पर लेकर आए और बादल सरकार, गिरीश कार्नाड, विजय तेंदुलकर, मधु राय, मोहित चट्टोपाध्याय और चंद्रशेखर कंबार जैसे नाटककारों को अपनी भाषाओं के दायरे से बाहर निकालकर अखिल भारतीय स्तर पर लाकर खड़ा किया। लेकिन दूसरी तरफ जब वे संस्थागत, व्यक्तिगत और पारिवारिक तनावों और विवादों में उलझ गए तो फिर कभी भी उनसे उबर नहीं पाए। आज बेशक 'पदातिक' और 'अनामिका कला संगम' के माध्यम से वह बड़े-बड़े आयोजनों में व्यस्त रहते हैं और अपने आप में बेहद संतुष्ट दिखाई पड़ते हैं लेकिन मुझे तलाश है उस असंतुष्ट रचनाकार-निर्देशक की, जो संभवतः कहीं खो गया है।

सत्यदेव दुबे : विवादास्पद व्यक्तित्व और निरापद कृतित्व के धनी

मैंने अपने पिछले एक लेख में जिन तीन निर्देशकों का ज़िक्र किया था उनमें डॉ. सत्यव्रत सिन्हा और श्यामानंद जालान के साथ-साथ सत्यदेव दुबे का नाम भी शामिल था। इन तीनों ही निर्देशकों ने लगभग एक साथ छठे दशक के मध्य अथवा अंत तक आते-आते अपने रंगकर्म की शुरुआत कर डाली थी और सातवें दशक के अंत तक पूरी तरह से भारतीय रंगमंच पर अपनी छाप छोड़ने में कामयाब हो चुके थे। यूँ तो तीनों ही निर्देशक अलग-अलग कारणों से सदैव चर्चाओं और विवादों में भी घिरे रहे हैं लेकिन इनमें भी जो निर्देशक सबसे ज़्यादा विवादास्पद व्यक्तित्व के साथ हिंदी रंगमंच में उभरकर आया, वह है सत्यदेव दुबे। कहना तो यहाँ तक चाहिए कि सिर्फ़ हिंदी रंगमंच में ही नहीं वरन् पूरे भारतीय रंगमंच में भी किसी एक निर्देशक को विवादों के चलते अलग से रेखांकित करना पड़े तो वह भी सत्यदेव दुबे ही निकलेंगे। तो आइए सबसे पहले सत्यदेव दुबे के व्यक्तित्व के उन पहलुओं का आकलन किया जाए जिनके कारण वह विवादास्पद व्यक्तित्व के स्वामी कहे जा सकते हैं।

उनके विषय में सबसे पहला रहस्य तो यही है कि उन्होंने कभी भी रंगमंच में आने का निर्णय सोच-समझकर नहीं लिया था। उनके पास बेशक एक साहित्यिक पृष्ठभूमि ज़रूर थी, लेकिन उसका रंगमंच से दूर-दूर तक का वास्ता नहीं था। मध्य प्रदेश के एक छोटे से शहर बिलासपुर से वह क्रिकेटर बनने के लिए छठे दशक के उत्तरार्द्ध में मुंबई पहुँचे थे और आज तक उसी महानगर में डटे हुए हैं। यह अलग बात है कि क्रिकेट तो बहुत पीछे छूट गया अथवा बहुत मुमकिन है कि उसकी कोई शुरुआत भी न हो पाई हो, लेकिन न जाने किस संयोग से रंगकर्म से जुड़े तो आज तक उसके प्रति समर्पित हैं। दूसरा विवादास्पद पहलू यह है कि अपनी विचारधारा में निहायत रूढ़िवादी अर्थात् राष्ट्रीय स्वयं सेवक संघ, भारतीय जनता पार्टी और हिंदुत्ववाद से पूरी तरह से लैस, लेकिन अपने व्यावहारिक रंगकर्म में इस प्रतिबद्धता का कहीं नामोनिशान नहीं है। भारतीय रंगमंच में सचमुच में मात्र भारतीय रचनाओं के माध्यम से अपना रास्ता बनाने वाले निर्देशकों में सर्वोपरि हैं। अंतिम और सबसे महत्त्वपूर्ण तथ्य यह है कि उस भारतीयता को कभी भी लोक रंगमंच से जुड़ा और ज़बरदस्ती से अपने ऊपर ओढ़ा हुआ जामा नहीं पहनाया व सीधे-सीधे समसामयिक नाटकों के माध्यम से अपने रंगकर्म को पुख़्ता किया। लगभग चार दशकों के रंगकर्म में अल्बर्ट कामू के 'सपने', बर्नार्ड शॉ

के जीवन पर आधारित 'डियर लॉयर' और एक अन्य अंग्रेज़ी नाटक 'एजुकेटिंग रीटा' को अपवादस्वरूप मानकर छोड़ दिया जाए तो बाक़ी की सारी मंच प्रस्तुतियों के स्रोत भारतीय नाट्य, कथा साहित्य एवं काव्य से लिए गए हैं। कहा तो यहाँ तक जाता है कि हिंदी रंगमंच पर डॉ. धर्मवीर भारती के काव्य नाटक 'अंधायुग' का श्रीगणेश सत्यदेव दुबे ने ही किया, यद्यपि इससे पूर्व वह मात्र एक रेडियो नाटक के रूप में प्रसारित और चर्चित हो पाया था। इतना ही नहीं इब्राहिम अलकाज़ी जैसे महत्त्वपूर्ण निर्देशक का 'अंधा युग' से परिचय भी पहली बार सत्यदेव दुबे ने ही करवाया। यह अलग बात है कि दुबे द्वारा 'अंधायुग' की मंच प्रस्तुति मुंबई में पहले हो जाने के बावजूद जब दिल्ली में अलकाज़ी ने फिरोज़शाह कोटला के ऐतिहासिक खंडहरों में उसका मंचन किया तभी मानो इस कृति ने इतिहास में अपनी सही पहचान दर्ज की।

उपर्युक्त उल्लिखित विवादों के अतिरिक्त कई और बातें भी ऐसी हैं जिनके कारण दुबे सदैव 'लाइमलाइट' में रहते हैं। मसलन, अपने अभिनेताओं से लेकर भारतीय रंगमंच की बड़ी-से-बड़ी हस्ती के लिए सिर्फ़ गाली-गलौज और वह भी शुद्ध माँ-बहन के साथ रिश्ता जोड़ने वाले खांटी अंदाज़ में। मुंबई जैसी फ़िल्मी मायानगरी में जी-जान से शौक़िया किंतु नियमित हिंदी रंगकर्म का लोहा मनवाना और कभी-कभार फ़िल्मों में भी जीवनयापन के लिए अभिनय अथवा संवाद लेखन के माध्यम से घुसपैठ करना लेकिन खुद से ज़्यादा बड़ी-से-बड़ी फ़िल्मी हस्तियों को प्रशिक्षण के माध्यम से तैयार करना भी इनके काम का एक हिस्सा रहा है।

यह भी उतना ही बड़ा सच है कि जहाँ वह ज़िंदगी भर विवादों में फँसे रहे, वहीं अपने काम के प्रति कभी उन्होंने लापरवाही नहीं बरती। 1955 से लेकर आज तक की अवधि के बीच हिंदी अथवा अन्य भारतीय भाषाओं का शायद ही कोई ऐसा नाटक बचा हो जिसका दुबे ने मंचन न किया हो चाहे वह लक्ष्मीनारायण लाल का 'मादा कैक्टस' हो, मोहन राकेश का 'आषाढ़ का एक दिन', 'लहरों के राजहंस' और 'आधे-अधूरे' हो, गिरीश कार्नाड का 'हयवदन' हो, विजय तेंदुलकर का 'ख़ामोश अदालत जारी' हो, बादल सरकार का 'एवम् इंद्रजित' और 'पगला घोड़ा' हो और इधर के वर्षों में मराठी के दूसरे चर्चित नाटककारों जैसे महेश एलकुंचवार का 'विरासत' और गोविंद पुरुषोत्तम देशपांडे का 'चाणक्य विष्णुगुप्त' और 'रास्ते' हो—कहने का तात्पर्य यह कि दुबे जैसे पाठक-निर्देशक से कुछ भी छूटा नहीं है। यहाँ तक कि इस पूरे दौर में दो नाटकों की रचना स्वयं भी कर डाली—'संभोग से संन्यास तक' और 'इंशाअल्लाह' और, दोनों का निर्देशन भी स्वयं ही किया। सबसे ज़रूरी और अंतिम सूचना यह कि उन्होंने सारा रंगकर्म सिर्फ़ हिंदी में ही नहीं वरन् गाहे-बगाहे मराठी और अंग्रेज़ी भाषा में भी किया। वे सिर्फ़ नाटकों तक ही सीमित नहीं रहे, जब इच्छा पैदा हुई तो कहानियों और कविताओं का मंचन भी किया। यहाँ इस तथ्य को अलग से रेखांकित करने की आवश्यकता नहीं कि रंगमंच और फ़िल्मों के बड़े-बड़े दिग्गज कलाकारों ने उनके साथ काम की शुरुआत की अथवा उनसे प्रशिक्षण लिया और आज भी जब मौका मिलता

है या दुबे को उनकी दरकार होती है तो वे कभी इनकार नहीं करते। अमोल पालेकर, रेखा सबनीस, सुनीला प्रधान, अमरीश पुरी, नसीरुद्दीन शाह, रत्ना शाह, आशीष विद्यार्थी—गरज़ यह कि यह सूची भी बहुत लंबी है और इसको यहीं छोड़ना उचित होगा। महत्त्वपूर्ण बात इतनी है कि तमाम बहसों, मुबाहिसों, विवादों के बाद भी दुबे अपने अभिनेताओं के साथ एक ऐसा अंतरंग रिश्ता स्थापित करते हैं कि वे लोग हर तरह की गाली-गलौज और डाँट-फटकार सहने के बावजूद दुबे जैसे रंग-निर्देशक के साथ काम करने के लिए तैयार रहते हैं।

मैं समझता हूँ कि इस लंबी भूमिका के बाद अब दुबे के काम अथवा रचना-प्रक्रिया के अलग-अलग पक्षों पर गहराई से विचार किया जा सकता है। अभी तक जितने भी नाटकों और उनकी प्रस्तुतियों की चर्चा की गई है उनमें से कोई भी प्रस्तुति इस दृष्टि से बेशक उल्लेखनीय नहीं कही जा सकती कि उसने अपने नएपन के कारण चौंकाया हो, लेकिन इतना ज़रूर है कि उनकी सभी प्रस्तुतियों का कम-से-कम एक निश्चित स्तर अवश्य रहा है। और यही कारण है कि उनके रंगकर्म को आसानी से अनदेखा नहीं किया जा सकता। दूसरी महत्त्वपूर्ण विशेषता यह भी है कि दुबे की प्रस्तुतियाँ अपने तकनीकी पक्ष में भले ही कमज़ोर हों, लेकिन अपने अभिनय पक्ष में ज़्यादा असरदार साबित होती हैं। तीसरी महत्त्वपूर्ण बात यह कि अभिनेता के रंगभाषण पर गहराई से काम करने वालों में जिन निर्देशकों का नाम लिया जाता है उनमें दुबे भी एक हैं। मैंने इस लेख के शीर्षक में निरापद कृतित्व का उल्लेख किया था, इसका अर्थ यही है कि भले ही वह अपने व्यक्तित्व, चाल-चलन और व्यवहार में निहायत ही विवादास्पद रहे हैं जिसकी कुछ छवियाँ ऊपर प्रस्तुत की गई हैं, लेकिन अपने रंगकर्म में उन्होंने आज तक ऐसा कोई प्रयोग नहीं किया जिसकी अलग से चर्चा की जा सके। इस अर्थ में वह शुद्ध परंपरावादी निर्देशक हैं अर्थात् उन्होंने रंगद्वारी मंच को छोड़कर शायद ही कभी खुले में या किन्हीं अप्रचलित स्थानों पर अपने नाटकों का मंचन किया हो। एक प्रोसीनियम अथवा रंगद्वारी मंच पर नाटक की मंच प्रस्तुति कई सारी चीज़ें पूर्व निर्धारित कर देती हैं, जैसे कि दर्शकों और अभिनेताओं का एकतरफ़ा आमने-सामने का संबंध, मंच प्रस्तुति में प्रकाश और अंधकार का आनुपातिक इस्तेमाल और अभिनय में लगभग यथार्थवादी शैली का योगदान। यदि कभी दुबे ने इन सीमाओं के बाहर जाकर कुछ प्रयोग किए भी हैं तो वे मंचन की दृष्टि से नहीं वरन् किसी आलेख विशेष के मंच पाठ से संबद्ध रहे हैं। उदाहरण के लिए दुबे द्वारा स्वयं प्रस्तुत 'अंधा युग' का एकांतपाठ अथवा कुछ सुप्रसिद्ध फ़िल्मी अभिनेताओं के साथ पाठ और मंचन के बीच की एक हास्यास्पद कोशिश। इसी के साथ कुछ लोकप्रिय तत्त्वों का नाटकों में इस्तेमाल—'एवम् इंद्रजित' में 'तुम बिन जाऊँ कहाँ' जैसा फ़िल्मी गीत और इधर गोविंद पुरुषोत्तम देशपांडे के नाटक 'रास्ते' और उनके अपने नाटक 'इंशाअल्लाह' में नेपथ्य से आती हुई मशहूर फ़िल्मी नज़्में और गज़लें। बार-बार इस विषय में बहस हुई है कि आखिर इन नाटकों के भीतर इन फ़िल्मी गीतों, गज़लों का औचित्य क्या है। लेकिन दुबे के पास भी इस प्रश्न का कोई उत्तर

नहीं है। सिवाय इसके कि ये प्रयोग उनके नाट्य संगीत का अंग हैं। यदि दूसरे निर्देशक लोक गीतों और नृत्यों का प्रयोग करने में माहिर हैं तो वे फ़िल्मी गीतों का प्रयोग क्यों नहीं कर सकते ? ज़ाहिर है कि यह स्पष्टीकरण निहायत ही सतही जान पड़ता है। बहरहाल, उनकी प्रस्तुतियों के सशक्त और सकारात्मक पहलुओं पर चर्चा की जाए और वह है उनका अभिनय पक्ष और उसी के साथ जुड़ा अभिनेता का वाचिक। इस लेख के आरंभ में भी मैंने इस बात का ज़िक्र किया था और यहाँ पर पुनः इसी बिंदु से चर्चा आरंभ की जा रही है कि आखिर दुबे की प्रस्तुतियों में अभिनय और वाचिक के ऐसे कौन से तत्त्व अथवा गुण मौजूद हैं जो अलग से दिखाई पड़ते हैं।

दुबे की प्रस्तुतियों में अभिनय पक्ष दिन-प्रतिदिन के चाल-चलन, व्यवहार, हाव-भाव और आचार-विचार से जुड़ी क्रियाओं और प्रतिक्रियाओं से जुड़ा होता है। दूसरे शब्दों में, हम यह भी कह सकते हैं कि वह पूरी तरह से यथार्थवादी अभिनय के माध्यम से अपनी प्रस्तुतियों के दृश्य पक्ष को तैयार करते हैं। अभिनय पक्ष यथार्थवाद से जुड़ा होने के कारण अभिनेता की आवाज़, रंगभाषण और शारीरिक हरकत से जुड़ी हर क्रिया-प्रतिक्रिया को दुबे बहुत गहरे में और सूक्ष्म स्तर पर निश्चित करने के पक्षपाती हैं। वह अपने अभिनेताओं से अपेक्षा करते हैं कि वे अत्यंत धैर्य के साथ चरित्रों के अंदर तक पैठें और उन्हें एक निश्चित रूपाकार प्रदान करें। वह रूपाकार इतना निश्चित होना चाहिए कि फिर उसमें किसी किस्म की कोई फेरबदल नहीं की जानी चाहिए। इसका अर्थ यह नहीं है कि दुबे प्रस्तुति के इस निश्चित रूपाकार का खाका पहले से अपने दिमाग़ में तैयार कर लेते हैं, वरन् उनकी रचना प्रक्रिया ठीक इसके विपरीत है। वह पहले से कोई निश्चित रूपरेखा तैयार करके नहीं आते और लगातार कई-कई दिनों तक अभिनेताओं के साथ मात्र वाचिक अर्थात् रंगभाषण पर ही काम करते रहते हैं। उनका मानना है कि यदि अभिनेता का वाचिक पक्ष स्पष्ट एवं सशक्त है तो प्रस्तुति काफ़ी हद तक स्वयं ही अपना एक रूपाकार ग्रहण करना आरंभ कर देती है। अभिनेता के वाचिक पक्ष को लेकर दुबे ने अलग से अपनी एक विशेष प्रशिक्षण पद्धति भी विकसित की है जिसमें इस बात पर ज़ोर दिया गया है कि अभिनेता अपने कथ्य को कैसे फोकस कर पाए। प्रस्तुति के अंतिम रूपाकार पर पहुँचने से पहले दुबे अपने अभिनेताओं को उनकी स्वयं की कल्पना, परिकल्पना और आशु-रचना के लिए भी काफ़ी दूर तक छूट देते हैं।

अपने व्यवहार में जहाँ एक ओर वह अत्यंत गुस्सैल, जल्दबाज़, गाली-गलौज और सर के बाल तक नोच लेने के लिए प्रसिद्ध हैं, वहीं दूसरी ओर अभिनेताओं के साथ सुबह से लेकर शाम तक लगातार काम करने के भी आदी हैं। जो दुबे चाहते हैं जब तक अभिनेता उसे अपनी अभिव्यक्ति में सहज एवं स्पष्ट रूप से निकालकर नहीं ला पाते तब तक दुबे को चैन नहीं पड़ता। कभी-कभी यह बेचैनी इस हद तक भी बढ़ सकती है कि दुबे मारपीट की हद तक उतर आएँ। लेकिन इन सब अतिरंजनाओं के बावजूद अभिनेता उनकी प्रस्तुति प्रक्रिया से गुजरने के बाद अपने आपको ख़ाली महसूस नहीं करते। बल्कि इस बात को स्वीकार करते हैं कि उन्होंने अभिनय और रंगभाषण

से जुड़ी बहुत सी बारीकियों को अनायास ही पा लिया है। सबसे बड़ी बात यह भी कि सब कुछ यथार्थवादी ढाँचे में बँधे होने के कारण अभिनेता को कुछ भी आरोपित या अटपटा सा नहीं लगता और वे सारी क्रियाएँ-प्रतिक्रियाएँ, गति-विधान और चर्याएँ उनके लिए बहुत सहज एवं सरल हो जाती हैं। कहने का अर्थ यही है कि अभिनेताओं को दुबे की प्रस्तुतियों के लिए किसी भी प्रदेश की अभिनय शैली विशेष को अपने ऊपर ज़बरदस्ती थोपना नहीं पड़ता, चाहे वे ऐसे नाटकों में भी काम कर रहे हों जहाँ किसी शैली विशेष की दरकार हो सकती है। उदाहरण के लिए गिरीश कार्नाड के नाटक 'हयवदन' और बादल सरकार के नाटक 'एवम् इंद्रजित' की मंच प्रस्तुतियों को इस दृष्टि से विश्लेषित किया जा सकता है। आज तक इन नाटकों की जो प्रस्तुतियाँ निर्देशकों—ब. व. कारंत, विजया मेहता, श्यामानन्द जालान आदि ने की है, वे अधिकतर गीत, संगीत, नृत्य एवम् शैलीबद्ध गतिविधान से भरपूर रही हैं लेकिन दुबे की प्रस्तुति बिलकुल ही यथार्थवादी मुहावरे के माध्यम से अपना रास्ता तलाश करती है। यहाँ तक कि 'हयवदन' जैसी प्रस्तुति में भी उसके गीत संगीत वाला पक्ष उतना महत्त्वपूर्ण नहीं था जितना अभिनेताओं का संवाद पक्ष। यह भी एक रोचक तथ्य है कि दुबे की प्रस्तुतियों में अभिनेताओं ने स्वयं तो शायद ही कभी गाया हो, यदि कभी कभार गीतों का इस्तेमाल हुआ भी तो वह रिकॉर्डेड होकर पार्श्व-गायन अथवा संगीत के रूप में प्रयोग में लाया गया। अभिनय और वाचिक की इस उपस्थिति के बाद दुबे प्रस्तुति के दूसरे तकनीकी पक्षों को लेकर ज़्यादा चिंतित नहीं रहते, एक तरह से वह उनके प्रति लापरवाही बरत जाते हैं। यही कारण है कि पच्चीस-छब्बीस वर्षों के बाद भी दुबे की प्रस्तुति 'हयवदन' में देवदत्त, कपिल और काली की भूमिकाओं में क्रमशः अमोल पालेकर, अमरीश पुरी और दीना पाठक के अभिनय की याद आज भी उतनी ही ताज़ा है, लेकिन यदि कोई उसके दृश्यबंध अथवा किसी अन्य तकनीकी पक्ष को याद करना चाहे तो कोशिश करके भी कोई तसवीर उभरकर नहीं आती। कभी-कभी निहायत सीधे-सीधे रूप में किसी नाटक की प्रस्तुति में दुबे अलग से एकाध नया तत्त्व भी डाल देते हैं जिससे प्रस्तुति मनोरंजक हो उठती है, जैसे कि मोहन राकेश के 'आधे-अधूरे' की मराठी प्रस्तुति के अंत में महेन्द्र नाथ की वापसी पर ज़्यादा ध्यान केंद्रित न करके सावित्री की तात्कालिक मनःस्थिति और अंतर्द्वंद्व को रेखांकित करने पर ज़्यादा ज़ोर दिया जहाँ वह छोटी लड़की किन्नी के साथ रोशनी के एक दायरे में खड़ी हुई हैं और बाक़ी सारा मंच अंधकार में डूब जाता है। यही बात गोविन्द पुरुषोत्तम देशपांडे के नाटक 'रास्ते' की प्रस्तुति में भी दिखाई पड़ती है, जब दुबे नाटक के आरंभ में ही मंच के पिछले हिस्से में लगे सफ़ेद परदे पर नाटक की नायिका की ज़िंदगी से जुड़े कुछ चित्रों को स्लाइड पर दिखाते हैं और बीच-बीच में जीवंत अभिनेत्री को भी मंच पर प्रवेश-प्रस्थान कराते रहते हैं—एक तरह से फ़िल्म और रंगमंच जैसे दो माध्यमों की एक साथ उपस्थिति अथवा भ्रम और यथार्थ का एक साथ आभास। दुबे, अपनी प्रस्तुतियों का आरंभ किस तरह से किया जाना चाहिए इसको लेकर बहुत सजग रहते हैं। प्रायः हर प्रस्तुति की शुरुआत वह लोगों

के तेज़ी से मंच पर आने-जाने अथवा कुछ ऐसे ही हलचल भरे वातावरण के निर्माण से करते हैं ताकि मूल नाटक की एक भूमिका तो तैयार हो ही जाए इसके साथ-साथ पात्रों के आपसी संबंध भी निर्धारित हो जाएँ। संक्षेप में कहा जा सकता है कि दुबे अपनी प्रस्तुतियों में पात्रों के प्रवेश और प्रस्थान पर बहुत ज़्यादा ध्यान देते हैं।

यहाँ इस तथ्य का उल्लेख करना भी अप्रासंगिक नहीं होगा कि कन्नड़ नाटककार आद्य रंगाचार्य के नाटक 'सुनो जनमेजय' की सबसे पहली प्रस्तुति दुबे ने ही मुंबई में मंचित की थी जिसने हिंदी में एक नए नाट्यालेख के आगमन की सूचना के साथ-साथ प्रयोगशील नाट्यलेखन से भी पाठकों और दर्शकों का साक्षात्कार कराया। इसके बाद तो कई नगरों में अलग-अलग निर्देशकों द्वारा की गई मंच प्रस्तुतियों ने इस नाटक को आधुनिक भारतीय नाट्यलेखन के पहले प्रयोगवादी नाट्यालेख की संज्ञा से विभूषित करा दिया। इसी के समानांतर यह तथ्य भी उतना महत्त्वपूर्ण है कि एक तरफ़ तो दुबे ने अपनी प्रस्तुतियों के लिए प्रायः शुद्ध यथार्थवादी मुहावरे का इस्तेमाल किया, वहीं अपने स्वयं के लिखे नाटकों में नाटक के भीतर नाटक जैसी युक्ति के माध्यम से यथार्थ और भ्रम का आभास पैदा करने वाले नाटकीय तत्त्वों का इस्तेमाल किया। कहीं असंगत नाटकों से प्राप्त कहानी और एक निश्चित शिल्पविहीन नाट्य शैली को आधार बनाया और कहीं पूरी तरह से शैलीबद्ध फार्म के रास्ते से नाटक के कथ्य को उभारने की कोशिश की। इस दृष्टि से उनके एक छोटे नाटक 'थोड़ी देर पहले और थोड़ी देर बाद में' एक ही दृश्य को दो-तीन बार दोहराया जाने से नाटक में रोचकता तो पैदा होती ही है, साथ-साथ घटनाओं के दोहराव से जीवन की उस असंगत स्थिति की व्यर्थता का बोध भी होता है कि कोई विशेष घटना चाहे कितनी बार भी दोहराई जाए उसमें कुछ भी नया घटित होने वाला नहीं। यही बात कमोबेश उनके अंतिम नाटक 'इंशा अल्लाह' के विषय में भी कही जा सकती है, जो काफ़ी दूर तक उनकी अपनी ज़िंदगी के अनुभवों पर भी आधारित है और इसके साथ ही उन्हीं के द्वारा पहले से निर्देशित किए गए नाटक 'एवम् इंद्रजित' के पूर्वाभ्यास को अपने कथानक का आधार बनाता है। अपने सभी नाटकों का निर्देशन भी दुबे ने स्वयं ही किया और विडंबना यह है कि उनकी वही प्रस्तुतियाँ सबसे ज़्यादा कमज़ोर, फूहड़ और लचर साबित हुईं। आख़िर ऐसा क्यों होता है कि दूसरे लेखकों की रचनाओं की सफल प्रस्तुतियाँ करने के बाद जब वही निर्देशक अपने लिखे नाटकों को उठाता है तो बुरी तरह से असफल हो जाता है। पश्चिम में इसके सबसे बड़े उदाहरण जार्ज बर्नार्ड शॉ जैसे नाटककार हैं जिन्होंने एक से एक बढ़िया नाटक लिखे, लेकिन जब-जब उन्हें स्वयं प्रस्तुत करने का बीड़ा उठाया तो एकदम असफल साबित हुए। यह मात्र संयोग नहीं है कि दुबे द्वारा मंचित अंग्रेज़ी नाटकों में एक 'डियर लायर' जार्ज बर्नार्ड शॉ की ज़िंदगी से जुड़े प्रेम प्रसंगों पर ही लिखा गया है। नाटक भी लेखक का अपना लिखा हो और लेखक उसकी प्रस्तुति भी उतनी ही सफलता के साथ कर पाए ऐसा या तो सोफोक्लीज़ और यूरीपडीज़ जैसे यूनानी नाटककारों के साथ हुआ या आधुनिक युग में ब्रेष्ट जैसे नाटककार के साथ। भारतीय रंगमंच में संभवतः भारतेंदु हरिश्चंद्र ही ऐसे नाटककार थे जिन्होंने दोनों दिशाओं में समान रूप से

पहल की और काफ़ी दूर तक सफलता भी अर्जित की। अक्सर होता यह है कि नाटककार को अपने शब्दों से बड़ा मोह होने लगता है और वह रचना की शिल्पगत ख़ामियों को नज़रअंदाज़ कर देता है। संभवतः दुबे के साथ भी ऐसा ही हुआ। 'इंशा अल्लाह' को अपने अंतिम नाटक और अपनी अंतिम मंच प्रस्तुति के रूप में मानकर दुबे ने बड़े-बड़े वक्तव्य दिए और उसे यादगार अनुभव बनाने में कोई कसर नहीं छोड़ी, लेकिन यह सारा कुछ एक कोरी हास्यास्पद कवायद होकर रह गई। लोगों को एकाएक विश्वास ही नहीं हुआ कि ज़िंदगी भर सदैव चर्चा में रहनेवाले विवादास्पद निर्देशक की अंतिम प्रस्तुति इतनी असफल सिद्ध होगी। कुछ-कुछ इस अंदाज़ में कि मानों डॉन ब्रेडमेन जैसे बड़े बल्लेबाज अपनी अंतिम पारी में शून्य पर आउट हो जाएँ। यह तुलना उतनी अप्रासंगिक भी नहीं क्योंकि दुबे अपने महानगरीय जीवन की शुरुआत एक क्रिकेटर के रूप में करने मुंबई पहुँचे थे। बहरहाल, उपर्युक्त तमाम विवादों, विरोधों और अंतर्विरोधों के बावजूद दुबे जैसे निर्देशकों का भारतीय रंगमंच और विशेषतः हिंदी रंगमंच में इस दृष्टि से एक महत्त्वपूर्ण योगदान हमेशा बना रहेगा कि दुबे ने रंगकर्म की शुरुआत और स्थापना ऐसे दौर में की जब हिंदी रंगमंच में व्यावसायिक रंगमंच की बात तो जाने दीजिए, शौकिया रंगमंच भी अपने शैशवकाल में था। एक तरह से दुबे ने शून्य में हाथ-पाँव मारते हुए और अपने ही अनुभवों से स्वयं को प्रशिक्षित करते हुए गंभीर सोच-विचार वाले और नियमित रंगकर्म की नींव डाली और ज़िंदगी भर उसके प्रति समर्पित रहे।

आज दुबे से मिलकर और उनके काम को देखकर उन्हीं के द्वारा प्रस्तुत बादल सरकार के नाटक 'एवम् इंद्रजित' की तरफ़ अनायास ही ध्यान चला जाता है। अपनी निज की पहचान एवम अस्तित्व को स्थापित करने की कोशिश में अंततः इंद्रजित को भी उसी व्यवस्था का हिस्सा बनना पड़ता है जिसमें अमल, विमल, कमल पूरी तरह से धँसे हुए हैं। लेकिन इस व्यवस्था में रहकर भी वह भीतर से उसे स्वीकार नहीं कर पाता और अंदर ही अंदर एक छटपटाहट लिए कसमसाता रहता है। इसी से मिलता-जुलता एक दूसरा बिंब गिरीश कार्नाड के नाटक 'हयवदन' की प्रस्तुति में पद्मिनी के अंतर्द्वंद्व से भी संबद्ध है जहाँ वह शरीर और बुद्धि में से किसी एक का निश्चित चुनाव नहीं कर पाती और चुनने की इस पीड़ा को झेलती रही है। संयोग से दुबे ने आज तक जितनी भी मंच प्रस्तुतियाँ की हैं, उनमें इन्हीं दो नाटकों की प्रस्तुति सबसे ज़्यादा आकर्षक और असरदार रही। इनमें जितना योगदान एक निर्देशक के रूप में दुबे का रहा उतना ही अथवा उससे कहीं अधिक उन अभिनेताओं का भी रहा जो लगातार दुबे के साथ जुड़े रहे। इधर के वर्षों में दुबे ने नाटकों के साथ-साथ कहानियों और कविताओं के भी एकाध प्रयोग अवश्य किए हैं लेकिन उनके विषय में रंग-जगत में कोई उल्लेखनीय चर्चा नहीं हो पाई है। व्यक्तिगत रूप से मेरी दुबे से यह अपेक्षा भी आज तक अधूरी है कि जहाँ उन्होंने दूसरी भारतीय अथवा विदेशी भाषाओं के नाटकों की हिंदी में यादगार प्रस्तुतियाँ दी हैं, वहीं हिंदी भाषा के किसी भी ऐसे नाटक का नाम नहीं लिया जा सकता जिसकी प्रस्तुति दुबे जैसे निर्देशक की प्रस्तुति के रूप में पहचानी जा सके।

ब. व. कारंत की निर्देशन-प्रक्रिया
बनाम
संगीत, साहित्य और लोकरंग की त्रिधारा

पिछले तीन-चार दशकों में भारत की विभिन्न भाषाओं में साहित्य के स्तर पर जो आदान-प्रदान हुआ है, वह अपने आप में बेजोड़ है। इस लेन-देन से दूसरी कलाएँ भी अछूती नहीं रही हैं। विशेषतः नाटक और रंगमंच के क्षेत्र में तो यह प्रक्रिया सबसे ज़्यादा सक्रिय रही है। यह भी उतना ही सच है कि कई बार तो दूसरी भाषाओं के नाटक पहले हिंदी में मंचित और चर्चित हुए, उसके बाद ही उनकी अपनी भाषा में मंचन संभव हो पाया। रंगमंच के क्षेत्र में इस आदान-प्रदान का एक दूसरा पक्ष भी है—यहाँ ऐसा केवल नाट्य साहित्य के साथ ही नहीं हुआ वरन् रंगकर्मियों की आवा-जाही भी उतनी ही महत्त्वपूर्ण रही। यों तो यह आवागमन रंगकर्म के सभी क्षेत्रों में जारी रहा, लेकिन संख्या की दृष्टि से रंग-निर्देशकों का स्थान सर्वोपरि है। एक तथ्य की तरफ़ और ध्यान दिलाया जाना आवश्यक है। हिंदी रंगमंच में देश की अलग-अलग भाषाओं के निर्देशक काम करते रहे हैं किंतु यह परस्पर का रिश्ता जितना दक्षिणी प्रदेशों के साथ रहा है, उतना पूर्व और पश्चिम के प्रदेशों के साथ नहीं। ऐसा क्यों हुआ—इसके कई भौगोलिक, ऐतिहासिक अथवा राजनीतिक कारण दिए जा सकते हैं। सबसे पहले तो यही है कि दक्षिण की तुलना में पूर्वी और पश्चिमी क्षेत्र हिंदी रंगमंच के आरंभ से ही उससे जुड़े रहे हैं—एक तो अपनी भौगोलिक निकटता की वजह से और दूसरे बाहरी प्रभावों को एक साथ अनुभव करने और परस्पर बाँटने की वजह से भी। अतः कहना चाहिए कि पूर्वी और पश्चिमी प्रदेशों का लेन-देन हिंदी रंगमंच के साथ पहले से मौजूद था ही और यदि कोई नई शुरुआत हो सकती थी तो वह दक्षिणी प्रदेशों के साथ ही संभव थी। दक्षिण से भी यह रिश्ता सबसे ज़्यादा कन्नड़ रंगमंच के साथ बना और वहाँ के बहुत से रंग-निर्देशकों ने लगातार हिंदी रंगमंच में अपनी सक्रिय भूमिका निभाई। यहाँ तक कि उनमें से कई निर्देशक तो अपनी भाषा में किए गए काम के कारण नहीं, लेकिन हिंदी रंगमंच में किए रंग-प्रयोगों के कारण भारतीय रंगमंच में स्थापित, प्रतिष्ठित और चर्चित रहे हैं। इनमें जिस निर्देशक का नाम सर्वोपरि है, वह है ब. व. कारंत जिन्होंने अपने रंगकर्म की शुरुआत भले ही एक अभिनेता के रूप में कर्नाटक से की हो और आज भी बीच-बीच में अपने प्रदेश में लौटते रहते हैं, किंतु सही मायनों में लगभग चार दशकों से उनका वास्तविक कार्यक्षेत्र उत्तरी भारत, बल्कि हिंदी प्रदेश ही रहा है। यह

कहना ज़्यादा सही होगा कि एक निर्देशक के रूप में धर्मवीर भारती के लघु नाटक 'नीली झील' के माध्यम से उनकी पहली पहचान हिंदी रंगमंच पर ही बनी। हिंदी प्रदेश और रंगमंच से यह जुड़ाव आकस्मिक और आरोपित नहीं है। उनकी शिक्षा और फिर राष्ट्रीय नाट्य विद्यालय में रंग-दीक्षा के मूल में हिंदी भाषा और उसका साहित्य उसकी आधारभूमि है। यह बात विचित्र किंतु सत्य है कि यदि किसी ऐसे भारतीय निर्देशक का नाम लिया जाए, जिसने सबसे ज़्यादा नाटकों का निर्देशन किया हो तो निश्चित रूप से वह नाम कारंत का होगा।

इसी बिंदु से शुरू होता है कारंत की निर्देशन-प्रक्रिया का मर्म। वह यायावर निर्देशक हैं। एक अजीब तरह की बेचैनी और छटपटाहट है उनमें। हमेशा किसी जल्दबाज़ी में, इधर से उधर भागते हुए। किसी एक स्थान पर रुककर, ठहरकर और स्थिर होकर शायद ही काम किया हो उन्होंने। और यदि कभी किया भी तो वह अवधि पाँच-छह साल से ज़्यादा कभी नहीं रही—चाहे वह दिल्ली हो, भोपाल हो अथवा मैसूर हो। जीवन की इस पद्धति ने उनके रंगकार्य के आकार, प्रकार और प्रक्रिया को भी काफ़ी हद तक निर्धारित कर दिया है। उनके पूरे कार्य की गहराई से जाँच-परख करें तो यथार्थवादी अथवा शुद्ध गद्य में उपलब्ध नाटक उनके यहाँ बिलकुल नदारद हैं। यदि संयोग से कभी ऐसा नाटक उन्होंने किया भी तो वह बुरी तरह से असफल रहा—चाहे वह आद्य रंगाचार्य के 'कभी चित्त कभी पट' हो या 'सुनो जनमेजय'। ताराशंकर वंद्योपाध्याय का 'मंजरी ऑपेरा' हो या सुरेन्द्र वर्मा का 'छोटे सैयद, बड़े सैयद'। ऐसा इसलिए कि इस तरह का नाटकों में चारित्रिक तैयारी के लिए जितना धैर्य एवं संयम चाहिए, वह उनमें बिलकुल नहीं है। यही नहीं, ऐसे नाटक जिस प्रकार के ठोस दृश्यबंध की माँग करते हैं, उससे कारंत अपने को बँधा हुआ महसूस करने लगते हैं। यह बँधापन सकारात्मक अर्थ में नहीं, बल्कि नकारात्मक अर्थ में प्रयुक्त किया जा रहा है, क्योंकि यह उनकी कल्पना के विस्तार को अवरुद्ध कर देता है। उन्हें चाहिए एक उन्मुक्त स्पेस जिसमें वह जिधर चाहें, उड़ान भर सकें। ऐसी रंग-कल्पना के लिए उनके पास ठोस आधारभूमि है—उनकी संगीत एवं साहित्य की संवेदना जो अपनी मूल प्रकृति में शब्दों पर आश्रित होते हुए भी अमूर्त और निराकार है। मुझे लगता है कि रचना के आलेख के अतिरिक्त कुछ भी निश्चित नहीं है उनकी प्रक्रिया में। यहाँ तक कि आलेख भी अंत तक जाते-जाते क्या स्वरूप ग्रहण कर ले, यह भी एक रहस्य बना रहता है। ऐसा नहीं कि आलेख के चुनाव के पीछे कोई दृष्टि नहीं है, निर्णय नहीं है, सोच नहीं है लेकिन ये सब तभी तक, जब तक उस आलेख पर काम शुरू नहीं हो जाता। उसके बाद तो शायद कारंत कभी आलेख की तरफ़ लौटते भी नहीं। इसे एक तरह का अंतर्विरोध भी कहा जा सकता है कि जिस आलेख को लेकर वह बरसों-बरसों चिंतन करते रहते हैं, जब उसके मंचन की प्रक्रिया से गुज़रते हैं तो शायद ही कभी अपने अभिनेताओं से कोई संवाद करते हों। यदि एक दूसरे रूप में इस अंतर्विरोध को परिभाषित किया जाए तो अपने शाब्दिक अर्थ में भले ही वहाँ कोई संवाद न हो रहा हो, लेकिन कई अन्य स्तरों पर

वह संवाद निरंतर चलता रहता है।

कारंत की प्रस्तुतियों में यह संवाद सबसे पहले और सबसे अलग संगीत के रूप में लक्षित होता है। लेकिन यहाँ संगीत अपने शुद्ध अर्थ एवं रूप में संगीत न होकर रंग-संगीत है अथवा उससे भी आगे ध्वनियों का एक कोलाज या मोन्ताज है। उदाहरण के लिए, 'अंधेर नगरी चौपट्ट राजा' का शीर्षक गीत—'अंधेर नगरी चौपट्ट राजा' नाटक के प्रदर्शन में बार-बार जिस रूप में दोहराया गया है, अंततः वह एक गीत या ध्वनि न रहकर स्वयं में एक परिवेश को जीवंत कर देता है। इसी नाटक का एक अन्य प्रसंग—'मेरी बकरी' का अलग-अलग स्थितियों में अलग-अलग स्वरों में प्रयोग—नाटक में रंग-संगीत के अप्रतिम उदाहरण हैं। इतना ही नहीं, कुछ प्रस्तुतियाँ तो मात्र संगीत-रचना के लिए ही याद रखी जाएँगी। दरअसल, कारंत वैयक्तिक चरित्रों एवं प्रदर्शन के नियंता निर्देशक के रूप में नहीं, वरन् प्रस्तुति की संपूर्णता से अपनी पहचान बनाते हैं। संपूर्णता से यहाँ तात्पर्य दो-तीन बातों से है—एक तो उनकी प्रस्तुति में कभी भी किसी अभिनेता ने अलग से मात्र अपने अभिनय की छाप नहीं छोड़ी, दूसरे संगीत का भी वही रूप ज़्यादा उभरकर आता है, जिसमें एक समूह हिस्सेदारी करता है। बादल सरकार के नाटक 'एवम् इंद्रजित' पर आधारित प्रस्तुति 'अमल विमल कमल' इसका सर्वश्रेष्ठ प्रतिमान है। यहाँ तक कि जयशंकर प्रसाद के नाटक 'स्कंदगुप्त' की प्रस्तुति में भी उन्होंने प्रसाद की कविताओं एवं दूसरे नाटकों के गीतों का भी खुलकर प्रयोग किया।

इसीलिए कारंत अपनी सामग्री हमेशा इतिहास, पुराण, लोककथा, किंवदंतियों और इसी तरह के अन्य स्रोतों से जुटाते हैं—चाहे वह 'मुद्राराक्षस' हो, 'हयवदन' हो, 'मालविकाग्निमित्रम्' हो, अथवा 'मैकबैथ' हो—एक लंबी कतार है। इन स्रोतों में वे सारे तत्त्व सहज ही अंतर्निहित हैं, जिनकी तलाश कारंत को निरंतर रहती है अर्थात् गीत-संगीत, छंद, ध्वनियाँ, रंग और छवियाँ, रहस्य और रोमांच और इन सबके भीतर से संप्रेषित होता हुआ कोई आधुनिक एवं समकालीन सत्य एवं तथ्य। शायद इसीलिए उन नाटकों को उठाने में उन्हें कोई चुनौती नज़र नहीं आती, जो सीधे-सीधे रोज़मर्रा की ज़िंदगी से जुड़ते हैं। यदि शास्त्रीय शब्दावली में कहा जाए तो उनकी निर्देशन प्रक्रिया एवं प्रस्तुति शैली लोकधर्मी की बजाय नाट्यधर्मी के ज़्यादा निकट पड़ती है। लेकिन इस नाट्यधर्मिता को किसी ऐसी शैली से जोड़कर न देखा जाए, जो किसी प्रदेश विशेष की देन हो, रूढ़ मुद्राओं, गतियों एवं चर्याओं पर आधारित हो और काफ़ी अभ्यास से अर्जित एवं निश्चित की गई हो। यदि 'मैकबैथ' की प्रस्तुति को अपवाद मानकर छोड़ दें, जिसके बारे में रंगमंच के बड़े-बड़े आलोचकों ने यक्षगान शैली में शेक्सपीयर के मंचन को भारतीय रंगमंच की एक अभूतपूर्व घटना के रूप में प्रचारित किया था, यद्यपि इस विषय में आज भी बहस की जा सकती है कि उस प्रस्तुति में यक्षगान शैली कहाँ थी—क्या पात्रों की वेशभूषा में ? क्या उनके संवाद-उच्चारण में ? क्या उनके पद-संचालन में ? हम किसी भी शैली का आकलन मात्र उसके बाहर से दिखाई पड़ने वाले तत्त्वों के आधार पर कब तक करते रहेंगे ? कारंत अपने समकालीन एवं परवर्ती निर्देशकों

से भी इसी कारण अलग-थलग हैं कि उन्होंने अपने नाटकों की प्रस्तुति में कभी किसी शैली विशेष का आश्रय नहीं लिया और अपनी एक निजी लोक रंगशैली रचने की कोशिश की। यह शैली आलेख के भीतर से स्वयं ही सहज रूप से जन्म लेती है और अपना एक आकार निश्चित करती है। इसमें कोई संदेह नहीं कि इस शैली में भी गीत-संगीत, नृत्य-गतियाँ अंतर्निहित हैं, लेकिन वे यहाँ उस रूढ़ रूप में नहीं हैं, जो हमें किसी प्रदेश-विशेष की शैली में दिखाई पड़ता है। क्या हम 'अंधेर नगरी', 'हयवदन', 'विद्यासुंदर', 'मुद्राराक्षस' में से किसी भी नाटक की प्रस्तुति शैली को कोई नाम दे सकते हैं ? यही कारण है कि जो उन्मुक्तता एवं खुलापन, जो सहजता एवं अनगढ़ता उनके व्यक्तित्व का अपना एक ज़रूरी हिस्सा बन गई है, वही उनके काम में भी झलकती है। उनकी अधिकांश प्रस्तुतियाँ अंतिम रूप से निश्चित और समाप्त नहीं जान पड़तीं। वे ऐसा अहसास दिलाती रहती हैं कि बहुत कुछ छूट गया है, अभी भी न जाने कितना कुछ करना शेष है। इस अर्थ में वे सचमुच रंगमंच के अपने मूल स्वभाव व प्रकृति की याद दिलाती हैं क्योंकि साहित्य, फ़िल्म की तरह से रंगमंच कभी अपना अंतिम स्वरूप पा ही नहीं सकता।

प्रायः निर्देशकों के साथ ऐसा होता है कि यदि उन्होंने किसी नाटक को पहले से मंचित किया हुआ है और उन्हें फिर उसी नाटक को किसी अन्य शहर व संस्था के साथ करना पड़ता है तो सिवाय अभिनेताओं के बदलने के, प्रस्तुति-परिकल्पना में कोई अंतर नहीं पड़ता। ब. व. कारंत इस प्रक्रिया में भी अपवाद हैं। मुझे उनकी 'हयवदन' की कई प्रस्तुतियाँ देखने को मिली हैं और हर बार एक नई प्रस्तुति से साक्षात्कार हुआ है। दृश्यबंध, वेशभूषा तो नए थे ही, संगीत भी एक ताज़े स्वर में रचा गया। वह स्वीकार भी करते हैं, कि उन्हें धुनें याद नहीं रहतीं। एक तरह से उनके साथ काम करने वालों के लिए यह अच्छा ही है और स्वयं कारंत के लिए भी। अन्यथा न तो उनके सहकर्मियों को किसी ताज़गी का अहसास होता और स्वयं निर्देशक के लिए भी अपनी पूर्व प्रस्तुति को उसी रूप में दोहराना निहायत बासी और भोंथरा अनुभव साबित होता। ऐसा ही ताज़गी भरा अनुभव मुझे उनकी एक अन्य प्रस्तुति में भी मिला—वह थी 'चंद्रहास' की प्रस्तुति, जिसे पहले उन्होंने राष्ट्रीय नाट्य विद्यालय के छात्रों के साथ किया और दो-तीन वर्ष बाद रंगायन, मैसूर की अभिनेता मंडली के साथ कन्नड़ में किया। दोनों प्रस्तुतियाँ भाषागत वैभिन्न्य तो लिए हुए थी हीं, अपनी प्रस्तुति शैली में भी एक-दूसरे से बिलकुल भिन्न थीं। रा. ना. वि. के छात्रों वाली प्रस्तुति बंद प्रेक्षागृह के लिए तैयार की गई थी, अतः लोक तत्त्वों को इस्तेमाल करते हुए भी अपने स्वरूप में अत्यंत संभ्रांत एवं आभिजात्य का असर लिए हुए थी। इसके विपरीत रंगायन की प्रस्तुति को विशेष रूप से मेलों में दिखाए जाने के लिए परिकल्पित किया गया था, इसलिए हर मुद्रा, हर गति, हर चर्या को काफ़ी बढ़ा-चढ़ाकर अभिनटन का अंग बनाया गया। सबसे सुखद आश्चर्य यह भी हुआ कि दोनों प्रस्तुतियों का संगीत भी बिलकुल बदला हुआ था।

दरअसल, आधुनिक हिंदी रंगमंच के पहले प्रयोगधर्मी निर्देशक कारंत ही हैं। यद्यपि

इस बात से इनकार नहीं किया जा सकता कि इस प्रयोगवादी तेवर के कुछ संकेत इलाहाबाद में डॉ. सत्यव्रत सिन्हा, कलकत्ता में श्यामानंद जालान, मुंबई में सत्यदेव दुबे और दिल्ली में हबीब तनवीर पहले ही दे चुके थे, लेकिन जिस निर्देशक ने अपनी पहली प्रस्तुति से आज तक उसी प्रयोगशील प्रवृत्ति को बरकरार रखा है, वह कारंत ही हैं। यह प्रयोगशीलता एक साथ कई स्तरों पर दिखाई पड़ती है—अनभिनेय कहे जाने वाले प्रसाद के नाटकों के चुनाव में, भाषा की बजाय बोलियों में नाटक प्रस्तुति करने के निर्णय में, नाटकों की अपेक्षा काव्य, कहानी और उपन्यासों के माध्यम से रंग-प्रस्तुतियाँ करने में। साहित्य में भी यथार्थवादी तेवर के साहित्य को छोड़कर हजारीप्रसाद द्विवेदी के 'अनामदास का पोथा', यशपाल का 'दिव्या', प्रेमचंद का 'कर्मभूमि' जैसे उपन्यास और रेणु की 'पंचलाइट' अथवा परसाई की 'भोलाराम का जीव' उन्हें ज़्यादा अपनी ओर खींचते रहे हैं। यहाँ तक कि जब रा. ना. बि. रंगमंडल के साथ कालिदास के 'अभिज्ञान शाकुंतलम्' मंचित करने की बात आई तो उन्होंने मोहन राकेश के चिर-परिचित अनुवाद को छोड़कर राजा लक्ष्मण सिंह द्वारा किए गए अनुवाद को मंचन के लिए चुना।

लेकिन यह प्रयोगशीलता जहाँ एक बड़े दुस्साहस की माँग करती है, वहीं एक डर, एक आशंका, एक अप्रत्याशित को भी जगा देती है। साथ काम करने वाले अभिनेताओं में से किसी को पता नहीं होता है कि क्या होने वाला है ? हर प्रस्तुति-प्रक्रिया की शुरुआत बड़े ज़ोर-शोर से होती है, लेकिन फिर लगता है कि कहीं बीच में जाकर कारंत रुक गए हैं। इधर पिछले कुछ वर्षों में तो यह अहसास और भी तीखा होकर सामने आया है, जब एक के बाद एक कई प्रस्तुतियाँ नितांत असफल रही हैं। चाहे वह भास की 'अविमारक' हो अथवा कालिदास की 'विक्रमोर्वशीयम्'। ऐसा लगता है कि कारंत का जादू ख़त्म हो गया हो और वह मात्र अपने-आप को दोहरा रहे हैं। इतना ही नहीं, संगीत-रचना की दृष्टि से भी इधर हिंदी में बहुत दिनों से उनकी कोई उल्लेखनीय प्रस्तुति देखने में नहीं आई।

आख़िर कारंत जैसे सृजनधर्मी निर्देशक के इस तरह असफल होते चले जाने के पीछे क्या कारण हैं ? क्या एक के बाद एक बिना किसी अंतराल के लगातार प्रस्तुतियाँ करते जाना ? क्या एक साथ न जाने कितनी प्रस्तुतियों को निर्देशन के लिए स्वीकार कर लेना और फिर किसी के लिए भी यथोचित समय न निकाल पाना ? क्या किसी भी संस्था के लिए कुछ भी करने को तैयार हो जाना ? इस तरह के कुछ दूसरे सवाल भी हो सकते हैं, जिनके विषय में कारंत को थोड़ा रुककर धैर्य के साथ सोच-विचार करना चाहिए और एक गहरा आत्मालोचन करना चाहिए। ऐसा नहीं है कि लगातार चुकते चले जाने का उन्हें स्वयं में अहसास नहीं है, लेकिन समझ में नहीं आता कि फिर ऐसी क्या विवशता है कि बस काम किए जाना है, वह ख़राब, घटिया कैसा भी हो, इसकी कोई चिंता नहीं है। मुझे नहीं मालूम कि ये सवाल उन्हें स्वयं कहाँ तक कचोटते हैं, लेकिन उनके काम का शुरू से जायज़ा लेने वालों को निश्चित ही उद्वेलित करते हैं। और इसलिए क्योंकि शंभु मित्र, इब्राहिम अलकाज़ी, उत्पल दत्त और हबीब

तनवीर के बाद संभवतः कारंत ही अकेले ऐसे निर्देशक हैं, जिन्होंने भारतीय रंगमंच और विशेष रूप से हिंदी रंगमंच की दशा और दिशा निर्धारित करने में अपना महती योगदान दिया है।

अभी तक मात्र हिंदी रंगमंच के संदर्भ में कारंत के काम की चर्चा की गई है। मैंने यहाँ जानबूझकर उनके द्वारा कन्नड़ रंगमंच में किए गए रंगप्रयोगों का उल्लेख नहीं किया है क्योंकि एक तो अधिकांश हिंदी के दर्शक उस काम से अपरिचित हैं, दूसरे सारी बहस उनकी निर्देशन प्रक्रिया के महत्त्वपूर्ण पहलुओं का उजागर करने पर केंद्रित थी। काम उन्होंने किसी भी भाषा में किया हो, पहलू फिर भी यही रहेंगे जिनके विषय में ऊपर विस्तार से विवेचन किया जा चुका है। इन तमाम सवालों, शंकाओं और आशंकाओं के बाद भी कारंत के निर्देशन का एक ऐसा पक्ष है, जिसके उल्लेख के बिना यह लेख अधूरा रह जाएगा और वह है—बाल रंगमंच के क्षेत्र में किया गया उनका रंगकर्म। शायद बहुत कम लोगों को मालूम है कि इस क्षेत्र में भी कारंत ने उतना ही ज़बर्दस्त काम किया है, जितना वयस्क रंगमंच के साथ। देखा जाए तो वयस्क रंगमंच के साथ अपने काम की ठोस पृष्ठभूमि अथवा आधारभूमि भी उन्होंने बाल रंगमंच से ही ग्रहण की है। राष्ट्रीय नाट्य विद्यालय से एक स्नातक के रूप में निकलने के बाद पहला काम जो उन्होंने आरंभ किया, वह था दिल्ली के सरदार पटेल स्कूल में प्राध्यापन। वहीं रहकर उन्होंने बच्चों को पढ़ाते-पढ़ाते, नाटक सिखाते-कराते कुछ ऐसी चीज़ें हासिल और तैयार कीं, जो बाद में उनके काम आईं। विशेषतः अभिनेता के साथ उसकी आवाज़, रंगभाषण, संगीत एवं ध्वनि के तालमेल से उसकी प्रशिक्षण-पद्धति तैयार करना। इस दृष्टि से पूरी तरह से एक अलग एवं भारतीय प्रशिक्षण-पद्धति विकसित करने वाले निर्देशक कारंत ही हैं, जिसका रास्ता उन्होंने बच्चों को गीत, कविता, पहाड़ा को नाटकीय रूप से सिखाते-सिखाते ढूँढ़ लिया था। इसी का विकसित रूप पहले भी उल्लिखित 'अंधेर नगरी' और 'अमल विमल कमल' की प्रस्तुतियों में देखा जा सकता है। दूसरी ओर भाषा से भी ज़्यादा बोलियों में प्रस्तुति करने का आग्रह भी इसी खोज का परिणाम है जिसके चलते उन्होंने मालवी, बुंदेली एवं अन्य कई बोलियों को अपनी प्रस्तुतियों के लिए चुना। इनमें से कालिदास के 'मालविकाग्निमित्रम्' की मालवी में प्रस्तुति अत्यंत लोकप्रिय हुई।

इनके बावजूद भाषा की परवाह न करने वाले निर्देशक भी कारंत ही हैं। जहाँ तक गीत-संगीत का सवाल है वह भाषा के साथ कोई खिलवाड़ नहीं करते, लेकिन संवादों के मामले में उनके विचार अनाचार की हद तक उच्छृंखल हैं। उनका कहना है कि शब्दों का शुद्ध उच्चारण उतना महत्त्वपूर्ण नहीं है जितना कि अपने-अपने ढंग से उच्चारण करने वाले अभिनेताओं के समूहन से पैदा होने वाली वैविध्यता एवं नाटकीयता। यही कारण है कि उनकी प्रस्तुतियाँ भले ही भाषा के विभिन्न रंगों और छवियों से कुछ देर के लिए आक्रांत कर लें, लेकिन अंततः वे इस जिज्ञासा के आमने-सामने खड़ा कर ही देती हैं कि कारंत जैसा संवेदनशील, साहित्यिक और बुद्धिजीवी निर्देशक भाषा के साथ

ऐसा भ्रष्ट सलूक क्यों होने देता है ? इसमें कोई संदेह नहीं कि ऐसी स्थिति भाषा के अज्ञान के कारण नहीं वरन् अपने-अपने संस्कारों के साथ भाषा के जिस भी रूप को लेकर अभिनेता आते हैं, उसी को अपनी प्रस्तुति का अंग बनाने से पैदा होती है। मुझे लगता है कि यह एक सरलीकृत रास्ता अपना लिया है कारंत ने। देखा जाए तो हबीब तनवीर के अभिनेता भी कमोवेश भाषा के इसी देसी प्रयोग को अपने साथ लेकर आते हैं लेकिन उनमें और कारंत के अभिनेताओं में एक बुनियादी फ़र्क है। हबीब तनवीर के अभिनेता पूरी तरह से उसी परिवेश से जुड़े हुए हैं, जहाँ की बोली या भाषा में वे नाटक करते हैं। लेकिन कारंत के अभिनेता पूरी तरह से प्रशिक्षित अथवा शहरों-कस्बों में रहनेवाले लोग हैं। अतः उनके संदर्भ में भाषा के शुद्ध उच्चारण की अपेक्षा करना बेमानी नहीं लगता। विशेष रूप से इसलिए कि कारंत प्रसाद के नाटकों के मंचन को लेकर सदैव चिंतनशील रहते हैं। हजारीप्रसाद द्विवेदी का उपन्यास लेखन उन्हें मंचन के लिए उकसाता रहता है। क्या इन दोनों लेखकों को भाषा के उन्मुक्त प्रयोग के संदर्भ में मंचित करने की कोई सार्थकता बची रह जाती है, जहाँ सारी बुनियाद ही शब्द और उसके सही उच्चारण पर टिकी हो ?

लेकिन ऐसी क्या बात है कि ज़िंदगी भर व्यक्तिगत एवं रचनात्मक स्तर पर लगातार ऐसे आरोपों व आक्षेपों के बावजूद कारंत का महत्त्व भारतीय रंगमंच में ज्यों-का-त्यों बरकरार है ? एक सीधा-सादा कारण तो यही दिया जा सकता है कि कारंत के व्यक्तित्व एवं कृतित्व के दो छोरों के बीच का बिंदु कहीं नहीं है—उन्होंने या तो ऐसा रंगकर्म किया है जो कलात्मक ऊँचाइयों के शिखर को छूता हो या फिर ऐसा जिसे एकदम असफल कहा जाए। इसलिए वह सदैव चर्चा में रहेंगे। दूसरे रंगमंच के क्षेत्र में जितने भी बड़े-से-बड़े पुरस्कार और सम्मान संभव हो सकते थे उन सबको कारंत ने पा लिया है। अतः अब ऐसा लगता है कि कोई मोटिवेशन शेष नहीं रहा है। इसीलिए अब आकर वह इतने अंतर्विरोधों से घिर गए हैं। यद्यपि ये अंतर्विरोध शुरू से ही उनके जीवन का हिस्सा रहे हैं। एक प्रकार से शिखर और उसके बाद शून्य की स्थिति अनिवार्य ही है। सुरेन्द्र वर्मा के उपन्यास 'मुझे चाँद चाहिए' की नायिका की स्थिति क्या इससे अलग है ? सचमुच में चाँद तक पहुँचकर लौटनेवाले पहले अंतरिक्ष यात्री नील आर्मस्ट्रांग के साथ भी क्या ऐसा ही नहीं हुआ था ? रवीन्द्रनाथ टैगोर को भी अंत में जाकर यही अहसास सताने लगा था कि वह कुछ नया नहीं लिख पा रहे हैं या फिर चुक गए हैं। मुझे लगता है कि शायद सभी रचनाधर्मी व्यक्तियों के साथ ऐसा ही होता है ?

जो भी हो, यह तथ्य तो महत्त्वपूर्ण रहेगा ही कि कारंत ही ऐसे निर्देशक हैं, जो रचनात्मक अभिव्यक्ति के रूप में बड़े से बड़ा ख़तरा उठा सकता है। रंगमंच अथवा साहित्य की कोई ऐसी विधा नहीं है, जिसे कारंत ने अपने रंगकर्म में इस्तेमाल न किया हो—संस्कृत नाटक, लोक नाटक, पारसी नाटक, संगीत रूपक, कहानियाँ, उपन्यास, महाकाव्य, खंडकाव्य—एक अथाह समुद्र है स्रोत सामग्री का उनके सामने। मेरी जानकारी में कारंत के पूर्ववर्ती या फिर परवर्ती रंगनिर्देशकों में कोई भी ऐसा नहीं है जिसका

रंगकर्म इतना वैविध्यपूर्ण रहा हो। यह बात केवल भारतीय रंगमंच ही नहीं, विश्व रंगमंच के संदर्भ में भी रेखांकित की जा सकती है।

इसीलिए यह कहना ज़्यादा तर्कसंगत जान पड़ता है कि आज कारंत कितना भी चुक गए हों, स्वयं को दोहरा रहे हों और अपनी रचनाधर्मिता के लिए किसी नए विस्फोट की तलाश कर रहे हों, लेकिन उनकी तीन-चार प्रस्तुतियाँ ऐसी हैं, जो उन्हें शिखर पर बैठाए रखने के लिए पर्याप्त हैं और वे हैं—गिरीश कार्नाड का 'हयवदन' जिससे पहली बार कारंत हिंदी रंगमंच में एक बड़े निर्देशक के रूप में स्थापित हुए। भारतेंदु का 'अंधेर नगरी' जिसने भारतीय रंगमंच में लोकनाट्य एवं आधुनिक नाटक के बीच से सर्वथा एक नई शैली तैयार की। बादल सरकार के 'एवम् इंद्रजित' पर आधारित मंच-प्रस्तुति 'अमल, विमल और कमल' जो इसके लिए हमेशा याद रहेगी कि नाटक का संगीत क्या होता है और क्या होना चाहिए ? और अंत में, जयशंकर प्रसाद जैसे अनभिनेय माने जाने वाले नाटककार के एक-के-बाद एक नाटकों के मंचन से इस 'मिथक' को तोड़-फोड़कर रख देना कि प्रसाद के नाटक मंच पर खेले नहीं जा सकते। इसी प्रयास की अंतिम परिणति थी—'स्कंदगुप्त' का मंचन। लगभग साठ-सत्तर साल पहले आज़ादी की लड़ाई के परिवेश में लिखे गए इस नाटक की पृष्ठभूमि भारतीय इतिहास एवं संस्कृति का स्वर्णयुग कहे जाने वाले गुप्तकाल पर आधारित थी, जिसे कारंत ने उस नाटक को समसामयिक राजनीतिक परिस्थितियों में बिलकुल समकालीन बना दिया।

संक्षेप में, उपर्युक्त तीनों प्रस्तुतियाँ एक और दृष्टि से भी भारतीय रंगमंच की अभूतपूर्व प्रस्तुतियाँ हैं—1978 में मंचित 'अंधेर नगरी' ने भारतीय राजनीति के उस स्वरूप को रेखांकित किया कि सत्ता-परिवर्तन के बाद भी व्यवस्था का यथास्थितिवाद ज्यों-का-त्यों बना रहता है, 1979 में मंचित 'अमल, विमल और कमल' का युवावर्ग इस यथास्थितिवाद के कारण हताश एवं निराश हो चुका है और 1984 में 'स्कंदगुप्त' मानो पूरी तरह से उदासीन हो चुका है। एक रचनाकार की अपने समय, समाज और राजनीतिक परिवेश पर इतनी स्पष्ट, बेबाक एवं सार्थक टिप्पणियाँ और क्या हो सकती हैं ?

बादल सरकार : त्रिआयामी रचनात्मकता के विविधवर्णी पहलू

मैंने अपने बहुत से आलेखों में बार-बार आज़ादी के बाद के दो दशकों का उल्लेख किया है। सही मायनों में ये दशक भारतीय साहित्य, कला एवं संस्कृति के स्वर्णयुग हैं—कम से कम भारतीय रंगमंच का स्वर्णयुग तो हैं ही। जहाँ इन दशकों में बहुत सारे महत्त्वपूर्ण निर्देशकों और अभिनेताओं का निहायत उत्तेजक, मौलिक और प्रयोगशील रंगकर्म हमारे सामने आया, वहाँ चार ऐसे नाटककार भी रंगक्षितिज पर उभरकर आए और एक साथ ऐसे छाए रहे कि एक बार तो लगा कि उन्होंने अभिनेता और निर्देशक को भी पृष्ठभूमि में धकेल दिया है। ये नाटककार थे हिंदी के मोहन राकेश, बँगला के बादल सरकार, मराठी के विजय तेंदुलकर और कन्नड़ के गिरीश कार्नाड। इनके चहुँमुखी प्रभाव के कई ऐतिहासिक कारण हैं। पहला तो यह कि चारों नाटककारों ने लगभग एक साथ हिंदी रंगमंच के माध्यम से भारतीय रंगमंच में धूमकेतु की तरह से प्रवेश किया। दूसरे इनके सभी नाटक भारत की विभिन्न भाषाओं में लगभग सभी निर्देशकों ने मंचित किए। तीसरे, प्रस्तुत होने के बाद इनके प्रकाशन का सिलसिला भी इन नाटककारों की रचनाओं के साथ ही शुरू हुआ। अंततः ये चारों ऐसे नाटककार भी थे, जो चाहे साहित्य, पत्रकारिता अथवा प्रकाशन की दुनिया से रंगमंच में आए, लेकिन बाद में पूरी तरह से रंगकर्म को ही समर्पित हो गए।

लेकिन इन चारों में भी जो नाटककार शुद्ध रूप से रंगमंच का ही होकर रहा और आज भी है—वह है बादल सरकार। मोहन राकेश साहित्य से रंगलेखन में आए थे और उसी को पूरी तरह से समर्पित हो ही रहे थे कि अकाल मृत्यु ने उन्हें हमसे छीन लिया। विजय तेंदुलकर पत्रकारिता से आए थे और शुद्ध रूप से नाट्यलेखन में अपनी पहचान बना रहे थे कि अनायास ही फ़िल्म लेखन की ओर मुड़ गए। गिरीश कार्नाड प्रकाशन व्यवसाय की दुनिया से नाट्यलेखन में आए लेकिन शुरू से ही फ़िल्म में अभिनेता और निर्देशक के तौर पर भी कार्यरत रहे। लेकिन अकेले बादल सरकार ही ऐसे रचनाकार हैं जो शुरू से रंगकर्म को पकड़े रहे और आज भी उतने ही सक्रिय हैं। ये सक्रियता अलग-अलग रूपों में त्रिआयामी तस्वीर पेश करती है—सबसे पहले तो एक अभिनेता, नाटककार और निर्देशक के रूप में, फिर नाटककार की हैसियत से बिलकुल ही अलग तीन दौरों के नाट्यलेखन में से गुज़रते हुए और आख़िर में एक रंगचिंतक के स्तर पर भारतीय रंगकर्म में एक नए सिद्धांत के प्रवर्तक के रूप में स्थापित होते हुए। भारतीय

रंगमंच में ऐसा विविधवर्णी व्यक्तित्व दूसरा कोई हो सकता है, इसमें संदेह है।

तो आइए, इस लंबी रंगयात्रा का आकलन करने की कोशिश करें। सबसे पहले उनके नाट्यलेखन का पुनरावलोकन क्योंकि यह पक्ष उनके दूसरे पहलुओं से बहुत गहरे में जुड़ा है। अपने लगभग सभी नाटकों के मंचन उन्होंने स्वयं भी किए हैं और उनमें अभिनय भी किया है। मनोरंजक तथ्य यह भी है कि यदि उनके व्यक्तित्व के तीन पहलू—नाटककार, अभिनेता और निर्देशक हैं तो नाटककार वाले रूप के भी तीन दौर हैं। उनके नाट्यलेखन का पहला दौर ऐसे हलके-फुलके मनोरंजक नाटकों से जुड़ा है, जो पश्चिमी नाटकों के भारतीय रूपांतर कहे जा सकते हैं। उदाहरण के लिए, फ्रांसीसी नाटक 'थ्री मस्कीटीयर्स' की तर्ज़ पर 'राम श्याम जदु' और अंग्रेज़ी नाटक 'चार्लीज़ आंट' से प्रेरित 'बड़ी बुआजी'। दूसरे चरण में वे नाटक आते हैं जहाँ वे कथ्य के स्तर पर तो जटिल होते ही हैं, शिल्प की दिशा में भी नए-नए प्रयोग लेकर उपस्थित होते हैं। 'बाक़ी इंतिहास', 'पगला घोड़ा', 'एवम् इंद्रजित', 'अंतहीन', 'सारी रात' एक लंबी क़तार है ऐसे नाटकों की, जो उनके प्रयोगवादी रंग को रेखांकित करते हैं। इन्हीं नाटकों से वह पूरे भारतीय रंगमंच में अपनी सर्वथा अछूती एवं ताज़ा पहचान बनाते हैं। यद्यपि शिल्प नया ज़रूर है लेकिन उसकी प्रेरणाभूमि अभी भी पिछले दौर की भाँति पश्चिम का नाट्यलेखन ही है, विशेषतः लुई पिरांडेलो के नाटकों का शिल्प जहाँ नाटक के भीतर नाटक घटित होता है। बादल सरकार को यह नाट्य युक्ति बहुत प्रिय है और वह इसे बार-बार अपने नाटकों में दोहराते हैं—यह मात्र संयोग नहीं है कि बाक़ी इतिहास, एवम् इंद्रजित और पगला घोड़ा की नाट्य संरचना एक-दूसरे से मिलती-जुलती है अर्थात् नाटक के भीतर नाटक। लेकिन शिल्प से भी ज़्यादा महत्त्वपूर्ण बात यह है कि बादल सरकार हलके-फुलके मनोरंजन को छोड़कर पहली बार जीवन, मृत्यु, अस्तित्व एवं अस्मिता जैसे सवालों से जूझते नज़र आते हैं। इसमें कोई संदेह नहीं कि ये नाटक अपने कथ्य की गहराई, जटिलता, बहुआयामिता के साथ-साथ उतनी ही सहजता से संप्रेषित हो जाने के कारण लगभग दो दशकों तक भारतीय रंगमंच पर छाए रहे—बँगला में तो मंचित हुए ही, उससे भी ज़्यादा दूसरी भाषाओं में और शायद सबसे ज़्यादा हिंदी भाषा और रंगमंच पर खेले गए।

बादल सरकार के नाट्य लेखन का तीसरा और सबसे ज़्यादा चर्चित और विवादास्पद दौर पिछले पच्चीस वर्षों के लंबे समय में फैला हुआ है। यह दौर केवल उनके नाट्य लेखन की दृष्टि से ही नहीं वरन् उनके रंगचिंतक, निर्देशक एवं सिद्धांतकार रूप से भी बहुत गहरे में संबद्ध है। यही वह दौर है जहाँ एक बार फिर पश्चिम के प्रभाव में ही और इस बार यूरोप में ग्रोतोव्स्की और बार्बा जैसे रंगनिर्देशकों के सान्निध्य के बाद वह भारतीय रंगमंच को अपने लेखन एवं प्रस्तुति शैली का एक नया मुहावरा, एक नई भाषा और एक नया व्याकरण देते हैं और उसका नामकरण करते हैं—'तीसरा रंगमंच'। पिछले पच्चीस वर्षों में तो बादल सरकार और 'तीसरा रंगमंच' जैसे पर्याय हो गए हैं एक-दूसरे के। लगातार घूम-घूमकर देश के अलग-अलग हिस्सों में, अलग-अलग नाट्य संस्थाओं

के साथ अपनी इस खोज को लेकर नाट्य शिविर आयोजित करना, प्रस्तुतियाँ करना और स्वयं कलकत्ता में पहले से स्थापित अपनी नाट्य संस्था 'शताब्दी' के कलाकारों के साथ भी इसी शैली में नाट्य रचना और प्रस्तुति करना। कभी-कभी यह देखकर आश्चर्य होता है कि इतनी स्फूर्ति, इतनी ऊर्जा और इतना शारीरिक परिश्रम इस उम्र में भी कैसे संभव हो पाता है ? मुझे याद है सन् 1975 से लगभग 1985 तक भारतीय रंगमंच पर बादल सरकार और उनका 'तीसरा रंगमंच' किस तरह से अपना प्रभा मंडल बनाए हुए थे कि शायद ही कोई नाट्य संस्था ऐसी होगी, जिसने उन्हें अपने साथ काम करने के लिए आमंत्रित न किया हो, शायद ही कोई नगर ऐसा होगा, जहाँ वह अपने नाट्य दल 'शताब्दी' के साथ अपनी नई-नई प्रस्तुतियाँ न करने गए हों। यही वह दौर है जब उन्होंने 'जुलूस', 'भौमा', 'स्पार्टाकस', 'घेरा' और 'भारत का नया इतिहास' जैसे नए नाटकों की रचना की, जिनके माध्यम से उन्होंने रंगमंच को शब्द से अधिक ध्वनि की भाषा देने की कोशिश की, बनी-बनाई अथवा गढ़ी हुई कहानी के ढाँचे को छोड़कर टुकड़ों-टुकड़ों में बाँटकर जीवन और उससे जुड़े दूसरे पक्षों को लेकर प्रश्न-चिह्न उठाने की कोशिश की और रंगमंच के तमाम बाहरी उपादानों को छोड़कर मात्र अभिनेता के वाक् और शारीरिक चेष्टाओं और गतियों से ही एक नई रंगभाषा तैयार करने की कोशिश की। यहाँ तक कि उन्होंने प्रोसीनियम अथवा रंगदारी मंच को भी हमेशा के लिए त्याग दिया और अपने नाटकों के मंचन के लिए मुक्तांगन की स्थापना की अथवा ऐसी अनौपचारिक जगहों पर मंचन किए जो कभी भी नाट्य- प्रस्तुतियों के लिए इस्तेमाल नहीं की गईं लेकिन जहाँ दर्शक और अभिनेता एक ही धरातल पर हो सकते थे, दर्शक घेरे में, चौकोर में या दो तरफ़ बैठ सकते थे लेकिन प्रोसीनियम की आमने-सामने वाली पद्धति में कभी नहीं। पूरे प्रदर्शन के दौरान प्रकाश-सज्जा शुरू से चालू होकर अंत तक वही रहेगी और इस बीच मंच पर दृश्यबंध के जो भी थोड़े-बहुत परिवर्तन होंगे, वे स्वयं अभिनेता द्वारा ही होंगे और एकदम दर्शकों की आँखों के सामने, किसी प्रकार का भ्रमजाल उत्पन्न किए बिना। देश के दूसरे हिस्सों में बादल सरकार के इस नए सिद्धांत, नई भाषा और नई शैली का जमकर स्वागत हुआ लेकिन स्वयं उनके अपने प्रदेश बंगाल में उसकी जमकर आलोचना हुई। यह आलोचना इस सीमा तक पहुँची कि सारे बंगाल के रंगकर्मी एक तरफ़ और बादल सरकार एक तरफ़ लेकिन फिर भी वह ऐसे जीवट वाले कि अपनी यात्रा में कभी डगमगाए नहीं, यद्यपि इस बीच उनकी अपनी ही संस्था 'शताब्दी', न जाने कितनी बार टूटी और फिर बनी, न जाने कितने ही कलाकार उनके साथ आकर जुड़े और फिर छोड़ते चले गए और कभी-कभी तो ऐसा भी हुआ कि वह बिलकुल अकेले पड़ गए। इसी दौर का एक दूसरा अजीब सा पहलू यह भी है कि उन्होंने अपने पहले के सारे नाट्यलेखन को अस्वीकृत कर दिया और यह अस्वीकृति सनकीपन के उस चरम को छूती हुई कि यदि आज कोई उन्हें अपने उन नाटकों पर व्याख्यान देने के लिए आमंत्रित करे, तो वह उन पर बातचीत करना भी पसंद न करें—कुछ-कुछ काफ़्का की उस उद्घोषणा के समान कि मेरे मरने के बाद मेरे तमाम

लेखन को जलाकर राख कर दिया जाए। लेकिन त्रासदी यह है कि बादल सरकार के सारे अस्वीकार, विरोध और हठ के बावजूद दर्शकों, आलोचकों एवं रंगकर्मियों को वे दूसरे दौर के नाटक ही ज़्यादा प्रभावशाली जान पड़ते हैं और वे आज तक उन प्रस्तुतियों की सुखद स्मृतियाँ अपने में सँजोकर रखे हुए हैं। क्या इस प्रभाव एवं स्मृति के पीछे नाट्य भाषा के उसी परंपरागत शब्द की शक्ति और प्रतिष्ठा काम नहीं कर रही, जिससे मुक्ति पाने के लिए बादल सरकार लगातार इधर संघर्ष करते रहे हैं ? बेहतर यही होगा कि पहले हम उनकी 'तीसरा रंगमंच' की अवधारणा को विस्तारपूर्वक जानने, समझने एवं विश्लेषित करने की कोशिश करें और फिर किसी अंतिम निष्कर्ष तक पहुँचें।

'तीसरा रंगमंच'—अर्थात् इससे पूर्व दो प्रकार की रंग-परंपरा पहले से उपलब्ध रही है, जिसकी ओर बादल सरकार बार-बार अपने लेखों, व्याख्यानों और शिविरों में संकेत करते रहे हैं। पहला रंगमंच वह जो ब्रिटिश रंगमंच में प्रचलित यथार्थवाद के चलते भारतीय रंगमंच पर अपना प्रभाव जमाए हुए है और शहरों-क़स्बों में शौकिया या व्यावसायिक नाट्य संस्थाओं के माध्यम से संपन्न हो रहा है। इसका एकमात्र उद्देश्य है दर्शकों की भावनाओं से खिलवाड़ करके उन्हें अपनी गिरफ्त में लेना और उन्हें सत्य के एक झूठे संसार में विचरण के लिए छोड़ देना। दूसरा रंगमंच वह है जो लोक या पारंपरिक रंगमंच के नाम पर गाँवों या छोटे-छोटे क़स्बों में होता चला आ रहा है और इधर भारतीयता की खोज के नाम पर अंतर्राष्ट्रीय बाज़ार में भी अपनी उपस्थिति दर्ज कराता रहता है। दर्शकों को आकर्षित करने के लिए इसमें भी भरपूर मनोरंजन, गीत, संगीत, नृत्य, मुद्राएँ, मनोहारी वेशभूषा, रंग एवं रूप-सज्जा जैसे तत्त्वों के माध्यम से एक ऐसे मायावी संसार की सृष्टि की जाती है, जो दर्शक को अपने साथ बहाकर ले जाने में सक्षम हो।

बादल सरकार उपर्युक्त दोनों रंगमंचों से अलग एक-तीसरे रंगमंच की अवधारणा को लेकर उपस्थित होते हैं, जो न तो विदेशी रंगमंच से आयातित यथार्थवाद पर आधारित होने को तैयार है और न ही अपने देश की देसी रंगपरंपराओं के मोहजाल में फँसने को तैयार है। इसके लिए पहले तो वह अपने अभिनेता को शहरी या गँवई के लेबल से अलग करके मध्य-निम्नवर्गीय आम आदमी से जोड़ते हैं। फिर रंगमंच के अर्थशास्त्र की वास्तविकता से सामना करते हुए कम से कम साधनों में रंगकर्म करने पर ज़ोर देते हैं, ऐसे में अभिनेता की वाणी और शरीर—ये दो तत्त्व ही उनके सबसे ज़्यादा ज़रूरी उपकरण हो जाते हैं, और फिर इन दोनों तत्त्वों के भीतर से कितनी बिंबगत, चाक्षुष एवं नाटकीय संभावनाओं को खोजा जा सकता है, इसके लिए एक भाषिक आलेख की रचना करते हैं। एक प्रकार से पूरी रचना-प्रक्रिया उलट गई है—पहले के नाटकों में मुद्रित शब्द से अभिनेता और निर्देशक बिंबों, चित्रों और ध्वनियों की रचना करते थे और अब अभिनेता अपने भीतर पहले से उपलब्ध या रचना-प्रक्रिया में विकसित और अर्जित ध्वनियों, संगीत, गतियों, चर्याओं एवं हाव-भाव से एक रंगभाषा का निर्माण करता है, जिसमें ज़रूरी नहीं कि शब्द भी मौजूद हों या उस रूप में जिसके

हम आदी हो चुके हैं। यही है ग्रोतोव्स्की का 'पूअर थिएटर' भी और बादल सरकार का 'तीसरा रंगमंच' भी—दूसरी तरफ़ स्वयं हमारी नाट्य परपंराओं जैसे कूडिआट्टम और कथकली में पिछले एक हज़ार और लगभग तीन सौ सालों से उपलब्ध है। स्वयं ग्रोतोव्स्की को अपने 'पूअर थिएटर' के सिद्धांत को गढ़ने में कथकली और कूडिआट्टम से आधार-सामग्री मिलती है, ब्रेष्ट को अपने ऐपिक थिएटर और अलगाव के सिद्धांत के लिए भारतीय नाट्यशास्त्र, जापान के नोह और काबुकी और चीन के 'पीकिंग ऑपेरा' से प्रेरणा-सूत्र मिलते हैं। लेकिन हमारे अपने देश के रंगचिंतक और निर्देशक को एक नए सिद्धांत की अवधारणा करने के लिए पश्चिम जाना पड़ता है। उस पश्चिम की ओर जिसे पहले रंगमंच के नाम पर उन्होंने स्वयं ही खारिज नहीं कर दिया है ? इससे भी ज़्यादा हास्यास्पद स्थिति और क्या हो सकती है कि जब बादल सरकार ने शारीरिक रंगमंच अथवा मनोशारीरिक रंगमंच को 'तीसरे रंगमंच' के नाम से अपने गले से लगाया, उसी के आसपास स्वयं ग्रोतोव्स्की अपने 'पूअर थिएटर' से पल्ला झाड़कर अलग खड़े हो गए थे और आज तो पश्चिम में उनका कोई नामलेवा भी नहीं बचा। क्या हमारे अपने देश में कथकली और कूडिआट्टम जैसी नाट्य शैलियों के साथ यही नहीं हो रहा है ? साहित्य में प्रयोगवादी कविता के नाम पर जो कुछ रचा गया, आज कोई उसकी चर्चा भी नहीं करता ?

इतिहास साक्षी है कि अपने देश में भरत और पश्चिम में अरस्तू, शेक्सपियर, मौलियर, इब्सन, चेख़व, स्तानिसलाव्स्की, मेयरहोल्ड, ब्रेष्ट और ग्रोतोव्स्की—इन सभी रचनाकारों अथवा रंगचिंतकों ने अपने-अपने समय के लिए नई रंगभाषा, नए सिद्धांत, नई शैलियाँ और नई अवधारणाओं की खोज की और उनका विकास भी किया लेकिन क्या कारण है कि वे सारी नई चीजें काल के गर्त में तिरोहित हो गईं, जहाँ चिंतक या निर्देशक स्वयं तो केंद्र में था और अभिनेता मात्र एक गिनीपिग या कठपुतली होकर रह गया ? शायद उपर्युक्त प्रश्न में ही उसका उत्तर भी निहित है अर्थात् जब-जब भी कोई शैली, सिद्धांत या व्याकरण अभिनेता को पृष्ठभूमि में धकेल देगा, वह बहुत दिनों तक ज़िंदा नहीं रह पाएगा।

ठीक ऐसा ही बादल सरकार के 'तीसरा रंगमंच' के साथ भी हुआ। एक तरफ़ यह रंगधारा अभिनेता के अंदर निहित ध्वनि, भाव, रंगों के माध्यम से रंगमंच की नई भाषा तैयार करने का दावा करती है, दूसरी तरफ़ लगातार अभिनेता को मात्र एक उपकरण के रूप में परिवर्तित करती चली जाती है। क्या कारण है कि तीसरे रंगमंच के इस लंबे इतिहास में हम बादल सरकार के अतिरिक्त किसी अभिनेता-अभिनेत्री के नाम तक से परिचित नहीं हैं। बादल सरकार के पास इस प्रश्न का उत्तर हो सकता है कि यह रंगमंच तो अपने मूल स्वभाव में ही अभिनेता की वैयक्तिक सत्ता को अस्वीकार करके ही जन्म लेता है लेकिन फिर वह सामूहिक सत्ता भी कहाँ दीख पड़ती है ? कितना क्रूर व्यंग्य है कि जिस काम की शुरुआत बादल सरकार अभिनेताओं में पारस्परिक विश्वास के बल पर करते हैं वही विश्वास धीरे-धीरे गायब होता जाता है

और अभिनेताओं के समूह-दर-समूह इस तरह के रंगमंच से दूर छिटकते जा रहे हैं ? मैं समझता हूँ कि इसके लिए जितना वर्तमान समय, उपभोक्तावादी संस्कृति ज़िम्मेदार है, उससे भी ज़्यादा इस सच्चाई को भी पहचानना होगा कि कोई भी नई अवधारणा यदि मात्र शैली केंद्रित होती चली जाए तो वह बहुत लंबे समय तक जीवित नहीं रह पाएगी। हमारे अपने समय में मेयरहोल्ड, आर्तो, ब्रेष्ट और एब्सर्ड के अवसान के पीछे क्या यही कारण मौजूद नहीं है ? इसके विपरीत संस्कृत नाटक, लोक नाटक, ग्रीक नाटक, शेक्सपियर आदि समय के इतने लंबे अंतराल के बाद आज भी क्यों उतने ही जीवंत और सशक्त और सार्थक प्रतीत होते हैं ? क्या अपनी नई-नई शैलियों के कारण ? बिलकुल नहीं, क्योंकि अब तो ये शैलियाँ भी न जाने कितनी पुरानी पड़ चुकी हैं और बार-बार दोहराई जा चुकी हैं। तो ? उत्तर साफ़ है—अपने कथ्य के कारण जो इतना शाश्वत और सार्वजनीन है कि युगों-युगों तक उतना ही प्रासंगिक रहेगा। और इस कथ्य का माध्यम है लिखित और मुद्रित संवाद—क्या संस्कृत रंगमंच पूरी तरह से शब्दों पर आश्रित होते हुए भी अपने व्यावहारिक स्वरूप में नाट्यधर्मी अर्थात् मुद्राओं व गतियों पर गीत-संगीत और ध्वनि-समूहों पर आधारित नहीं था ? यदि कोई निर्देशक प्रयोगशील होना ही चाहता है तो क्या यह ज़्यादा बड़ा प्रयोग नहीं होगा कि किसी परंपरागत ढंग से लिखे नाटक को लेकर उसकी प्रस्तुति ऐसी नई शैली और नई व्याख्या के साथ की जाए कि दर्शकों के लिए अद्भुत अनुभव में तब्दील हो जाए—अभी दो-तीन बरस पहले बादल सरकार के ही चिर-परिचित नाटक 'बाक़ी इतिहास' की ऐसी ही एक ताज़ा प्रस्तुति रॉबिन दास ने राष्ट्रीय नाट्य विद्यालय के छात्रों के साथ की थी, जो अभिनेताओं के लिए तो एक नई खोज साबित हुई ही, दर्शक भी उससे प्रभावित हुए बिना नहीं रह सके। मुझे लगता है कि पहले एक सिद्धांत गढ़कर, उसके हिसाब से आलेख-रचना करने की बजाय यदि बादल सरकार ने भी अपने पहले से लिखित नाटकों के माध्यम से ही तीसरे रंगमंच को जन्म दिया होता तो वह ज़्यादा ठोस और व्यावहारिक काम होता और बहुत दिनों तक याद रखा जाता।

इस बात से क़तई इनकार नहीं किया जा सकता कि बादल सरकार के इस तीसरे और अंतिम दौर का असर चाहे जितने कम समय के लिए रहा हो, जिस क्षण सन् 73-74 के आसपास वह इस दिशा में किए गए काम पर आधारित प्रस्तुतियाँ—भौमा, जुलूस और स्पार्टाकस आदि को लेकर देश के विभिन्न हिस्सों में प्रदर्शित कर रहे थे तो देखने वालों की भीड़ उमड़ पड़ती थी। इसी से मिलती-जुलती शैली में रची गई मुक्तिबोध की लंबी कविता 'अँधेरे में' पर आधारित विजय सोनी की प्रस्तुति ने भी तब इसी रूप में दर्शकों पर अपना असर डाला था। लखनऊ में शशांक बहुगुणा द्वारा निर्देशित और लक्रीस द्वारा प्रस्तुत गिरीश कार्नाड के 'तुग़लक' और ब्रेष्ट के 'खड़िया का घेरा' की प्रस्तुतियों का प्रभाव भी दर्शकों पर कमोबेश ऐसा ही पड़ा था। इसके बाद तो ऐसी शैली और ऐसे प्रदर्शनों की बाढ़ सी आ गई और जैसा कि बाढ़ के साथ होता है, जितनी तेज़ी से वह लोगों को अपनी लपेट में ले लेती है, उससे कहीं अधिक तेज़ी

से उतर भी जाती है लेकिन बहुत दिनों के लिए लोगों को घर से बेघर कर जाती है।

आख़िर 'तीसरा रंगमंच' के साथ ऐसा क्यों हुआ ? एक ऐसी रंगशैली, जो रंगमंच के न्यूनतम साधनों पर निर्भर थी, जिसका अर्थशास्त्र भी आपसे कोई अपेक्षा नहीं रखता, जो अपनी प्रस्तुति के लिए किसी औपचारिक व्यवस्था पर आश्रित नहीं थी और जो एक घेरे में मंचित होकर दर्शकों के निकट होने का दावा करती थी—उससे स्वयं अभिनेता और प्रकारांतर से दर्शक भी दूर होते चले गए ? यदि हम सारे उपर्युक्त सवालों पर गहराई से विचार करें तो निश्चय ही कुछ सूत्र और निष्कर्ष हाथ में आते हैं, बेशक दूसरे आलोचक और स्वयं बादल सरकार भी उनसे सहमत हों या न हों—एक कारण तो सीधे-सीधे दीख पड़ता है कि अधिकांश रंगकर्मियों ने उसके बाहरी स्वरूप को ही उसका आंतरिक स्वरूप समझ लिया और बिना सोचे-समझे बस करते चले गए। ठीक उसी रूप में जैसे अपने यहाँ नुक्कड़ रंगमंच के साथ हुआ। मात्र बाहरी स्वरूप को पकड़ने की वजह से हुआ यह है कि यह शैली कला की बजाय कसरत होती चली गई और कई बार तो इतनी अमूर्त और दुरूह हो गई कि दर्शकों तक उसका संप्रेषण ही नहीं हो पाया। सबसे बड़ा और संभवतः वास्तविक कारण यह भी दिया जा सकता है कि जिस पश्चिम के विरोध में बादल सरकार इसका प्रचार-प्रसार करना चाहते थे, अपनी मूल प्रेरणा, प्रकृति एवं विश्वास में यह उसी पश्चिमी धर्म व दर्शन पर आधारित है अर्थात् तीसरे रंगमंच की जड़ें पूर्व से ज़्यादा पश्चिम के ईसाई धर्म में विद्यमान हैं, जहाँ शारीरिक स्तर पर आत्मपीड़न की अवधारणा बहुत ठोस रूप में शुरू से ही मौजूद है। एक दूसरे स्तर पर आर्तो द्वारा प्रतिपादित 'निर्दयता का रंगमंच' और बादल सरकार का 'तीसरा रंगमंच' इसीलिए एक-दूसरे के बहुत निकट पड़ते हैं। हर प्रदर्शन में दर्शकों की करुणा बटोरने की प्रवृत्ति के पीछे क्या वही मसीहाई विश्वास काम नहीं कर रहा है, जिसके अनुयायी अपने वास्तविक जीवन में बादल सरकार स्वयं हैं।

इसीलिए आज भी दर्शकों और आलोचकों को बादल सरकार के वही नाटक आकर्षित करते हैं, जिनमें तमाम कुंठा, निराशा और अर्थहीनता के बावजूद अंत में कहीं आशा की किरण दिखाई पड़ती है, जो पूरी तरह से भारतीय दृष्टि है और यह संयोग नहीं एक सच्चाई है कि उस दौर के आसपास ही वह एक दूसरे विश्वास में दीक्षित हो गए और 'तीसरा रंगमंच' को जन्म दिया। यह उनका भी पुनर्जन्म था, जिसे मुझे विश्वास है कि बादल सरकार कभी स्वीकार नहीं करेंगे।

कावलम नारायण पणिक्कर : शास्त्रीय शैली की लोकप्रियता के प्रणेता

सन् 1980 की बात है। श्रीराम सेंटर दिल्ली में एक नाट्य प्रस्तुति देखने का अवसर मिला। नाटक था भास का 'मध्यमव्यायोग' और वह भी मूल संस्कृत भाषा में। प्रस्तुति शायद श्रीराम सेंटर द्वारा आयोजित वार्षिक नाट्य समारोह में आमंत्रित थी। निर्देशक थे केरल के कावलम नारायण पणिक्कर। दिल्ली के दर्शकों के लिए उनकी इस प्रस्तुति को देखने का यह पहला अवसर था। दिल्ली ही क्यों संभवतः पहली बार पणिक्कर अपनी किसी प्रस्तुति को लेकर केरल की सीमाओं से बाहर निकले थे और रातोंरात संस्कृत नाटकों के बेहद संवेदनशील, कल्पनाशील एवम् नवोन्मेषी निर्देशक के रूप में अखिल भारतीय स्तर पर प्रतिष्ठित हो गए थे। यहाँ इस बात का उल्लेख करना ज़रूरी है कि पणिक्कर इस तरह का काम दिल्ली आने से कम-से-कम दस वर्ष पहले से कर रहे थे और वह भी अपनी संस्था 'सोपानम्' के साथ जहाँ उन्होंने मात्र संस्कृत नाटकों का ही नहीं वरन् अपने लिखे कई नाटकों का भी मंचन किया था। लेकिन यह भी उतना ही सच है कि दिल्ली जैसे शहर में यहाँ के दर्शकों के बीच 'मध्यमव्यायोग' का मंचन भारतीय रंगमंच की अद्भुत घटना थी, जिसने पणिक्कर को तो प्रसिद्धि के शिखर पर पहुँचाया ही, संस्कृत नाटकों के मंचन को लेकर नए-नए प्रयोगों और संभावनाओं के द्वार भी खोल दिए। इससे आगे के लगभग बीस बरस अपने आप में एक रंग इतिहास हैं जिसमें 'मध्यमव्यायोग' ने तो देश के सभी प्रमुख रंग नगरों की यात्रा की ही, स्वयं पणिक्कर को भी राष्ट्रीय नाट्य विद्यालय, राष्ट्रीय नाट्य विद्यालय रंगमंडल और रंगमंडल भोपाल के साथ कभी संस्कृत नाटकों की, कभी अपने नाटकों की और कभी दूसरे भारतीय नाटककारों की रचनाओं को निर्देशित करने के आमंत्रण बार-बार मिले। संभवतः ब.व. कारंत और प्रसन्ना के बाद पणिक्कर ऐसे अहिंदी भाषी निर्देशक हैं जिन्हें हिंदी रंगमंच में काम करने के ज़्यादा से ज़्यादा अवसर मिले हैं। लेकिन जहाँ कारंत और प्रसन्ना पूरी तरह से उत्तर भारत के ही होकर रह गए और अपने क्षेत्र में नाटक करने के लिए कभी कभार ही लौटते हैं वहाँ पणिक्कर ने अपनी ज़मीन को कभी नहीं छोड़ा और हर बार उत्तर भारत में काम करने के बाद पुनः वहीं लौट गए हैं।

अपनी ज़मीन, अपनी जड़ों और अपने संस्कारों से लगाव ही वह केंद्रीय बिंदु है जहाँ से पणिक्कर के रंगकर्म विश्लेषण की शुरुआत की जा सकती है। इस मायने में वह अपने सभी समकालीन निर्देशकों से एकदम अलग है। चाहे वह हबीब तनवीर हों

अथवा कारंत हों, इसमें कोई संदेह नहीं है कि ये दोनों निर्देशक अपने-अपने क्षेत्र की प्रचलित परंपराओं से बहुत गहरे में जुड़े हुए हैं, लेकिन उन्होंने इन नाट्य परंपराओं के संदर्भ में अपने क्षेत्र में रहकर बहुत कम काम किया जबकि पणिक्कर ठीक इसके विपरीत हैं। बहुत कम लोगों को मालूम है कि पणिक्कर नाटककार और निर्देशक होने के साथ-साथ एक कवि भी हैं और मलयालम फ़िल्मों के लिए गीत भी लिखते हैं। दरअसल फ़िल्म जैसे लोकप्रिय माध्यम से जुड़ाव ने भी उनके लिए इस रूप में एक उत्प्रेरक का काम किया कि कैसे संस्कृत नाटकों की शास्त्रीय शैली को दर्शकों के लिए ज़्यादा से ज़्यादा ग्राह्य और संप्रेषणीय बनाया जाए, इसके लिए वह अपने क्षेत्र में प्रचलित लोक एवं परंपराशील नाट्य शैलियों एवम् परंपराओं की तरफ़ भी बार-बार लौटते हैं, जैसे कि कूडिआट्टम, कथकली और थैयम-भूतम आदि-आदि। लेकिन कभी भी ये शैलियाँ और परंपराएँ हूबहू, वैसी की वैसी, उनके नाटकों में इस्तेमाल नहीं होतीं जिस रूप में वे जानी जाती हैं, बल्कि पणिक्कर के नाटकों को देखकर ऐसा लगता है कि उनमें उपर्युक्त नाट्यशैलियों के तत्त्व हैं भी और नहीं भी, क्योंकि पणिक्कर इन शैलियों में प्रयुक्त गतियों, मुद्राओं, चर्याओं एवम् संभाषण पद्धति से बिलकुल एक नया व्याकरण तैयार करते हैं जो कूडिआट्टम और कथकली जैसी शास्त्रीय और दुरूह लगने वाली नाट्यशैली को भी अत्यंत मनोहर, आकर्षक एवम् मनोरंजक बना देता है।

'मध्यमव्यायोग', 'मत्तविलास', 'कर्णभारम्' जैसे संस्कृत नाटक, 'दायरे', 'सूर्यस्थान', 'पशु गायत्री' और 'थैयम थैयम' जैसे उनके अपने लिखे नाटक और रवींद्रनाथ टैगोर के नाटक 'राजा' की प्रस्तुति—इन सभी के बीच से गुज़रकर पणिक्कर के निर्देशकीय व्यक्तित्व एवं कृतित्व का अच्छा-ख़ासा मूल्यांकन प्रस्तुत किया जा सकता है। यहाँ इस तथ्य को रेखांकित करना भी अप्रासंगिक न होगा कि पणिक्कर के रंगकर्म में उपलब्ध कलापक्ष के लिए स्थायी रूप से उनके साथ मलयालम फ़िल्मों के सुप्रसिद्ध निर्देशक जी. अरविंदन भी जुड़े रहे हैं। अतः यह स्वाभाविक ही था कि एक फ़िल्मकार और एक रंग निर्देशक के अपने-अपने माध्यमों की क्षमताएँ और संभावनाएँ परस्पर मिलकर एक नए दृश्य-संसार की सृष्टि करें जो न पूरी तरह से फ़िल्म है और न पूरी तरह से रंगमंच है। न अपने आप में लोकनाट्य शैली है और न रूढ़िबद्ध शास्त्रीय शैली है। यही नहीं, यह संगम भाषा के स्तर पर भी दिखलाई पड़ता है। कहीं पूरा नाटक मात्र संस्कृत में है, कहीं मलयालम में है, कहीं दोनों का मिश्रण है और कहीं हिंदी में है। गरज़ यह कि हर तरह की विविधता मौजूद है।

पणिक्कर के रंगकर्म में सबसे पहला और महत्त्वपूर्ण तत्त्व है स्पेस का खुला इस्तेमाल। कभी-कभी ही उन्होंने अपने नाटकों की प्रस्तुति में किसी मंच सज्जा का अतिरिक्त प्रयोग किया है। ज़्यादा से ज़्यादा मंच की पृष्ठभूमि में पूरे मंच की लंबाई को घेरता कुछ ऊँचा एक धरातल और उसके आगे का पूरा मंच एकदम ख़ाली, जिसे कलाकार अपनी गतियों और मुद्राओं से भर देते हैं। स्पेस के इस 'खालीपन' को पणिक्कर एक और तरह से भी भरने की कोशिश करते हैं और वह है आलेख के

वाचिक पक्ष का निहायत ही ताज़ा और कलात्मक प्रयोग। 'मध्यमव्यायोग' का आलेख मात्र पंद्रह-बीस मिनट में शुरू से लेकर आखिर तक पढ़ा जा सकता है। लेकिन पणिक्कर की प्रस्तुति में यह छोटा सा आलेख डेढ़ से दो घंटे तक का समय लेता है अपने संपूर्ण होने में। इसके लिए वह कूडिआट्टम शैली के वाचन, कथन एवम् गायन से प्रेरणा लेते हैं, जहाँ प्रत्येक अक्षर और वाक्य को खींच-खींचकर विलंबित लय में बोला जाता है। इस विलंबित लय के समानांतर एक और युक्ति का भी पणिक्कर बार-बार इस्तेमाल करते हैं और वह है एक ही संवाद को अलग-अलग स्वर में, अलग-अलग धुन में और अलग-अलग गति में दोहराना। इस दुहराव से उनके नाटकों की प्रस्तुतियों में ध्वनियों के जिस वातावरण की सृष्टि होती है उसके सम्मोहक प्रभाव की सुने अथवा देखे बिना कल्पना नहीं की जा सकती। देखा जाए तो यह युक्ति फ़िल्म की मोंताज शैली से मिलती-जुलती है जब कोई फ़िल्मकार किसी विशेष क्षण में बहुत से संबद्ध-असंबद्ध बिंबों को परस्पर इस तरह से गुंफित करता है कि उस दृश्य की प्रभावोत्पादकता तो बढ़ती ही है, अनायास इस दृश्य से अलग एक नए दृश्य की रचना भी हो जाती है। कुछ कुछ यही काम चित्रकला में कोलाज के माध्यम से भी संपन्न होता है। वाचिक का ही एक सहयोगी अंग है संगीत और दक्षिण भारत की नाट्य शैलियों में संगीत का स्थान अन्यतम है। वहाँ जितना महत्त्व तरह-तरह के पारंपरिक और प्रचलित वाद्य यंत्रों का है उतना ही गायन का भी है। इसीलिए पणिक्कर के अभिनेता के लिए नृत्य के साथ-साथ गायन में भी दक्ष होना आवश्यक है। वरन् यह कहना ज़्यादा सही होगा कि पणिक्कर की प्रस्तुतियों में संवाद अपने शुद्ध अर्थ में संवाद न होकर एक लय, एक गति और एक ताल में बँधा हुआ दृश्यकाव्य है। शायद ही भारतीय रंगमंच में किसी दूसरे निर्देशक ने भाषा के साथ ऐसे बहुआयामी प्रयोग किए हों। फिर भी यदि तुलना करना ही चाहें तो पणिक्कर की प्रस्तुतियों के समानांतर कारंत की 'अंधेर नगरी' और 'अमल विमल कमल' की प्रस्तुतियों को रखा जा सकता है। यह मात्र संयोग नहीं कि इन प्रस्तुतियों में भी कारंत ने वाचिक के माध्यम से एक खाली स्पेस में दृश्य संसार रचने की कोशिश की थी।

अभी तक मैंने पणिक्कर की प्रस्तुतियों के संदर्भ में शब्द, भाषा और संवाद जैसे निराकार तत्त्व ही कैसे साकार हो जाते हैं, इसकी चर्चा की है। जितना महत्त्व उनके उपर्युक्त निराकार तत्त्वों को मिला है उतना ही ठोस इस्तेमाल साकार तत्त्वों का है। उदाहरण के लिए, मुखसज्जा, वेशभूषा अलंकार और कुछ गिने-चुने मंच उपकरण यह सारे तत्त्व जी. अरविंदन के माध्यम से पणिक्कर की प्रस्तुति में बराबरी की भूमिका निभाते हैं। यहाँ तक कि जैसे पणिक्कर शब्दों के बहुविध प्रयोग से स्पेस के 'अनंत' विस्तार को ध्वनित करते हैं, उसी तरह यह ठोस चाक्षुष और साकार तत्त्व भी ख़ाली स्पेस में चित्रकला की भाँति अपने रंग भरते हैं। यही कारण है कि पणिक्कर की प्रस्तुतियाँ अपने रंगों में और वेशभूषा में बहुत ही नयनाभिराम होती हैं। और यह नयनाभिराम झाँकी पात्रों की नृत्यवत् गतियों और मुद्राओं से अपनी संपूर्णता को प्राप्त

करती है। दूसरे शब्दों में कहा जाए तो नृत्य की भाँति ही यहाँ भी अभिनेता अपनी मुखसज्जा, केशसज्जा, अलंकार और वेशभूषा के साथ-साथ गतियों और मुद्राओं के प्रयोग से दृश्यबिंबों को साकार करता है। लेकिन एक अर्थ में अभिनेता की कला पणिक्कर के यहाँ नर्तक की सीमा रेखा को भी लाँघ जाती है क्योंकि यहाँ शब्द का इस्तेमाल भी अभिनेता को स्वयं करना है।

पणिक्कर को सबसे ज़्यादा इसका श्रेय दिया जाना चाहिए कि उन्होंने संस्कृत नाटकों के मंचन को लेकर पहले से चली आ रही तमाम मान्यताओं और धारणाओं को पीछे छोड़कर सर्वथा एक निजी एवं मौलिक शैली आविष्कृत की। यह शैली देखने में ज़रूर शास्त्रीय सी लगती है लेकिन यदि गहराई से इसका अध्ययन किया जाए तो यह वास्तव में बहुत ही सहज होकर सामने आती है। इसीलिए उनका रंगमंच लोकप्रियता को अपने में समेटकर चलता है। आखिर शास्त्रीय शैली लोकप्रिय शैली में किस प्रक्रिया के तहत परिवर्तित और परिणत होती है ? मैं समझता हूँ कि इस प्रक्रिया की शुरुआत सबसे पहले इस बिंदु से होती है कि वह संस्कृत नाटकों के आलेख को प्राचीन रंगमंच की धरोहर के रूप में व्याख्यायित नहीं करते वरन् आधुनिक संदर्भों में उसकी जाँच-पड़ताल करते हैं। कहने का तात्पर्य यह है कि भले ही प्रस्तुति का आहार्य पक्ष अतीत के परिवेश से संबद्ध हो लेकिन उसका कथ्य निहायत ही समकालीन और आधुनिक गतिविधान, मुद्राविधान और दृश्यविधान के भीतर से व्यंजित किया जाता है। इस प्रक्रिया में आज से दो हज़ार बरस पहले लिखा हुआ नाटक भी आज के दर्शक के लिए बिलकुल आज का और अभी का आलेख जान पड़ने लगता है। एक प्रकार से पणिक्कर की प्रस्तुति प्रक्रिया संस्कृत नाटकों के साथ जुड़ी शास्त्रीयता को तोड़कर एक नई रंगभाषा का निर्माण करती है।

ऐसा नहीं है कि यह नई रंगभाषा किसी शैलीबद्धता से नहीं जुड़ी है क्योंकि जैसा पहले ही कहा जा चुका है यहाँ भी गीत हैं, संगीत है, मुद्राएँ हैं, गोलाकार गतियाँ और संवादों के उच्चारण की एक निश्चित पद्धति है। प्रायः आलोचक पणिक्कर के रंगकर्म को सीधे-सीधे कूडिआट्टम और कथकली जैसी क्षेत्रीय नाट्य परंपराओं की कार्बन कॉपी का रंगमंच मानते हैं। लेकिन मेरे विचार में ऐसी टिप्पणी व प्रक्रिया बिलकुल सतही, एकांगी और ग़लत है। उपर्युक्त नाट्य शैलियों का आभास देने वाले कुछ तत्त्व भले ही यहाँ मौजूद हैं लेकिन उन्हें हूबहू कूडिआट्टम और कथकली के साथ जोड़कर देखना पणिक्कर के रंगकर्म के साथ अन्याय करना होगा। यह ऐसा ही है जैसे आज से ठीक बीस बरस पहले कारंत की प्रस्तुति 'बरनम वन' को यक्षगान शैली में शेक्सपीयर के नाटक 'मैकबैथ' के रूपांतरण के रूप में प्रचारित और प्रसारित किया गया था जबकि उसमें पात्रों के प्रवेश और प्रस्थान के लिए प्रयुक्त पद संचालन अथवा रंगपट्टी जैसे एकाध तत्त्वों को छोड़कर यक्षगान शैली का कहीं नामोनिशान भी नहीं था। इस अर्थ में पणिक्कर और कारंत हबीब तनवीर से बिलकुल भिन्न दिखाई पड़ते हैं। जहाँ हबीब तनवीर अपने क्षेत्र की नाट्य शैलियों का प्रयोग अपने क्षेत्र के कलाकारों के साथ अपने

मूल रूप में करते हैं, बेशक नाटकों का चुनाव एकदम समकालीन, आधुनिक, देशी और विदेशी हो; वहाँ पणिक्कर और कारंत शास्त्रीय एवं लोक नाटकों के मंचन में भी अपने-अपने क्षेत्र की नाट्य परंपराओं की एक धुँधली-सी तस्वीर भर पेश करते हैं। उनके नाटकों में प्रयुक्त गीत, संगीत और गतियाँ, मुद्राएँ बिलकुल आज की हैं, समकालीन हैं और इसीलिए आधुनिक भी हैं। यही कारण है कि उनकी शैलीबद्धता किसी बने बनाए ढाँचे में फिट नहीं की जा सकती। वह उनकी अपनी खोज, अनुसंधान व पहचान की परिचायक है। पणिक्कर के रंगकर्म का दूसरा महत्त्वपूर्ण पहलू है उनके द्वारा स्वयं अपने नाटकों का मंचन। प्रायः यह मान लिया गया था कि पणिक्कर की पहचान केवल संस्कृत नाटकों के मंचन से ही जुड़ी हुई है। लेकिन जब उनके अपने लिखे नाटकों की मंच प्रस्तुतियों से साक्षात्कार हुआ तब यह उद्घाटित हुआ कि शास्त्रीय अथवा लोकनाट्य शैलियों से अनुप्राणित समझा जाने वाला निर्देशक एक नाटककार के रूप में एक अलग ही दुनिया को लेकर हमारे सामने उपस्थित होता है। यह सही है कि इन नाटकों की कहानियाँ भी मिथक, इतिहास, संस्कारों और अंधविश्वासों के इर्द-गिर्द ही घूमती हैं। लेकिन वे वहीं नहीं ठहर जातीं वरन् आज के यथार्थ तक पहुँचती हैं। सबसे बड़ी बात यह कि ये नाटक संस्कृत भाषा में न होकर उनकी अपनी भाषा मलयालम के माध्यम से अपनी पहचान बनाते हैं। और अपने कथ्य में क्षेत्र विशेष की सीमाओं को तोड़कर सार्वजनिक और सार्वकालिक हो जाते हैं। यह दुर्भाग्य ही कहा जाएगा कि जहाँ अनेक दूसरी भाषाओं के नाटककारों के नाटकों का हिंदी में अपार अनुवाद हुआ, वहाँ पणिक्कर के नाटकों को लेकर एक उदासीनता ही बनी रही है। इसीलिए हिंदी रंगमंच में उन्हें निर्देशक के तौर पर तो प्रतिष्ठा मिली लेकिन नाटककार के रूप में उनका प्रायः कोई नोटिस नहीं लिया गया। रंगमंडल भोपाल के साथ किए गए 'दायरे' और राष्ट्रीय नाट्य विद्यालय के साथ किए गए 'सूर्यस्थान' के साथ-साथ भानु भारती द्वारा प्रस्तुत उनके नाटक 'पशु गायत्री' को छोड़कर उनके मौलिक नाट्य लेखन पर कभी कोई चर्चा नहीं हुई।

संस्कृत नाटकों और स्वयं अपने लिखे नाटकों के अतिरिक्त रवींद्रनाथ टैगोर के नाटक 'राजा' की प्रस्तुति भी पणिक्कर के रंगकर्म का एक नया आयाम चित्रित करती है। आज से लगभग 30-40 साल पहले शंभु मित्र द्वारा प्रस्तुत टैगोर के नाटकों की प्रस्तुतियों ने एक नया इतिहास रच दिया था। यद्यपि पणिक्कर की इस प्रस्तुति की हिंदी रंगमंच में कोई बहुत ज़्यादा चर्चा नहीं हुई लेकिन यह स्वीकार करना पड़ेगा कि उन्होंने इस प्रस्तुति में शंभु मित्र की रंगभाषा से बिलकुल अलग एक नए मुहावरे की तलाश की थी। और वह था 'राजा' जैसे अमूर्त नाटक को संगीतमय प्रस्तुति के भीतर से 'साकार' करना। यह संगीतमयता नाटक के संगीत का अंग तो थी ही इसके साथ-साथ पात्रों की संवाद अदायगी और उनकी नृत्यवत् गतियों में भी ध्वनित होती थी। अपने सही अर्थों में यह प्रस्तुति एक नाट्य प्रस्तुति से ज़्यादा बैले और ओपेरा का मिला-जुला रूप मालूम देती थी। इस प्रकार एक जटिल और दुरूह से लगने वाले कथ्य और शिल्प

के नाटक को भी अत्यंत हृदयग्राही बना लिया गया।

मुझे लगता है कि पणिक्कर पहले कवि हैं, और बाद में नाटककार, निर्देशक या कुछ और हैं। यह भी सही है कि एक कवि ही अच्छा नाटककार भी हो सकता है, लेकिन उनके कवि होने ने उनके नाटककार और निर्देशक को कई दूसरे रूपों में भी प्रभावित किया है। ऐसा लगता है कि किसी भी नाट्य रचना अथवा प्रस्तुति से जुड़े चाक्षुष बिंब उनके मन मस्तिष्क में पहले उभरते हैं और इन्हीं के साथ जन्म लेती है एक लय और ताल। इसीलिए शब्द किस तरह से बोले जाएँगे, यह उस पूर्व प्रक्रिया के कारण पहले से तय हो चुका होता है। यही कारण है कि उनकी प्रस्तुतियाँ कभी-कभी पहले से निर्धारित पूरी तैयारी के साथ निर्मित एक ऐसी शैलीबद्धता को अपने ऊपर आरोपित करती दिखती हैं जिसकी वजह से कथ्य से ज़्यादा फॉर्म पर अधिक आग्रह होने लगता है। यह एक ऐसा ख़तरा है जिससे अधिकांश निर्देशक अपने आपको बचा नहीं पाते। चाहे वह बादल सरकार हों, रतन थियम हों, अथवा बंसी कौल हों। जब भी कोई निर्देशक पहले अपनी शैली निश्चित कर लेता है और फिर उसके बाद अपने कथ्य को उसके अनुसार ढालता है तो कुछ समय के बाद उसकी सभी प्रस्तुतियों का चेहरा एक सा होने लगता है। ऐसा पणिक्कर के साथ भी निश्चय ही हुआ है यद्यपि उन्होंने इस एकरसता को नितांत सजग होकर भंग करने की कोशिश भी की है। उदाहरण के लिए राष्ट्रीय नाट्य विद्यालय के छात्रों के साथ की गई 'उरुभंगम्' की प्रस्तुति, जिसे पहली बार उन्होंने 1982 में मंचित किया था और वह इतनी लोकप्रिय हुई कि बाद में इस नाटक की प्रस्तुति को छात्रों के पाठ्यक्रम का अनिवार्य हिस्सा बना दिया गया। इसके लिए बाकायदा उन्हीं के अभिनेताओं में से एक जयराजन की विद्यालय में नियमित नियुक्ति की गई। जयराजन ने अगले चार-पाँच बरसों तक 'उरुभंगम' और बाद में संभवतः 'अभिज्ञान शाकुंतलम्' के कुछ अंशों की प्रस्तुति के माध्यम से पणिक्कर के रंगकर्म की निरंतरता बनाए रखी। यहाँ प्रकारांतर से जयराजन के साथ-साथ पणिक्कर के दूसरे अभिनेता जगन्नाथन का उल्लेख भी अप्रासंगिक न होगा। आमतौर पर किसी भी शैली विशेष के रंगमंच को निर्देशक का रंगमंच कहा जाता है, जिसमें अभिनेता के लिए कोई स्थान नहीं होता अथवा वह स्वयं भी उस शैली से अलग अपनी कोई पहचान नहीं बना पाती लेकिन पणिक्कर का रंगकर्म इसका अपवाद है। 'मध्यमव्यायोम' की प्रस्तुति में घटोत्कच की भूमिका में जगन्नाथन और मध्यम की भूमिका में जयराजन ने निश्चित ही अपने अविस्मरणीय अभिनय की छाप छोड़ी। जगन्नाथन इस प्रस्तुति के बाद फिर कहीं दिखाई नहीं पड़े। लेकिन जयराजन ने 'अभिज्ञान शाकुंतलम्' में दुष्यंत के रूप में पुनः अपनी उपस्थिति का अहसास करवाया।

लेकिन भारतीय रंगमंच का एक दिलचस्प अंतर्विरोध भी है। पणिक्कर के जिस रंगकर्म को उत्तर भारत में अत्यंत सराहना मिली वहीं उनके अपने क्षेत्र में उसकी जमकर आलोचना होती है। ऐसा नहीं है कि इस तरह की प्रतिक्रिया मात्र पणिक्कर के संदर्भ में ही होती है। फ्रिट्ज़ बैनेविट्ज जैसे निर्देशक को भी अपने देश में लगभग ऐसे ही

तिरस्कार और अवमानना का सामना करना पड़ा था जबकि भारत में 1970 से लेकर मृत्युपर्यंत वह अलग-अलग भाषाओं, अलग-अलग प्रांतों में की गई उत्तेजक नाट्य प्रस्तुतियों के कारण बेहद चर्चा में रहे। केरल में पणिक्कर को एक घोर प्रतिक्रियावादी के रूप में जाना जाता है, जो प्राचीन और लगभग समाप्तप्राय नाट्य शैलियों के पुनरुत्थान में लगा हुआ है। शायद ऐसी प्रतिक्रियाओं के मूल में वहाँ पर निरंतर सक्रिय वामपंथी विचारधारा ही रही हो। लेकिन इससे भी ज़्यादा रंगकर्मियों की वह नई जमात उत्तरदायी है जो अधपके, अधकचरे प्रशिक्षण के बाद विदेशी एजेंसियों से मिले धन पर ही पूरी तरह से आश्रित होकर पंगु होती जा रही है। उनमें उस धैर्य, ठहराव, 'विज़न' का सर्वथा अभाव है, जो पणिक्कर जैसे निर्देशक को लगातार बीस-पच्चीस वर्षों तक एक ही दिशा में काम करने के लिए प्रेरित करता है। क्या यह सच नहीं है कि जो पहचान हबीब तनवीर, कारंत और पणिक्कर ने बनाई है, उसे आज का रंगकर्मी अपनी तमाम ज़द्दोज़हद, दौड़धूप, जोड़-तोड़ और प्रयोगधर्मिता के बावजूद भी रेखांकित करने में असफल रहा है।

दरअसल, कावलम नारायण पणिक्कर जैसे निर्देशक का भारतीय रंगमंच में एक सही और सार्थक मूल्यांकन होना अभी बाकी है। इसके कुछ मूलभूत कारण भी हैं। एक तो उन्हें हबीब तनवीर अथवा रतन थियम की तरह एक स्थायी अभिनेता मंडली के साथ काम करने के अवसर बहुत कम मिले हैं। यूँ कहने को उनके पास अपनी संस्था 'सोपानम्' है ज़रूर लेकिन उसमें भी हमेशा अभिनेताओं की आवाजाही लगी रहती है। यह आवागमन काफी हद तक मीडिया के बढ़ते प्रभाव के कारण है तो दूसरी तरफ़ आज की युवा पीढ़ी में व्याप्त अपनी प्राचीन परंपराओं के प्रति उदासीनता भी शामिल है। इसलिए आदर्श स्थिति यही होगी कि पणिक्कर 'सोपानम्' के शौकिया स्वरूप को छोड़कर उसे एक व्यावसायिक रंगमंडल का स्वरूप प्रदान करें और तब उसमें संस्कृत नाटकों के मंचन को लेकर सैद्धांतिक और व्यावहारिक स्तर पर निरंतर नई शोध और प्रयोग की प्रक्रिया में पूरे मनोयोग से जुटें। संस्कृत नाटकों की आज के रंगकर्म में क्या सार्थकता है ? उनके मंचन की कौन सी संभावित प्राविधियाँ और पद्धतियाँ हो सकती हैं ? और वे आज के अभिनेता की रचना प्रक्रिया से किस प्रकार अपना रिश्ता बना सकते हैं ? ये कुछ ऐसे सवाल और जिज्ञासाएँ हैं जिनकी ओर आज से बीस बरस पहले पणिक्कर ने अपनी प्रस्तुति 'मध्यमव्यायोग' में संकेत किया था। और पुनः बीस बरस बाद 1999 में अपनी एक दूसरी प्रस्तुति भास के ही नाटक 'कर्णभारम्' के माध्यम से अपनी रंगयात्रा की पुष्टि और परिणति की है।

अंधेर नगरी चौपट्ट राजा का रंगमंचीय अध्ययन

भारतेंदु हरिश्चंद्र ने बनारस में हिंदीभाषी और कुछ बंगालियों की संस्था नेशनल के लिए एक दिन में सन् 1881 में लिखा था और काशी के दशाश्वमेध घाट पर उसी दिन अभिनीत भी हुआ यह प्रहसन। 'अंधेर नगरी' के प्रायः प्रत्येक संस्करण में यह सूचना प्रकाशित है लेकिन शायद आज तक इसे सूचना से अधिक महत्त्व नहीं दिया गया। यों देखा जाए तो हिंदी साहित्य समीक्षा के इतिहास में इस बीस-बाईस पृष्ठ के नाटक को ही कभी गंभीरता से नहीं लिया गया, सूचना पर कौन गहराई से विचार करता ? मानों इस नाटक का एक दिन में लिखा जाना ही इसके गहन अध्ययन एवं विश्लेषण न होने का कारण बनकर रह गया।

इसके विपरीत यदि हिंदी रंगमंच के पिछले एक सौ पंद्रह वर्षों के इतिहास को उठाकर देखा जाए तो 'अंधेर नगरी' सर्वाधिक खेले गए नाटक के रूप में प्रमाणित होगा—विशेष रूप से स्वतंत्रता के पचास वर्षों में तो इसके इतने प्रदर्शन हो चुके हैं कि उनका विवरण एकत्रित करना भी निहायत दुष्कर काम होगा। इससे कालांतर में इस नाटक को मिली लोकप्रियता स्वयं सिद्ध है।

बहरहाल, उपर्युक्त सूचना में ऐसा क्या है जिसके उल्लेख से इस लेख की शुरुआत की गई है ? मेरे विचार में इस सूचना में दो-तीन ऐसे महत्त्वपूर्ण तथ्यों की जानकारी मिलती है, जो इस नाटक के रंगमंचीय अध्ययन में अत्यंत सहायक हैं। सबसे पहला तथ्य तो यही है कि यह नाटक विशेष रूप से एक मंडली के सदस्यों को सामने रखकर लिखा गया है। चाहे वह मंडली अपने स्वरूप में नितांत शौकिया रही हो, लेकिन नाटककार और रंगमंडली के बीच एक अंतरंग संबंध की ओर संकेत करती है। ऐसे संबंध हमारी नाट्य परंपरा में आरंभ से ही मौजूद रहे हैं, पश्चिम में भी ग्रीक एवं शेक्सपीयर के संदर्भ में इसका उल्लेख किया जा सकता है। स्वयं भारतेंदु के समकालीन पारसी रंगमंच में यह परंपरा उपलब्ध थी। अतः एक नाटक लिखने से पहले उस मंडली के सदस्यों में क्या क्षमताएँ और संभावनाएँ हैं, इसकी जानकारी उसके पास उपस्थित है, जो निश्चित रूप से नाटक की शिल्पगत संरचना और उसकी रंगमंचीयता को प्रभावित करती है।

दूसरी महत्त्वपूर्ण जानकारी यह है कि उसी दिन इस नाटक का मंचन भी हुआ और स्वयं नाटककार उस प्रदर्शन से संबद्ध था। दरअसल, यही बात आलोचकों के गले नहीं

उतरती कि क्या यह संभव है कि उसी दिन नाटक लिखा जाए और उसी दिन उसका मंचन हो जाए ? लेकिन थोड़ा गंभीरतापूर्वक विचार किया जाए तो ऐसा होना कोई असंभव बात नहीं है। यहाँ तो फिर भी एक लिखित आलेख पहले से अभिनेताओं के सामने था, यदि भारतेंदु मात्र एक स्थिति अथवा कहानी का ख़ाका उनके सामने प्रस्तुत कर देते तो क्या वे अभिनेता उस पर एक नाटक प्रस्तुत नहीं कर सकते थे ? यदि यह अनहोनी या असंभव-सी बात नज़र आती है, तब तो हमें मध्यकाल से चली आ रही उन तमाम लोक नाट्य कलाओं के अस्तित्व को ही नकारना होगा और यहाँ इस बात को दुहराने की ज़रूरत नहीं कि भारतेंदु स्वयं उनसे भली-भाँति परिचित थे। उन लोक नाटकों के कथानकों की तरह ही 'अंधेर नगरी' की कहानी भी न जाने कब से जन-मानस में चली आ रही है और उसी के साथ यह कहावत भी—अंधेर नगरी चौपट्ट राजा, टके सेर भाजी टके सेर खाजा।

और तीसरी और शायद सबसे ज़्यादा रोचक सूचना है—नाटक का काशी के दशाश्वमेध घाट पर खेला जाना। इस दृष्टि से 'अंधेर नगरी' को हिंदी रंगमंच का पहला नुक्कड़ नाटक माना जाना चाहिए जो खुले में, पूरी तरह से अनौपचारिक वातावरण में मंचित हुआ। नाटक का खुले में मंचित होना कोई नई बात नहीं थी, क्योंकि रामलीला जैसे लोकनाटक को खुले में मंचित करने की एक लंबी परंपरा स्वयं बनारस में ही विद्यमान थी, लेकिन वह वर्ष के कुछ विशेष दिनों में ही और व्यवस्थित रूप में पूर्व घोषित कार्यक्रम के अनुसार संपन्न की जाती थी। लेकिन 'अंधेर नगरी' के साथ ऐसा कुछ भी नहीं था, न तो नाटक के लिखे जाने की पूर्व सूचना और न ही उसके मंचन की पूर्व सूचना, ठीक आज के नुक्कड़ नाटक की तरह एक तात्कालिक घटना के रूप में एक स्थान विशेष पर प्रदर्शन। इतना ही नहीं, अपने कथ्य एवं कलेवर में भी आज के नुक्कड़ नाटक की-सी राजनीतिक ध्वनियाँ, गीत-संगीत एवं कोरस जैसे लोकप्रिय रंग-तत्त्वों का इस्तेमाल, लंबे-लंबे संवादों एवं एकालापों का अभाव और कुल मिलाकर लगभग तीस-पैंतीस मिनट की संक्षिप्त अवधि में बँधा हुआ। ये सारी चीज़ें मिलकर इस नाटक को आज के नुक्कड़ नाटकों से भी कहीं अधिक आगे की रचना प्रमाणित करती हैं।

उपर्युक्त पृष्ठभूमि के परिप्रेक्ष्य में इस नाटक के रंगमंचीय तत्त्वों पर खुलकर विचार किया जा सकता है, लेकिन उसके पूर्व एक बात की ओर संकेत करना अप्रासंगिक न होगा। आखिर इस नाटक की सामान्य-सी, यहाँ तक कि बच्चों की-सी लगने वाली कथा में ऐसा क्या आकर्षण है कि रंगकर्मी बार-बार इस नाटक की ओर लौटते रहते हैं ? वह आकर्षण है इसके कथ्य की शाश्वतता अर्थात् एक ऐसी शासन-व्यवस्था जो भीतर तक इतनी भ्रष्ट है, जो किसी भी काल के लिए उतनी ही आधुनिक, समकालीन और सार्थक रहेगी, जितनी कि अपने समय में रही होगी। यही कारण है कि यदि उस समय इस प्रहसन को अंग्रेज़ी शासन-व्यवस्था के चित्रण के रूप में देखा गया, तो आज की सामाजिक एवं राजनीतिक स्थितियों में तो इसकी प्रासंगिकता और भी ज़्यादा बढ़ गई

है और आगे भी बढ़ती ही जाएगी। इतिहास साक्षी है कि साहित्य में वही रचनाएँ कालजयी सिद्ध हुई हैं, जिन्होंने सदैव शाश्वत एवं सार्वजनीन कथ्यों को अपना आधार बनाया। मात्र प्रदर्शन के स्तर पर ही नहीं, 'अंधेर नगरी' ने तो लेखन की दृष्टि से भी अपनी परवर्ती कई नाट्य-रचनाओं को प्रेरित और प्रभावित किया। उदाहरण के लिए, भारती का 'अंधा युग' (नाम साम्य पर भी ग़ौर करें), ज्ञानदेव अग्निहोत्री का 'शुतुरमुर्ग़' और शरद जोशी का 'एक था गधा उर्फ़ अलादाद ख़ाँ'।

भारतेंदु ने भारतीय—शास्त्रीय एवं लोक—और पाश्चात्य रंगतत्त्वों का ऐसा सहज, सरल एवं उन्मुक्त उपयोग किया है कि इससे नाटक के भीतर से अनेक प्रस्तुति शैलियों की खोज की जा सकती है। नाटक में छः अंक हैं, लेकिन वे अपने आकार एवं कलेवर में इतने छोटे-छोटे हैं कि उन्हें अंक की संज्ञा न देकर, दृश्य कहना ज़्यादा समीचीन होगा अथवा एक ही अंक के छः दृश्यों के रूप में लिया जाना चाहिए। लेकिन छोटे-छोटे दृश्य होने के बावजूद वे हर बार एक नए परिवेश की माँग करते हैं। यथा पहला अंक—स्थान : बाह्य प्रांत। अंक द्वितीय—स्थान : बाज़ार। अंक तीन—स्थान : जंगल। अंक चतुर्थ—स्थान : राजसभा। अंक पंचम्—स्थान : अरण्य। अंक षष्टम—स्थान श्मशान।

स्पष्ट है कि कुल मिलाकर बीस-बाईस पृष्ठों के नाटक में छः दृश्य हैं और वे भी इतने छोटे-छोटे कि कोई भी यथार्थवादी दृश्य-सज्जा कारगर नहीं हो सकती। ग्रीक अथवा शेक्सपीयर के नाटकों की भाँति अंक बिना लंबे-चौड़े मंच निर्देशों के सीधे-सीधे कार्य-व्यापार से शुरू होता है और तेज़ी से पटाक्षेप के साथ समाप्त भी हो जाता है। इस पटाक्षेप से एक संकेत तो मिलता है कि शायद पारसी रंगमंच में प्रयुक्त रँगे हुए परदों की परिकल्पना भारतेंदु के मन में भी रही होगी, जो उस समय विक्टोरियन रंगमंच में भी इस्तेमाल हो रहे थे। थोड़ा और गहराई से देखें तो यह परदों वाली युक्ति व्यर्थ लगने लगती है। सभी दृश्य अपने में इतने घटना-बहुल एवं जीवंत हैं कि रँगे हुए परदों जैसी स्थिर दृश्य-परिकल्पना कहीं-न-कहीं पूरे नाटकीय प्रभाव को क्षीण ही करेगी। नाटक की दृश्य-योजना में एक और नाटकीय संयोजन बड़ी कुशलता से पिरोया गया है—नाटक का एक दृश्य यदि मात्र तीन-चार पात्रों के बीच घटित होता है तो तुरंत अगला दृश्य एक बड़े जनसमूह में परिवर्तित हो जाता है और यह प्रक्रिया पहले दृश्य से छठे दृश्य तक नियमित रूप से चलती है। यह दृश्य-विधान अप्रत्यक्ष रूप से पारसी नाटकों के उस रूप-विधान की याद दिलाता है, जहाँ एक दृश्य बाहरी होता है और दूसरा भीतरी। यहाँ बेशक सभी दृश्य बाहरी परिवेश में संयोजित हैं, मात्र राजसभा वाले दृश्य को छोड़कर, लेकिन वे इस अर्थ में भीतरी और बाहरी कहे जा सकते हैं, जैसे कि कम पात्रोंवाले दृश्य भीतरी अथवा सीमित फ़लक लिए हुए और भीड़ वाले दृश्य परिवेशगत विस्तार की अपेक्षा रखते हैं।

अतः स्वाभाविक रंग-परिकल्पना ऐसी हो सकती है कि मंच पर स्थायी दृश्य-सज्जा के रूप में कुछ भी न रहे, आवश्यकता हो तो एक-आध दृश्य-खंड लाकर रख दिए जाएँ और हटा दिए जाएँ अथवा पूरे नाटक के दौरान मंच दृश्य-सज्जा की दृष्टि से बिलकुल

ख़ाली रहे, सिर्फ़ कभी-कभी मंच-उपकरण लाए जाएँ, जैसे कि राजा के सिंहासन के लिए अथवा फ़ाँसी के तख़्ते के रूप में कोई उपकरण। इस प्रकार की दृश्य-सज्जा के स्रोत हमें संस्कृत नाटकों की शास्त्रीय रंग-परंपरा में तो मिलते ही हैं, उसकी पुष्टि ग्रीक व शेक्सपीरियन रंगमंच और अंततः हमारी अपनी लोक नाट्य परंपराओं से भी हो जाती है।

नाटक किसी काल-विशेष की सीमाओं से भी परे है, अतः वेशभूषा, रूप-सज्जा, केश-विन्यास आदि तत्त्वों को लेकर भी नाटक एक उन्मुक्तता एवं स्वतंत्रता की माँग करता है। लेकिन सबसे बड़ी चुनौती है इस नाटक के लिए एक उचित एवं सार्थक अभिनय शैली की खोज। क्या इसे एक प्रहसन मानकर आवश्यकता से अधिक अतिरंजित और काफ़ी हद तक बनावटी शैली को अपना लिया जाए ? क्या नाटक की तात्कालिकता एवं समसामयिकता के चलते यथार्थवादी अभिनय का आश्रय लिया जाए ? क्या किसी प्रदेश विशेष की रीतिबद्ध शैली पर आधारित अभिनय एवं गतिविधान की ओर बढ़ा जाए ?

मुझे नहीं लगता कि हम किसी एक शैली से काम चला सकते हैं। इसमें कोई संदेह नहीं कि नाटक के पाँच-छः गीत, जगह-जगह पर सुभाषित की तरह दोहों का प्रयोग संस्कृत नाटकों की गद्य-पद्य वाली नाट्यधर्मी प्रस्तुति-शैली की याद दिलाता है लेकिन यहाँ पद्य का इस्तेमाल पूरी तरह से उस जटिल आंगिक अभिनय की तरफ़ बढ़ने के लिए प्रेरित नहीं करता, क्योंकि उन गीतों में न तो कोई अमूर्त भाव या बिंब ही दृष्टिगोचर होते हैं और न ही वे किसी प्रकार के चित्राभिनय की अपेक्षा रखते हैं। वस्तुतः नाटक का कथ्य एक लोकधर्मी प्रस्तुति-शैली की माँग करता है, लेकिन प्रश्न यह उठता है कि यह लोकधर्मी शैली कैसी हो ? सबसे पहले तो उस लोकधर्मिता अर्थात् रोज़मर्रा की ज़िंदगी की तस्वीर का अध्ययन किया जाए। महंत और उसके दो चेले—नारायणदास और गोबरधनदास, कबाववाला, घासीराम चने वाला, नारंगीवाली, हलवाई, कुँजड़िन, मुग़ल, पाचकवाला, मछलीवाली, जातवाला(ब्राह्मण), बनिया, सेवक, राजा, मंत्री, फ़रियादी, कल्लू, कारीगर, चूनेवाला, भिश्ती, कसाई, गड़रिया, कोतवाल, प्यादे, सिपाही—देश और समाज के इतने व्यवसायों और रंगों का प्रतिनिधित्व और किस नाटक में मिलेगा ? यों कहने को यह एक लघु नाटक है, लेकिन यदि प्रत्येक भूमिका के लिए अलग-अलग अभिनेता लिए जाएँ तो कम-से-कम तीस-पैंतीस लोगों की ज़रूरत पड़ेगी। इससे यह अनुमान सहज ही लगाया जा सकता है कि जब-जब मंच पर बाज़ार, राजसभा और श्मशान के दृश्य आते हैं तो कितनी तरह के रंग, कितनी तरह की वेशभूषाएँ, कितनी तरह की बोलियाँ और भाषाएँ, कितनी तरह की चाल-ढाल—ये सब कुछ आपस में ही एक ऐसी विविधता भरी शैली प्रस्तुत कर देते हैं कि नाटक में अलग से किसी शैली के आरोपण की तरफ़ ध्यान जा ही नहीं सकता। संपूर्ण भारतीय नाट्य साहित्य में जीवन की इस बहुरंगी झाँकी की दृष्टि से या तो शूद्रक के 'मृच्छकटिक' की याद आती है या फिर आज के नाटक हबीब तनवीर के 'आगरा बाज़ार' को

रेखांकित किया जा सकता है। कैसा संयोग है कि तीनों नाटक नाट्यधर्मी की अपेक्षा लोकधर्मी प्रस्तुति शैली पर ही ज़्यादा आश्रित हैं।

अतः आवश्यकता इस बात की है कि नाटक की सहज, सरल एवं लचीली संरचना के अनुरूप ही प्रस्तुति-शैली भी होनी चाहिए। यही कारण है कि आज तक इस नाटक की जितनी भी प्रस्तुतियों को देखने का अवसर मिला है, उनमें प्रायः पहले से बनी-बनाई अथवा किसी निश्चित शैली को न अपनाकर स्वयं से प्रस्तुति के दौरान विकसित अभिनय एवं प्रस्तुति शैली को रूपायित करने का प्रयत्न किया गया। यहाँ उन सब प्रस्तुतियों पर चर्चा करना तो संभव नहीं होगा, फिर भी सुविधा के लिए तीन प्रस्तुतियों की चर्चा एवं विवेचन अपेक्षित है, जो अपने प्रस्तुतीकरण में तो एक दूसरे से बिलकुल अलग थी हीं, इनसे इस बात के भी कुछ ठोस संकेत मिल सकेंगे कि अंततः किसी निर्देशक की अपनी मौलिक परिकल्पनाएँ एक सीधे-सादे से कथानक में कितनी गहराई, जटिलता एवं समसामयिकता खोजकर दर्शकों को चमत्कृत एवं अभिभूत कर देती हैं।

पहली प्रस्तुति है स्वतंत्रता के इक्कीस वर्ष बाद 1968 में हिंदी रंगमंच शतवार्षिकी के अवसर पर प्रयाग रंगमंच, इलाहाबाद द्वारा डॉ. सत्यव्रत सिन्हा के निर्देशन में मंचित। इससे पूर्व भी एक बार डॉ. सिन्हा 'अंधेर नगरी' को 1965 में प्रस्तुत कर चुके थे, जिसमें उन्होंने इस नाटक को नए संदर्भों में स्थापित करने की चेष्टा की थी। वेशभूषा प्रायः आधुनिक ही थी, राजसभा के दृश्य में अभियुक्तों के लिए मुखौटों का प्रयोग किया गया, बाज़ार वाले दृश्य को भी आधुनिक बनाने का प्रयत्न किया गया। राजा की चाल-ढाल शैलीबद्ध थी, सब्ज़ीवाली स्लैक्स में आई तो भी फ़रियादी और कुछ दूसरे पात्र परंपरागत ही रहे। इस प्रकार कुछ आधुनिक तत्त्वों एवं युक्तियों के प्रयोग के बावजूद प्रस्तुति की शैली परंपरागत ही रही।

लेकिन जब 1968 में निर्देशक ने इस नाटक को दुबारा मंचित किया तो पूरी प्रस्तुति का मिज़ाज ही बदल गया। यह वह समय था जब पड़ोसी देशों के साथ क्रमशः 1962 और 1965 में दो-दो युद्ध झेलने के बाद भारतीय जनमानस का पूरी तरह से मोहभंग हो चुका था। स्वतंत्रता के पश्चात् उसके मन में नई दुनिया को लेकर जो भी आशाएँ, आकांक्षाएँ और सपने थे, वे टूटकर बिखर चुके थे और तात्कालिक वर्तमान की अर्थहीनता, जीवन का बेडौलपन और खोखलापन—प्रायः सब कुछ उजागर होने लगा था। अतः निर्देशक ने भी प्रस्तुति के माध्यम से नई पीढ़ी की बदलती हुई हरकत को रेखांकित करने की चेष्टा की। बाबा अर्थात् आज के शुभ्र-वेशधारी विदेशों से नाता लगाए धनसंपन्न योगी, चेले नारायणदास—गोबरधनदास यानी हमारी वह नई पीढ़ी, जिस पर हिप्पी-बीटनिक संस्कृति अनायास हावी हो रही है, राजा अर्थात् सत्ता के लिए या सत्ता पर बने रहने के लिए जितनी भी सिद्धांतहीनता बरती जा सकती है—उनका प्रतिनिधि। मंत्री मानों उन सब विदेशी ताक़तों का प्रतिनिधि जिनके इशारे पर सत्ता नाचती रहती है। फ़रियादी वह साधारणजन जो सदियों से न्याय माँग रहा है, लेकिन उसे आज तक न्याय नहीं मिला। कल्लू बनिया, कारीगर, चूनेवाला, भिश्ती, कसाई

गड़रिया और कोतवाल—अपने-अपने स्वार्थों में लिप्त लोगों का जमघट, जिन्हें राजा और उनके शासन की कोई चिंता नहीं क्योंकि वे जब चाहें तब राजा को गद्दी से उतार दें। इस प्रकार सन् 1881 में लिखा नाटक निर्देशक के लिए एकदम से समसामयिक हो गया।

इसी आधुनिकता एवं समसामयिकता को प्रस्तुति की शैली में भी पिरोने की कोशिश की गई—नाटक के शीर्षक गीत 'अंधेर नगरी चौपट्ट राजा, टके सेर भाजी, टके सेर खाजा' को आधुनिक स्वर में गाकर टेपबद्ध कर लिया गया, जिससे पूरे नाटक में एक लयबद्धता आ गई। बाज़ार-दृश्य के सभी पात्रों और नारायणदास-गोबरधनदास को पाश्चात्य नृत्य-शैली ट्विस्ट और शेक के माध्यम से गतिचर्या दी गई और उसी के अनुसार संवादों की अदायगी कराई गई। नाटक में स्थान-स्थान पर अचानक पात्रों का स्थिर हो जाना, दर्शकों के सामने ही पात्रों द्वारा नाचते-गाते मंच-सामग्री में परिवर्तन करवाना, फ़ाँसी-दृश्य में ऐसी भूखी-नंगी जनता की अवधारणा करना जो फ़ाँसी स्वीकार किए राजा को फ़ाँसी से न उतरने दे। मंच की परिकल्पना बहुआयामी थी और नाटक की शुरुआत दर्शकों के मध्य जुलूस निकालकर मंच पर पहुँचने से की गई। कुल मिलाकर 1881 की भाषा और परिवेश पर 1968 का तत्कालीन वर्तमान सफलता के साथ आरोपित हुआ और इस प्रकार वर्तमान की समस्त कुंठा, वहशीपन, नक़लची प्रवृत्ति और काल से उत्पन्न खोखलापन आदि पर इस प्रहसन की ऐसी प्रस्तुति के माध्यम से किसी सीमा तक अवश्य ठोकर लगी।

संक्षेप में, डॉ. सत्यव्रत सिन्हा की यह मंच-प्रस्तुति इसलिए बेहद चर्चित, उत्तेजक एवं विवादास्पद साबित हुई, क्योंकि निर्देशक ने एक सीधे सपाट नाटक को अपने समकालीन संदर्भों से विचार के स्तर पर तो जोड़ा ही, उसकी प्रस्तुति शैली के लिए भी नितांत आधुनिक और किसी हद तक पाश्चात्य शैली से लिए गए तत्त्वों का उपयोग किया और उनका ऐसा सम्मिश्रण किया कि वे कहीं भी अलग से नहीं दीख पड़ते थे। आज से लगभग तीस वर्ष पहले एक भारतीय नाटक को संपूर्ण रूप में पाश्चात्य रंग एवं अभिनय शैली के भीतर से प्रस्तुत करना निश्चय ही साहस का काम था और दर्शकों ने प्रस्तुति को खुले मन से स्वीकार किया और सराहा। यह प्रस्तुति की सफलता मानी जाएगी।

'अंधेर नगरी' की दूसरी प्रस्तुति संयोग से स्वतंत्रता के बाद के पहले बहुत ही महत्त्वपूर्ण और ऐतिहासिक दौर में होती है। इमर्जेंसी का 1975 में लगाया जाना और 1977 में हटाया जाना। चुनावों की घोषणा और पहली बार अखिल भारतीय कांग्रेस की करारी हार और उसके स्थान पर जनता पार्टी का शासन, लेकिन मात्र डेढ़ वर्षों के भीतर ही भारतीय राजनीति के इस दूसरे दौर का असली और विकृत चेहरा उजागर हो गया अर्थात् पार्टी बदल जाने से राजनीतिज्ञों के चरित्र में कोई मूलभूत अंतर नहीं आ गया और एक बार फिर से वही अक्षम, भ्रष्ट और धूर्त शासन-व्यवस्था। इन्हीं स्थितियों की पृष्ठभूमि में ब. व. कारंत ने 1978 के उत्तरार्द्ध में इस नाटक की एक

बिलकुल ताज़ी, उत्तेजक एवं आकर्षक मंच-प्रस्तुति करके दर्शकों पर एक अलग ही तरह का असर पैदा किया।

कारंत की प्रस्तुति राष्ट्रीय नाट्य विद्यालय के प्रांगण में खुले आसमान के नीचे एक भव्य और विशाल अभिनय क्षेत्र को आधार बनाकर की गई। मंच के नाम पर एक बड़ा सा गोलाकार धरातल और उसके पीछे की दीवार पर कपड़े के बदले सफ़ेद परदे पर बनारस शहर को रेखाओं में उकेरता एक चित्र—दृश्यबंध के नाम पर बस इतना ही। इसके अतिरिक्त चारों ओर फैला खुला परिवेश भी मानो अभिनय क्षेत्र का ही एक हिस्सा था। प्रस्तुति में लगभग 40 अभिनेता थे, जो नाटक के आरंभ में बहुत दूर से राम-राम भजो गाते हुए मंच पर प्रवेश करते थे और फिर नाटक के अंत तक एक घेरा बनाकर वहीं बैठे रहते थे। इसी घेरे के भीतर अलग-अलग दृश्यों के समूहन बनते-बिगड़ते रहते थे।

पूरी प्रस्तुति की परिकल्पना किसी भी जानी पहचानी लोक नाट्य शैली पर आधारित नहीं थी, फिर भी गीत, संगीत, गतियों, मुद्राओं और रंगों के माध्यम से अपनी ही एक नई एवं निजी शैली तैयार होती हुई जान पड़ी। एक उत्सवधर्मी और अनुष्ठानपरक वातावरण के निर्माण के भीतर से फ़रियादी की असहनीय पीड़ा और व्यवस्था के नितांत संवेदनाहीन चरित्र को उभारने का प्रयत्न किया गया।

संपूर्ण नाटक को एक विशेष प्रकार की संगीतमयता के माध्यम से प्रस्तुत किया गया, जिसमें एक ही गीत का बार-बार दोहराया जाना, उसी के साथ चरित्रों की गतियाँ एवं चर्चाएँ, कम-से-कम मंच-उपकरणों का इस्तेमाल और प्रत्येक पात्र के साथ गले में लटका या कमर में बँधा एक जोड़ा मंजीरा, पात्रों की वेशभूषा में कहीं तो परंपरागत धोतियाँ, पटके और पगड़ियाँ और कहीं राजा, मंत्री, कोतवाल और उनसे जुड़े लोगों के सिरों पर लंबी कार्टूननुमा टोपियाँ, नाटक में विभिन्न भाषाओं और बोलियों की ध्वनियाँ—इन सबने मिलकर एक मेले का-सा दृश्य उपस्थित कर दिया।

कुछ नाटकीय युक्तियाँ तो अपनी मौलिकता में अद्भुत थीं—उदाहरण के लिए गोबरधनदास के मोटापे को दिखाने के लिए दो अभिनेताओं का एक ही ड्रेस में बंद होकर हरकतें करना, स्त्री फ़रियादी का बीच-बीच में 'मेरी बकरी' जैसे एक संगीत-याचना के रूप में हस्तक्षेप और बाज़ारवाले दृश्य में अंधेर नगरी चौपट्ट राजा के बार-बार दोहराव के साथ गोबरधनदास का नृत्य।

लेकिन इन सारे नाटकीय एवं रंगमंचीय तत्त्वों की तुलना में जिस चीज़ ने सबसे ज़्यादा ध्यान आकर्षित किया, वह थी नाटक के अंत की मौलिक व्याख्या—राजा के फ़ाँसी चढ़ जाने के बाद महंत का ही राजा के रूप में सिंहासनारूढ़ होना और दोनों चेलों का उसके दरबारियों के रूप में स्थानांतरण। महंत का शराब के लिए पुकार लगाना और जैसे फिर से उसी क्रम की एक और शुरुआत—व्यवस्था कोई भी आ जाए उसका मूल चरित्र कभी नहीं बदलता और वह अंततः उसी भ्रष्ट तंत्र में परिवर्तित हो जाती है। इतिहास में फ्रांसीसी क्रांति का उदाहरण हमारे सामने है, कुल जमा सत्तर वर्षों में

नष्ट-भ्रष्ट हो चुकी रूसी क्रांति हमारे सामने है और नाटक की प्रस्तुति के लगभग एक वर्ष बाद ही दूसरी आज़ादी के रूप में प्रचारित नई शासन-व्यवस्था का अंत—इन सबके संदर्भ में प्रस्तुति के अंत की यह व्याख्या कितनी सटीक बैठती है।

दोनों प्रस्तुतियों के अभिनय पक्ष पर भी अलग से टिप्पणी अपेक्षित है। जहाँ डॉ. सिन्हा की प्रस्तुति में पाश्चात्य शैली से प्रेरणास्वरूप निर्मित शैली में अभिनेता को व्यक्तिगत स्तर पर भी प्रमुखता मिली और गोबरधनदास और राजा की भूमिका में अभिनेताओं को अपने पूरे व्यक्तित्व की छाप स्थापित करने का अवसर मिला, वहाँ कारंत की प्रस्तुति में अभिनेता व्यक्तिगत रूप में अलग से उभरकर नहीं आए। इसका कारण प्रस्तुति में उत्सवधर्मी शैली का अपनाया जाना है। जिस तरह एक उत्सव में एक पूरे जनसमूह की भागीदारी होती है, उसी तरह से इस प्रस्तुति में भी सभी अभिनेता लगातार मंच पर बैठे हुए थे और उन्हीं के बीच से आवश्यकतानुसार दृश्यों का निर्माण होता चलता था। एकाध दृश्य में अपवादस्वरूप भले ही किसी अभिनेता ने अलग से ध्यान आकर्षित कर लिया हो लेकिन सही मानों में प्रस्तुति का संपूर्ण प्रभाव उनके सामूहिक समन्वय एवं संयोजन के कारण ही पड़ा। दूसरे शब्दों में कहूँ तो यह प्रस्तुति अभिनय की अपेक्षा शब्दों, उनकी अलग-अलग ध्वनियों, अलग-अलग व्याख्याओं एवं अलग-अलग संगीत के कारण ज़्यादा चर्चित हुई थी।

अंत में, भारतेंदु नाट्य अकादेमी, लखनऊ के छात्रों के साथ 1978 के अंतिम सप्ताह में मंचित और स्वयं निर्देशित प्रस्तुति की चर्चा करना चाहूँगा। इस पर एक बार 1979 में दिल्ली विश्वविद्यालय के मिरांडा हाउस में आयोजित सेमिनार में भी चर्चा हुई थी। प्रस्तुति को नाट्यशास्त्र में निर्दिष्ट नाट्य-मंडप पर परिकल्पित किया था—मंच का विधान तो विकृष्ट नाट्य मंडप का था ही, अभिनेताओं की गतियाँ, प्रवेश-प्रस्थान आदि भी उन्हीं शास्त्रीय नाट्य-रूढ़ियों से प्रेरित थे। यद्यपि आंगिक अभिनय में किसी जटिल मुद्रा विधान का आश्रय नहीं लिया गया था, फिर भी संपूर्ण प्रस्तुति को मूकाभिनय पर ही केंद्रित किया गया था अर्थात् कोई भी मंच उपकरण या किसी दूसरी सामग्री को इस्तेमाल में नहीं लाया गया था।

वेशभूषा को महज़ तीन रंगों में सीमित करके एक विशेष अर्थ को व्यंजित करने की कोशिश की गई थी—महंत और उसके दोनों चेलों के लिए गहरा केसरिया, राजा के लिए गहरा हरा और बाक़ी सभी पात्रों के लिए भूरा-मटमैला, जो एक प्रकार से सामान्य जनता के भी प्रतिनिधि थे। प्रस्तुति का सशक्त पक्ष था उसका वाचिक—मेरे लिए महंत और चेलों की कहानी से भी ज़्यादा जनसमूह में व्याप्त असंतोष एवं आक्रोश की अभिव्यक्ति महत्त्वपूर्ण थी। इसीलिए बाज़ार के दृश्य में सभी को अपनी चीज़ें टके सेर विवशता में बेचनी पड़ रही हैं, राजसभा के दृश्य में सभी लोग जानबूझकर एक मूर्ख किंतु निरंकुश राजा के साथ खेल खेलते चले जाते हैं और जब अंत में उस व्यवस्था का अंत हो जाता है तो खूब खुश होकर नाचते-गाते हैं। मात्र दस अभिनेताओं की मंडली से एक बड़े जनसमूह का आभास ज़्यादा-से-ज़्यादा वाचिक अभिनय के अलग-अलग

रूपों के प्रयोग से संभव हो गया।

अंत में, निष्कर्षतः कहा जा सकता है कि भले ही साहित्यिक, आलोचनात्मक एवं एक पाठ्य कृति के रूप में 'अंधेर नगरी' को हाशिए पर रख दिया गया था, लेकिन मंच पर अपने लगातार प्रयोगों के कारण उसने स्वतः ही अपने-आपको भारतीय रंगमंच के एक ऐसे सदाबहार नाटक के रूप में प्रतिष्ठित करा लिया है जिसे बच्चों के साथ खेला जाए अथवा वयस्क अभिनेताओं के साथ—दर्शक उसके व्यंग्य की धार से अछूते नहीं रह पाते और उसका कथ्य सदैव ताज़ा बना रहेगा क्योंकि वह काल और स्थान विशेष की सीमाओं से परे है।

ध्रुवस्वामिनी का प्रस्तुतिपरक अध्ययन

प्रसाद के तीन नाटक—'चंद्रगुप्त', 'स्कंदगुप्त' और 'ध्रुवस्वामिनी'—उनके सभी नाटकों में सबसे ज़्यादा चर्चित रहे हैं। मात्र पाठ्य-पुस्तक के रूप में ही नहीं वरन् अपने प्रस्तुतिकरण को लेकर भी। जहाँ पहले दोनों नाटक अपनी अनेकानेक प्रस्तुतियों के बावजूद प्रदर्शन एवं अभिनय संबंधी प्रश्नों एवं समस्याओं से घिरे रहे हैं, वहाँ 'ध्रुवस्वामिनी' संभवतः सबसे ज़्यादा प्रदर्शित नाटक तो है ही, इससे भी ज़्यादा महत्त्वपूर्ण बात यह है कि प्रदर्शन एवं अभिनय से संबद्ध सबसे कम आपत्तियाँ इसी नाटक पर उठाई गई हैं। इससे नाटक की सफलता एवं लोकप्रियता स्वयं सिद्ध है।

मुझे लगता है कि नाटक को मिली सफलता एवं लोकप्रियता के पीछे कई कारण हैं, जिन पर विस्तार से चर्चा करना अपेक्षित है। सबसे पहले तो नाटक के कथ्य को ही लें। आज से साठ-पैंसठ वर्ष पहले स्त्री को केंद्र में रखकर एक नाटक की सृष्टि करना निश्चय ही साहस का काम था, जिसने एकदम से सामाजिकों का ध्यान अपनी ओर आकृष्ट किया। इसमें कोई संदेह नहीं कि तत्कालीन स्वतंत्रता संग्राम से जुड़े सारे आंदोलनों, सत्याग्रहों एवं समाज सुधार के कार्यक्रमों ने भी ऐसे नाटक की रचना के लिए एक निश्चित पृष्ठभूमि तैयार कर दी थी। इतना ही नहीं, इस नाटक की रचना से पचास-पचपन वर्ष पहले इब्सन का 'ए डॉल्स हाउस' अर्थात् 'गुड़ियाघर' लिखा और खेला जा चुका था और उसने भी अपने समय के रूढ़िवादी पश्चिमी समाज को झकझोर कर रख दिया था। स्वयं अपने देश में 'ध्रुवस्वामिनी' के आसपास ही 'अछूत कन्या' जैसी फ़िल्मों का निर्माण भी होने लगा था। कहने का तात्पर्य यही है कि जिस समय प्रसाद ने इस नाटक के कथ्य को उठाया, वह उसके लिए बहुत ही उपयुक्त समय था।

लेकिन कथ्य का स्त्री-परक होना ही चर्चा के लिए पर्याप्त कारण नहीं है, बल्कि एक स्त्री द्वारा एक नपुंसक पति का अस्वीकार और वह भी धर्म के अनुमोदन से; यह एक ऐसा विस्फोटक एवं क्रांतिकारी कथ्य था, जो उस समय तो बिलकुल ताज़ा एवं अनछुआ था ही, शायद आज भी उतना ही सार्थक है। पुरुष जब और जिस रूप में चाहे, स्त्री का त्याग करने के लिए स्वतंत्र है, किंतु यदि यही पहल कहीं स्त्री की ओर से हो जाती है तो आज भी पुरुष मन कहीं इसे खुले हृदय से स्वीकार नहीं कर पाता। और सबसे बड़ी बात यह कि ऐसे कथ्य को आज के समकालीन परिवेश में से नहीं, नाटककार ने समुद्रगुप्तकालीन सुदूर अतीत में से खोजकर नाटक के कथानक का ताना-बाना तैयार किया है। एक ऐतिहासिक परिवेश, राजनीति एवं धर्म जैसी कठोर

संस्थाओं के भीतर स्त्री और पुरुष के आपसी रिश्तों की जाँच-पड़ताल और अंततः धर्म एवं राजनीति का भी स्त्री के पक्ष में गवाही देना—निश्चय ही यह ऐसा कथ्य था, जिसने तत्कालीन बौद्धिक वर्ग को तो आकर्षित किया ही, उसके बाद भी इस नाटक की माँग बराबर बनी रही। यह मात्र संयोग नहीं कि छात्राओं के विद्यालयों-महाविद्यालयों में जितने प्रदर्शन इस नाटक के हुए हैं, उतने शायद ही किसी और नाटक के हुए हों।

कथ्य के साथ ही जुड़ा हुआ जो दूसरा पहलू है, वह है इस नाटक का शिल्प एवं शैली। जिस रूप एवं संरचना की खोज में प्रसाद अपने सभी नाटकों के माध्यम से लगे रहे, उन सबका मानो निचोड़ है 'ध्रुवस्वामिनी'। इसीलिए यह उनका अंतिम नाटक भी है। अपने कलेवर में सुगठित एवं एक ऐसी संक्षिप्तता लिए हुए जो प्रसाद के अन्य नाटकों में दुर्लभ है। पूरे नाटक में केवल तीन अंक हैं और तीनों अंकों में एक-एक दृश्य। इतना ही नहीं, प्रत्येक अंक में केवल एक ही दृश्यबंध अथवा परिवेश—स्थान, समय और कार्य-व्यापार की अद्‌भुत समन्विति।

नाटक अपने शिल्प एवं शैली में यथार्थवादी है, किंतु यह यथार्थवाद पश्चिम से आयातित नहीं वरन् भारतीय एवं पाश्चात्य रंग-परंपराओं के मिश्रण से अपना एक अलग ही रूप और रंग तैयार करता है। प्रत्येक अंक का दृश्यबंध एक ओर तो झील, झरने, पर्वत, लता एवं पेड़-पौधों जैसे प्रकृतिवादी तत्त्वों की माँग करता है, दूसरी ओर रँगे हुए परदों, स्तंभों एवं प्राचीरों की उपस्थिति से पारसी रंगमंच वाले दृश्यांकन की याद दिलाता है। एक ओर चरित्रों के आपसी संवादों में लगभग रोज़मर्रा के संभाषण की शैली, दूसरी ओर उनके लंबे-लंबे स्वगत। एक ओर युद्ध जैसी पृष्ठभूमि, दूसरी ओर प्रणय की अनेक छवियाँ। एक ओर राजनीति, दुरभि-संधि एवं षड्‌यंत्र जैसे कठोर प्रसंग, दूसरी ओर बीच-बीच में गीतों का प्रयोग। कुल मिलाकर, एक ऐसी शैली का जन्म होता है, जिसे न तो हम अंतिम रूप से यथार्थवादी कह सकते हैं, न शास्त्रीय, न लोक, न पारसी और न शैलीबद्ध। फिर भी यदि कोई संज्ञा देने की आवश्यकता पड़ती ही है तो हम भारतीय यथार्थवादी अथवा लोकधर्मी कहकर काम चला सकते हैं।

केवल इतना ही नहीं, लुई पिरांदेलो जैसे नाटककार के संदर्भ में, पश्चिम में जिस भ्रम और वास्तविकता का इतना विवेचन हुआ है, वह यहाँ उससे पूर्व ही या लगभग उसके समकालीन नाटककार में कहीं उससे ज़्यादा मौजूद है। एक छोटे से नाटक के भीतर तीन-तीन नाटक—सबसे पहले मंदाकिनी द्वारा खड्‌गधारिणी के वेश में गूँगी का अभिनय, उसके बाद बौने, कुबड़े और हिज़ड़े का प्रसंग और अंत में चंद्रगुप्त का स्त्रीवेश धारण करके शकराज से मिलने जाना। ये तीन स्थितियाँ ऐसी हैं जो अपने आप में तो नाटकीय हैं ही, इससे भी ज़्यादा किसी भी निर्देशक के लिए भ्रम क्या है ? वास्तविकता क्या है ?—ऐसे प्रश्न भी खड़े कर देती हैं।

नाटक का शिल्प एक अन्य दृष्टिकोण से भी यथार्थवाद के बने-बनाए ढाँचे को तोड़कर रख देता है। नाटक का प्रत्येक अंक एक सम स्थिति से शुरू होता है और हर बार एक नए चरम बिंदु तक पहुँचता है। उदाहरण के लिए, पहले अंक की शुरुआत

ध्रुवस्वामिनी के मंथर गति से आगे बढ़ते स्वगत-संभाषण से होती है और अंत ध्रुवस्वामिनी को उपहार-स्वरूप शकराज के पास भेजने वाले रामगुप्त के विस्फोट निर्णय से होता है, दूसरे अंक की शुरुआत कोमा के स्वगत एवं एकांत प्रणय-निवेदन से होती है और अंत शकराज की बीभत्स मृत्यु पर होता है, तीसरा अंक घायलावस्था में ध्रुवस्वामिनी एवं मंदाकिनी के परस्पर संभाषण से आरंभ होता है और अंततः धर्म, सत्ता, राजनीति के साथ-साथ ध्रुवस्वामिनी द्वारा रामगुप्त के निश्चित अस्वीकार व बहिष्कार पर समाप्त होता है। चुनौती यही है कि प्रत्येक अंक अपने चरमोत्कर्ष पर पहुँचता है, दूसरे अंक की वहीं से शुरुआत न होकर पुनः एक नए बिंदु से होती है और तीसरा अंक भी इसका अपवाद नहीं—एक साथ इतने सारे चरमोत्कर्ष एक ही नाटक में बिरले ही मिलते हैं।

नाटक के लगभग सभी पात्रों की बहुआयामिता एक ऐसा तत्त्व है जो ध्रुवस्वामिनी की अभिनय एवं प्रस्तुतिपरक संभावनाओं को बहुत दूर तक ले जाता है—ध्रुवस्वामिनी, रामगुप्त, चंद्रगुप्त, शिखरस्वामी, शकराज, कोमा, मंदाकिनी—किसी भी चरित्र का आकलन करें तो वह सीधी-सादी रेखाओं में उकेरा ही नहीं जा सकता। यहाँ तक कि महाराजपुरोहित जैसा पात्र भी नाटकीय अंतर्द्वंद्व से मुक्त नहीं। इसी से मिलता-जुलता एक और समानांतर—एक स्त्री ध्रुवस्वामिनी और चुनाव दो पुरुषों में से करना है—रामगुप्त और चंद्रगुप्त। इसके विपरीत एक पुरुष शकराज और चुनाव दो स्त्रियों में से करना है—कोमा और ध्रुवस्वामिनी। ऐसा ही एक और समानांतर तीनों स्त्रियों के माध्यम से प्रस्तुत किया जा सकता है—ध्रुवस्वामिनी, कोमा और मंदाकिनी यानी प्रेम के तीन अलग-अलग रूप। रामगुप्त के साथ शिखरस्वामी है तो शकराज के साथ खिंगिल। इस प्रकार नाटक के शिल्प में इतने अलग-अलग और आपस में एक-दूसरे के विरोध में प्रस्तुत चित्र प्रस्तुति में कई तरह की संभावनाओं को जगाते हैं जो दृश्यगत तो होंगी ही, व्याख्या की दृष्टि से भी नई अर्थ-छायाएँ उद्भूत करेंगी।

युद्ध की पृष्ठभूमि में—पूरे नाटक में कहीं भी सीधे-सीधे युद्ध को घटते हुए नहीं दिखाया गया वरन् उसके परिणाम का विश्लेषण है यह नाटक। मात्र शकराज की मृत्यु मंच पर होती है, चंद्रगुप्त लौह शृंखलाओं में जकड़ा जाता है और उन्हें तोड़ डालता है अथवा अंतिम अंक में रामगुप्त द्वारा चंद्रगुप्त पर आक्रमण—इन कुछ घटनाओं को छोड़ दें, तो पूरा नाटक चर्चा, परिचर्चा एवं वाद-विवाद के माध्यम से आगे बढ़ता है, जो पुनः उसे यथार्थवादी अभिनय-शैली के निकट ले आता है।

मैंने ऊपर स्थान, समय और कार्य-व्यापार की अद्भुत समन्विति की चर्चा की थी। इन तीनों में भी जो अलग से रेखांकित की जा सकती है, वह है समय की अन्विति। संस्कृत, ग्रीक एवं यथार्थवादी नाटकों की भाँति यहाँ भी प्रत्येक अंक की समयावधि एक दिन के भीतर ही सीमित है। प्रत्येक अंक सुबह की किरणों से शुरू होता है और रात्रि के आगमन से उसका अवसान होता है। लेकिन एक तथ्य की ओर आज तक किसी का ध्यान नहीं गया कि 'ध्रुवस्वामिनी' में समय की अन्विति का इस सीमा तक ध्यान

रखा गया है कि नाटक के तीनों अंक एक-दूसरे के बाद आने वाले तीन लगातार दिनों में बँधे हुए हैं। यह तथ्य प्रस्तुति में पात्रों से जुड़े तकनीकी पक्षों, यथा—वेशभूषा, रूपसज्जा एवं प्रकाश-योजना इत्यादि की परिकल्पना में सहायक सिद्ध होगा।

अभी तक नाटक के आलेख में उपलब्ध जितने नाटकीय तत्त्व हो सकते थे, उनके माध्यम से उसकी प्रस्तुतिपरक संभावनाओं की विवेचना की गई है लेकिन एक तत्त्व को जानबूझकर अभी तक अनछुआ रहने दिया गया था और वह है इस नाटक के लिए एक उचित अभिनय-शैली की खोज। जैसा कि अभी तक के विवेचन से स्पष्ट हो गया होगा कि यह नाटक ऐतिहासिक परिवेश में स्थित होते हुए भी उससे जुड़ी अतिरंजना एवं मेलोड्रामा से सर्वथा मुक्त है। ऐसी स्थिति में एक आसान विकल्प तो यही समझ में आता है कि यथार्थवादी अभिनय शैली पर आग्रह रखा जाए। क्या यही विकल्प नाटक के परिवेश को निर्मित करने के लिए दृश्यबंध के निर्माण में भी रखा जाए ? प्रायः देखा गया है कि शौकिया नाट्य मंडलियों ने जब भी प्रसाद के इस नाटक का मंचन किया है, उन्होंने निहायत ही तड़क-भड़क वाले एक ऐसे यथार्थवादी दृश्यबंध की रचना की, जो देखने में फूहड़, बनावटी एवं मात्र चित्रण जान पड़ता ही था, इसके साथ-साथ अभिनय में भी उन्होंने यथार्थवादी शैली के बाहरी स्वरूप का आश्रय लिया। परिणाम यह हुआ कि जहाँ दृश्यबंध अत्यंत अतिरंजित हो गया, वहीं अभिनय भी चीख़-पुकार से भरपूर मेलोड्रामा होकर रह गया। यही कारण है कि नाटक का जो गहरा असर दर्शक पर पड़ना चाहिए था, वह नहीं पड़ा और पूरी प्रस्तुति मात्र एक ऐतिहासिक से लगनेवाले परिवेश का सतही चित्रण भी होकर रह गई।

यदि हम प्रसाद द्वारा दिए दृश्यबंध संबंध निर्देशों का गहराई से अध्ययन करें तो हमें कई सूत्र आप-ही-आप उपलब्ध हो जाते हैं। पहला सूत्र तो यही है कि बेशक नाटककार ने झील-झरनों, दुर्ग, लताओं एवं पेड़-पौधों जैसे तत्त्वों के उल्लेख से एक यथार्थवादी एवं प्रकृतिवादी वातावरण की सृष्टि की है, लेकिन इससे भी ज़्यादा आवश्यक एवं व्यावहारिक मंचसज्जा रस्सियों, डोरियों, स्तंभों, सीढ़ियों जैसे रीतिमूलक तत्त्वों के माध्यम से की है। इससे स्पष्ट हो जाता है कि स्वयं प्रसाद के मन में बाहरी यथार्थ से अधिक एक आंतरिक एवं अमूर्त यथार्थ की परिकल्पना रही होगी, जो पात्रों के अंतर्मन में चल रहे संकल्प-विकल्प की दुविधा के द्वंद्व को उभारने की चेष्टा करे। इसीलिए यह तथ्य आकस्मिक नहीं जान पड़ता कि तीनों ही अंकों का परिवेश बहिरंग कम और अंतरंग ज़्यादा जान पड़ता है, जो नाटक के कथ्य से जुड़े षड्यंत्रों, कूटनीति, छलछद्म के लिए एक रहस्यमय सा वातावरण तैयार करता है। यही कारण है कि मंच-सामग्री एवं उपकरणों के नाम पर भी मात्र दो-तीन आसनों की अवधारणा की गई है। यह सब इसलिए कि मंच पर एक ठोस किंतु अमूर्त बिंब की योजना आकार ले सके, जहाँ दर्शक के सामने सब कुछ उपस्थित होते हुए भी उसकी कल्पना के लिए पर्याप्त अवकाश रहे। इसीलिए जब-जब कल्पनाशील निर्देशकों ने इस नाटक को प्रस्तुत किया, उन्होंने नाटककार द्वारा प्रस्तुत बाहरी यथार्थ का लगभग त्याग करते हुए मंच पर

विभिन्न धरातलों, सीढ़ियों एवं स्तंभों के उपयोग से एक संकेतमूलक, औपचारिक एवं शैलीबद्ध दृश्यबंध का निर्माण किया। यह दृश्यबंध नाटक के आरंभ से लेकर अंत तक एक ही रहा। बस अलग-अलग दृश्यों की आवश्यकतानुसार कुछ छोटे-छोटे परिवर्तन कर लिए गए, जिन्हें संपन्न करने में कोई समय भी नहीं लगता था कि नाटक के तेज़ी से घटते कथा-प्रवाह में कोई अनावश्यक व्यवधान पड़े।

मैं समझता हूँ कि यही दृष्टि एवं प्रक्रिया नाटक के लिए प्रयोग में लाई जाने वाली अभिनय शैली के लिए भी अपनाई जानी चाहिए। कहना न होगा कि बेशक देखने में यह शैली यथार्थवादी.अभिनय का ही आभास दे, लेकिन धीरे-धीरे सूक्ष्म स्तर पर उस आंतरिक एवं सच्चे यथार्थ की ओर बढ़ा जाए जो एक अच्छे यथार्थवादी नाटक की पहचान हुआ करती है। उदाहरण के लिए, इब्सन का काव्यात्मक यथार्थ और चेख़व का अमूर्त यथार्थ आज के अभिनेता को वह शैली खोजने में सहायता कर सकता है, जहाँ बाहरी संसार में कम लेकिन पात्र के मानस संसार में ज़्यादा घटित होता है। ऐसा भी नहीं कि इस प्रकार की अभिनय शैली की तलाश में सदैव पश्चिम का ही मुँह देखा जाए। स्वयं हमारी अपनी संस्कृत नाट्य परंपराओं में यह शैली अनिवार्य रूप से उपस्थित है, जहाँ मंच पर कोई भी ठोस अथवा त्रिआयामी दृश्यबंध न होते हुए भी अभिनेता अपने संवादों एवं मुद्राओं से एक ऐसे दृश्य-संसार की रचना कर डालता है, जो पूरी तरह से यथार्थवादी एवं वास्तविक होता है।

फिर यह अभिनय शैली कहीं बाहर से आरोपित नहीं की जा रही है। स्वयं नाटक के आलेख में ही वे सारे संकेत उपलब्ध हैं, जिनके प्रयोग की ऊपर चर्चा की गई है। उदाहरण के लिए गीतों का प्रयोग—मात्र एक नर्तकियों के गीत को छोड़कर कोई भी गीत ऐसा नहीं है, जिसे स्वयं चरित्र ने गाया हो। ऐसी स्थिति में मंच पर कैसे चित्र का निर्माण होगा, पात्र स्थिर होकर मंच पर खड़ा अथवा बैठा रहे और गीत की पंक्तियाँ नेपथ्य से आती रहें। ऐसा नहीं तो नेपथ्य में गाए जाने वाले गीत की पंक्तियों के साथ मंच पर उपस्थित पात्र की गतिचर्या का विधान हो। उपर्युक्त दोनों स्थितियों में एक अलग क़िस्म के यथार्थवादी अभिनय की अपेक्षा होगी। यह युक्ति आज की फ़िल्मों में प्रचलित पार्श्व गायन के अनुसार अभिनय करने से मिलती-जुलती है, लेकिन सच तो यह है कि इस नाटक के लिखे जाने तक फ़िल्मों में पार्श्वगायन की शुरुआत ही नहीं हुई थी। यहाँ तक कि फ़िल्मों में ध्वनि का इस्तेमाल भी एक-आध बरस पहले ही शुरू हुआ था।

यथार्थवादी होते हुए भी अभिनय में नाटककार किस प्रकार शैलीबद्धता और नाट्यधर्मिता का कुशल संयोजन करता है, यह नीचे दिए गए दो मंच-निर्देशों से स्पष्ट हो जाएगा, "ध्रुवस्वामिनी एक मंच पर बैठकर अधरों पर उँगली रखकर कुछ सोचने लगती है और चमरधारिणी चमर चलाने लगती है।" और "तीन मंचों में दो ख़ाली और एक पर ध्रुवस्वामिनी पादपीठ के ऊपर बाएँ पैर पर दाहिना पैर रखकर अधरों से उँगली लगाए चिंता में निमग्न बैठी है।"

क्या ये निर्देश अभिनय से भी ज़्यादा चित्रकला जैसे माध्यम के निकट नहीं ले आते, जहाँ मानो जीता-जागता अभिनेता एक फ्रेम में जड़े चित्र का-सा आभास देने लगता है।

प्रसाद ने अपने दूसरे नाटकों में कम-से-कम निर्देश दिए हैं, लेकिन आश्चर्य है कि महज़ पचास पृष्ठों के त्रि-अंकीय नाटक में उन्होंने सबसे ज़्यादा मंच-निर्देश दिए हैं। यह सीधे-सीधे पश्चिम के यथार्थवाद का ही प्रभाव है, लेकिन इससे नाटककार की उस सजग चेतना का भी गूढ़ परिचय मिलता है कि मानो नाटक के एक-एक क्षण, एक-एक पात्र, एक-एक स्थिति और एक-एक गति की परिकल्पना उसके मन में बिलकुल स्पष्ट है। यहाँ तक कि ध्रुवस्वामिनी का आलेख मानों एक नाटककार के आलेख की अपेक्षा एक निर्देशक के आलेख जैसा लगता है, जिसमें उसने प्रस्तुति से पहले ही सब कुछ तय करके नोट कर दिया है। इसके ठीक पचास वर्ष बाद हम मोहन राकेश के पहले नाटक 'आषाढ़ का एक दिन' में भी इसी प्रक्रिया के दर्शन करते हैं। ये मंच-निर्देश यदि अभिनेता के लिए क्रियाओं-प्रतिक्रियाओं की पहले से एकत्रित स्रोत-सामग्री प्रस्तुत करते हैं तो साथ ही अभिनय करते समय उसे कार्य और कारण के संबंध को ढूँढ़ने में भी सहायक सिद्ध होते हैं।

'ध्रुवस्वामिनी' में स्वगतों का प्रयोग पुनः एक ऐसा तत्त्व है जो एक नई यथार्थवादी अभिनय-शैली की माँग करता है। शुद्ध यथार्थवादी नाटकों में प्रायः इस तरह के स्वगत हुआ ही नहीं करते और यदि होते भी हैं तो वे एक लंबे संवाद के रूप में ही आते हैं। संस्कृत नाटकों में भी ऐसे लंबे-लंबे स्वगतों की कोई परंपरा नहीं मिलती। पहली बार ऐसे स्वगत शेक्सपीयर के नाटकों में मिलते हैं और प्रसाद ने उनकी प्रेरणा वहीं से ली होगी। यों ऐसे स्वगत प्रसाद के दूसरे नाटकों में भी बहुतायत में हैं, लेकिन वे नाटक तो अपनी मूल प्रकृति में ही यथार्थवादी नहीं हैं, अतः उनका वहाँ होना कोई विशेष बात नहीं। लेकिन एक यथार्थवादी नाटक में उनके प्रयोग से एक नई शैली का सृजन करना, निश्चय ही प्रसाद की अपनी निजी एवं मौलिक खोज है। यहाँ एक और समानता की ओर भी संकेत करना चाहूँगा कि शेक्सपीयर के मंच पर दो स्तंभ होते थे, जिनके आसपास ही अभिनेता नाटक के स्वगतों का अभिनय करता था। इस नाटक में भी स्वगत की रचना दृश्यबंधों में खंभों को ध्यान में रखकर की गई है।

यदि हम यह कहें कि जिस समसामयिक भारतीय यथार्थवाद की शुरुआत बंगाल में दीनबंधु मित्र के नाटक 'नील दर्पण' से हुई थी और जिसे भारतेंदु ने अपने नाटक 'अंधेर नगरी' में लोककथा का जामा पहनाकर एक नया रंग और आकार दिया, प्रसाद ने उस यथार्थवाद को नाट्यधर्मिता के मेल से एक ऐतिहासिक परिवेश में अंतिम परिणति तक पहुँचाया तो कोई अत्युक्ति नहीं होगी। संक्षेप में, ध्रुवस्वामिनी हिंदी रंगमंच के एक सौ बीस वर्षों के इतिहास के पूर्वार्द्ध का सर्वाधिक चर्चित, मंचित और प्रतिनिधि रंग-नाटक है, जो बार-बार रंगकर्मियों को नई-नई अभिनय शैली की खोज के लिए प्रेरित करता है।

कोणार्क : आज़ादी के बाद का पहला रंगमंचीय नाटक

1947 में देश विदेशी दासता से मुक्त हुआ और उसके ठीक तीन वर्ष बाद पिछले पचास वर्षों के हिंदी रंगमंच के पहले रंग-नाटक के रूप में 'कोणार्क' का प्रकाशन हुआ और उसके बाद लगातार इसके मंचन होते रहे हैं। एक बार फिर से एक समकालीन कथ्य को व्यंजित करने के लिए जगदीशचंद्र माथुर ने इतिहास से अपने सामग्री-स्रोत ग्रहण किए। उनसे पूर्व भी हिंदी के दो महान् नाटककार इसकी पृष्ठभूमि तैयार कर चुके थे—भारतेंदु लोककथा, मिथक जैसे स्रोतों के रूप में और प्रसाद शुद्ध ऐतिहासिक स्रोतों के रूप में परंतु जगदीशचंद्र माथुर ने मध्यकालीन इतिहास को अपना आधार बनाया। इतिहास, पुराण, लोककथा, मिथक अथवा किंवदंतियाँ—ये कुछ ऐसे स्रोत रहे हैं जो भारतीय नाटककार अथवा विदेशी नाटककारों को रंगमंच के जन्म से ही आकर्षित करते रहे हैं। लेकिन अहम बात यह है कि यहाँ उपर्युक्त सारी सामग्री मात्र अपनी तात्कालिक सीमाओं के भीतर ही सिमटकर नहीं रह जाती वरन् अपने भीतर से नितांत नए, समसामयिक एवं सार्थक कथ्य की व्यंजना करती है। शायद इसीलिए रचनाकार बार-बार इन स्रोतों की ओर लौटते हैं, क्योंकि यहाँ पहले से कथा का एक प्रचलित एवं प्रचारित रूप उपस्थित है। अतः उसके लिए यह सुविधा हो जाती है कि वह उसमें से क्या नया खोज कर लाए कि वह उसे अपने समय की आहटों, पदचापों एवं प्रतिध्वनियों से तो जोड़ ही सके, साथ-साथ अपने शाश्वतपन के कारण हर युग में उसकी सार्थकता बनी रहे।

यों इस नाटक के कुछ अंश 1946 में ही लिखे जा चुके थे लेकिन अपने पूर्ण रूप में यह 1950 में प्रकाशित हुआ और उसके बाद भी अगले दस वर्षों तक इसकी विभिन्न प्रस्तुतियों पर मिली प्रतिक्रियाओं के फलस्वरूप नाटककार ने इसमें बहुत से परिवर्तन किए। आज अपने अंतिम रूप में जो आलेख हमारे सामने है, उसी के संदर्भ में 'कोणार्क' के प्रस्तुत पक्ष का विवेचन किया जाना चाहिए।

सबसे पहले नाटक के कथ्य को लें। एक कलाकार, रचनाकार अथवा सर्जक और शासन-व्यवस्था के बीच क्या संबंध होना चाहिए अथवा हो सकता है ? यह एक ऐसा कथ्य है जिसमें पहले से गहरे अंतर्द्वंद्व के लिए अपार संभावनाएँ निहित हैं। कलाकार शासन द्वारा दी जाने वाली सुविधाएँ एवं पुरस्कार स्वीकार करने के बाद क्या पूरी तरह से ख़ामोश हो जाए और शासन के हरेक ग़लत-सही निर्णय को आँख मूँदकर स्वीकार

करता चले ? रचनाकार को राजनीतिक व्यवस्था से कोई सरोकार नहीं होना चाहिए और वह अपने संसार में लिप्त होकर अपना सृजनात्मक कर्म संपादित करता रहे ? सर्जक मात्र सर्जक ही नहीं है वरन् एक सामाजिक प्राणी भी है और इस रूप में उसकी भूमिका दोहरी हो जाती है अर्थात् उसे अपना रचनाकर्म तो करना ही है, साथ ही जब ज़रूरत पड़े, आगे बढ़कर समाज का नेतृत्व भी करना है ? ये कुछ ऐसे प्रश्न हैं जो 'कोणार्क' का रचनाकार तो उठाता ही है, उसके बाद भी 'आषाढ़ का एक दिन', 'आठवाँ सर्ग', 'हानूश' जैसे नाटकों में इनकी प्रतिगूँज सुनाई देती है। यों इसी कथ्य की थोड़ी सी झलक जगदीशचंद्र माथुर बहुत पहले अपने एकांकी 'भोर का तारा' में भी दे चुके थे लेकिन ठीक आज़ादी के आसपास या उसके तुरंत बाद इस कथ्य को अपने नाटक का विषय बनाना एक और महत्त्वपूर्ण तथ्य की ओर भी संकेत करता है। जब तक देश में विदेशी शासन था, रचनाकार की भूमिका काफ़ी हद तक निश्चित और परिभाषित रहती है या की जा सकती है, लेकिन जब अपनी ही शासन व्यवस्था आ जाती है तो कलाकार किसके विरोध में उठकर खड़ा हो ? ऐसा अंतर्द्वंद्व स्वयं एक सरकारी नौकरी में रहते हुए नाटककार के मन में भी रहा होगा और इसलिए उसने वर्तमान राजनीति की अपेक्षा 13वीं शताब्दी के एक मंदिर के निर्माण की कथा में से अपने सूत्र जुटाए। कितना साम्य है दोनों समय और स्थितियों में। नाटक के कथानक में एक नए मंदिर का निर्माण लगभग पूरा हो गया है और उसका उद्घाटन शेष है, इधर आज़ादी मिल चुकी है और अब किन दिशाओं में आगे बढ़ना है, यह तय होना शेष है। मंदिर के निर्माण की पृष्ठभूमि में न जाने कितने असंख्य शिल्पियों को अनाचार एवं अत्याचार की चक्की में पिसना पड़ा और यहाँ एक नए देश के निर्माण की प्रक्रिया में विभाजन के तहत कितना भीषण नरसंहार हुआ। नाटक में धर्मपद और विशु जैसे कलाकारों की आत्मघाती मृत्यु और इधर गाँधी की हत्या अर्थात् एक मंदिर के निर्माण से पहले ही उसका ध्वंस हो जाता है अथवा आज़ादी मिले-न मिले उससे जुड़े सभी सपनों एवं आदर्शों से मोहभंग होने लगता है। इन्हीं सारी तत्कालीन सामाजिक एवं राजनीतिक परिस्थितियों के भीतर से आज़ादी के पचास वर्षों के हिंदी रंगमंच का पहला सबसे महत्त्वपूर्ण नाटक उभरकर आता है—'कोणार्क'।

अपने पूर्ववर्ती नाटकों की भाँति ही यह नाटक भी भारतीय एवं पाश्चात्य रंग-परंपराओं से प्रेरणा ग्रहण करता है। नाटक में तीन अंकों की अवधारणा यदि सीधे-सीधे पश्चिमी नाटककारों यथा इब्सन, शॉ जैसे रचनाकारों के यहाँ प्रयुक्त यथार्थवादी शैली से ली गई है तो उपक्रम, उपकथन एवं उपसंहार की परिकल्पना के स्रोत संस्कृत नाटकों की प्रस्तावना और भरत वाक्य अथवा अर्थोपक्षेपकों के रूप में उपलब्ध सूच्य दृश्यों, प्रवेशक और विषकंभक में खोजे जा सकते हैं। इसके साथ-साथ, जैसा कि नाटककार ने स्वयं भी स्वीकार किया है, प्राचीन ग्रीक नाटकों के एक आवश्यक तत्त्व कोरस से भी इन्हें जोड़ा जा सकता है। यहाँ तक कि संस्कृत नाटकों के ही सूत्रधार—नटी अथवा लोक नाटकों में सूत्रधार की मंच पर लगातार उपस्थिति—ये सारे शास्त्रीय एवं पारंपरिक तत्त्व

समग्र नाट्य परंपराओं में शुरू से चले आ रहे हैं। यदि पश्चिम में एक आधुनिक नाटककार ब्रेष्ट ने इनके इस्तेमाल से एक नया रंग-सिद्धांत ही तैयार कर लिया तो अपने यहाँ भी 'कोणार्क' के तुरंत बाद आई नाट्य-रचना 'अंधा युग' भी इन तत्त्वों का खुलकर इस्तेमाल करती है।

बहरहाल, उपर्युक्त सारे उदाहरणों से एक ही बात प्रतिपादित होती है कि जब-जब भारतीय नाटककारों ने अपनी रचना-शैली के लिए यथार्थवादी मुहावरे को लिया तो उन्होंने कभी उसे उसके शुद्ध पाश्चात्य परिधान में नहीं अपनाया, बल्कि अपने यहाँ की या कुछ दूसरी पाश्चात्य युक्तियों से समाविष्ट करके सदैव एक नए ही रूप में प्रस्तुत किया और 'कोणार्क' भी उसका अपवाद नहीं है।

इसके साथ ही दो अन्य कला-माध्यमों के तत्त्वों को भी ऐसे कौशल से इस नाटक में पिरोया गया है, जिससे इसकी रंगमंचीयता द्विगुणित हो गई है। वे कला माध्यम हैं—रेडियो और फ़िल्म। दोनों ही अपेक्षाकृत नए माध्यम हैं। बल्कि यह कहना भी ग़लत नहीं होगा कि शुरू-शुरू में तो नाटक रेडियो जैसे ध्वनि माध्यम के लिए ही लिखे गए और उसका प्रभाव 'कोणार्क' पर भी स्पष्ट दृष्टिगोचर होता है। जिस प्रकार से नाटककार ने स्थान-स्थान पर संगीत एवं ध्वनि प्रभाव के संकेत दिए हैं, उनमें मंच से अधिक रेडियो जैसे माध्यम की ओर ही ज़्यादा ध्यान जाता है। इस बात को और ज़्यादा अलग से रेखांकित करने की ज़रूरत भी नहीं, क्योंकि रचनाकार स्वयं उस माध्यम से संबद्ध था।

लेकिन यथार्थवादी अभिनय शैली के लिए फ़िल्म जैसे माध्यम से भी प्रभावित होकर नाट्य रचना में उसके तत्त्वों का प्रयोग करना निश्चय ही एक ऐसा नयापन है, जिसकी तरफ़ अवश्य ध्यान दिया जाना चाहिए। अभी तक फ़िल्म जैसे माध्यम को पारसी रंगमंच की मृत्यु के मुख्य कारणों में गिनाया जाता रहा है, लेकिन इस तथ्य की ओर किसी की दृष्टि नहीं गई कि पारसी रंगमंच की अतिरंजित संवाद अदायगी और अति नाटकीय अभिनय शैली से बिलकुल अलग एक यथार्थवादी अभिनय शैली को परवर्ती नाट्य रचनाओं में लाने का बहुत कुछ श्रेय फ़िल्मों को भी जाता है। पहली बार एक रचनाकार ने अपने नाट्यलेखन पर यह प्रभाव स्वीकार किया है तो वह स्वागत योग्य है।

नाटक अपनी संरचना में दो बिलकुल एक-दूसरे से अलग-अलग भागों में बँटा हुआ है। अलग-अलग इस अर्थ में कि दोनों भागों के पात्र अलग हैं, दोनों भागों का उद्देश्य अलग है और दोनों भागों की भाषा-शैली भी अलग है।

पहला भाग है—उपक्रम, उपकथन एवं उपसंहार के रूप में सूत्रधार और दो वाचिकाओं का एक समूह। यह भाग नाटक की कथा की पृष्ठभूमि तैयार करता है, उसे आगे बढ़ाता है और अंत में पुनः वर्तमान में ले आता है। यह भाग शुद्ध रूप से रेडियो माध्यम के रूपक अथवा फ़िल्मी शब्दावली में कहें तो वृत्तचित्र शैली पर आधारित है, जहाँ किसी दृश्य के साथ-साथ नैरेशन भी चलता रहता है। इस प्रकार यह भाग उस समय लिखे गए नाटक के लिए एक नया तत्त्व तो था ही, एक दूसरे रूप में आगे आने

वाले नाटक को एक दूरी के साथ देखने के लिए प्रेरित करता है, न कि अनजानी कथा के बहाव में बहकर देखने के लिए, जो प्रक्रिया एक यथार्थवादी नाटक की रीढ़ होती है। इस प्रकार यह हिस्सा नाटक की यथार्थवादी शैली को एक नया आयाम देता है। पश्चिम में ब्रेष्ट के एंलिएनेशन यानी अलगाव के सिद्धांत की बहुत चर्चा हुई है। क्या हम इस भाग को उसके समकक्ष नहीं रख सकते ? हमारे हिंदी रंगमंच की सबसे दुःखद स्थिति यही है कि जब भी कोई नया प्रयोग या मुहावरा यहाँ के नाटककारों और रंगकर्मियों ने खोजकर रचना की, उस ओर हमारे मूर्धन्य आलोचकों का ध्यान कभी नहीं गया या शायद वे जानबूझकर आँखें मींचे रहे।

नाटक का दूसरा भाग तीन अंकों में विभाजित वह कथा है, जो यथार्थवादी शैली में आगे बढ़ती है अर्थात् कथा के आरंभ, विकास, चरमोत्कर्ष इत्यादि स्थितियों से गुज़रती हुई एक निश्चित अंत तक पहुँचती है। इस भाग के रंगमंचीय पक्ष के विषय में तो नाटककार इतना सजग और सचेत है कि उसने दृश्यबंध के रेखाचित्र ही प्रस्तुत नहीं किए, बल्कि मुख्य पात्रों की वेशभूषा के ऐतिहासिक प्रमाण एवं चित्र भी प्रकाशित किए हैं। यहाँ तक कि निर्देशक और अभिनेताओं के लिए जो भी संकेत और सूचनाएँ दी जा सकती थीं, वे सब विस्तार में परिशिष्ट में उल्लिखित हैं। इससे जहाँ लेखक के व्यावहारिक रंगानुभव का परिचय मिलता है, वहीं उसके समय की रंगमंच की शैशवावस्था का संकेत भी मिलता है। यदि उस समय हिंदी रंगमंच में कोई सशक्त रंग-परंपरा रही होती तो शायद नाटककार को इतना रंगोपदेश देने की आवश्यकता न पड़ती। दरअसल, इसीलिए इस नाटक का महत्त्व और भी बढ़ जाता है कि यह नाटक उन कुछ गिने-चुने नाटकों में से एक है, जिन्होंने आज़ादी के बाद के पहले दशक में हिंदी रंगमंच का मार्ग प्रशस्त किया।

नाटक के प्रस्तुति पक्ष पर और गहराई से विचार शुरू करते हैं तो एक और मनोरंजक तथ्य हाथ लगता है। युद्ध की पृष्ठभूमि के साथ-साथ एक प्रणय-कथा की धारा भी पूरे नाटक में विद्यमान है, लेकिन नाटक में स्त्री-पात्र एक भी नहीं है। क्या सच ही नाटक का कथ्य ऐसा था कि स्त्री-पात्र की आवश्यकता ही अनुभव नहीं हुई ? अथवा उस वक़्त के हिंदी रंगमंच में नियमित स्तर पर स्त्रियों की हिस्सेदारी शुरू नहीं हुई थी, इसलिए नाटककार को यह समझौता करना पड़ा ? यद्यपि नाटक में स्त्री-पात्र की अनुपस्थिति को उसने उपक्रम, उपकथन एवं उपसंहार वाले भाग में सूत्रधार के साथ दो वाचिकाओं की उपस्थिति से भरना चाहा है, लेकिन साथ ही विकल्प भी प्रस्तुत कर रखा है कि चाहें तो वाचिकाओं के स्थान पर वाचक भी रखे जा सकते हैं। ऐसी स्थिति में यही निष्कर्ष निकाला जा सकता है कि नाटककार ने चाहकर भी स्त्री-पात्रों का प्रयोग नहीं किया है, क्योंकि उसके सामने अपने समय के शौकिया हिंदी रंगमंच की स्थिति रही होगी और तब तक किसी व्यावसायिक रंगमंडल का उदय हुआ ही नहीं था।

नाटक के तीन अंकों में पहले दो का परिवेश एक ही है अर्थात् कोणार्क मंदिर में विशु का पक्ष। केवल तीसरे अंक में परिवेश बदलता है और वह है—मंदिर के गर्भगृह

से सटा अंतराल। परंतु जिस रूप में नाटककार ने तीनों अंकों में समय का समायोजन किया है, वह निश्चय ही नाटक को ज़्यादा-से-ज़्यादा नाटकीय बनाने में सहायक सिद्ध होता है—पहले अंक का समय सुबह है, दूसरे अंक का समय मध्याह्न है और तीसरे अंक का समय रात्रि का दूसरा प्रहर है। बेशक, तीनों अंक एक ही दिन के अलग-अलग पड़ाव नहीं हैं, तब भी वे आपस में समग्र रूप में कथा के एक निश्चित नाटकीय विकास की ओर संकेत करते हैं—आरंभ, मध्य और अंत। यह एक ऐसा सूत्र है जो नाटक की प्रकाश-योजना को तो निर्धारित करता ही है, लेकिन उससे भी ज़्यादा पूरे नाटक की गति को निश्चित करने में निर्णायक भूमिका निभा सकता है।

नाटक की सबसे बड़ी खूबी यही है कि कार्य-व्यापार के नाम पर यहाँ कुछ भी घटित नहीं होता, इसके बावजूद मात्र वाद-विवाद के माध्यम से नाटक इतनी तेज़ गति से आगे बढ़ता है कि अंततः किसी बाहरी कार्य-व्यापार की ज़रूरत ही महसूस नहीं होती। मुझे लगता है कि नाटक के शिल्प का यह स्वरूप भी रेडियो जैसे ध्वनि माध्यम से ही लिया गया है, जहाँ दृश्य से अधिक श्रव्य अर्थात् वाचिक पर ज़ोर रहता है। इसीलिए नाटक की भाषा अत्यंत साहित्यिक होते हुए भी नाटकीयता से ओत-प्रोत है। वह एक ऐतिहासिक वातावरण का निर्माण करने में तो समर्थ है ही, उससे भी ज़्यादा इस बात का ज़ोरदार खंडन करती है कि साहित्यिकता का पुट लिए संवाद नाटक के लिए उपयुक्त नहीं होते। मेरे विचार में नाटक में संवादों का साहित्यिक होना या न होना उतना मायने नहीं रखता, जितनी यह अपेक्षा या संभावना कि वे अपने भीतर से कितने नए बिंब और कितने नए अर्थ व्यंजित कर रहे हैं। इस लिहाज़ से 'कोणार्क' के संवाद सफल नाटकीय संवाद हैं। यहाँ मैं नाटककार के इस अतिरिक्त आग्रह से भी सहमत नहीं हूँ कि इस नाटक के बहुत बार मंचित न होने का कारण इसके संवादों का संस्कृतनिष्ठ होना है। यदि ऐसा होता तो न कभी उनके पूर्ववर्ती प्रसाद के नाटक मंच का मुख देख पाते और न उनके परवर्ती 'अंधा युग', 'आषाढ़ का एक दिन' और 'लहरों के राजहंस' को ही यह सौभाग्य नसीब होता। इतिहास साक्षी है कि शायद सबसे ज़्यादा प्रदर्शन ऐसे ही नाटकों के हुए हैं जिनकी भाषा में अधिकाधिक काव्यात्मकता, बिंबात्मकता एवं व्यंजना रही है। जिस दिन नाटक का संवाद सीधा, सपाट और एकार्थी हो जाएगा, उस दिन शायद नाटक विधा की ही मृत्यु हो जाएगी।

यही बात नाटक के पात्रों के विषय में भी कही जा सकती है। प्रायः ऐतिहासिक नाटकों में यह ख़तरा हमेशा बना रहता है कि नाटककार कहीं ऐतिहासिकता के अतिरिक्त मोह में चरित्रों को एकायामी न बनाकर छोड़ दे ? लेकिन 'कोणार्क' के इतिहास की अर्थ-ध्वनियाँ इतनी समकालीन हैं कि चरित्र स्वयमेव बहुआयामी होने लगते हैं। कथा के स्तर पर भी प्रत्येक चरित्र एक अंतर्द्वंद्व लेकर आता है। विशु के मंदिर को पूरा न कर पाने की असहायता के साथ-साथ अपने प्रणय के किसी जीवित चिह्न को खोज पाने की असमर्थता, धर्मपद में शिल्पियों पर किए गए अत्याचारों की गाथा किसी तक पहुँचाने की पीड़ा है तो उससे निस्तार पाने की कसक भी है। राजा

नरसिंहदेव अपनी बंग-विजय से आह्लादित है तो उसी क्षण स्वयं अपने राज्य में घटते षड्यंत्रों एवं कुचक्रों से आशंकित है। दरअसल, यह बहुआयामिता ही वह अति आवश्यक रंग-तत्त्व है, जिसके अभाव में अच्छे से अच्छा और ताज़ा कथ्य वाला नाटक भी बेहद लचर एवं कमज़ोर साबित होता है। 'कोणार्क' के चरित्रों में यह बहु-आयामिता भरपूर मात्रा में मौजूद है। इसीलिए वे चरित्र पुराने ऐतिहासिक नाटकों में चित्रित 'कार्ड बोर्ड' जैसे बनावटी नहीं, बल्कि मांस-मज्जा में सने जीते-जागते चरित्र नज़र आते हैं।

ये सारे तत्त्व और विशेषताएँ इस नाटक को एक सहज यथार्थवादी अभिनय शैली के माध्यम से प्रस्तुत करने के लिए प्रेरित करती हैं। लेकिन एक प्रश्न नाटक के अंत को लेकर स्वभावतः मन में उठता है कि शिल्पी विशु द्वारा अपनी ही बनाई सृष्टि के विध्वंस द्वारा अपने प्रतिशोध की पूर्ति क्यों ? क्या यह एक निराशावादी अंत नहीं है ? कहीं अपनी ही बनाई सृष्टि के संहार में ईश्वर की मृत्यु तो निहित नहीं है, जिसने बाद में 'अंधायुग' जैसे नाटक के कथ्य को जन्म दिया ? शायद आज़ादी की उदय बेला के काल में एकदम से ऐसे निराशावादी अंत वाले नाटक का लिखा जाना एक ऐसे झटके के रूप में दर्शकों को झकझोर गया कि वे सहसा उसे स्वीकार नहीं कर पाए। यही कारण है कि इतना महत्त्वपूर्ण नाटक होते हुए भी 'कोणार्क' शौक़िया मंडलियों अथवा विद्यालयों-महाविद्यालयों में तो अवश्य मंचित किया गया, लेकिन किसी प्रतिष्ठित नाट्य मंडली ने शायद ही इसे कभी प्रस्तुत किया हो।

भले ही अपने समकालीन दूसरे नाटकों की तुलना में, मंचन के संदर्भ में, 'कोणार्क' की कम चर्चा हुई हो लेकिन इस बात से इनकार नहीं किया जा सकता कि प्रसाद के नाटकों के बाद यही पहला नाटक है जो आधुनिक हिंदी रंगमंच के सशक्त नाट्य लेखन का प्रतिनिधित्व तो करता ही है, साथ-साथ उसे अपनी परवर्ती उस रंग-परंपरा से भी जोड़ता है जिसने रंगमंच को एक नई रंगभाषा, नए संस्कार और नए तेवर दिए। यदि 'कोणार्क' अपने समय में मंचन से बिलकुल अछूता रह गया होता तो आने वाले नाटकों का क्या हश्र होता, इसका हम सहज ही अनुमान लगा सकते हैं। इसीलिए हिंदी रंगमंच में एक नई शैली की खोज और पूरी तरह से भारतीय यथार्थवाद की प्रस्तुतिपरक अवधारणाओं एवं संभावनाओं के प्रतीक रूप में 'कोणार्क' का महत्त्व सदैव अक्षुण्ण रहेगा।

कहानी के भीतर से उभरता कहानी का रंगमंच

प्रत्येक नाटक में एक कहानी होती है और प्रत्येक कहानी में एक नाटक होता है। इसी उक्ति को थोड़ा और विस्तार दें तो कहा जा सकता है कि प्रत्येक कला अपनी मूल प्रकृति एवं परिकल्पना में नाटकीय होती है। यदि यह सच है तो कहानी को अलग से अथवा एक नाटक के रूप में रूपांतरित करने की आवश्यकता क्यों पड़ती है ? क्या इसलिए कि कहानी में जो नाटक रहता है, वह इतने सूक्ष्म रूप में होता है कि उसे ठोस रूप में सामने लाने के लिए उसका नाट्य रूपांतरण करना पड़ता है ? क्या इसलिए कि शुद्ध नाटकीय तत्त्वों की दृष्टि से कहानी एक अपूर्ण माध्यम है और उसे पूर्णता तक पहुँचाने के लिए नाट्य विधा का आश्रय लेना पड़ता है ? क्या इसलिए कि दो अलग-अलग विधाओं के शिल्प और व्याकरण के तालमेल से एक नई विधा के जन्म में नाटकीयता अंतर्निहित है ?

उपर्युक्त प्रश्नों के समाधान से ज़्यादा ज़रूरी ये होगा कि हम यह देखने का प्रयत्न करें कि जो नाटक कहानी में स्वयं उपस्थित है, वह वहाँ किस रूप और आकार में उपस्थित है ? एक नाटक तो वही है जो कहानी की विभिन्न घटनाओं, उनके क्रम और उनके उतार-चढ़ाव में दिखाई पड़ता है। इसी से जुड़ा दूसरा नाटक कहानी की शिल्पगत संरचना में से उत्पन्न होता है क्योंकि प्रत्येक कहानीकार अपने कथ्य को अधिक-से-अधिक ग्राह्य, संप्रेषणीय एवं प्रभावकारी बनाने के लिए उसे एक विशेष ताने-बाने और बुनावट में बाँधता है। ये दोनों नाटकीय तत्त्व मूलतः कहानी के आलेख में ही उपलब्ध हैं। लेकिन एक तीसरा नाटक भी है जो कहानी के आलेख से बाहर अथवा अलग घटित होता है और यह प्रक्रिया कम-से-कम दो स्तरों पर चलती है—कहानी सुनाने और सुनने वाले के बीच अथवा कहानी पढ़ने वाले और स्वयं कहानी के बीच।

यदि हम कहानी के जन्म की तरफ़ लौटें तो वह अपने मूल रूप में सुनाने और सुनने की प्रक्रिया से उत्पन्न हुई। यहाँ यह उल्लेख करना भी अप्रासंगिक नहीं होगा कि वस्तुतः रंगमंच के जन्म का श्रेय कहानी सुनाने की परंपरा को ही जाता है, जिसमें कालांतर में अभिनटन का तत्त्व जुड़ता गया अर्थात् कहानी सुनाते-सुनाते दिखाने में परिवर्तित होती चली गई। यह सुनाना-सुनना एक सामूहिक प्रक्रिया थी, जिसमें पूरे जन-समुदाय की हिस्सेदारी होती थी। भले ही कहानी सुनाने वाला एक व्यक्ति रहा हो, लेकिन यह निश्चित है कि उसे सुनने वाले सदा से संख्या में एकाधिक रहे हैं। देश के अलग-अलग प्रांतों में आज भी न जाने कितनी कथा वाचन एवं श्रवण की शैलियाँ

वर्तमान हैं, चाहे वह मध्य प्रदेश में पंडवानी हो, महाराष्ट्र में कीर्तन हो, मणिपुर में लाई हरोबा हो, राजस्थान में बातपोश, पाबू जी का फड़, गुजरात में आख्यान और बुंदेलखंड में आल्हा-ऊदल हो। बहुत दूर न जाएँ तो आज भी घरों-परिवारों में रात में नाना-नानी या दादा-दादी जैसे बड़े-बूढ़े लोगों से कहानी सुनने की परंपरा मौजूद है, बेशक संयुक्त परिवार प्रथाएँ धीरे-धीरे हाशिए पर आती चली गई हैं।

अभी तक आदिकाल से लेकर आज तक कहानी सुनाने की जितनी भी शैलियों और परंपराओं का ज़िक्र किया गया है, वे सभी कहानी के मौखिक आलेख पर आधारित हैं। यहाँ कहानी पहले से लिखी हुई अथवा मुद्रित नहीं है। यह भी नितांत संभव है कि सुनाने वाला उसी क्षण कहानी की आशु-रचना कर रहा हो, जब वह उसे सुनाने की प्रक्रिया से गुज़र रहा है, (यदि कथ्य पहले से जाना-पहचाना नहीं है) लेकिन उल्लेखनीय बात यह है कि कहानी का एक अपना नाटकीय और रंगमंचीय संसार यहाँ भी साकार होने लगता है। सबसे पहले तो वाचक की जीवंत उपस्थिति, उसकी आवाज़, वाचन-शैली, अंग-संचालन, हाव-भाव और कभी-कभी कथा के बहाव के साथ अचानक उठकर खड़े हो जाना, नृत्य करने लगना अथवा अभिनटन की स्थिति तक पहुँच जाना अर्थात् वह जो कुछ सुना रहा है, उसे दिखाने की स्थिति तक ले जाना। श्रोताओं के सामने कुछ भी ठोस दृश्य में न होते हुए भी क्या वे उस दृश्य-संसार को नहीं देख रहे हैं, अनुभूत नहीं कर रहे हैं और अपनी तात्कालिक प्रतिक्रियाओं के माध्यम से उन बेशुमार पात्रों और घटनाओं के साथ एक अंतरंग संबंध स्थापित नहीं कर रहे हैं? यही वह नाटकीयता है, जो बहुत संभव है, स्वयं कहानी में बहुत दूर तक मौजूद न हो लेकिन सुनाने वाले की अपनी कला और सुनने वाले की अपनी ग्राह्यता एवं कल्पना पर निर्भर करती है।

इसी अनुभव का एक बिलकुल दूसरा रूप तब आकार ग्रहण करता है, जब कहानी लिखित और प्रकाशित रूप में पाठक को उपलब्ध है। बेशक, यहाँ पहले की तुलना में अनुभव-प्रक्रिया ठीक विपरीत है, क्योंकि जहाँ पहली प्रक्रिया एक समूह को अपने साथ लेकर चलती है, वहाँ दूसरी प्रक्रिया मात्र एक पाठक तक सिमटकर रह गई है। यहाँ तक कि लेखक रचयिता या वाचक की जीवंत उपस्थिति भी यहाँ नदारद है। बोले जाने वाले शब्दों के स्थान पर पाठक अपने एकांत में उनकी ख़ामोश उपस्थिति को अपनी आँखों से पढ़ रहा है और शायद अपने भीतर में सुन भी रहा हो। लेकिन कहानी का दृश्यजगत यहाँ भी साकार होता है, चाहे वह उस अकेले पाठक के लिए हो। इसी प्रक्रिया को एक अलग रूप में लाया जाए, जहाँ या तो लेखक स्वयं अपनी कहानी पढ़कर सुना रहा हो या उसी कहानी को कोई दूसरा पढ़कर सुनाए तो वह अनुभव मौखिक कहानी के सामूहिक श्रवण और प्रकाशित कहानी के एकांत पढ़ने के दो छोरों के बीच एक तीसरा विकल्प होगा।

संक्षेप में, अब तक के विवेचन से यह पूरी तरह से स्पष्ट और प्रमाणित हो जाता है कि कहानी की नाटकीयता उसके अपने मूल आलेख में से ही पकड़ी जा सकती है,

उसके लिए कहानी के फार्म को तोड़-मरोड़कर नाटक में परिवर्तित करने की क़तई ज़रूरत नहीं है। चूँकि आज हमारा सरोकार मुख्य रूप से कहानी के उस आधुनिक आलेख से है, जो हमारे सामने प्रकाशित शब्द के रूप में उपस्थित है, तो उसी को केंद्र में रखकर चर्चा को आगे बढ़ाया जाए। अभी तक मैंने कहानी के साथ जुड़े जितने भी तरह के रिश्तों की बात की है, वे मुख्यतः कहानी को सुनने और पढ़ने के संदर्भ में व्याख्यायित किए गए हैं। इस रिश्ते की एक नई और ताज़ी कड़ी है कहानी को देखना। पूछा जा सकता है कि क्या पहली दोनों प्रक्रियाओं में श्रोता अथवा पाठक कहानी को नहीं देख रहा था ? ज़रूर देख रहा था लेकिन यह देखना उतना ही अमूर्त और निराकार था, जितने कि शब्द स्वयं होते हैं। जहाँ पहली दोनों प्रक्रियाओं में वह शब्दों को सुनते या पढ़ते हुए अपने मन की आँखों के सामने उनका एक चित्र देखते हुए चलता है, वहाँ इस प्रक्रिया में वह कहानी को अपने सामने ठोस, सजीव और वास्तविक रूप में घटित होते हुए देखता है, सुनता है और मानों पढ़ता है—कहानी के अपने मूल शब्दों एवं फॉर्म के साथ। नाटक जैसी प्रदर्शनकारी विधा के ढाँचे और व्याकरण में स्थानापन्न किए बिना।

इस प्रकार यह प्रक्रिया कहानी के साथ अब तक जुड़े अनुभवों से आगे की कड़ी तो है ही, कहीं-न-कहीं उन सबसे बिलकुल अलग भी है। और यह अलगाव, नयापन और वैभिन्न्य पैदा होता है वाचक या लेखक के स्थान पर अभिनेता के आगमन से, जो इससे पूर्व कथावाचन की किसी शैली और परंपरा में नहीं हुआ और न ही शायद वहाँ उसकी कोई आवश्यकता भी थी। अभिनेता के आने के बाद कहानी मुख्यतः अभिनटन हो गई, वाचन मात्र नहीं रही। इस बात को रेखांकित किया जाना चाहिए कि कहानी जैसी विधा अपने मुद्रित रूप में जहाँ बिलकुल ऐकांतिक विधा बनकर रह गई थी, वहाँ अभिनेता के हस्तक्षेप से वह पुनः एक सामूहिक अनुभव में तब्दील हो गई—यह क्या कोई कम छोटी यात्रा है ? और सबसे बड़ी बात यह कि कहानी ने इस यात्रा को स्वयं अपनी शर्तों पर तय और पूरा किया और स्वयं अपने भीतर से दर्शकों के लिए एक रंगमंचीय संसार को जीवित किया।

जिज्ञासा होना स्वाभाविक है कि एक लिखित और प्रकाशित कहानी को मंच पर जब अभिनेता उसके अपने मूल स्वरूप में ही प्रस्तुत करते हैं तो उस प्रक्रिया में ऐसा नया क्या घटित होने लगता है, जिसे हम कहानी के भीतर से उभरता कहानी का रंगमंच कहते हैं। इसे जानने, समझने और अनुभूत करने के लिए इससे अच्छा विकल्प और क्या होगा कि हम कुछ कहानियों को उदाहरण के रूप में अपने समक्ष रखकर इस रंगमंचीय संसार को रचने की चेष्टा करें ? इस उद्देश्य से मैंने प्रेमचंद की 'कफ़न' और अज्ञेय की 'गेंग्रीन' को लिया है। दोनों ही अपने कथ्य एवं शिल्प में एक-दूसरे से बिलकुल भिन्न हैं। 'कफ़न' जहाँ तीसरे पुरुष की शैली वाले अंदाज़ में घीसू और माधव जैसे चरित्रों की कहानी को लेकर आगे बढ़ती है, 'गेंग्रीन' में प्रथम पुरुष की एक नैरेटर के रूप में उपस्थिति एक सघन, उदास और एकरसता भरे वातावरण का चित्र प्रस्तुत

करती है और उसी में से मालती, उसके पति और बच्चे जैसे पात्रों की रोज़मर्रा की ज़िंदगी का चित्र प्रस्तुत करती है।

'कफ़न' तीन हिस्सों में बँटी हुई है—रात, दिन और पुनः रात। रहने की झोंपड़ी, बाज़ार और मयख़ाना।

कहानी की शुरुआत यों होती है—झोंपड़े के द्वार पर बाप और बेटा एक बुझे हुए अलाव के सामने चुपचाप बैठे हुए हैं और अंदर बेटे की जवान बीवी बुधिया प्रसव-वेदना से पछाड़ खा रही थी। रह-रहकर उसके मुँह से ऐसी हिला देने वाली आवाज़ निकलती थी कि दोनों कलेजा थाम लेते थे। जाड़ों की रात थी, प्रकृति सन्नाटे में डूबी हुई। सारा गाँव अंधकार में लय हो गया था।

यदि कहानी का नाट्य रूपांतरण किया जाए तो उपर्युक्त विवरण में से किसी शब्द के बोले जाने की ज़रूरत नहीं होगी। बड़ी आसानी से एक झोंपड़े का निर्माण, उसके सामने रखा एक बुझा हुआ अलाव, मंच के भीतरी हिस्से से चाहे तो किसी स्त्री की जीवंत कराहें अथवा टेपरिकार्डर के माध्यम से प्रसव-वेदना की रिकार्डेड ध्वनियाँ और अंततः इस पूरे दृश्य में ठंड से ठिठुरते हुए दो लोगों की शारीरिक क्रियाएँ एवं प्रतिक्रियाएँ और यह सब कुछ धुँधली-धुँधली रोशनी में घटित होता हुआ।

लेकिन यह पूरा दृश्य-संसार महज़ कहानी के विवरण का एक चित्रण अथवा इलस्ट्रेशन हुआ। कोई बहुत कल्पनाशील निर्देशक होगा तो ऊपर वर्णित चित्र में से एकाध तत्त्व घटा या बढ़ा देगा। इसमें कोई संदेह नहीं कि इससे नाटक तो बन जाएगा लेकिन उसमें कहानी में मात्र शब्दों के माध्यम से जो दृश्य, अनुभूति और नाटकीयता सहज ही उपलब्ध है, वह इस नाट्य रूपांतरण से ज़्यादा रोचक एवं सघन है। लेकिन कैसे ? मान लीजिए, हम इस विवरण के एक-एक शब्द को ज्यों-का-त्यों बरकरार रखते हैं तो हमारे सामने उन्हें मंच पर नाटकीय अनुभव में तब्दील करने के लिए कई विकल्प खुलने लगते हैं। मात्र दो पात्र मंच के एक कोने में बैठकर इन सारी पंक्तियों को दर्शकों से संबोधित कर सकते हैं, एक-दूसरे से संबोधित कर सकते हैं। दो की बजाय तीन अभिनेता भी हो सकते हैं—दो पुरुष और एक स्त्री। दोनों पुरुष अपने से जुड़े विवरणों को कहें और स्त्री अपने से जुड़े। एक और विकल्प यह भी हो सकता है कि स्त्री पुरुषों से जुड़े विवरण बोले, पुरुष स्त्री से जुड़े और वातावरण से जुड़े विवरण तीनों एक साथ मिलकर प्रस्तुत करें। बहरहाल, इस छोटे से विवरण को अपने तमाम शब्दों के माध्यम से अभिव्यक्त करने को कोई भी मार्ग क्यों न चुना जाए, मंच पर मात्र अभिनेता की उपस्थिति के किसी और बाहरी तत्त्व या उपकरण की आवश्यकता नहीं है। अभिनेता अभी अपने व्यक्तित्व में स्वतंत्र एवं उन्मुक्त हैं अर्थात् वे विवरणकार, कहानीकार, टिप्पणीकार जो कुछ भी हैं लेकिन चरित्र नहीं हैं, जैसा कि नाटक के आरंभ में ही होने लगता है।

अगली चार पंक्तियाँ संवादों के रूप में आती हैं। घीसू ने कहा, "मालूम होता है, बचेगी नहीं। सारा दिन दौड़ते हो गया, जा देख तो आ।"

माधव चिढ़कर बोला, "मरना ही है तो जल्दी मर क्यों नहीं जाती ? देखकर क्या करूँ ?"

"तू बड़ा बेदर्द है बे। साल-भर जिसके साथ सुख-चैन से रहा, उसी के साथ इतनी बेवफाई।"

"तो मुझसे तो उसका तड़पना और हाथ-पाँव पटकना नहीं देखा जाता।"

अभी-अभी जो अभिनेता हमें एक कहानी सुना रहे थे, उनमें से एक कहता है—'घीसू ने कहा', और वह तुरंत एक चरित्र में बदल जाता है। इसी तरह की स्थानांतरण की प्रक्रिया दूसरे अभिनेता के साथ घटित होती है, जब वह कहता है—'माधव चिढ़कर बोला।' अभी तक कहानी जहाँ तक पहुँची है, इसका अध्ययन हम पहले से प्रचलित शैलियों, परंपराओं अथवा नाटक के संदर्भ में करें तो एकदम से स्पष्ट हो जाएगा कि यह रंगमंचीय अनुभव उन सबसे भिन्न है—न तो यहाँ मात्र एक वाचक है, जो बार-बार अपनी भूमिका बदलता रहता है, न तो यहाँ मात्र एक चरित्र है जो कभी अपनी भूमिका नहीं बदलता और न यहाँ अलग से सूत्रधार जैसी किसी नाटकीय युक्ति की उपस्थिति है और न ही लेखक और पाठक जैसा अदृश्य अलगाव। दूसरे शब्दों में कहें तो यहाँ लेखक भी उपस्थित है, कहानी का एक-एक शब्द भी उपस्थित है, दो-तीन अभिनेताओं की मंडली का एक समूह भी उपस्थित है, एक मंच भी उपस्थित है, उस पर बहुत कुछ चाक्षुष बिंब के रूप में ठोस घटित भी हो रहा है लेकिन फिर भी दर्शक, श्रोता या पाठक की कल्पना के लिए उतना ही स्पेस और अवकाश उपस्थित है। क्या ये सारी चीज़ें मिलकर कहानी की मंच-प्रस्तुति को अधिक नाटकीय नहीं बनातीं। तीसरे पुरुष की विवरण-शैली में लिखी गई कहानी में इससे बढ़कर और क्या नाटकीयता चाहिए कि चरित्र अपने ही विषय में बात कर रहा है, लेकिन अन्य पुरुष की भूमिका को सामने रखकर। आलोचक तुरंत प्रतिक्रिया देंगे कि यह तो पश्चिम में ब्रेष्ट ने एलिएनेशन जैसे तत्त्व के माध्यम से बहुत पहले ही करके दिखा दिया है। वे बड़ी आसानी से भूल जाते हैं कि ब्रेष्ट ने यह तत्त्व कहाँ से लिया है ? उसी कहानी से, जिसमें यह आरंभ से ही मौजूद था।

अभिनेता की भूमिका के रूपांतरण की यह प्रक्रिया—कभी शुद्ध कथावाचक, कभी विवरणकार, कभी टिप्पणीकार, कभी व्याख्याकार, कभी स्वयं श्रोता, दर्शक, पाठक और अंततः चरित्र—कहानी के पहले दृश्य से अंतिम दृश्य तक लगातार चलती रहती है, सहज, सरल एवं अनायास प्रवाह के साथ। किसी बाहरी उपकरण, तत्त्व और व्याकरण को ज़बरदस्ती उसके मूल स्वरूप पर आरोपित किए बिना।

मैंने जानबूझकर 'कफ़न' का मात्र एक दृश्यखंड लेकर अपनी बात को स्पष्ट करने की कोशिश की है। पूरी कहानी को लेकर बात कहने की न तो यहाँ कोई सार्थकता रहेगी और न ही यह अभीष्ट भी है। उद्देश्य केवल यही था कि इस बात की जाँच-पड़ताल की जाए कि यदि हम कहानी के मूल शब्दों के साथ कोई हेर-फेर नहीं कर रहे हैं तो वे अपने-आप में एक प्रदर्शन-आलेख का स्वरूप कैसे ग्रहण कर लेते

हैं ? मैंने जितनी भी रंग-संभावनाओं का उल्लेख किया है, वे सभी मंचन से पहले की हैं। संभव है कि मंचन के दौरान और बहुत कुछ नया घटित हो जाए। और यह संभावना तो हमेशा ही बनी रहेगी कि कोई दूसरा निर्देशक कहानी को ज्यों-का-त्यों रखते हुए भी न जाने क्या जादू कर डाले।

अज्ञेय की कहानी 'गेंग्रीन' प्रथम पुरुष शैली में लिखी होने की वजह से एक अलग ही अनुभव संसार लेकर उपस्थित होती है। शुरुआत कुछ इस प्रकार से होती है, "दोपहर में उस सूने आँगन में पैर रखते ही मुझे ऐसा जान पड़ा, मानो उस पर किसी शाप की छाया मँडरा रही हो, उसके वातावरण में कुछ ऐसा अकथ्य, अस्पृश्य, किंतु फिर भी बोझिल, प्रकंपमय और घना सा कुछ फैल रहा था..."

"मेरी आहट सुनते ही मालती बाहर निकली। मुझे देखकर, पहचानकर उसकी मुरझाई हुई मुख-मुद्रा तनिक से मीठे विस्मय से जागी-सी और फिर पूर्ववत् हो गई। उसने कहा, 'आ जाओ,' और बिना उत्तर की प्रतीक्षा किए भीतर की ओर चली। मैं भी उसके पीछे हो लिया।"

"भीतर पहुँचकर मैंने पूछा, 'वे यहाँ नहीं हैं ? अभी आए नहीं, दफ़्तर में हैं। थोड़ी देर में आ जाएँगे। कोई डेढ़-दो बजे आया करते हैं।' "

"कब के गए हुए हैं ?"

"सवेरे उठते ही चले जाते हैं..."

मैं 'हूँ' कहकर पूछने को हुआ, "और तुम इतनी देर क्या करती हो ?" पर फिर सोचा, "आते ही एकाएक प्रश्न ठीक नहीं है। मैं कमरे के चारों ओर देखने लगा।"

"मालती एक पंखा उठा लाई, और मुझे हवा करने लगी। मैंने आपत्ति करते हुए कहा, 'नहीं, मुझे नहीं चाहिए।' पर वह नहीं मानी, बोली, 'वाह। चाहिए कैसे नहीं ? इतनी धूप में तो आए हो। यहाँ तो...' "

मैंने कहा, "अच्छा लाओ, मुझे दे दो।"

"वह शायद 'ना' करने वाली थी, पर तभी दूसरे कमरे से शिशु के रोने की आवाज़ सुनकर उसने चुपचाप पंखा मुझे दे दिया और घुटनों पर हाथ टेककर एक थकी हुई 'हुँह' करके उठी और भीतर चली गई।"

तो यह था कहानी का पहला दृश्यखंड, जिसे मैं की प्रथम पुरुष शैली में प्रस्तुत किया गया है। ज़ाहिर है कि मैं में परिवर्तित होते ही अभिनेता मानों लेखक की उपस्थिति को मंच पर अनायास ही साकार कर लेता है। अब उसके सामने स्पष्टतः दो रास्ते खुल जाते हैं—क्या वह शुरू से लेकर आख़िर तक एक चरित्र को निभाने की भूमिका में उतर जाए अर्थात् स्वयं को पूरी तरह से लेखक के व्यक्तित्व में ढाल ले अथवा मैं के रूप में वह लेखक न बनकर वही अभिनेता रहे जो कि वास्तविक जीवन में वह स्वयं है और साथ-साथ कहानी में चित्रित स्थितियों के संदर्भ में भी एक चरित्र की भूमिका निभाता चले। ऐसे में उसे अपने अभिनय में एक दुहरे-तिहरे आयाम की संभावनाओं को खोजने एवं उन्हें प्रस्तुत करने के ज़्यादा अवसर मिलेंगे। इसी तरह से जो दूसरा

पात्र मालती है वह किस प्रकार की अभिनय-प्रक्रिया को अपनाए ? क्या वह मैं के कथनानुसार आचरण करती चले ? क्या कहानी के कुछ विवरण वह अपने हाथ में लेकर दर्शकों के साथ स्वयं 'शेयर' करे, चाहे वह उसके अपने बारे में ही क्यों न हो ? क्या कहानी के उन वाचिक विवरणों को आंगिक में परिवर्तित कर लिया जाए, जो रोज़मर्रा की ज़िंदगी के व्यवहार मात्र से जुड़े हैं ? यह निश्चित है कि हम उपर्युक्त विकल्पों में से कोई भी चुनें, वह हमें कहानी की मंच-प्रस्तुति को अधिक-से-अधिक आकर्षक एवं कल्पनामय बनाने में मदद ही करेगा।

जिन दो कहानियों की ऊपर चर्चा की गई है, उनमें नैरेशन भी है और संवाद भी। लेकिन यदि कोई ऐसी कहानी हो जिसमें मात्र विवरण हो और संवाद एक भी न हों। तब ऐसी कहानी के साथ अभिनेता क्या व्यवहार करे ? क्या उसे एक लंबा मोनोलॉग मान लें, या एक लंबा संवाद ? लेकिन यदि कहानी के विवरण बोले जानेवाले शब्दों के रूप में नहीं हैं तो चुनौती और ज़्यादा जटिल होने लगती है। बोले जाने वाले शब्दों के न होने से मेरा आशय यह है कि वे शब्द कहीं किसी पात्र की सोच या स्मृति के वाहक तो नहीं हैं, क्योंकि जब हम किसी चीज़ के बारे में सोचते हैं, अथवा याद करते हैं, तो उस दौरान मन या दिमाग में जन्म लेने वाले शब्दों की कोई ध्वनि हो सकती है क्या ? यदि हाँ तो कैसी हो सकती है ? इसी के साथ किसी ऐसी कहानी को भी रखकर देखा जाए जो केवल संवादों में लिखी गई हो और जिसमें कोई भी विवरण अलग से न हों ? क्या हम उसे एक नाटक मान लें ? उदाहरण के लिए रमेश बक्षी की कहानी 'तलघर' कृष्ण बलदेव वैद की कहानी 'सब-कुछ-नहीं' या कृष्णा सोबती की कहानी 'ए लड़की'। तीनों ही कहानियाँ संवादों में लिखी गई हैं तो क्या इन्हें नाटक माना जा सकता है ? वो क्या चीज़ है, जो दोनों विधाओं में संवाद होने के बावजूद एक विधा को कहानी और दूसरे को नाटक बनाती है ? क्या कहानी के संवादों में आए शब्दों की इयत्ता वही होती है जो नाटक के संवादों में प्रयुक्त शब्दों की ? मेरे विचार में ये कुछ ऐसे बिंदु हैं जो इन दोनों विधाओं को अलग-अलग विश्लेषित करने की दिशा में सहायक सिद्ध हो सकते हैं।

यहीं पर थोड़ी चर्चा या विवेचन इस दृष्टि से करना भी आवश्यक जान पड़ता है कि कहानी की मंच-प्रस्तुति में रंगमंच के अन्य तत्त्वों, यथा—संगीत, प्रकाश, वेशभूषा और दृश्यबंध इत्यादि का क्या योगदान रहे ? यदि कहानी इन तत्त्वों पर अधिकाधिक आश्रित होने लगे तब वह कहानी न रहकर एक नाटक नहीं बन जाएगी ? यदि हम उस अनुभव को याद करें जहाँ एक श्रोता समुदाय अथवा पाठक 'कफ़न' और 'गेंग्रीन' को सुनते अथवा पढ़ते हुए उनके अंदर निहित दृश्य संसार की परिकल्पना स्वयं कर लेता है और यह दृश्य-संसार प्रत्येक श्रोता और पाठक का अपना-अपना दृश्य-संसार होता है, जिसमें उसका संगीत, प्रकाश, वेश-भूषा और दृश्यबंध इत्यादि भी शामिल रहता है। जिसकी अपनी एक स्वतंत्र सत्ता और पहचान बनी रहती है। इसके विपरीत नाटक की मंच-प्रस्तुति में ज्यों ही वे सारे तत्त्व साकार रूप में सामने दिखाई पड़ते हैं तो पूरे

दर्शक समुदाय के लिए एक ही चित्र और बिंब का निर्माण होता है, अर्थात् कहानी में मंच पर कुछ न होते हुए भी सब-कुछ मौजूद रहता है और नाटक में सब-कुछ मौजूद होते हुए भी हमारी दृष्टि एवं कल्पना के विस्तार को सीमित कर देता है।

अतः, ये बहस काफ़ी हद तक निरर्थक जान पड़ती है कि कहानी के मंचन में नाट्य तत्त्वों का इस्तेमाल किया या नहीं ? यदि कोई कहानी पढ़ते हुए हमारे मन-मस्तिष्क पर अपना असर पैदा कर सकती है तो कोई कारण नहीं कि यदि हम उसे उसी रूप में मंच पर घटित होते हुए देखें तो वह असर पैदा न हो। कई बार तो ऐसा भी देखा गया है कि जब कोई कहानी प्रकाशित रूप में पढ़ी गई तो उसकी कोई ख़ास चर्चा नहीं हुई, लेकिन जब वो मंचन के माध्यम से लोगों के सामने पहुँची तो देखने वाले उसके असर से प्रभावित हुए बिना नहीं रह सके। ऐसा अपने आप ही नहीं हो गया, बल्कि उस प्रक्रिया के कारण संभव हुआ जो कहानी को एक रंगमंचीय प्रस्तुति के अनुभव तक पहुँचाती है। इस प्रक्रिया में लेखक के शब्दों को तो प्रतिष्ठा मिली ही साथ ही साथ अभिनेता को भी अपनी सारी क्षमताओं और संभावनाओं के साथ केंद्र में आने का अवसर मिला है। यदि यह सब कुछ कहानी को उसके मूल-रूप में अथवा उसके भीतर से उभरते रंगमंच को मंच पर प्रस्तुत करने से संभव हो सकता है तो फिर उसका नाट्य रूपांतरण करके मंच पर प्रस्तुत करने की अनिवार्यता का क्या अर्थ और औचित्य शेष रह जाता है।

बंद गली का आख़िरी मकान प्रस्तुति प्रक्रिया के पड़ाव

धर्मवीर भारती के गद्य लेखन से मेरा रिश्ता बहुत पुराना और गहरा रहा है। कॉलेज तक पहुँचने से पहले ही उनके उपन्यास 'गुनाहों का देवता' और 'सूरज का सातवाँ घोड़ा' पढ़ लिए थे मैंने। 1965 में उनके एक लघु नाटक 'आवाज़ का नीलाम' का मंचन किया था कॉलेज के हिंदी विभाग की किसी संगोष्ठी में। विश्वविद्यालय में पहुँचने पर 'सन् साठ के बाद की हिंदी कहानी' पर शोध-निबंध लिखने के दौरान उनकी कहानियों से भी साक्षात्कार हुआ। उनकी सुप्रसिद्ध कहानी 'गुलकी बन्नो' को कई बार मंचित करना चाहा, लेकिन कभी संभव नहीं हो पाया। पहली कहानी थी 'आश्रम' जिसे 1981 में लखनऊ की एक नाट्य संस्था 'प्रयास' के साथ एक नाट्य-शिविर में तैयार किया और लीलाधर जगूड़ी की लंबी कविता 'बलदेव खटिक' के साथ उसकी सम्मिलित प्रस्तुति की। उसके ठीक पंद्रह बरस बाद उनकी दूसरी कहानी 'बंद गली का आख़िरी मकान' को राष्ट्रीय नाट्य विद्यालय रंगमंडल के अभिनेताओं के साथ 1996 में तैयार किया और आज तक उसके प्रदर्शन होते रहते हैं।

'बंद गली का आख़िरी मकान' की प्रस्तुति प्रक्रिया अत्यंत जटिल, चुनौती भरी लेकिन उतनी ही मज़ेदार भी रही। यह एक संयोग था कि कहानियों की प्रस्तुति-प्रयोगों की शुरुआत मैंने रा. ना. वि. रंगमंडल के साथ ही 1975 में निर्मल वर्मा की तीन कहानियों—'धूप का एक टुकड़ा', 'डेढ़ इंच ऊपर' और 'वीकएंड' की समेकित प्रस्तुति 'तीन एकांत' से की थी। फिर एक बार 1992 में मोहन राकेश स्मृति समारोह में राकेश की चार कहानियों को 'कहानियाँ' के नाम से करने का अवसर मिला। लेकिन जब भारती की उपर्युक्त कहानी के मंचन की योजना बनी तो उन पुराने अभिनेताओं में से रंगमंडल में कोई नहीं बचा था। इस बीच एक नई पीढ़ी आ गई थी जो 1993 से 1995 के आसपास प्रशिक्षित होकर निकली थी। इस पीढ़ी ने कहानियों के मंच-प्रयोगों को देखा ज़रूर था, लेकिन इस प्रक्रिया में कभी सहभागिता नहीं की थी। इसलिए उनकी पहली प्रतिक्रिया प्रतिरोधात्मक थी। वे इसके लिए ज़ोर देते रहे कि उनके साथ कहानी न लेकर कोई नाटक तैयार किया जाए। यदि कहानी को ही किया जाना है तो पहले उसका एक नाट्य-रूपांतर तैयार कर लिया जाए और फिर उसका पूर्वाभ्यास। ऐसा नहीं था कि ऐसी प्रतिक्रियाओं से पहली बार सामना हो रहा था। 1994 में जब पहली बार राष्ट्रीय नाट्य विद्यालय ने तृतीय वर्ष के छात्रों के साथ हर साल कहानियों की प्रस्तुति

करने का दायित्व मुझे सौंपा, तब भी कुछ-कुछ ऐसी ही प्रतिक्रिया हुई थी। दरअसल, इस तरह की प्रतिक्रिया के पीछे छिपे कारणों की तलाश की जा सकती है। प्रशिक्षण जहाँ अभिनेता की आंतरिक एवं बाहरी प्रतिभा को विस्तार प्रदान करता है, वहीं कहीं अनजाने अथवा जानबूझकर एक निश्चित फ्रेम में बाँधकर भी रख देता है। वह जल्दी-जल्दी किसी प्रयोगधर्मी सृजन के लिए तैयार नहीं होता। उसे चाहिए एक ऐसा सुरक्षा कवच जो सफलता की गारंटी दे। यह अलग बात है कि कहानियों में काम करने के बाद जो अनुभव एवं अनुभूति उन्होंने पाई, वे फिर उसे कभी नहीं भूले और आज भी मेरे साथ कहानियों में काम करने को उत्सुक एवं लालायित रहते हैं। ठीक ऐसा ही 'बंद गली का आख़िरी मकान' में काम करने वाले अभिनेताओं के साथ भी हुआ लेकिन वह एक लंबी कहानी है। उसी के माध्यम से मैं कोशिश करूँगा कि उपर्युक्त कहानी की प्रस्तुति प्रक्रिया को अपने पाठकों के साथ शेयर करूँ।

जब मैंने अंतिम रूप से निर्णय दे दिया कि कहानी का मूल स्वरूप सुरक्षित रखना है और उसका नाट्य रूपांतरण नहीं करना है तो उनकी पहली जिज्ञासा थी कि कहानी के वर्णित अंशों के साथ क्या किया जाए ? क्या उन्हें पूरी तरह से निकाल दिया जाए और मात्र संवादों के सहारे कहानी के घटना-क्रम को आगे बढ़ाया जाए ? दूसरी बड़ी कठिनाई यह जान पड़ी कि तमाम वर्णित अंश लेखक की ओर से तृतीय अथवा अन्य पुरुष की शैली में लिखे गए हैं। कहानी में आए विभिन्न चरित्र अपने से जुड़े वर्णित को यदि उसी रूप में प्रस्तुत करेंगे तो दर्शक उसे स्वीकार करेंगे क्या ? यदि हम कहानी के वर्णित अंशों को अन्य पुरुष की बजाय प्रथम पुरुष में परिवर्तित कर दें तो क्या कहानी के संपूर्ण प्रभाव की दृष्टि से ज़्यादा अच्छा नहीं होगा ? मैंने उनके सारे प्रश्नों को बड़े धैर्यपूर्वक सुना और उन्हें समझाने की कोशिश की—यदि हम कहानी के साथ कोई छेड़छाड़ करते हैं तो फिर वह कहानी कहाँ रह जाएगी ? उस स्थिति में तो कहानी के बहाने से एक नई रचना का जन्म होगा और वह सारी अवधारणा को समाप्त करके रख देगा जिसे लेकर हमने प्रस्तुति की शुरुआत की थी अर्थात् यदि आप प्रशिक्षित अभिनेता हैं, आपने स्वयं बहुत सी कहानियों में से एक विशेष कहानी का चुनाव किया है। जब कहानी ने पढ़ते समय अपने मूल रूप में ही आपको प्रभावित किया है, तो कोई कारण नहीं कि वह इसी रूप में मंचित होकर दर्शकों को प्रभावित न करे। और सबसे बड़ी बात यह कि आप ज़रूर पहली बार किसी कहानी की मंच-प्रस्तुति की रचना-प्रक्रिया में सहयोगी हो रहे हैं, लेकिन मैं तो पिछले इक्कीस बरसों से लगातार यही काम करता आ रहा हूँ। भले ही बहुत सी प्रस्तुतियाँ असफल रही हों और ऐसा किस निर्देशक के साथ नहीं होता ? महत्त्वपूर्ण तथ्य यह है कि दर्शकों को देखने के स्तर पर हमेशा एक ताज़ा अनुभव हुआ है और स्वयं अभिनेताओं के लिए तो यह पूरी प्रक्रिया अद्भुत रहती ही है।

बहरहाल, कुछ डरे से, आशंकित और साथ-साथ आश्वस्ति के भाव से आठ-नौ अभिनेताओं की उस मंडली ने कहानी के मंचन के पूर्वाभ्यास की शुरुआत की। पहले

सप्ताह के लिए मैंने उन्हें खुला छोड़ दिया और उनसे आग्रह किया कि इतने समय के भीतर कहानी पढ़ने के बाद शब्द-दर-शब्द स्वयं उनके मन में क्या दृश्य-रूप उभर रहा है, वे उसे मंच पर उतारकर मुझे दर्शक के रूप में प्रदर्शित करें। यह प्रक्रिया मेरी पद्धति का सबसे महत्त्वपूर्ण पक्ष है। इससे कई लाभ होते हैं—एक तो यही कि कहानी पर स्वयं काम करते हुए उसका एक-एक शब्द हमारे भीतर रच-बस जाता है, उनकी कल्पना को उन्मुक्त विस्तार मिलता है। कहानी के वर्णित के साथ क्या सलूक किया जाए, इसके नए-नए विकल्प खुलने लगते हैं और सबसे बड़ा लाभ यह कि यदि स्वयं अभिनेता उसके दृश्य-मंचन का रास्ता तलाश कर लेते हैं तो फिर मेरी भूमिका एक 'उत्प्रेरक' की हो जाती है, जो उन्हें बार-बार आगे बढ़ने के लिए, बने-बनाए ढाँचे को तोड़कर नया रचने के लिए अच्छे से अच्छा काम कारने के लिए उकसाता रहता है।

लगभग एक सप्ताह के बाद पहला 'ड्राफ्ट' तैयार हुआ। पूरी तरह से अभिनेताओं द्वारा परिकल्पित। लेकिन सबसे बड़ी समस्या वही थी कि वर्णित के साथ क्या व्यवहार किया जाए। उन्होंने सारे का सारा वर्णित एक ही व्यक्ति को सौंप दिया था। इस प्रकार उन्होंने प्रस्तुतिकरण का एक बहुत ही सरलीकृत रास्ता ढूँढ़ लिया था अर्थात् सूत्रधार जैसे मात्र एक व्यक्ति को वर्णित सौंपकर शेष सारे अभिनेताओं को विभिन्न चरित्र सौंप देना। इससे वर्णित के आलेख की रक्षा तो हो गई किंतु यह युक्ति बहुत बार आज़माई हुई और पुरानी पड़ चुकी है। कहानियों की प्रस्तुति में सूत्रधार की उपस्थिति मुझे नाटक की याद दिलाने लगती है। दूसरे सूत्रधार का हर बार मंच के आगे आकर अथवा अपने स्थान पर ही बैठे दर्शकों से सीधे संवाद करना मात्र शब्दजाल जान पड़ता है, जबकि मुझे अपेक्षा रहती है कि कैसे वर्णित अपने शब्दों के साथ, एक दृश्य, एक संवाद अथवा एक स्थिति में परिवर्तित हो जाए।

इसलिए हम लोग दुबारा कहानी के आलेख पर काम करने के लिए बैठे। एक तो कहानी बहुत लंबी थी, इसलिए उसका संक्षिप्तीकरण किया। इस प्रक्रिया में हम लोगों ने वर्णित के मात्र उन अंशों को हटा दिया जहाँ ऐसे निर्देश थे, जैसे कि 'बिरजा पंखा झलने लगी' अथवा 'हरिराम घर से बाहर निकल गया।' आदि आदि। कहने का अभिप्राय यह कि मात्र वे अंश, जो पात्रों की क्रियाओं या चर्चाओं को सूचित करते थे, उन्हें बोला न जाकर पात्रों के गतिविधान का हिस्सा बना दिया गया।

दूसरा महत्त्वपूर्ण पक्ष था प्रस्तुति के लिए एक दृश्यबंध की रचना। यों तो जब मंच पूरी तरह से ख़ाली हो तो मुझे ज़्यादा मज़ा आता है लेकिन इस बार एक बीच का रास्ता अपनाने की कोशिश की अर्थात् न तो मंच पूरी तरह से ख़ाली हो और न ही कहानी में वर्णित पूरा दृश्यबंध मंच पर निर्मित किया जाए। कहानी में अलग-अलग घटनाएँ न जाने कितने दृश्यबंधों पर घटित होती हैं, अतः ज़्यादातर दृश्यबंध मात्र प्रकाश द्वारा रचे गए। मात्र एक चारपाई, एक लिखने की छोटी तिपाई, एक सारंगी, एक-आध टूटी-फूटी दीवार, एक खिड़की, जाफरी बस—बाक़ी सारा क्षेत्र स्वतंत्र था ताकि जिसे किसी भी दृश्य के साथ जोड़ा जा सके। कहानी का पूरा वर्णित भी सभी पात्रों में आपस में बाँट लिया

गया और इस प्रकार एक नया भी स्वरूप उभर आया—पात्र स्वयं अपने ही बारे में तृतीय पुरुष में चिंतन, संवाद या स्मरण करता है और फिर दृश्य-विशेष में प्रथम पुरुष के रूप में हिस्सेदारी करता है। इससे कहानी में एक अलग तरह की नाटकीयता पैदा हुई, जिसने दर्शकों को आकर्षित किया।

बार-बार पूर्वाभ्यास के दौरान आमंत्रित दर्शकों के सामने हम पूरी कहानी का मंचन करते रहे, उनकी प्रतिक्रिया से साक्षात्कार करते रहे किंतु फिर भी अभिनेता अंतिम रूप से भीतर से आश्वस्त होते नहीं दिख रहे थे। संयोग से राष्ट्रीय नाट्य विद्यालय के दीक्षांत समारोह के लिए हम लोगों ने डॉ. धर्मवीर भारती को ही मुख्य अतिथि के रूप में आमंत्रित किया। दीक्षांत समारोह 23 मार्च, 1996 को था। प्रस्तुति का पहला प्रदर्शन 25 मार्च, 1996 को होना था। मैंने डॉ. भारती से निवेदन किया कि यदि वह 24 मार्च के पूर्वाभ्यास में उपस्थित रह सकें तो अभिनेता उनकी प्रतिक्रिया से लाभान्वित होंगे। डॉ. भारती ने मेरे निवेदन को यह कहक़र ठुकरा दिया कि वह एक दर्शक की तरह से प्रदर्शन के समय ही उपस्थित होंगे। अभिनेता और भी आशंकित हो गए कि न जाने डॉ. भारती कहानी के अंतिम स्वरूप को किस रूप में लें।

अंततः 25 मार्च, 1996 को कहानी का पहला मंचन हुआ। डॉ. भारती, पुष्पा भारती, पद्मा सचदेव समेत न जाने कितने गण्यमान्य दर्शक सभागार में उपस्थित थे। जब प्रदर्शन समाप्त हुआ तो ऐसी ज़ोरदार तालियाँ बजीं कि अभिनेताओं को विश्वास ही नहीं हुआ कि कहानी के मंचन ने सचमुच दर्शकों को कहीं बहुत गहरे में बाँध लिया था। मेरे लिए सबसे बड़ा सुख यही था कि ज़िस बात के लिए मैं शुरू से अभिनेताओं को आश्वस्त करता आ रहा था, वह सच साबित हुई और उसने उन्हें आत्मालोचन के लिए विवश किया। सबसे बड़ी प्रतिक्रिया स्वयं डॉ. भारती की थी, जिसे उन्होंने एक लेख के रूप में अभिव्यक्त किया।

डॉ. भारती आज हमारे बीच नहीं हैं, लेकिन उनका यह लेख एक ऐतिहासिक दस्तावेज़ बन गया है, जिससे पता चलता है कि एक कहानी को कहानी के रूप में ही मंचित होते देखकर उसके लेखक का अनुभव संसार क्या और कैसा होता है।

कृष्ण बलदेव वैद की दो कहानियों का मंचन

'सब-कुछ-नहीं' का चुनाव 'महानगर : तीन संवाद' की तीसरी कहानी के रूप में मैंने कर लिया था और पहली बार दिसंबर 1975 में इसका मंचन कर डाला था। तब से यह प्रस्तुति मेरी लोकप्रिय प्रस्तुतियों में रही है और मैंने क्रमशः 1980, 1984 में तो दुबारा इसे किया ही, आज इस लेख को लिखते समय भी मैं पुनः इसकी तैयारी के पूर्वाभ्यास से गुज़र रहा हूँ। इन सारी प्रस्तुतियों में पुरुष पात्र बदलते रहे हैं—पहली प्रस्तुति में हर कहानी का पुरुष पात्र बदल जाता था लेकिन बाद की प्रस्तुतियों में मात्र एक अभिनेता और एक अभिनेत्री की शिरकत रही। इस प्रकार आज तक कुल मिलाकर चार अभिनेताओं और एक अभिनेत्री ने इसकी विभिन्न प्रस्तुतियों में हिस्सा लिया है। यह तथ्य भी कम महत्त्वपूर्ण नहीं है कि 1975 से लेकर आज तक वही अभिनेत्री अमिता इन सारी प्रस्तुतियों में एक शाश्वत कड़ी के रूप में उपस्थित रही हैं।

वैद की जिस दूसरी कहानी ने उन दिनों प्रभावित किया था, वह थी 'मेरा दुश्मन', जिसे मैंने 1983 में इप्टा, दिल्ली के साथ मंचित किया और बाद में इसके प्रदर्शन भुवनेश्वर और लखनऊ में भी किए।

कृष्ण बलदेव वैद की 'सब-कुछ-नहीं' तथा 'मेरा दुश्मन' नामक कहानियों में ऐसा क्या था, जिसने मुझे इनके मंचन के लिए प्रेरित किया ? इस प्रश्न को यों भी रखा जा सकता है कि इन कहानियों में कौन सी ऐसी नाटकीय संभावनाएँ हैं जो अभिनेताओं के लिए कोई चुनौती प्रस्तुत करें ? दूसरे शब्दों में, क्या इन कहानियों के बहाने कृष्ण बलदेव वैद के संपूर्ण कथा-साहित्य में उपलब्ध नाटकीय तत्त्वों पर कोई टिप्पणी की जा सकती है ? मैं अपने आलेख को फिलहाल इन दोनों कहानियों तक ही सीमित रखूँगा और प्रकारांतर से यदि वे सारी बातें उनके पूरे कथा साहित्य के संदर्भ में भी उतनी ही सार्थक जान पड़ती हैं तो मैं अपने प्रयास को सफल समझूँगा।

वैद की इन दोनों कहानियों में नाटकीयता भरपूर मात्रा में विद्यमान है। 'सब-कुछ-नहीं' तो लिखी ही गई है संवादात्मक शैली में जो स्वयं में ही एक नाटकीय तत्त्व है। 'मेरा दुश्मन' ठीक इसके विपरीत एक लंबे मोनोलॉग अथवा आत्मालाप की शैली में लिखी गई है जो पुनः कहानी से ज़्यादा नाटक के निकट की वस्तु है। लेकिन ज़रूरी नहीं है कि किसी भी कहानी में ये दोनों अथवा इनमें से कोई एक तत्त्व विद्यमान हो तो कहानी नाटक बन जाएगी। यदि ऐसा हो सकता तो शायद हर कहानी मंचन के लिए प्रयोग में आ सकती। मेरे विचार में शिल्प के साथ-साथ वह कथ्य भी कम अहमियत नहीं

रखता, जिसे रचनाकार उठाता है और फिर उसके लिए एक आकार, एक शिल्प और एक संरचना की तलाश करता है।

'सब-कुछ-नहीं' जैसा कि शीर्षक से ही स्पष्ट है एक पुरुष और एक स्त्री के बीच सबसे शुरू होती है। दोनों ही विवाहित हैं, कुछ दिनों के लिए किसी पर्यटन-स्थल पर अलग-अलग छुट्टियाँ बिताने जाते हैं। उनकी मुलाक़ात होती है, शारीरिक संबंध स्थापित होते हैं। जहाँ से कहानी की शुरुआत होती है दोनों एक दूसरे को शरीर के स्तर पर अनुभूत करने के बाद एक लंबी ड्राइव पर निकलते हैं और इस बीच जो भी संवाद होता है, वह क्रमशः सब से शुरू होकर, कुछ तक होता हुआ नहीं पर समाप्त हो जाता है। संवादों में उनके बीच घटित हुआ शरीर कहीं भी संवाद का हिस्सा नहीं बनता। इसके विपरीत बाहर का वातावरण, एक दूसरे के परिवार से संबद्ध बातचीत के कुछ टुकड़े, बीच-बीच में कभी पुरुष तो कभी स्त्री द्वारा कुछ अव्यक्त को अभिव्यक्ति देने की कोशिश—सब कुछ एकदम ठंडा, संवेदनहीन और अनाटकीय।

लेकिन ऊपर से इतनी ठहरी-ठहरी दिखने वाली कहानी बेहद नाटकीय है। जिस तरह से वैद ने कहानी का पूरा ताना-बाना तैयार किया है, वह अपने शिल्प में तो अद्‌भुत है ही, इसके साथ ही कथ्य के सपाटपन को भी बहुत गहरा बना देता है। देखा जाए तो कहानी के कथ्य में ऐसा कुछ नयापन नहीं है—उस समय के आसपास हिंदी साहित्य में एक साथ ऐसी ढेरों कहानियाँ लिखी गई थीं। वैद की विशेषता यही है कि एक सामान्य से दिखने वाले कथ्य को भी उन्होंने इतने कोमल, सूक्ष्म एवं जटिल स्तर पर उद्‌घाटित किया है कि भले ही कहानी ऊपर से एकरस, उबाऊ और ठहराव से भरी लगती हैं, लेकिन वास्तव में ऐसा है नहीं। शब्दों की ठहरी परतों के पीछे से झाँकता उद्वेलन बार-बार झाँकता रहता है और यही उद्वेलन वह तत्त्व है, जो धीरे-धीरे कहानी को उसकी चरम सीमा तक पहुँचाता है। यों देखा जाए तो कहानी का पूरा ग्राफ़ उलटा चलता है अर्थात् शिखर से नीचे की तरफ़ लौटता है लेकिन इससे कहानी की नाटकीयता कम होने की बजाय सघन होने लगती है। पाठक लगातार इस बात की प्रतीक्षा करता रहता है कि अभी कुछ अप्रत्याशित घटित होगा, लेकिन ऐसा कुछ नहीं होता। यानी कुछ भी नाटकीय घटित नहीं होता, फिर भी कहानी बेहद नाटकीय हो उठती है। क्या किसी भी स्थिति का लगातार अनाटकीय होते चले जाना उस स्थिति को उतना ही ज़्यादा नाटकीय नहीं बना देता ? एब्सर्ड रंगमंच के व्याकरण की तरह, जहाँ सारे नाटकीय तत्त्वों को छोड़ने के बाद भी नाटक दर्शकों के लिए उतना ही नाटकीय बना रहता है। बहुत से एब्सर्ड नाटकों के अनुवादों से वैद बहुत पहले से जुड़े रहे हैं—उनका प्रभाव अनायास ही इस कहानी के शिल्प में चला आया हो तो कोई आश्चर्य नहीं।

कहानी के मंचन पर काम करने के दौरान ही उसकी प्रस्तुति-परिकल्पना भी अपना आकार ग्रहण करती गई। प्रस्तुति की पहली कहानी में पात्रों में गतियाँ मानों शुरू होती थीं, दूसरी कहानी में ख़ूब जमकर पात्रों का इधर से उधर आना-जाना, उछल-कूद, हाथा-पाई—गरज़ यह कि जितनी भी तरह से गति को शिखर तक पहुँचाया जा सकता

था, वह सब कुछ मौजूद था उसमें। 'सब-कुछ-नहीं' को पढ़ते हुए भी और बाद में करते हुए भी दो स्थिर बिंब या चित्र बार-बार उभरते थे आँखों के सामने—कभी आसपास लेटे हुए, कभी बैठे हुए—बीच-बीच में संवाद का कोई टुकड़ा एक-दूसरे के साथ शेयर करते हुए, पुनः अपने में लौटते हुए। ख़ामोशी-अंतराल-फिर अपने से बाहर आते हुए। जैसा मैंने शुरू में ही ज़िक्र किया था कि कहानी की शुरुआत बिस्तर से होती है और एक ड्राइव में तब्दील होकर अपनी अंतिम परिणति तक पहुँचती है, जहाँ संवाद बिलकुल समाप्त हो जाता है यानी 'नहीं' तक पहुँच जाता है। हमारी प्रस्तुति में एक-एक संवाद कहानी का ही था लेकिन मेरे लिए उस कार-ड्राइव का कोई बाहरी महत्त्व नहीं था और न हम लोगों ने अपनी किसी हरकत, हाव-भाव अथवा गति से कभी भी यह स्थापित करने की कोशिश की कि पुरुष और स्त्री कार में बैठकर ये सारा संवाद कर रहे हैं। हमारी प्रस्तुति मंच पर रोशनी के एक दायरे में शुरू होती थी जहाँ पुरुष और स्त्री लेटे हुए हैं। कोहरे सा धुँधलाता प्रकाश और उसमें खाली ज़मीन पर लेटे हुए एक पुरुष और स्त्री—उसी में से स्त्री की आवाज़ उभरती है—'उठो' और प्रस्तुति शुरू हो जाती थी। वे दोनों उठते हैं, कपड़े पहनने का अभिनय करते हैं और पुनः उसी रोशनी के दायरे में बैठ जाते हैं। प्रकाश हलका सा तेज़ हो जाता है और इसके बाद उनमें संवाद चलता रहता है। कभी तेज़ गति में, कभी धीरे-धीरे और कभी बिलकुल भी नहीं। उसी के अनुसार थोड़ी-बहुत शारीरिक गति या कोई हरकत। बस। कोई ध्वनि नहीं, कोई पार्श्व-संगीत नहीं। अपने-आप में एक ऐसे वातावरण की सृष्टि हो गई, जो कहानी के गद्य को एक ऐसी काव्यात्मकता प्रदान करता था कि दर्शक मंत्र-मुग्ध से चुपचाप बैठे उस क्षण की प्रतीक्षा करते रहते थे कि अब कुछ घटित होगा। और अंत में जब पुरुष और स्त्री पुनः उसी लेटने की मुद्रा में पहुँच जाते थे, जहाँ से कहानी की शुरुआत हुई थी और दोनों के बीच अंतिम संवाद होता था, "क्या सोच रहे हो ?"

"कुछ नहीं।"

"क्या सोच रही हो ?"

"कुछ नहीं।"

बहुत धीरे-धीरे रोशनी का वह दायरा धुँधलाते-धुँधलाते अँधेरे में बदल जाता था तो दर्शक सहसा विश्वास ही नहीं कर पाते थे कि कहानी समाप्त हो चुकी है। जब हॉल की बत्तियाँ ऑन होती थीं, तभी वे अपने में लौटते थे और तालियों की गड़गड़ाहट से अभिनेताओं का स्वागत करते थे।

वैद की दूसरी कहानी 'मेरा दुश्मन' के मंचन का अनुभव बिलकुल ही अलग है। यदि 'सब-कुछ-नहीं' अनाटकीय के भीतर से नाटकीय होती जाती है तो 'मेरा दुश्मन' अपने कथ्य और शिल्प में है ही पूरी तरह से नाटकीय। वैद के सारे कहानी लेखन में यदि कोई एक कहानी चुनी जाए, जो सबसे ज़्यादा नाटकीय हो तो मैं 'मेरा दुश्मन' को ही चुनूँगा। इसीलिए जब यह कहानी छपकर सामने आई तो बेहद चर्चित हुई और फिर इसके बाद तो इसी की तर्ज़ पर हिंदी में अनगिनत कहानियाँ लिखी गईं। चाहे वह

दूधनाथ सिंह की 'रीछ' हो अथवा गंगा प्रसाद विमल की 'बकरी' या ऐसी ही कुछ और कहानियाँ–वे सब की सब एक क्षणिक उत्तेजना की तरह से अपनी उपस्थिति दर्ज कराके ओझल भी हो गईं लेकिन 'मेरा दुश्मन' आज भी वैद की कहानियों में तो शीर्ष स्थान रखती ही हैं, हिंदी की आधुनिक कहानियों की भी एक प्रतिनिधि कहानी हैं।

'मेरा दुश्मन' क्या है ? क्या एक ऐसा गंदा, लावारिस और फटेहाल अतीत, जिससे आप अपने सुसंस्कृत और सभ्य वर्तमान में छुटकारा पाना चाहते हैं ? क्या आपके भीतर का वह हीन अहसास, जो ज़िंदगी की लगभग हर सुविधा मिल जाने के बाद भी आपका पीछा नहीं छोड़ता ? क्या आपके भीतर बैठा हुआ वह अजनबी, वह बाहरी आदमी, वह दूसरा आदमी, जो आपको पग-पग पर टोकता रहता है ? मेरे दुश्मन की हम कोई भी व्याख्या करें, यह निश्चित है कि वह कोई ऐसा अमूर्त भाव है, जो गाहे-बगाहे आपको, आपके सारे वर्तमान को, आपके सारे व्यक्तित्व को अपनी गिरफ़्त में लेकर तहस-नहस करने को तैयार रहता है। इसीलिए वह दोस्त नहीं है, दुश्मन है या यूँ भी कह सकते हैं कि किसी ज़माने में वह आपका दोस्त रहा हो लेकिन आज तो दुश्मन है।

लेकिन कहानी की सारी नाटकीयता उस बुनावट में निहित है, जो कहानीकार ने एक अमूर्त भाव को एक संपूर्ण मांसल और रोज़मर्रा का व्यक्तित्व प्रदान करने में प्रदर्शित की है। इसीलिए कहानी फ़िजूल की दार्शनिकता और एब्सर्डता में न उलझकर एक आदमी को अपने इस अमूर्त पक्ष से लड़ने और छुटकारा पाने की बड़ी मनोरंजक लड़ाई के शिल्प के भीतर से अपना रास्ता बनाती है जहाँ उसकी पत्नी है, उसके बच्चे हैं और वे भी अनायास उसके साथ उस लड़ाई में शामिल हो जाते हैं। कहानी लगातार दो-तीन स्तरों पर एक साथ घटित होती है–एक स्तर तो वह है जहाँ उसकी पत्नी को उस दुश्मन के सामने तो अत्यंत शालीनता के साथ पेश आना होता है और दूसरे स्तर पर स्वयं अपने पति को एकांत पाते ही घर छोड़कर जाने की धमकी भी देती है और तीसरा स्तर स्वयं उस आदमी का जहाँ वह अपने दुश्मन के सामने लाचार-सा हो जाता है और साथ-साथ अपने भीतर उसे पटखनी देने के मंसूबे भी बनाता रहता है, बिना यह जाने कि भीतर तो वह दुश्मन ही बैठा हुआ है–इतने बहु-आयामी वाली कहानी तो स्वयमेव ही नाटकीय होती चली जाएगी।

बहरहाल, कहानी की प्रस्तुति ने भी अपने लिए वैसी ही एक अनौपचारिक किंतु बेहद नाटकीय शैली का चुनाव किया। पूरी कहानी 'मैं' के माध्यम से प्रथम पुरुष शैली में वर्णित स्थिति में आगे बढ़ती है। इसलिए हम लोगों ने उसे मात्र एक पात्र के साथ ही करने का निर्णय लिया क्योंकि दुश्मन को आकार देते वह भ्रम, वह जादू और वह रहस्य एकबारगी ही टूट जाता, जो उसे वहाँ वास्तविक रूप में उपस्थित न होने पर भी बना रहता है। फिर जब दुश्मन को मंच पर नहीं रखा तो पत्नी और बच्चे–दूसरे पात्रों की ज़रूरत भी बिलकुल महसूस नहीं हुई। एक तरह से पारंपरिक नाट्य शैली का आधुनिक कथा साहित्य के साथ तालमेल, जिसमें शुरू से लेकर आख़िर तक मंच पर

एक ही अभिनेता उपस्थित रहकर न जाने कितने पात्रों का अहसास कराता रहता है। निश्चित रूप से यह कहानी का वाचन या पाठन नहीं था वरन् अपने संपूर्ण रूप से अभिनटन था। सुरेश भारद्वाज कहानी को दर्शकों के साथ शेयर भी करते जा रहे थे और अपनी रोज़मर्रा की ज़िंदगी की कुछ क्रियाओं को बिना किसी पूर्वा पर क्रम के संपन्न भी करते जा रहे थे, जैसे शेव करना, ऑफिस जाने के लिए तैयार होना, लंच-बॉक्स में से खाना खाते हुए। कहने का अर्थ यह कि ये सारी क्रियाएँ इतनी जानी-पहचानी और अंतरंग हैं कि दर्शकों ने उनके भीतर से बाहर आती एक अमूर्त कहानी को भी उतने ही सहज भाव से स्वीकार कर लिया।

आज भी इस कहानी को दुबारा करने की इच्छा पैदा होती रहती है कि देखें, आज 'मेरा दुश्मन' मंच पर क्या रूप और आकार ग्रहण करेगी।

[समीक्षित दोनों कहानियाँ कृष्ण बलदेव वैद के दो खंडों में प्रकाशित समग्र कहानियों के संकलन 'खामोशी' तथा 'आलाप' में संग्रहीत हैं।]

यह घर मेरा नहीं : प्रस्तुति-प्रक्रिया के अनुभव

राष्ट्रीय नाट्य विद्यालय में हर साल अपने छात्रों के साथ कहानियों की मंच प्रस्तुति तैयार करने का अवसर मिलता है। 1994 से 1999 के बीच कुल मिलाकर बारह प्रस्तुतियाँ कर चुका हूँ और उनमें 46 कहानियाँ। आमतौर पर एक शाम में तीन या चार कहानियाँ होती हैं, जिसे मैंने 'कथा कोलाज' का नाम दिया है। 'कोलाज' शब्द मूलतः चित्रकला से आया है, जहाँ अलग-अलग तरह की सामग्री को इस्तेमाल करते हुए चित्रकार एक 'पेंटिंग' की रचना करता है। 'कथा कोलाज' में भी हम विभिन्न रंगों, लेखकों और मूड एवं कथ्य की कहानियों को एक के बाद एक प्रस्तुत करके एक रंगमंचीय अनुभव देने की कोशिश करते हैं। इस तरह अब तक बारह कोलाज किए जा चुके हैं।

कोलाज के लिए कहानियों का चुनाव कैसे किया जाता है, इसकी भी एक लंबी प्रक्रिया है। सबसे पहले मैं अपने साथ एक कथाचयन प्रभारी को जोड़ लेता हूँ। उसकी ज़िम्मेदारी होती है कि वह कम-से-कम पाँच सौ से एक हज़ार तक कहानियों को पढ़कर लगभग सौ-डेढ़ सौ कहानियाँ चुन कर लाए।

चयन प्रक्रिया के दूसरे चरण में उन सौ-डेढ़ सौ कहानियों में से मैं स्वयं गुज़रता हूँ और बीस-पच्चीस कहानियाँ चुनकर अपने छात्र अभिनेताओं के पास जाता हूँ। बीस-पच्चीस इसलिए कि हर कक्षा में कम-से-कम बीस छात्र होते हैं और हर छात्र को एक-एक कहानी पढ़नी होती है, बल्कि पढ़कर सुनानी होती है। एक कहानी मैं भी उनके सामने पढ़ता हूँ। यह पढ़ना सुनाना पाँच-छः दिन में समाप्त होता है और हर कहानी पर बहस करते, पुनर्विचार करते, दो शामों में.आखिर ज़्यादा-से-ज़्यादा कितनी कहानियाँ की जा सकती हैं, इस तथ्य को ध्यान में रखते हुए छः-सात कहानियों का चुनाव अपने आप हो जाता है।

कथा कोलाज नौ और दस करने की जब बात आई तो मैंने सुप्रसिद्ध कवि आलोक धन्वा को आमंत्रित किया। उनकी चुनी कहानियों में से पच्चीस कहानियाँ लेकर मैं हर बार की तरह अपने अभिनेताओं के पास गया और इस बार अंतिम रूप से सर्वाधिक दस कहानियों का चयन मंचन के लिए हुआ। इन्हीं में से एक कहानी थी 'यह घर मेरा नहीं'।

श्रीलाल शुक्ल चर्चित भले ही एक व्यंग्य लेखक के रूप में हुए हों, लेकिन जब भी उन्होंने व्यंग्य से अलग हटकर रचना की है तो उसकी धार भी उतनी ही पैनी रही है। उदाहरण के लिए प्रस्तुत कहानी, शायद सन् 60-61 में लिखी गई थी। आजादी

के लगभग पंद्रह बरसों के बाद। इस बीच एक नई पीढ़ी जवान हो चुकी थी, जो पूरी तरह से मोहभंग की प्रक्रिया से गुज़र रही थी। इस पीढ़ी के समानांतर वह पहले वाली पीढ़ी, जो अभी तक उसी अनुशासन, व्यवस्था से चिपकी हुई थी जिससे उसने बाहरी तौर पर तो मुक्ति पा ली थी लेकिन आंतरिक तौर पर...और इन दोनों के बीच में एक लड़की जो शायद महज़ एक युक्ति के रूप में, एक प्रतीक के रूप में हमारे सामने आती है।

बहुत छोटी सी कहानी होते हुए भी हम सभी पर इसने अपना असर डाला और मंचन की प्रक्रिया शुरू हो गई। यों तो कहानी में सात-आठ चरित्र उपस्थित हैं लेकिन मात्र तीन अभिनेताओं ने मिलकर इस कहानी को मंचित करने का निर्णय लिया। पिता, पुत्र और पड़ोस की एक लड़की। इनके अलावा यदि कुछ दूसरे पात्र आए भी तो या तो वे नैरेशन के माध्यम से स्थापित हो गए अथवा अगर उनकी जीवंत उपस्थिति की ज़रूरत पड़ी भी तो महज़ एक-आध दृश्यों में आकर चले गए। उदाहरणार्थ, बाज़ार के दृश्य में पुत्र का दोस्त और दो रास्ते से गुज़रने वाली लड़कियाँ, जो मंच के एक कोने से दूसरे कोने तक हँसती खिलखिलाती गुज़र जाती हैं और ये दोनों नवयुवक उनसे हलकी-फुलकी छेड़छाड़ करते हैं। पूरे दृश्य में पिता भी पृष्ठभूमि में मौजूद है। वास्तव में यह फ्लैश बेक उसी के एक संवाद के बाद आता है। इस पूरे दृश्य में पिता पर पड़ती रोशनी धीमी हो जाती है और वह प्रायः फ्रीज स्थिति में रहता है। दृश्य के समाप्त होते ही पूरे मंच पर पुनः सामान्य रोशनी लौट आती है, मानो कहानी पुनः वर्तमान या तात्कालिकता में वापस आ गई है।

कहानी का विवरण पक्ष लेखक की ओर से तीसरे पुरुष अर्थात् 'वह' की शैली में दिया गया है। जब भी कभी नैरेशन की इस शैली से मेरे अभिनेताओं का वास्ता पड़ता है तो वे उसे 'मैं' शैली में बदल देने को उत्सुक रहते हैं। लेकिन मैं उन्हें विश्वस्त करता हूँ कि कहानी में अभिनय करने का सबसे खूबसूरत पहलू ही यही है कि नैरेशन हमें जिस भी शैली में मिला है, हम उसे वैसा ही रहने दें। यदि हम उसे परिवर्तित करने की तरफ़ बढ़ते हैं तो फिर क्यों न कहानी का नाट्य रूपांतरण ही कर लिया जाए और इस तरह से नैरेशन से पूरी तरह से छुटकारा पा लिया जाए। लेकिन ऐसी स्थिति में वह मूल रचना कहानी कहाँ रह जाएगी और एक नई विधा में तब्दील हो जाएगी। दुहराने की हद तक बार-बार मैंने इस तथ्य को रेखांकित करने की कोशिश की है।

फिर कहानी जैसी विधा की तो रीढ़ ही नैरेशन की उपस्थिति है, चाहे वह किसी भी शैली में क्यों न लिखा गया हो। मैं तो यहाँ तक कहना चाहूँगा कि कहानी किसी भी तरह के संवादों की उपस्थिति से बेशक रहित हो सकती है, लेकिन नैरेशन जैसे तत्त्व के बिना तो उसका कोई अस्तित्व ही शेष नहीं रह जाएगा।

और जब यह नैरेशन तीसरे अथवा अन्य पुरुष की शैली में किसी कहानी में हमें उपलब्ध होता है तो अभिनेता के लिए न जाने कितनी नाटकीय एवं रंगमंचीय संभावनाएँ

अपने आप खुलने लगती हैं। कल्पना कीजिए, वे क्षण कैसे होंगे जब आप अपने चरित्र के बारे में ही, उसकी एक-एक क्रिया-प्रतिक्रिया और हाव-भाव से जुड़े नैरेशन को पहले दर्शकों के साथ ऐसे शेयर करें मानों आप किसी ऐसे चरित्र की कहानी सुनाने या दिखाने जा रहे हैं जिससे आप परिचित भी हो सकते हैं और अपरिचित भी। लेकिन ठीक अगले ही क्षण वह चरित्र आप स्वयं हो जाते हैं। दर्शक सहसा इस जादुई परिवर्तन को स्वीकार नहीं कर पाता किंतु जैसे-जैसे कहानी आगे बढ़ने लगती है, वह उस प्रक्रिया का अभ्यस्त हो जाता है और कहानी के कथ्य से प्रभावित हुए बिना नहीं रहता। एक ही कहानी में उसे अभिनय के कितने आयाम देखने को मिल जाते हैं। अभिनेता का कभी चरित्र के भीतर प्रवेश करना, कभी बाहर आ जाना, कभी चरित्र में रहते हुए भी अपना दर्शक स्वयं बन जाना, अपनी व्याख्या स्वयं करने लगना। कुछ-कुछ ऐसे कि आप आईने के सामने खड़े हैं और अपना ही मज़ाक़ उड़ा रहे हों मानो दर्पण का प्रतिबिंब आपका अपना न होकर किसी दूसरे व्यक्ति का हो।

'यह घर मेरा नहीं' की मंचन प्रक्रिया के दौरान तीनों अभिनेता उपर्युक्त सारे अनुभवों से बहुत ही सहज स्तर पर गुजरे। सबसे पहले तो उन्होंने पूरे नैरेशन को आपस में बाँट लिया। इससे एक बहुत ही रोचक एवं नाटकीय युक्ति स्वयं ही आलेख में से उभरकर आ गई कि अंततः तीनों ही पात्र मात्र एक-आयामी नहीं वरन् बहुआयामी होकर हमारे सामने आते हैं। दूसरे जब-जब किसी एक पात्र का नैरेशन होता था, तब-तब दूसरा पात्र यदि मंच पर मौजूद भी है तो या तो वह उसे न सुनने का अभिनय करता था या फ्रीज हो जाता है। इस तकनीक ने स्वयं ही यह स्थापित कर दिया कि नैरेशन का हिस्सा मूलतः सीधे-सीधे दर्शकों को सुनाने के लिए है यानी नैरेशन दर्शकों के साथ एक लंबे संवाद के रूप में बदलता चला गया और जब वह दर्शकों से संबोधित नहीं भी होता था तो चरित्र अपने आपसे संवाद या चिंतन करने की मुद्रा में होता था।

कहानी में मंचसज्जा बिलकुल न के बराबर थी, मात्र एक सोफ़ा लगभग मंच के बीचोबीच पीछे की ओर एवं उसी के समानांतर मंच के ऊपरी दाहिने कोने में एक मेज़ और कुर्सी। दोनों दृश्यबंध प्रकाश के अपने-अपने दायरे में क़ैद—एक अर्थ में पिता और पुत्र की नितांत अपनी-अपनी और एक दूसरे से अलग दुनिया का अहसास दिलाते हुए। इसके अतिरिक्त बस थोड़ा सा संगीत और घड़ी की 'टिक-टिक'। संगीत तो शायद शुरू में आकर फिर कभी दुबारा नहीं आता, लेकिन घड़ी की, 'टिक-टिक' कहानी में कई बार पार्श्वध्वनि के रूप में आती रहती है, ख़ासतौर पर जब पात्रों के संवादों के बीच कोई निश्चित विराम आता था या दो पात्रों के बीच उपस्थित संवादहीनता को रेखांकित करने के लिए। और अंत में जब पुत्र सोफ़े पर आकर लेट गया है और पिता इस नैरेशन के बाद कि 'उनका विद्रोही उन्हीं के घर में चुपचाप सो गया था' कुछ क्षण यूँ ही असमंजस की स्थिति में मंच पर खड़े रह जाते हैं, फिर उनके प्रस्थान के साथ-साथ मंच पर धीमे होते आलोक में मात्र 'टिक-टिक-टिक-टिक'।

तो यह थी वह प्रक्रिया-यात्रा जो कहानी के पहले पाठ से शुरू होकर मंचन की अंतिम परिणति तक पहुँची। 'कथा कोलाज' दस वाली शाम की पहली कहानी होनी थी—इसलिए भी इस कहानी की ज़िम्मेदारियाँ बढ़ जाती थीं, क्योंकि अपने आगे आनेवाली कहानियों के लिए भी इस कहानी को एक मूड एक एनर्जी और एक विकास बिंदु प्रदान करना होता था। मुझे संतोष है कि इस कहानी के मंचन में ये सारे दायित्व बख़ूबी संपन्न हुए। हमें दर्शकों की खुली और उत्साहवर्द्धक प्रतिक्रियाएँ मिलीं।

कहानी की अपेक्षा नाटक की रंगभाषा ज़्यादा पूर्वनिर्धारित है

[देवेन्द्र राज अंकुर से आशीष त्रिपाठी की बातचीत]

आशीष त्रिपाठी : यह कहा जा रहा है कि कहानी मंचन कहीं-न-कहीं परंपरा से जुड़ा हुआ है, उसके विकास की तरह है। यानी उसमें जो किस्सागोई की परंपरा है या कथाकथन की, उसके साथ जब हम रंगमंच के तत्त्वों का प्रयोग करते हैं तब शायद कहानी का रंगमंच बनता है। आपके विचार में कहानी के रंगमंच में ऐसी कौन सी चीज़ें हैं जो उसे रंगमंच बनाती हैं, नाटकीय बनाती हैं ?

देवेन्द्र राज अंकुर : लोगों ने इसे परंपरा से जुड़ा हुआ कहा है लेकिन वे सारी परंपराएँ वाचन की परंपराएँ हैं या गायन अथवा पाठ की परंपराएँ हैं। दूसरा, ज़्यादातर वे परंपराएँ मौखिक साहित्य से ताल्लुक रखती हैं। मेरा सरोकार आधुनिक साहित्य से है, जो आज हमें मुद्रित रूप में, छपे हुए रूप में उपलब्ध है। दूसरा, अब उसके इस छपे हुए शब्द के पाठ की परंपरा उतनी नहीं है कि कोई पाठक चुपचाप बैठकर, उसको अपने अकेले कमरे में पढ़े और दिमाग में उसका एक चित्र बनाए या कल्पना करे।

अब आपने सवाल पूछा कि उसमें रंगमंचीयता कहाँ से पैदा होती है और वह कैसे शुरू हो जाती है। ज़ाहिर है कि पहली नाटकीयता या पहली रंगमंचीयता तो कहानी के कथ्य में ही मौजूद होती है। कोई भी चीज़ हमें क्यों अच्छी लगती है ? कहीं-न-कहीं उसमें किसी ऐसे प्रश्न को, किसी ऐसी समस्या को, किसी ऐसी घटना को उठाया गया है जिसने कहीं हमें भीतर तक कुरेदा है। ठीक है, अच्छा लगने को भी हम छोड़ दें कि हो सकता है कि किसी चरित्र के ऊपर कहानी लिखी गई है और चरित्र-चित्रण ही इतना अच्छा है कि हमें वह कहानी अच्छी लग रही है। लेकिन उस कहानी के मुद्रित शब्द से उसको मंच तक लेकर जाने की कोशिश से उसकी नाटकीयता अपने आप, अनायास शुरू हो जाती है कि ऐसा माध्यम जो सिर्फ़ पढ़ने के लिए रह गया था, कभी सुनने-सुनाने के लिए था अब वह पढ़ा जा रहा है, अब उस माध्यम को हम देख रहे हैं। अब इस देखने के भी अलग-अलग रूप मौजूद हैं। हम कहानी को दूरदर्शन के माध्यम से आज भी देख रहे हैं। फ़िल्म के माध्यम से भी देखी जाती रही है। और मेरे काम से पहले कहानी को नाट्य रूपांतरण करके भी देखा गया है। जितनी भी प्रसिद्ध कहानियाँ हैं उन सबके नाट्य रूपांतरण हो चुके हैं। तब क्या यह काम अलग से

अस्तित्व ग्रहण कर रहा है ? तो उसको संक्षेप में मैं इतना ही कह सकता हूँ कि यहाँ कहानी का मूलरूप भी मौजूद है और अपने प्रस्तुतिकरण में वह नाटक भी बन रही है। इसीलिए मैंने उसका नाम ही 1975 में 'कहानी का रंगमंच' दिया था। जैसे वह प्रस्तुत हो रही है तो किसके माध्यम से प्रस्तुत हो रही है ? अभिनेता के माध्यम से। जब अभिनेता का तत्त्व जुड़ गया उसके प्रस्तुतिकरण के साथ अब न लेखक हमें पढ़कर सुना रहा है, न कथावाचक हमें पढ़कर सुना रहा है और न हम खुद उसे पढ़ रहे हैं तो पहली रंगमंचीयता उसके साथ यहाँ से शुरू हो गई। अब दूसरी रंगमंचीयता—उसका जो शिल्प है, उसे वह अभिनेता कैसे निभा रहा है ? कहानी 'थर्ड पर्सन' में लिखी हुई है, कहानी 'फर्स्ट पर्सन' में लिखी हुई है, कहानी में हम कोई फेरबदल नहीं कर रहे हैं तो इससे बड़ी नाटकीयता और क्या होगी कि कहानी में जो चरित्र है पहले खुद ही उसके बारे में टिप्पणी कर रहा है और 'तीसरे पर्सन' में तो वह और भी ज़्यादा नाटकीय है। खुद ही जो कुछ आगे घटित होने वाला है या जो कुछ लेखक ने विवरण के रूप में दिया है, नैरेशन के रूप में दिया है, खुद ही उसको वह सुना रहा है, करके भी दिखा रहा है। या खुद ही कभी वह उसको एक तटस्थ पाठक की तरह से, कभी एक टिप्पणीकार की तरह से, कभी एक व्याख्याकार की तरह से, और अलग-अलग रूपों में प्रस्तुत कर रहा है। ज़ाहिर है कि अलग-अलग कहानी में यह रूप बदलता रहता है। और फिर वह खुद ही अगले किसी दृश्य में उसी पात्र का चरित्र-चित्रण भी कर रहा है तो उसमें एक नाटकीयता और जुड़ी ! फिर थोड़ा सा और आगे बढ़ें तो मैं हालाँकि कोशिश करता हूँ कि रंगमंच के जो दूसरे बाहरी तत्त्व हैं वे उसमें कम से कम आएँ, फिर भी उसमें कहीं अँधेरा आया, कभी प्रकाश आया तो जो कहानी के बीच में आप एक स्पेस देखते हैं कि एक पैराग्राफ खत्म हुआ था अंतराल देने के लिए कहानीकार बीच में डॉट लगा देता है या स्पेस दे देता है। हमारे यहाँ वह स्पेस अब अंधकार या प्रकाश से भरा जा रहा है। एक और चीज़ जुड़ी।

फिर संगीत है। शायद पढ़ते हुए पाठक के मन में वह संगीत न गूँजता हो।...फिर पात्र अपना रूपाकार ग्रहण करता है कपड़ों के माध्यम से और अन्य माध्यमों से। ये सारी चीज़ें जुड़ती चली जाती हैं। इन सारी कोशिशों में कहीं भी हमने कहानी के मूल स्वरूप को तोड़ा-मरोड़ा नहीं है। उन सबको बरकरार रखते हुए कहानी को एक रंगमंचीयता दी गई ।

आशीष त्रिपाठी : अभी आपके और दूसरों के जो कहानी मंचन हुए हैं उस पर जयदेव तनेजा ने अपनी पुस्तक के एक खंड में बातचीत की है। उनका कहना है कि—जैसे महाभोज के बारे में उन्होंने सकारात्मक टिप्पणी की है—पर वे कहना चाहते हैं ऐसा मुझे लगता है कि आप जो कर रहे हैं वह वस्तुतः एक अच्छा नाट्यपाठ है या वाकई में रंगमंच है ?

देवेन्द्र राज अंकुर : अब सवाल यह है कि हम चूँकि रंगमंच के काफ़ी तत्त्वों को छोड़ रहे हैं इसलिए इसमें संदेह नहीं कि इससे शब्द की प्रतिष्ठा को बल मिल रहा है।

अर्थात् इस शब्द की प्रतिष्ठा के माध्यम से वाचिक पर काफ़ी ज़ोर है। इस वाचिक पर ज़ोर होने से कभी-कभी लोगों को लगने लगता है कि वह पाठ के काफ़ी नज़दीक है। हालाँकि हमारी कोशिश रहती है कि वह अगर पाठ भी है तो उसे दृश्य में भी बदलना चाहिए। क्योंकि अगर यह पाठ है तो पाठक इसे पढ़ सकता है, रिकार्ड करके सुन सकता है और ऐसी कोशिशें हुई हैं इधर की कहानियों को वाचिक रूप से रिकार्ड करके कैसेट के रूप में लोग बेच रहे हैं। दिल्ली में एक संस्था ऐसा कर रही है तो कई समस्याएँ हैं। जिस बात पर मैं ज़ोर दे रहा हूँ। वह है—देखना। देखना जो तत्त्व है वह इंपोर्टेंट है मेरे काम में। अन्यथा फिर उसको क़हानी का रंगमंच कहने का कोई अर्थ नहीं रह जाता। अब ज़ाहिर है कि कुछ कहानियों में ऐसा अहसास आए तो अच्छा है कि वे पाठ और दृश्य दोनों को समेटकर चल रहे हैं। हाँ, कभी-कभी उसमें पाठ हावी हुआ होगा। लेकिन मैं मानता हूँ कि आज जो यांत्रिक दृश्य माध्यम हमारे सामने आ गए हैं यदि उनका मुकाबला करना है तो रंगमंच को उसी शब्दाश्रित माध्यम की तरफ़ लौटना पड़ेगा जहाँ से उसकी शुरुआत हुई थी क्योंकि यह वह माध्यम है जिसे न दूरदर्शन क्रिएट कर सकता है और न फ़िल्म क्रिएट कर सकती है। कुछ यूँ हो कि शब्द ही दृश्य बनता चला जाए। इस तरह के प्रस्तुतिकरणों में यही शक्ति निहित है।

आशीष त्रिपाठी : निर्मल वर्मा ने अपने एक आर्टिकल में लिखा है कि कहानी मंचन में कहानी की विषयवस्तु महत्त्वपूर्ण नहीं है बल्कि कहानी का फ़ॉर्म महत्त्वपूर्ण है। आप क्या मानते हैं ?

देवेन्द्र राज अंकुर : यह उनका अपना मत है। मेरे लिए पहले सब्जेक्ट महत्त्वपूर्ण है। कोई कहानी हमें क्यों अच्छी लगती है ? यदि वह हमें पढ़ने में अच्छी लग रही है तो जब हम उसे देख रहे हैं तो क्यों नहीं उसे अच्छा लगना चाहिए। और फिर वह किसी भी फ़ॉर्म में लिखी गई हो, मेरे लिए वह बहुत चिंता का विषय नहीं है। बल्कि मुझे उससे लड़ने में और रास्ता निकालने में ज़्यादा मज़ा आता है लेकिन पहले मेरे लिए प्रायोरिटी कथ्य की है।

आशीष त्रिपाठी : कहानी का नाट्य रूपांतरण जो बहुत हुआ है और आपका कहानी मंचन दोनों में क्या फ़र्क है ?

देवेन्द्र राज अंकुर : फ़र्क यही है कि कहानी के नाट्य रूपांतरण के बाद मंचन कहानी का मंचन नहीं है बल्कि एक नई नाट्य रचना का मंचन है। अब हमने नाट्य रूपांतरण कर लिया तब ज़ाहिर है हम नाटक की शर्तों पर कहानी का प्रस्तुतीकरण कर रहे हैं। अब नाटक की शर्तें क्या हैं—मूलतः संवाद के माध्यम से नाटक चलता है। जबकि कहानी के साथ यह आवश्यक नहीं कि उसमें संवाद हों। आता है तो आता है नहीं तो नहीं। हो सकता है कोई ऐसी कहानी हो जिसमें एक भी संवाद न हो और वह कहानी बहुत अच्छी लग रही है तो क्या उसका मंचन नहीं होगा। मेरे काम में उसका मंचन भी शामिल है। जब आप नाट्य रूपांतरण करेंगे तो संवाद भी आप खुद ही लिखेंगे। और कहानी को नाटक बनाते समय जो नैरेटर जैसी डिवाइस लोग कर देते

हैं उससे थोड़े काम चलेगा। इसलिए मूलतः यह भेद दोनों विधाओं में पहले से ही है कि एक चलता ही संवाद के माध्यम से है और दूसरे में संवाद की आवश्यक शर्त नहीं है। दूसरा भेद, एक विधा है ही प्रदर्शन के लिए जबकि दूसरे में ऐसी कोई शर्त नहीं है। तीसरा भेद, एक विधा में अभिनेता को एक चरित्र की संपूर्णता में तैयार करके प्रस्तुत करना होता है। जबकि कहानी में ऐसी कोई शर्त नहीं है। अब मान लीजिए कि विवरण आ गया और यदि अभिनेता खुद उन्हें सुना रहा है तो वह जो संपूर्णता है चरित्र की वह टूट जाती है। तो इतने फ़र्क हैं। मैं आपको सलाह दूँगा कि आप निर्मल वर्मा का ही एक आलेख 'कहानी एक शुद्ध विधा' पढ़िए जो उनके नवीनतम निबंध संग्रह 'शताब्दी के ढलते वर्षों में' में छपा है। उन्होंने बहुत रोचक ढंग से इस सवाल को उठाया है। और मेरा भी यह सवाल है कि आखिर ये दोनों विधाएँ कहाँ अलग होती हैं। संवाद कहानी में भी आता है और संवाद नाटक में भी आता है। पर क्या दोनों संवाद एक जैसे हैं ? नहीं हैं। क्योंकि नाटक का संवाद एक क्रियात्मक संवाद है, action oriented संवाद है, दृश्यात्मक संवाद है जबकि कहानी के संवाद के साथ ऐसी कोई शर्त नहीं है। फिर यूँ कहा जा सकता है कि चूँकि दोनों विधाएँ अलग हैं, दोनों के नाम अलग हैं। यह भी कहा जा सकता है कि हर कला विधा में एक कहानी कहने की कोशिश होती है तो हर विधा को हम कहानी थोड़े ही कह देते हैं ? चित्रकला को हम कहानी क्यों नहीं कह देते जबकि चित्र में भी एक कहानी होती है। ऐसे यह भी कहा जाता है कि हर कहानी में भी एक नाटक होता है और हर नाटक में एक कहानी होती है। इस तरह सारी चीज़ें एक-दूसरे से जुड़ी हुई हैं लेकिन तब भी वे आपस में अलग-अलग हैं उनकी आधारभूतियाँ ही नितांत अलग हैं।

आशीष त्रिपाठी : इसका यह मतलब हुआ कि आप मानते हैं कि रंगमंच के लिए नाटक आवश्यक शर्त नहीं है जबकि रंगमंच का पूरा इतिहास यह कहता है कि रंगमंच की आवश्यक शर्त एक नाटक है, एक आलेख है।

देवेन्द्र राज अंकुर : आज तो नई रंगभाषा का प्रश्न है। आलेख तो मेरे पास भी है।

आशीष त्रिपाठी : नाट्यालेख कहना चाहिए...

देवेन्द्र राज अंकुर—हाँ, है। वह तो रंगमंच से जुड़ा हुआ है। लेकिन अगर हम इतिहास उठाकर देखें तो रंगमंच में नाट्यालेख कहाँ से आया ? वह नैरेटिव माध्यमों से ही आया। हमारे यहाँ 'रामायण' और 'महाभारत' जैसे नैरेटिव ग्रंथ थे और पश्चिम में 'इलियड' और 'ओडिसी' थे। रंगमंच की शुरुआत कहानी से ही हुई—कहानी सुनने-सुनाने से। फिर बाद में उसमें दिखाने का तत्त्व जुड़ा। लेकिन यह तब की बात है जब कोई लिखित भाषा नहीं थी, मुद्राओं व अभिनय की भाषा थी। आज सारी विधाएँ विकसित और वर्गीकृत हैं और तब सारी बातों को दूसरे संदर्भों में व्याख्यायित करने की ज़रूरत महसूस हो रही है।

आशीष त्रिपाठी : आपने लगातार कहानियों के मंचन किए हैं। कभी आपको यह

नहीं लगता कि कहानियों के अलावा अब नाटकों का भी प्रेजेंटेशन किया जाए ?

देवेन्द्र राज अंकुर : यह लोगों की गलतफ़हमी है कि मैं केवल कहानियाँ ही कर रहा हूँ। चूँकि यह काम बिलकुल अलग किस्म का था इसलिए लोगों को इसने बहुत आकर्षित किया और मैंने अपनी पर्सनल शोध के तहत लगातार इस काम को किया। लेकिन इससे यह निष्कर्ष निकालना कि मैंने सिर्फ़ कहानियाँ ही की हैं—भ्रामक है। अगर 142 कहानियाँ की हैं तो कम से कम 50-60 नाटक भी किए हैं, और हर तरह के नाटक किए हैं—संस्कृत नाटक किए हैं, लोक नाटक किए हैं, पारसी नाटक किए हैं क्योंकि वह मेरे अध्यापन से भी जुड़ा है। लोग इसलिए उस काम की चर्चा कम करते हैं क्योंकि मैंने जाने-पहचाने नाटकों का मंचन नहीं किया। मुझे एकदम ताज़ा आलेख चाहिए, नया नाटक चाहिए। और मैंने ऐसे नाटकों का मंचन किया है जिनका लोगों ने नाम नहीं सुना। कई नाटकों का पहली बार मंचन करने का मुझे आस्वाद मिला है। जैसे—राधेश्याम जैसे नाटककार का नाटक—'आदरणीय डैडी' या शिवमूरत सिंह का 'पूर्वार्द्ध'। क्लासिक्स को छोड़कर, कुछ संस्कृत नाटक छोड़कर मुझे कभी राकेश का या तेंदुलकर का या कार्नाड का नाटक करने की इच्छा नहीं हुई। उनके इतने सारे मंचन देखकर उनको करने की इच्छा ही खत्म हो जाती है। पहली बार किसी रचना को करने का जो मज़ा है उसको दुबारा उठाकर करने में मुझे वह मज़ा नहीं आता। पर इसके अन्यथा (otherwise) निष्कर्ष नहीं निकालने चाहिए।

आशीष त्रिपाठी : पिछले कुछ वर्षों में जो आपने नाटक किए हैं उनके बारे में बताएँ।

देवेन्द्र राज अंकुर : मैंने 'मृच्छकटिक' किया था यहीं राष्ट्रीय नाट्य विद्यालय में, जिसकी बड़ी रोचक तस्वीर उभरकर आई। पारसी नाटक मैंने शुरू किए अपने छात्रों के साथ, वह भी ऐसे जिन्हें असफल करार दे दिया गया था—जैसे 'रुस्तम-सोहराब' और 'यहूदी की लड़की'। इसके अलावा—'स्वप्नवासवदत्ता', 'उरुभंगम' किया 'ध्रुवस्वामिनी' किया। जयशंकर प्रसाद का 'अजातशत्रु' करना चाहता हूँ, कहीं समय मिलेगा तो। उनका 'कामना' नाटक मैं करना चाहता हूँ जो मुझे बहुत अच्छा लगता है। 'आगरा बाज़ार' किया। हबीब तनवीर के बाद अगर किसी ने सबसे पहले उसे किया तो मैंने किया। फिर अलखनंदन और अन्य लोगों ने अलग-अलग जगहों पर उसे किया। लेकिन मैंने 1985 में किया था। विभु कुमार के नाटक किए हैं—'तालों में बंद प्रजातंत्र' आदि।

आशीष त्रिपाठी : एक नाटक की रंगभाषा बनाने में और एक कहानी की रंगभाषा बनाने में क्या फ़र्क है ?

देवेन्द्र राज अंकुर : नाटक की रंगभाषा पहले से काफ़ी निश्चित है। एक यथार्थवादी नाटक की एक निश्चित शैली, भाषा पहले से आपके सामने मौजूद है। लोकनाटक में ज़ाहिर है संगीत, नृत्य आदि आवश्यक अंग पहले से मौजूद हैं। कहानी में यह हर बार तैयार करना पड़ता है। फिर आप कह सकते हैं कि नाटक में भी व्यक्ति चिरपरिचित शैली को छोड़कर नई रंगभाषा की ओर बढ़ता है तो वह प्रयोगशील रंगमंच की श्रेणी

में आ जाता है और कहानी को मंचित करना तो एक प्रयोग है ही। ये मूल भेद है। क्योंकि एक यथार्थवादी नाटक की तैयार रंगभाषा के साथ आप क्या खिलवाड़ करेंगे ? या तो वह बहुत रचनात्मक खिलवाड़ होगा, नहीं तो वह महज फूहड़ हास्यास्पद प्रयोग हो जाएगा। हम आप ज़िंदगी में गा-गाकर बात नहीं करते, किसी शैलीबद्ध अंदाज़ में बात नहीं करते। अब आप मोहन राकेश का कोई नाटक उठाकर उसके संवादों को गाने जैसे पढ़ें तो उसमें क्या बचेगा ? हाँ, यह हो सकता है कि किसी नाट्य परंपरा में यह संभावना हो कि वह ऐसा करने पर भी उसकी बात पहुँचा सके तो वह भी अंततः एक प्रयोग की श्रेणी में आएगा। जबकि कहानी हमें यह स्वतंत्रता प्रदान करती है कि पढ़ते हुए हम उन शब्दों को, उन ध्वनियों को महसूस करते हैं पर अब मंचन में पढ़ा हुआ शब्द बोला जा रहा है। जैसे ही वह शब्द बोलने में कन्वर्ट हो रहा है वह एक नई भाषा की ओर बह जा रहा है। अब आप कहेंगे कि नाटक में भी बोला जाता है। तो नाटक का शब्द तो है ही बोलने के लिए पर कहानी का शब्द नहीं है बोलने के लिए। या तो वह पढ़ा जा रहा है, पढ़कर सुनाया जा रहा है या पढ़ते हुए हम उसे मौन में सुनते हैं। बोला जा रहा है तो खुद-ब-खुद वह एक दूसरी भाषा की ओर बढ़ रहा है। फिर कौन बोल रहा है ? कैसे बोल रहा है ? एक आदमी एक ढंग से, दूसरा दूसरे ढंग से बोलता है। फिर बोलने में उसका व्यक्तित्व भी शामिल हो जाता है। ये सारी चीज़ें हमें ताज़गी और नयापन देती हैं। और इसीलिए यह कोई संयोग नहीं है कि आज नाट्यालेख की अनिवार्यता हर काम करने वाले के लिए समाप्त होती जा रही है। आज वह अपना आलेख कहीं से भी उठा लेता है। साहित्य की तरफ़ हर व्यक्ति लौट रहा है क्योंकि यहाँ चुनाव की कोई सीमा नहीं है। आप थक जाएँगे पर भंडार खत्म नहीं होगा। यहाँ इतने अलग-अलग चरित्रों से हमारा साक्षात्कार हो रहा है। एक अभिनेता के लिए एक नई जमीन खुल गई है कि उसे ऐसे चरित्र जीने को मिल रहे हैं जो उसने कभी पढ़े नहीं। कहानी का तो यह है कि हमें पत्र-पत्रिकाओं के माध्यम से नई से नई रचना उपलब्ध हो रही है। जिससे हमारा कभी साबका भी नहीं हुआ। मुझे भी जब ऐसी रचनाएँ पढ़ने को मिलती हैं तो मुझे लगता है कि इसे मुझे करना है कैसे भी। यह सारा Interesting field तैयार हो रहा है और कहीं-न-कहीं हर सृजनकर्मी के भीतर छटपटाहट है कि अब बनी बनाई भाषा से काम चलने वाला नहीं है। अपने-अपने तरह से लोग उसे तोड़ने की कोशिश कर रहे हैं। मेरी भी कोशिश थी जो अब तेईसवें साल में आ गई है और अभी भी समाप्त नहीं हुई है। मैं कविताओं के साथ भी इस तरह का काम करके देखना चाहता हूँ। अभी तक मैंने एक ही कविता की है—लीलाधर जगूड़ी की 'बलदेव खटिक'। फिर मैं साहित्य की दूसरी विधाओं के साथ भी ऐसा ही काम करना चाहता हूँ जैसे—रिपोर्ताज, संस्मरण, डायरी या पत्र कुछ इस तरह की चीज़ें लेने का मन है, देखिए। और एक ऐसी प्रस्तुति भी करने की इच्छा है जिसमें एक नाटक का एक दृश्य हो, एक कहानी करूँ या निबंध या संस्मरण आदि करूँ ये सब एक ही शाम में...और फिर इन पर संवाद हो कि ये सब एक ही जैसे

हो रहे हैं या अलग-अलग हो रहे हैं।

कुछ ऐसे प्रयोग का भी मन है जिसमें मैं अकेला नहीं रहूँगा। यह एक संयुक्त प्रस्तुति होगी। परिकल्पना यह है कि हम एक ही सब्जेक्ट मैटर ले लेंगे, जैसे—कहानी। अब मैं उसे अपने ढंग से करूँ। अपने चित्रकार दोस्त को साथ ले लूँ। वह उस कहानी में पेंटिंग के माध्यम से काम करे। एक संगीतकार को साथ ले लूँ। वह संगीत के माध्यम से उसका क्या रूप हो सकता है वह करे। एक नृत्यकार को ले लूँ। वह नृत्य में उस कहानी को परिकल्पित करे। इस तरह से जो क्लियरकट, भिन्न-भिन्न फॉर्म हैं कला के वे अपने-अपने माध्यम में एक ही विषय को लेकर अपनी-अपनी प्रस्तुति करें। और एक शाम में हम यह सब करें। और हम एक नाटककार भी जोड़ लें जो उसका नाट्य रूपांतरण करके उसकी एक नाटक के रूप में प्रस्तुति करे। मैं समझता हूँ कि इस तरह के व्यावहारिक परीक्षण से हमारे सामने इस रंगभाषा के प्रश्न को लेकर काफ़ी कुछ ठोस परिणाम सामने आएँगे। कुछ बुनियादी बातों पर चर्चा होगी और यह एक महत्त्वपूर्ण काम शायद साबित हो सकता है।

आशीष त्रिपाठी : नाटक का जो संगीत होता है और कहानी मंचन का संगीत, आपने कहा कि पढ़ते हुए भी संगीत कौंध सकता है, तो नाटक और कहानी मंचन का संगीत कैसे अलग होता है ?

देवेन्द्र राज अंकुर : कुछ नाटक तो म्यूज़िकल प्लेज़ कहे जाते हैं, वहाँ संगीत मौजूद ही है—कविताएँ आ जाती हैं, गीत आ जाते हैं; जैसे पारसी थिएटर है। दूसरे रूप में वहाँ पृष्ठभूमि के रूप में आता है संगीत। दरअसल, नाटक में संगीत कई तरह से है। या तो डेकोरेशन के रूप में आता है, या व्याख्या के रूप में आता है, या विरोध के रूप में आता है, या दृश्य को और सघन बनाने के लिए भी प्रयुक्त होता है। संगीत संस्कार से जुड़ गया है। ज़िंदगी में कोई भी अनुष्ठान देखें—बच्चा पैदा हुआ तो भी संगीत है, मृत्यु हुई तब भी संगीत है, विवाह हो रहा है तब भी संगीत है। यह कहाँ से आ रहा है ? यह हमारी ज़िंदगी का हिस्सा हो गया। ज़ाहिर है नाटक में जब-जब ऐसी स्थितियाँ होती हैं, संगीत चला आता है। चाहे वह गानों के रूप में हो, चाहे धुन के रूप में हो या बैकग्राउंड में हो, उसकी एक भाषा चलती रहती है। शुद्ध संगीत से वह यहाँ अलग हो रहा है क्योंकि वह अपनी स्वतंत्र सत्ता के रूप में नहीं है। भीमसेन जोशी को गायक के रूप में सुनना अलग अनुभव है। पर उन्हीं भीमसेन जोशी को मैं यदि किसी नाटक में प्रयुक्त कर रहा हूँ तो भीमसेन जोशी का गायन उस वक़्त मेरे लिए महत्त्वपूर्ण नहीं है। लेकिन मेरे नाटक के दृश्य की जो स्थिति है उस दृश्य में वह गायक यदि एक टिप्पणी के रूप में जुड़ रहा है तब तो उसकी वहाँ सार्थकता है। अगर उस दृश्य में भी भीमसेन जोशी का गायन सुनने के बाद दर्शकों में यह प्रतिक्रिया है कि जोशी जी का गायन सुनने में बड़ा मज़ा आया तो इसका अर्थ यह है कि उन दोनों में कोई रिश्ता नहीं बना और लोगों ने उसको नाटकीय संगीत के रूप में ग्रहण नहीं किया। या जिसने इस्तेमाल किया उस गायक को, उसे रंग-संगीत की कोई समझ नहीं

है। वहाँ पर संगीत अलग से नज़र ही नहीं आना चाहिए। यह कोई आज की बहस नहीं है, जब से ये विधाएँ शुरू हुईं तब से यह बहस चली आ रही है कि नाटक का अपना क्या है ? संगीत से संगीत ले लिया, चित्रकला से दृश्य ले लिए, नृत्य से मूवमेंट्स ले लिए, तो यह शुद्ध कला कैसे है ? इन सबके बावजूद एक स्वतंत्र अस्तित्व है नाटक का। क्योंकि इन सबसे सब लेने के बावजूद अभिनेता की जो जीवंत उपस्थिति है वह किसी विधा में मौजूद नहीं है। ठीक है, आप कह सकते हैं कि संगीत में संगीतकार तो बैठा हुआ है। लेकिन यदि वह नहीं भी है तो भी संगीत का आनंद लेने में समस्या नहीं है, और कम-से-कम आज तो बिलकुल नहीं है। लेकिन अगर अभिनेता नहीं है तो आप किसी नाटक को देखने का सोच भी नहीं सकते। तो यह जो अभिनय की जीवंत उपस्थिति है यह नाटक को अन्य सारी विधाओं से बिलकुल अलग कर देती है और उसकी शुद्ध अपनी भाषा बनाती है।

अब कहानी में भी संगीतकार काम कर रहा है। ज़ाहिर है मैं व्यक्तिगत तौर पर सबसे अपेक्षा करता हूँ कि हम तमाम बाहरी तत्त्वों से मुक्त हो जाएँ तो शुद्ध स्थिति तो वह होगी और जब-जब मैं उस उन्मुक्तता तक पहुँचा हूँ तो मैंने पाया है कि प्रस्तुति का असर ज़्यादा पड़ा है। लेकिन हमारा अभिनेता एक बने बनाए ढंग से काम करता है। उसे टूटने में समय लगता है। अभी वह समझ ही नहीं पा रहा है कि इन सब तत्त्वों से मुक्त होने में कितना मज़ा है। इसलिए उसे आज भी सहारे के लिए इन तत्त्वों की ज़रूरत पड़ती है। जैसे—संगीत भी होना चाहिए, दृश्य सज्जा भी होनी चाहिए, रूप सज्जा भी होनी चाहिए, आदि-आदि। जबकि मैं हमेशा अपने अभिनेताओं से अपेक्षा करता हूँ और मेरी ज़्यादा अच्छी प्रस्तुतियाँ वही रही हैं जब तक अभिनेताओं ने सिर्फ़ अपने ऊपर निर्भर होने की कोशिश की। तभी यह कहानी के मंचन का शुद्ध रूप बनता है। तब वहाँ आता है संगीत, जो मुझे पढ़ते वक़्त सुनाई देता है। वह बिना बोले शब्दों के बीच, बिना अलग तत्त्व जैसे आए, सुनाई पड़ता है।

आशीष त्रिपाठी : अलग से ? बिना वाद्य के ?

देवेन्द्र राज अंकुर : कोई वाद्य नहीं, किसी की अलग से आवाज़ नहीं। अभिनेताओं के बोलने का ध्वनि जाल ही ऐसा जादू पैदा करता है कि मुझे अलग से संगीत डालने की ज़रूरत नहीं महसूस होती। लेकिन चूँकि यहाँ विद्यालय में प्रशिक्षण का हिस्सा है संगीत तो हम कुछ चीज़ों को छोड़ते भी हैं, कुछ जोड़ते भी हैं। लेकिन जब-जब भी मैं बाहर काम करता हूँ मुझे इनमें से किसी चीज़ के जोड़ने की ज़रूरत ही नहीं पड़ती और वे प्रस्तुतियाँ चलती रहती हैं। जैसे 1993 में मैंने तीन कहानियाँ मंचित कीं। 'खानाबदोश' के नाम से। दो अभिनेताओं की एक टीम है। उसमें कोई संगीत नहीं है, उसमें कोई ब्रेक-अप नहीं है, प्रॉपर्टी नहीं है। एक ख़ाली मंच, कहीं कुछ मिल गया तो ठीक मेज़ कुर्सी या बेंच रख लेते हैं नहीं मिला तो कोई बात नहीं, मुझे ज़्यादा मज़ा तब आता है जब बाहरी संगीत को इस्तेमाल किए बिना खुद कहानी के शब्दों के भीतर से उभरती हुई छवियों का जो संगीत है उसे अभिनेता कैसे पा ले और लोगों को कोई

बाहरी संगीत सुनने की ज़रूरत ही न महसूस हो।... मैं पूरी तरह से मानवीय एलीमेंट्स पर काम करने वाला रंगकर्मी हूँ। मैं यहाँ तक मुक्त होना चाहता हूँ अपने अभिनेताओं के साथ कि वे रोज़मर्रा के जो कपड़े हैं वही पहने हुए अपनी प्रस्तुतियाँ कर ले जाएँ। अपने यहाँ कथावाचन की परंपरा थी, आज भी है। जिस तरह की स्वतंत्रता एक परंपराशील अभिनेता के पास, कथावाचक के पास होती है कि वह रोज़मर्रा के कपड़े पहने हुए ही, सुनाते-सुनाते हमें उस संसार में ले जाता है तो फिर एक प्रशिक्षित अभिनेता जो उससे ज़्यादा सक्षम ज़्यादा पढ़ा-लिखा, ज़्यादा जागरूक है वह उस मुक्ति को क्यों नहीं पा रहा है। तब संगीत क्या, किसी बाहरी उपादान की ज़रूरत मुझे नहीं होती है और मेरी प्रस्तुतियाँ बहुत सस्ते में हो जाती हैं। आमतौर पर लोग इसे नकारात्मक पहलू ही मानते हैं। लोग बहुत ज़्यादा इंटरेस्टेड नहीं होते कि निर्देशक उनसे कुछ खर्च ही नहीं करवाता है। उनके लिए तो जब तक कुछ लाख रुपए प्रस्तुति पर खर्च न हों तो वह थिएटर कहला ही नहीं सकता। मैं उनको बार-बार समझाता हूँ कि खर्च नहीं करने का यह मतलब नहीं है कि मेरे पास पैसे नहीं हैं या जिस संस्थान के साथ मैं काम करता हूँ उनके पास नहीं है। लेकिन सवाल यह है कि जब उनकी ज़रूरत ही नहीं महसूस हो रही है तो मैं सारी चीज़ों को ज़बर्दस्ती लाकर क्यों इकट्ठा कर दूँ। यह सारी लड़ाई है। इसलिए चाहे वह संगीत हो, चाहे आहार्य हो, चाहे और सारी चीज़ें हों, जितनी गायब होती चली जाएँ और बिलकुल गायब हो जाएँ, तब मज़ेदार बात होगी। और ऐसा नहीं है कि दूसरी विधाओं में नहीं हैं। अन्य विधाओं की बात करें जैसे—लेखक के पास क्या है शब्दों के सिवा, एक लिखने वाली कलम, और एक सोचने वाला दिमाग जोड़ दें तो दिमाग तो अभिनेता के पास भी है और हम सबके पास भी है, और काग़ज़। नृत्यकार के पास क्या है—एक ख़ाली स्पेस और कुछ वेशभूषा। तो जब बाक़ी विधाएँ इतनी उन्मुक्त हैं तो अभिनय अपने शुद्ध रूप में अगर कल्पना की जाए—तो अभिनेता को कितनी फ्रीडम मिल जाएगी। वह वहाँ रच भी रहा है और दर्शक बहुत कुछ अपनी कल्पना को महसूस कर रहा है। मैं इसका अर्थ यह भी नहीं मानता हूँ कि शारीरिक रंगमंच करने लगें और मनोशारीरिक रंगमंच जैसा कि बादल सरकार करते हैं और बहुत 70 के दशक में हो रहा था कि आप सारी चीज़ों को काटते जा रहे हैं और अभिनेता ही कठपुतली बनता जाए। मेज़-कुर्सी भी वही बन जाए...वह आशय मेरा कदापि नहीं है। चीज़ें न रहें लेकिन तब भी एक दृश्य बनना है और अभिनेता को इसमें अभिनेता की तरह रहना है न कि वह मंच उपकरण बन जाए, मंच सज्जा की वस्तु बन जाए। वह जो भाषा है ग्रोतोव्स्की की उसके प्रभाव में बहुत से लोगों ने किया है, उसमें मेरा कोई दखल नहीं है और न मैं उसको फॉलो करना चाहता हूँ।

आशीष त्रिपाठी : लेकिन कुछ नाटकों में आपने संगीत का इस्तेमाल किया है। जैसे अभी जो कथा कोलाज 7 और 8 हुआ उसमें कारंत जी ने म्यूज़िक दिया। पहले भी मैंने जो 'तीन एकांत' की स्क्रिप्ट पढ़ा, उसमें भी म्यूज़िक का इस्तेमाल है।

देवेन्द्र राज अंकुर : 'तीन एकांत' मेरा पहला प्रस्तुतिकरण था। उसमें संगीत आता

है। पर संगीत उसमें उतना नहीं था जितना कि वह ध्वनियों के रूप में आ रहा था। उसमें एक सीक्वेंस था कि नायिका को डायरी लिखने का शौक था। उस पुरानी डायरी को वह पढ़ रही है तो उसी की रिकार्ड आवाज़ आती थी। एक कहानी में संगीत, संगीत के रूप में था, जैसे—'डेढ़ इंच ऊपर'। वह पूरी कहानी एक पब में घटित होती है। उस पब में लगातार एक धुन बजती रहती है। दो मेज़ और कुर्सियाँ हैं और आर्केस्ट्रा में पीछे कोई धुन बज रही है, उस हद तक वह वहीं मौजूद था। पर संगीत ही प्रमुख नहीं हो गया वहाँ। अन्यथा कथा कोलाज 7 और 8 की इन कहानियों में भी सात कहानियों में से एक में तो कारंत जी ने संगीत बिलकुल इस्तेमाल ही नहीं किया। एक राजस्थानी कहानी में उन्होंने गीतों का ख़ासतौर पर इस्तेमाल किया। वह आदमी और औरत के रिश्तों पर है और कहानी के अंदर कोई सिचुएशन ऐसा नहीं है जहाँ वे लोग गीत गा रहे हों। कहानी करते-करते यह एक डिस्कवरी हो गई कि एक ऐसा कैरेक्टर पैदा हो गया जो मूल कहानी में था ही नहीं। जैसे सड़कों पर लोग गीत गाते घूमते रहते हैं। वह बीच-बीच में इधर से आया उधर चला गया, उधर से आया इधर चला गया। उसको उन्होंने कुछ गीत दे दिया।

मैं यह नहीं कह रहा हूँ कि नहीं करना चाहिए। यहाँ स्कूल में यह उनके प्रशिक्षण का भी एक हिस्सा है। हम लोग कई बार यह भी कोशिश करते हैं कि अलग-अलग तरह से किसी एक एलीमेंट को स्ट्रांग बनाकर देखते हैं कि क्या फ़र्क पड़ता है। इस बार संगीत को इम्फैसाइज़ किया। एक कहानी समंदर के किनारे घटित हो रही थी। उसमें लगातार पानी की बौछार की आवाज़ आती रहती थी। अब यह संगीत है या ध्वनि प्रभाव इस पर बहस हो सकती है।

आशीष त्रिपाठी : आपको नहीं लगता कि इस प्रकार के प्रयोगों से आपकी यह धारणा कि संगीत बिलकुल होना ही नहीं चाहिए खंडित होती है ?

देवेन्द्र राज अंकुर : धारणा तो अभी कोई निश्चित नहीं है न। यह तो परिकल्पना है, अवधारणा है। नहीं चाहता होता तो न होता। बार-बार करके देखने से यह होता है कि यदि धारणा खंडित भी हो रही है तो अच्छी बात है।

आशीष त्रिपाठी : एक सवाल यहाँ और उठता है। आपकी पहचान रही है कहानी का मूल रूप में मंचन करने की। अब जैसे अभी कारंत जी आए और यह प्रयोग हुआ कि कहानी में एक ऐसा चरित्र जुड़ा जो वस्तुतः कहानी में था ही नहीं। मैं तो इसे शायद ऐसे समझूँगा कि यह कहानी के नाट्य रूपांतरण की दिशा में पहला कदम हुआ।

देवेन्द्र राज अंकुर : नहीं-नहीं, उस चरित्र का किसी से कोई संपर्क नहीं होता। न वह किसी से बातचीत कर रहा है, न उसको कोई वैसे नोटिस कर रहा है। जैसे किसी दृश्य में सड़क पर कोई घटना घटित हो रही है, सौ लोग गुज़र रहे हैं नाटक में भले उनका कोई जिक्र नहीं है। इस तरह वह एक अज्ञात उपस्थित होकर चला जाता है। इसके अलावा कहानी के स्वरूप में हमने कोई परिवर्तन नहीं किया। और वो भी चूँकि कुछ गीतों का इस्तेमाल किया जाना था और वे चाहते थे कि यह मंच पर ही हो तो

बजाय इसके कि पात्र गाते उन्होंने एक गवैये का ही चरित्र या पात्र रख दिया जो एक इकतारा हाथ में लेकर घूमता रहता है यायावर जैसे यहाँ से वहाँ। बस इतना ही था। इससे मुझे नहीं लगता कि कोई रूपांतर हो गया। रूपांतर तब होता जब उसका इंटरैक्शन होता इनसे संवाद के रूप में या फिर किसी कमेंट के रूप में। अभी तो वह एक तरफ से आता है और दूसरी तरफ़ से निकल जाता है। बाक़ी लोगों के कार्य व्यापार चलते रहते हैं। उससे एक ख़ूबसूरती पैदा हुई। वह वहाँ राजस्थान की खूबी थी, प्रेमगीत थे। उनके इस्तेमाल से एक वातावरण बन रहा था। तो अगर मदद मिल रही है तो मुझे नहीं लगता कि इतनी भी रीजिडिटी होनी चाहिए।

आशीष त्रिपाठी : इन सबसे हटके एक सवाल। जैसे कहानी की भाषा में कुछ बिंब बनते हैं। पाठक तो उन्हें पढ़ते हुए या पाठ में दुबारा वापस जाकर समझने की कोशिश करता है। कहानी-मंचन में उनको लेकर आपका क्या रुख होता है ? उन्हें आप मंच पर किस तरह से करना चाहते हैं कि दर्शक बिंब तक पहुँच सके।

देवेन्द्र राज अंकुर : हमारी पूरी कोशिश रहती है कि हम उसे इलस्ट्रेट न करें। अगर जैसा कहानी में वर्णित है उसको वैसे का वैसा हमने दृश्य रूप में बदल दिया तब फिर उन शब्दों की अहमियत खत्म हो जाती है। फिर तो पाठक या दर्शक के लिए यह अच्छा होगा कि वह खुद उन्हें पढ़ ले। ज़्यादातर केसेस में कोशिश क्या होती है कि शब्दों से बनते हुए बिंब और उस वक्त मंच पर बनते हुए बिंब समान हों। जैसे हम दोनों यहाँ बैठकर बातचीत कर रहे हैं। लेकिन इस बैठने के ढंग में यह निश्चित नहीं है कि हम 'कहानी का रंगमंच' पर बहस करें। उसका अपना एक अलग बिंब बन रहा है, हम दोनों का एक अलग बिंब बन रहा है इसके बावजूद दोनों एक साथ चल रहे हैं। तो मैं कुछ इस तरह के बिंब का पक्षधर हूँ। हो सकता है कि कहानी का अलग बिंब हो, और उस वक़्त दो अभिनेता किसी अलग व्यूह रचना के माध्यम से वह सारा टेक्स्ट हमारे सामने लेकर आ रहे हों। मुझे सीधे-सीधे उसी को स्वच्छ दृश्य रूप बनाना है तब तो फिर मुझे नहीं लगता कि उसमें कोई कला है। मेरा बिंब कुछ-कुछ धुंध में, कोहरे में लिपटा हुआ होना चाहिए। जैसे कि हम एक पेंटिंग में देखते हैं कि घर लगता भी है और वह सचमुच में घर होता भी नहीं है। और हम कहते हैं कि यह एक घर का चित्र है। और यह उस तरह का ड्राइंग नहीं है जैसा एक बच्चा छोटी कक्षा में सेब का बना लेता है। यदि हम सेब को सेब की तरह बना दें तो उसमें कोई कमाल नहीं है। यहाँ यह है कि हम सेब को किस कोण से देखते हैं और तब सेब की क्या शक्ल बन सकती है, उस पर ज़्यादा ज़ोर है तो कि वह खुलापन आपके बिंब में भी मौजूद रहे। और उसके नए-नए अर्थ दर्शक के लिए बनते चले जाएँ बजाय इसके कि मैं उसमें से एक अर्थ निश्चित कर दूँ कि यह बिंब इसलिए बना रहा हूँ। तब उसमें मुझे बहुत ज़्यादा एक्साइटमेंट नहीं लगता उसमें काम करने में।

एक उदाहरण से इसे क्लियर करने की कोशिश करता हूँ। जैसे—'महाभोज' उपन्यास का पहला ही नैरेशन है। 'लावारिस लाश को गिद्ध नोंच-नोंचकर खा जाते हैं।

पर बिसेसर लावारिस नहीं है। इसकी माँ भी है, बाप भी है। गरीब भले हों पर हैं तो।' यह पहला नैरेशन है। मेरे पास आठ अभिनेताओं की एक टीम थी जब मैं इस प्रस्तुति को कर रहा था। व्यावहारिक रूप से एक अभिनेता मंच के एक ओर से आता था, दूसरा दूसरी ओर से आता था और वे मंच के बीच में आकर एक अर्द्धगोलाकार वृत्त में खड़े हो जाते थे। जैसे वे, एक हलका सा इंप्रेशन, बिसेसर के मरने पर शायद शोक मनाने आए हुए हैं। सबकी वेशभूषा एक ही है। सब सफ़ेद कुर्ते-पाजामे में थे, न्यूट्रल कॉस्ट्यूम में इतना ही। चार एक तरफ़ से आ गए, चार एक तरफ़ से। व्यावहारिकता की दृष्टि से आकर खड़े हो गए और यह नैरेशन भी साथ-साथ चल रहा है। इसके अलावा हमने उसमें कोई अर्थ नहीं रखा। दर्शकों ने हमें बताया कि अर्द्धगोले में हाथ बाँधकर खड़े आठ लोग, इसमें उन्हें इतनी संभावनाएँ दिखाई पड़ीं। जैसे ये लोग एक कुएँ के भीतर झाँक रहे हैं और कुआँ लाशों से पटा पड़ा है। इसकी हमारे मन में कोई परिकल्पना नहीं थी। कुछ ने कहा, 'गिद्ध लाश को नोंच-नोंचकर खा जाते हैं। तो ये लोग बाहर से सफ़ेद वेशभूषा में, धुले हुए साफ़ और अंदर से उतने ही विकराल और बीभत्स और सौम्यता का मुखौटा ओढ़े हुए...तो यह भी इमेज़ उनके दिमाग में बना और मुझे बहुत इंटरेस्टिंग लगा। और तब मुझे समझ में आया कि जितना हम बिंबों को बिना किसी पूर्वाग्रह के अपनी तरफ़ से रखते चले जाएँ उतने ही ज़्यादा संभाव्य अर्थ दर्शक उसमें से अपने लिए ढूँढ़ सकता है। इसीलिए मैंने बार-बार जिक्र किया है, अंततः किसी भी रचना या सृजन का जो अर्थ है वह हमारे अंदर या रचना के अंदर होता है। इसमें से जितना मैं ग्रहण कर सकता हूँ, उतना करता हूँ।

इसको फिर उदाहरण से समझाने की कोशिश करें तो, जैसे—राग पहले से निश्चित है। संगीत में अच्छी तरह से समझ सकते हैं कि ये-ये राग हैं, इसको गाने का यह समय है, इसमें इतनी मात्राएँ हैं, यह स्वर लगेगा, यह ताल लगेगा, सब निश्चित है। फिर ऐसा क्यों होता है कि एक ही राग में एक गायक के गायन में हमें अलग आनंद मिलता है और दूसरा गायक चाहे उसी राग में वही रचना गा रहा हो, उसका अलग अनुभव है ? इसका अर्थ यही हुआ कि अंततः अलग-अलग जो परफॉर्मर है उनका अर्थ और सुनने/देखने वाले का अर्थ अपने-अपने हिसाब से चीज़ें ग्रहण कर रहा है। मंच पर आप निश्चित करके कंडीशंड करना चाहते हैं दर्शक के लिए कि तुम यही देखो। ऐसा रंगमंच में तो कभी संभव हो ही नहीं सकता। फ़िल्म में काफ़ी हद तक संभव हो सकता है, क्योंकि फ़िल्म का व्याकरण ऐसा है कि हम किसी भी सीट पर बैठे हों, हमें देखने का नज़रिया, ऐंगल वही मिलेगा, फिर वह टू डाइमेंशनल मीडिया है। रंगमंच में ऐसा नहीं हो सकता क्योंकि प्रत्येक सीट पर बैठे दर्शक के लिए मंच पर घटित होने वाला जो दृश्य है, बिलकुल भिन्न है। वह उसको अपने हिसाब से ग्रहण करता है। इस कारण यह खुलापन रंगमंच की प्रकृति में ही मौजूद है। और बिंब का बनना यह एक केमिस्ट्री जैसा है जो घटता रहता है, चलता रहता है।

आशीष त्रिपाठी : आपने कहा, बिंब के स्तर पर जो छोटा दृश्य है उसने अलग-

अलग आभास लोगों को दिया, अलग-अलग अर्थ खोले। मेरा प्रश्न यह था कि जो बहुत सघन बिंब रचना कहानी में होती है, एक के बाद एक बिंब बनते चले जाते हैं। उसके लिए आपका जो कहानी का रंगमंच है, उस तरह की दृश्य-रचना का उस तरह पक्षपाती नहीं है जैसा नाटक है ? मुझे लगता है कि बहुत बार वाचिक से ही बिंब को व्यक्त करने की कोशिश की जाती है।

देवेन्द्र राज अंकुर : वाचिक तो है ही वहाँ। साथ ही ऐसा भी नहीं है कि दृश्य बनता ही नहीं है। दृश्य तो वहाँ अपने आप बनना शुरू हो जाता है। यहाँ वाचिक शब्द की उपस्थिति नहीं है, अभिनेता के साथ मिलकर शब्द की उपस्थिति है। एक बिंब तो वहीं से बनना शुरू हो गया। दूसरा बिंब तब बनता है जब अभिनेता और वाचिक के बीच में अंतराल पैदा होता है। उसको बोलते हुए उसे वह किस तरह प्रकट कर रहा है तो एक दूसरा बिंब उससे विस्तार पा रहा है कुछ किए बिना, मैं कह रहा हूँ। वह सिर्फ़ खड़ा होकर बोल रहा है और बिंब बन रहा है। फिर मान लीजिए उदाहरण के लिए आपने उस अभिनेता को प्रकाश का एक घेरा दिया जिसके अंदर खड़े होकर उसका एक बड़ा संवाद है, नैरेशन है। अब इसमें अपनी तरफ़ से कुछ जोड़े बिना प्रकाश ने ही एक इमेज क्रिएट कर दिया। लोग उसके कई अर्थ ढूँढ़ सकते हैं, जैसे, यह किसी कटघरे के अंदर खड़ा हो गया है, यह लगातार इस चक्कर से निकलने की कोशिश कर रहा है, जो सामान्य दिखाई पड़ता है क्योंकि उस तरह के प्रकाश से जुड़े अर्थ चले आ रहे हैं। आपने देखा होगा कि लोग आमतौर पर उस तरह की चीज़ों को सहज ही ग्रहण कर लेते हैं। अब अगर यह भी नहीं रखना है, कि घेरा सपाट कर देता है और चीज़ों को अतिसरलीकृत करने की आदत पड़ गई है तो लोग जो बहुत समझदार निर्देशक होगा, कल्पनाशील निर्देशक होगा वह घेरे को धुँधला कर सकता है। वह शुरू तो घेरे से करेगा पर लोगों को पता भी नहीं चलेगा कि कब घेरा बिलकुल सपाट ज़मीन में बदल गया। तो ये युक्तियाँ हैं जो अलग-अलग रंगभाषा से जुड़ी हैं। उसमें कुछ अलग से बताने की ज़रूरत नहीं है कि इसका यह अर्थ है, इसका वह अर्थ है। कुछ अर्थ निश्चित हैं जैसे कि मंच पर अँधेरे का होना या परदे का गिरना यानी एक दृश्य पूरा हो रहा है और दूसरा शुरू हो रहा है। ये चीज़ें सहज स्वीकृत हैं। उनसे भी कुछ बिंब अपने आप तैयार होते रहते हैं, टूटते-बनते रहते हैं। बाक़ी यदि बहुत सघन बिंब हैं कि उसके बिना काम ही नहीं चल सकता तो फिर उन्हें क्रिएट होना होगा। वह शब्दों के भीतर से होगा तो शब्दों के भीतर से होगा और अलग से बनना होगा तो अलग से होगा। जब तक उस प्रक्रिया से खुद न गुज़रें तो उसके बारे में कोई निर्णय देना संभव नहीं है।

जैसे अभी हमने एक कहानी की थी 'सरगतापा' विभाजन के समय की कहानी है। लोग भाग रहे हैं। कहानी का पहला वाक्य ही यह है, "अरे देवेंदरलाल जी आप भी।" अब यहाँ पर आप उस दृश्य की शुरुआत कैसे करेंगे। 'अरे, देवेंदरलाल जी आज भी' यह दूसरा आदमी बोल रहा है। आफ्टर आल एक बिंब तो बनेगा कि देवेंदरलाल

क्या कर रहा है। अब उसके लिए आप तरह-तरह की कल्पनाएँ कर सकते हैं कि वह कहीं जाने की तैयारी कर रहा है या उसने कोई और निर्णय कर लिया है कि उसको कहना पड़ रहा है कि 'आप भी !'। हम लोगों ने एक दूसरे माध्यम से इसमें मदद लेने की कोशिश की। उसमें फ़िल्म्स डिवीजन से जो फुटेज मिल सकता था विभाजन का, 'तमस' विभाजन पर बना, और मैटेरियल तो उससे कहानी की शुरुआत की कि लोग भागे जा रहे हैं। मूलतः हमारी कहानी कुल तीन अभिनेताओं पर थी। उससे एक पृष्ठभूमि तैयार हुई। भाग रहे हैं लोग जान-बचाकर, क़त्लेआम हो रहा है और उसी के बीच यह ज़िंदा अभिनेता सामान समेटकर चल देने की कोशिश में है कि तभी दूसरा पात्र एकदम से इंटर करके कहता है कि 'अरे, आप भी !' और फिर आगे इस तरह से कहानी बनती चली जाती है। यह करते-करते इन्वाल्व हो गया। हो सकता है कि आगे कभी करें तो इसकी भी ज़रूरत न पड़े। तो यह सब प्रक्रिया का हिस्सा है। मेरे पास अभी भी कोई फ़ार्मूला नहीं बना है और शायद इसीलिए मैं इस काम को कर पा रहा हूँ। जिस दिन मुझे लगा कि यह फ़ार्मूला बन गया है उस दिन शायद मैं इस काम को छोड़ दूँगा। मैं काम काफ़ी खुले ढंग से करता हूँ। जैसे करने के पहले मुझे यह नहीं पता होता कि कौन सी कहानियाँ चुनी जाएँगी। हम लोग बैठकर लगातार पढ़ते हैं। आमतौर पर मैं 20-25 कहानियाँ लेकर अपने अभिनेताओं के पास जाता हूँ। हम सब बैठकर 4-5 कहानियाँ रोज पढ़ते हैं। 5-6 दिन, एक हफ्ता कहानियों को पढ़ने में गुज़र जाता है। फिर वे अभिनेता उसमें से कितनी कहानियों पर रिऐक्ट करते हैं, किन पर काम करने की संभावना बनती है। यह पहले से तय नहीं होता कि कितनी कहानियाँ अंततः होंगी। जब सारी प्रक्रिया ही इतनी खुली है तो उसके जो बिंब बनते हैं, जो स्वरूप बनता है, उसका कोई भी फार्मूला बनने की संभावना ही पैदा नहीं होती।

आशीष त्रिपाठी : कहानी के प्रति जो आपका कमिटमेंट है, लिखे हुए शब्द के प्रति जो आस्था है आपकी, कहानी के मंचन के बाहर क्या आप रंगमंच पर उस विचार के समर्थक हैं जिसमें माना जाता है कि लेखक के प्रति पूरी आस्था रखी जाय और उसके टैक्स्ट को बिना परिवर्तित किए प्रस्तुत करने की चुनौती निर्देशक को स्वीकार करनी चाहिए ?

देवेन्द्र राज अंकुर : मेरी उसको लेकर बहुत ज़्यादा ज़िद नहीं है कहानी में। इसलिए कि यदि उसको परिवर्तित करूँगा तो फिर मैं नाटक का मंचन कर रहा हूँ, मैं कहानी का मंचन नहीं कर रहा हूँ। मैं अपना स्वरूप कहानी में से बनाने की कोशिश कर रहा हूँ। नाटक को करते हुए कई बार आपको समय की सीमा का ख्याल करके छोड़ना पड़ता है। जैसे, किसी संस्कृत नाटक को आज उसकी संपूर्णता में किया ही नहीं जा सकता। उसमें कम-से-कम छह घंटे लगेंगे। और छह घंटे का समय मेरे दर्शक के पास है ही नहीं। इस वजह से बहुत सी चीज़ों को छोड़ना पड़ता है। फिर उस समय की रंगभाषा में इतने ज़्यादा शब्द इसलिए रहते थे क्योंकि प्रदर्शन सारी रात चलता था। उसमें पहले वह शब्दों से अपनी बातचीत समझाएगा, फिर मुद्राओं से, अभिनय से और फिर सारा

रंगमंच, सारी विधाएँ उसमें शामिल हो जाती हैं। अब आज एक तो अवकाश नहीं है। दूसरे, उस तरह की भाषा अभिनेता के पास नहीं है और न ही शायद उसकी अब ज़रूरत भी है।

आशीष त्रिपाठी : यह तो बड़े नाटकों का सवाल हुआ। लेकिन जो छोटे नाटक भी हैं वे भी कई बार निर्देशक के मंचन के अपने नज़रिए के कारण, कई बार नाटककार ने जैसे लिखा उससे अलग मंचन की शैली के कारण, जैसे कारंत जी ने शेक्सपीयर किया, दूसरे लोगों ने किया तो इसके कारण उसमें शब्द के प्रति नज़रिया बदल जाता है। कई बार हम बाहर के लेखक को एडाप्ट करते हैं अपनी सिचुएशंस में। सबसे ज़्यादा प्रतिक्रिया तब होती है जब निर्देशक अपने व्यू के कारण उसमें काँट-छाँट करता है। इस संबंध में कुछ कहें ।

देवेन्द्र राज अंकुर : मेरी उससे सहमति नहीं है क्योंकि फिर उसको नया नाटक खुद ही लिखना चाहिए। पहले से लिखी रचना को वह उठाए ही क्यों। अगर मैंने कोई नाटक उठाया है तो मेरे व्यू प्वाइंट को उसी में से निकलकर आना चाहिए। क्योंकि मैंने अंततः यह उठाया क्यूँ। और अगर मैं अपने व्यू प्वाइंट के लिए किसी दूसरे की रचना ले रहा हूँ तो मुझे लगता है कि मैं अपने लिए उसका सिर्फ़ कवच की तरह इस्तेमाल कर रहा हूँ और जैसी मरज़ी तोड़ दूँ, मरोड़ दूँ, यह ठीक नहीं। मुझे इसमें ईमानदारी दिखाई नहीं पड़ती। अगर आप इतने अपने व्यू प्वाइंट को सामने लाना चाहते हैं तो खुद एक रचना लिखिए या किसी का खुद रूपांतरण कीजिए। रचना को लेकर आप यह दावा करें कि हम उसमें निखार लाने के लिए ऐसा कर रहे हैं तो निखार लाने के लिए लेखक को निर्देश करिए। मगर जब आपने चुन लिया है तो लगता है कि आप खुद अंदर से आश्वस्त नहीं थे। किसी दबाव के तहत आपने ले तो लिया है पर अब आप अपने लिए एक्सक्यूज़ ढूँढ़ रहे हैं। मैं उसका पक्षधर नहीं हूँ। या तो आप करें न या फिर करें तो उसमें इस तरह परिवर्तन करने की ज़रूरत महसूस न करें।

आशीष त्रिपाठी : यह कहा जाता है कि उपन्यास या कहानी पाठक की हथेली पर रखी रंगभूमि है जिस पर हर आदमी अपनी कल्पना के मुताबिक अपना अभिनेता और मंच बना लेता है। कहीं भी आप जब कहानी को मंचित करते हैं तो आप उसे एक चित्र देते हैं। जैसे—अखिलेश की कहानी 'अगली सदी में प्यार की रिहर्सल' को ही लें। उसमें जो चरित्र हैं—जीतेंद्र और दीपा, इन दोनों की फिज़ीक और तमाम चीज़ों को लेकर दर्शक अपनी कल्पना करता है। जब उसे मंच पर लाते हैं आप तो कहीं न कहीं उसकी कल्पनाशीलता कम हो जाती है। तो जो आपका सोचने का नजरिया है कहानी के रंगमंच का...इस बात पर आप क्या कहेंगे ?

देवेन्द्र राज अंकुर : मैं फिर वहीं लौटूँगा कि अंततः कहानी अपने रूप में होते हुए भी एक किस्म के रंग अनुभव में तब्दील हो रही है। दर्शक के दिमाग पर उसे पढ़कर कोई नक्शा बना होगा। अब यदि नक्शे से मिलते-जुलते चरित्र गढ़ने की कोशिश होगी तो यह नाट्य रूपांतरण की ओर बढ़ने की शुरुआत हो जाएगी। मैं तो कहूँगा

कि किसी भी फिज़ीक का हम चरित्र लें दर्शक का ध्यान उस ओर अलग से नहीं जाना चाहिए। एक दूसरी कहानी का मैं उदाहरण लूँ—मनोहर श्याम जोशी की कहानी 'प्रो. षष्ठी के ऊपर।' उन्होंने जो डिस्क्रिप्संस दिया उसके हिसाब से एक बहुत मरियल-सा, छोटा-सा आदमी, पतला-सा आदमी था। मेरी प्रस्तुति में मेरी कक्षा में जो सबसे लंबा एक्टर और सेहत से भी अच्छा, उसने इस कहानी को प्रस्तुत किया। दर्शकों ने इस पर कोई ध्यान नहीं दिया। उनकी तरफ़ से कोई प्रतिक्रिया नहीं आई। क्यों नहीं आई, क्योंकि हम चरित्र तैयार ही नहीं कर रहे थे, हम तो कहानी को प्रस्तुत कर रहे थे। दो तरीके होते हैं एक रिप्रेजेंटेशनल, जहाँ आप हूबहू वैसा ही बनने की कोशिश करते हैं और दूसरा प्रेजेंटेशनल, जहाँ हूबहू वैसा बनने की ज़रूरत नहीं है। वहाँ आप चरित्र के रूप में नहीं बल्कि एक ऐटिट्यूड के रूप में उसे दिखाने जा रहे हैं कि देखो मैं इसको पेश करने जा रहा हूँ। इसको बहुत बाद में जाकर, कहानी में तो शुरू से मौजूद है, रंगमंच में ब्रेष्ट ने बहुत अच्छे से इस्तेमाल किया। वह कहता है कि 'देखो मैं उस सीन में जाऊँगा और फिर यह प्रतिक्रिया दूँगा।' एक तरह से उसने एक सिद्धांत ही बना दिया अलगाव का। पात्र खुद ही अपने बारे में बताता है और फिर बिहैव भी करता है।

आशीष त्रिपाठी : संस्कृत में भी ऐसा है—'अब मैं जाता हूँ'—वगैरह...

देवेन्द्र राज अंकुर : वही तो, परंपरा कहाँ हमें सहयोग करती है और कहाँ वह अलग हो जाती है, यह तो साथ-साथ चल ही रहा है।

आशीष त्रिपाठी : 'कहानी का रंगमंच' पुस्तक पढ़ते हुए और लोगों से सुनकर मुझे लगा कि इसमें निर्देशक की भूमिका बहुत छोटी-सी, जैसी होनी चाहिए, एक गाइड की तरह की है। क्या इसे लोक रंगमंच की तरह नहीं होना चाहिए जो किसी के नाम से पहचाना नहीं जाता जैसे आपका रंगमंच आपके नाम से पहचाना जाता है। यह आपके नाम से क्यों पहचाना जाय ?

देवेन्द्र राज अंकुर : अब आज समय बदल गया है न। लोक रंगमंच एक सामान्य शब्द होने के बावजूद हर प्रदेश का अपना-अपना रंगमंच क्यों है ? सभी को हम यक्षगान क्यों नहीं कह देते ? या सभी को भवई क्यों नहीं कह देते या सभी को हम तमाशा क्यों नहीं कह देते ? ऐसा ही इस प्रश्न का जवाब भी है। ठीक है, मैं मानता हूँ कि रंगमंच में निर्देशक की भूमिका उत्प्रेरक की होनी चाहिए। इसके बावजूद वह मेरे नाम से जाना गया है तो महज एक प्रतिबद्धता के साथ लगातार इतने वर्षों तक इस दिशा में काम करने के कारण। जैसे आप हबीब तनवीर का ही उदाहरण ले लें। लोक रंगमंच तो बहुत से लोगों ने किया तो फिर हबीब तनवीर को ही उसमें क्यों पहचाना गया ? क्योंकि उन्होंने अपना रास्ता कहीं-न-कहीं बनाया। उनके अपने अभिनेता उनके अपने प्रदेश से आए हुए, और सालो-साल, 30-40 सालों से वे उनके साथ काम कर रहे हैं। तो इस तरह आपकी एक पहचान बनने लगती है। आलोचकों ने या दर्शकों ने या दूसरों ने इस काम के साथ इसलिए मुझे जोड़ दिया क्योंकि इसकी शुरुआत मुझसे

हुई। फिर बाक़ी लोग अपने-अपने रास्तों पर चले गए मैं अभी भी, चूँकि मेरी इच्छा का काम है। मैं पहले उसे करना पसंद करता हूँ। निर्देशक न होते हुए भी कहीं-न-कहीं कोई तो मौजूद है उस पहले पाठक रूप में या पहले दर्शक के रूप में, क्योंकि अगर निर्देशक को हम कह दें कि उसकी इस काम में कोई ज़रूरत नहीं है तो मैं जानना चाहूँगा कि ऐसे कौन से अभिनेता हैं जिन्होंने इस काम की कोई शुरुआत की और कहाँ की ? और लोक रंगमंच में भी एक सूत्रधार नाम का व्यक्ति मौजूद रहता है अलग-अलग नामों से। क्योंकि वहाँ भी अभिनेता को कंट्रोल करने वाला एक तत्त्व है।

आशीष त्रिपाठी : आप इस रंगमंच को अभिनेता का रंगमंच कहते हैं। एक अभिनेता विजय कुमार ने लिखा है, 'नैरेशन चलता है तो कहानी में अवरोध उत्पन्न होता है। लगता है कहानी रुकी सी जा रही है' आप क्या कहना चाहेंगे ?

देवेन्द्र राज अंकुर : अलग-अलग अभिनेताओं का दृष्टिकोण है।

आशीष त्रिपाठी : दर्शकों को व्यवधान नहीं होता ?

देवेन्द्र राज अंकुर : दर्शकों की प्रतिक्रिया ठीक इसके विपरीत है। और अभिनेता की प्रतिक्रिया इसलिए इस तरह की है क्योंकि एक ख़ास तरह से नाटकों को करने की उनकी आदत पड़ी है। और वही करते-करते रूढ़ हो गई है। और जिस संदर्भ में उसने बात की है, वह अपनी पूरी प्रक्रिया के बारे में बात कर रहा है कि ऐसा उसे लगा करते हुए कि जब-जब नैरेशन होता है तब-तब शायद अवरोध हो जाता है। यदि आप लेख पूरा पढ़ें तो आप पाएँगे कि अंततः उसने इसका रचनात्मक हल ढूँढ़ लिया है। वह अवरोध इसलिए पैदा हो रहा था कि कहानी में जब भी नैरेशन आता है तो सीधे-सीधे आकर दर्शकों से बात करने की हमारी आदत पड़ी हुई है, सूत्रधार की। इसके लिए पूरा सूत्रधार ज़िम्मेदार है चाहे वह भारतीय नाटक हो, चाहे पश्चिमी नाटक। जबकि मैं अपने अभिनेताओं से चाहता रहा हूँ कि हमें नैरेशन को सूत्रधार के रूप में नहीं करना है। उसके लिए और कोई तरीके ढूँढ़िए। बिलकुल सामने आकर कहानी को सुना देना...तब फिर अभिनेता को लेने की क्या ज़रूरत है ? फिर तो यह काम एक कथावाचक अच्छी तरह से कर सकता है। विजय कुमार का यह जो कमेंट है, यह अवरोध उसे इसलिए लग रहा था क्योंकि वह ढूँढ़ नहीं पा रहा था कि उस नैरेशन को वह कैसे प्रयोग में लाए कहानी के अंदर। और जब उसने ढूँढ़ा तो अवरोध रहा नहीं क्योंकि कहानी पर दर्शकों की और आलोचकों की प्रतिक्रियाएँ गवाह हैं कि अंततः वह अवरोध टूटा। बना हुआ है न कि अभिनेता को हमेशा एक्शन चाहिए होता है। और वे समझते नहीं हैं कि नैरेशन भी एक्शन बन सकता है। और जब वे उसकी डिस्कवरी कर लेते हैं तो फिर कोई समस्या नहीं रहती।

आशीष त्रिपाठी : इसी पक्ष से जुड़ा एक और सवाल है। जयदेव तनेजा ने 'अपना मोर्चा' के बारे में लिखते हुए कहा है कि जिस तरह से अभिनेताओं की ज़रूरत थी ऐसे मंचन के लिए वैसे अभिनेता नहीं मिल पाए और प्रेजेंटेशन उस स्तर तक नहीं पहुँची जिस स्तर का काशीनाथ सिंह का उपन्यास था। तो आपको नहीं लगता, आप तो

प्रशिक्षण लोगों के बीच कर रहे हैं पर जो लोग बाहर काम कर रहे हैं, यदि एक मूवमेंट शुरू करना चाहें तो 'अपना मोर्चा' के एक्सपीरिएंसेस को लेकर उन्हें दिक्कत नहीं आएगी ?

देवेन्द्र राज अंकुर : प्रशिक्षित अभिनेताओं के साथ यह काम मैंने केवल पिछले तीन साल से किया है। 1994 में जब मुझे यह काम करते हुए 19-20 साल हो चुके थे तब राष्ट्रीय नाट्य विद्यालय ने इसे अपने पाठ्यक्रम में शामिल किया। इसके पहले का मेरा सारा काम उन्हीं अभिनेताओं के साथ है, जिन्होंने कोई विधिवत प्रशिक्षण नहीं लिया।

एक प्रस्तुति को लेकर कोई भी निष्कर्ष निकालना अति-सरलीकरण है। अब प्रस्तुति अच्छी नहीं हुई तो नहीं हुई। इसका जवाब यों भी हो सकता है कि सत्यजीत रे ने कितनी पाथेर पाँचालियाँ बनाईं ? आप उनकी हर फ़िल्म को क्या उसी मानक पर रख सकते हैं ? आप जहाँ नया काम कर रहे हैं वहाँ यह आप पहले से थोड़े ही जानते हैं किस किस्म के अभिनेता आपको वहाँ मिलेंगे। नहीं मिले, प्रस्तुति सफल नहीं हुई, तो मुझे बहुत निराशाजनक बात नहीं लगती। कई रचनाएँ एक लेखक नहीं लिख पाता, दूसरा लिख जाता है। इसका अर्थ यह थोड़े ही न हुआ कि वह ख़राब लेखक हो गया, या उस कथ्य में कोई दम नहीं। ये प्रक्रिया के हिस्से हैं।

आशीष त्रिपाठी : एक और सवाल पूरे रंग-परिदृश्य को लेकर है। ऐसा रंगमंच है जो महँगा होता जा रहा है। विजय कुमार के शब्दों में कहें तो यह एक तरह का गिमिक है जो दर्शकों को इस भाषा में बहा ले जाता है—लाइट्स हैं, कैमरा है, साउंड्स हैं, ये वो हैं, आपके दिमाग में क्या कोई ऐसी बात है कि ऐसा रंगमंच किया जाए जो सस्ता हो और शहरी, क़स्बाई और गाँव में काम करने वाले जो लोग हैं उनके लिए उपयोगी हो सके ?

देवेन्द्र राज अंकुर : मैंने पहले भी इस बात को कहा है कि मेरा रंगमंच सस्ते और महँगे को लेकर नहीं चलता। मैं उसे एक दूसरी तरह की चुनौती मानता हूँ। यदि आपके सामने सौ तरह की चीज़ें, सौ तरह के विकल्प मौजूद हैं तो आप अपनी रचना के लिए उनमें से कितनी चीज़ें चुनेंगे, चुनौती इस बात की है। यदि सौ की सौ चीज़ें आपको लेनी पड़ रही हैं तो इसका अर्थ यह हुआ कि आप अभिनेता को महत्त्व नहीं दे रहे बल्कि जो अन्य निन्यान्वे विकल्प हैं उनमें ज़्यादा फँसे हुए हैं। अगर मेरा अभिनेता उस सौ की लिस्ट में अकेला ही पचास विकल्पों को पूरा करने में समर्थ है तो पचास विकल्प वैसे ही कम हो गए। फिर वह क्या महसूस करता है। इसलिए सस्ते और महँगे का सवाल नहीं है। सवाल यह है कि आप कितने मितव्ययी हो सकते हैं। एक उदाहरण मैं बार-बार देता हूँ यदि आपके पास पैसे नहीं हैं और आप भूखे हैं तो इसमें कोई कला नहीं। पर यदि आपके पास ढेर सारे पैसे हैं तब आप कितने संयम से रह सकते हैं कितने व्रत रख सकते हैं कला उसमें है। जिनको रास आ रहा है वे इस तरह का रंगमंच कर रहे हैं जो बहुत महँगा है। वे दर्शक को प्रभावित करना चाहते हैं, चकाचौंध करना चाहते हैं तो कर रहे हैं। अब एक समय में बहुत सारी चीज़ें साथ-साथ होती

हैं। पर ऐसा मैं नहीं मानता हूँ कि हम जो कर रहे हैं, चूँकि उसमें कुछ नहीं है इसलिए दर्शक उससे प्रभावित नहीं हो रहा है। बल्कि हमारे प्रदर्शन में हमने देखा कि हमें ज़्यादा दर्शक मिल रहे हैं। और ज़्यादा दर्शक लौटकर इधर आ रहे हैं। क्योंकि उनके सारे बने बनाए संस्कार, ढाँचे टूटने लगते हैं और ये उन्हीं की प्रतिक्रियाएँ हैं जो मुझे काम करने के लिए प्रेरित कर रही हैं। मुझे तो ठीक उल्टी स्थिति दिखाई दे रही है।

आशीष त्रिपाठी : आज जो पैरेलल रंगमंच चल रहा है, यथार्थवादी रंगमंच जो हिंदी में ज़्यादा हुआ है और लोक रंगमंच—इन बातों के प्रति, यदि अपने मंचन को छोड़ दें तो क्या रवैया है आपका ?

देवेन्द्र राज अंकुर : मैं खानों में बाँटकर देखने का हिमायती नहीं हूँ। मुझे लगता है कि आप किसी भी तरह का रंगमंच करें वह या तो अच्छा रंगमंच होता है या ख़राब रंगमंच होता है। जहाँ तक लोक रंगमंच की बात है, वह कम-से-कम हिंदी रंगमंच के संदर्भ में एक थोपी हुई कोशिश ज़्यादा थी। क्यों, क्योंकि उत्तर भारत में ऐसी किसी लोकनाट्य शैली को विकसित होने का अवसर ही नहीं मिला। ऐतिहासिक कारण हैं उसके। क्योंकि विभाजन के समय से ही नहीं बल्कि कभी का भी इतिहास उठाकर देख लीजिए, यहाँ के लोग हमेशा भागते रहे, इधर से उधर। तो किसी भी शैली विशेष के लिए जो स्थायित्व चाहिए, जो समय चाहिए, जो सुरक्षा चाहिए वह उत्तर भारत में, जो हिंदी क्षेत्र कहलाते हैं, कभी रही ही नहीं। जो शैलियाँ हैं भी, वह मूलतः गायन की शैलियाँ हैं। चाहे वह नौटंकी हो, रासलीला या फिर रामलीला उनमें नाट्यकला की विशेषताएँ नहीं हैं। जो भी कुछ कोशिशें 70-80 के दशक में हुईं, उसमें लोगों ने मान लिया कि लोक रंगमंच का अर्थ है थोड़ा-सा गीत, थोड़ा-सा मूवमेंट और इसको लोक रंगमंच से जोड़ दिया। जब कि यह बहुत सीमित और भ्रामक दृष्टिकोण है। जबकि लोक रंगमंच का अर्थ होना चाहिए था—सहज रंगमंच, बिना किसी शैली विशेष पर आधारित हुए खुद-ब-खुद ऐसी सहज शैली का विकास हो, उसे आप चाहें तो लोक रंगमंच कह सकते हैं। बजाय इसके कि कोई कहीं की शैली का तत्त्व ले आया, उसको यहाँ-वहाँ लगा दिया, कोई किसी प्रदेश से ले आया। आप देखें, वे सारी कोशिशें आज कहाँ चली गईं ! अब वह लोक रंगमंच कहीं दिखाई नहीं दे रहा है। इतना शोर 80' के दशक में हुआ था लिखने वालों की तरफ़ से और उनसे भी ज़्यादा करने वालों की तरफ़ से। हम लोगों ने तब भी इसका विरोध किया था कि यह एक आयातित कोशिश है। मैं स्वयं के बारे में कहूँ तो मुझे कभी गाँव में रहने का मौका ही नहीं मिला। अब मैं ज़बर्दस्ती अगर अपने आपको वहाँ की किसी भी परंपरा से जोड़ने की कोशिश करूँ तो यह तो निहायत बेवकूफ़ाना हरकत होगी। क्योंकि शहर में ही आप पढ़े, वहीं पैदा हुए, वहीं आपका विकास हुआ। यह नहीं है कि शहर में रहने वाला आदमी परंपरा से बिलकुल कट जाएगा, क्या उसकी अपनी कोई शहर की परंपरा नहीं हो सकती ? अब आज से 50 साल बाद शहर की क्या परंपरा होगी ? टेलीविजन पर आने वाले विज्ञापन अगली पीढ़ी के लिए परंपरा का हिस्सा बन जाएँगे। उनकी धुनें; इससे आप कैसे इनकार करेंगे ?

परंपरा वही तो है जो गाँव में चली आ रही है और आज गाँव में भी कहाँ रह गई ? वह भी ख़त्म हो रही है और होना भी चाहिए। अगर आप विकास की स्थिति को स्वीकार करते हैं तो उसका क्षुद्र स्वरूप क्यों बचाकर रखना चाहिए ? पुरी दुनिया को तो हम चाहते हैं आगे बढ़ जाए पर वे शैलियाँ वैसी की वैसी रहें एक म्यूज़ियम पीस की तरह से। इससे बड़ा सामंतवादी दृष्टिकोण और क्या हो सकता है कि सब वे वैसी की वैसी रहे ताकि हम उनको विदेश भेज सकें और...

आशीष त्रिपाठी : पर ये जो पक्ष हैं लोककलाओं के, आपके जो विचार हैं वे उनके ग़लत किस्म के प्रदर्शनों से जुड़े हुए हैं। जैसे आज भी कई लोक शैलियाँ हैं और बहुत से लोकगीत आज भी हैं क्योंकि आज भी वह ग्रामीण समाज ज़िंदा है।

देवेन्द्र राज अंकुर : तो यही तो मैं कह रहा हूँ कि हम उसके ग़लत पक्षों से ही तो कोई नतीज़ा निकालेंगे। जहाँ वे ज़िंदा हैं वहाँ तो यह प्रश्न ही नहीं उठता है।

आशीष त्रिपाठी : यह सवाल तब तो ठीक है जब शहर का कोई रंगकर्मी गाँव की किसी परंपरा को लेकर काम करता है।

देवेन्द्र राज अंकुर : गाँव के रंगकर्मी और शहर के रंगकर्मी में विभाजन ही क्यों, यहीं तो मेरा सवाल है।

आशीष त्रिपाठी : आपने शहर की परंपरा का ज़िक्र किया। यदि गाँव और शहर का विभाजन करेंगे वहाँ परंपराएँ तो होंगी ही।

देवेन्द्र राज अंकुर : आज गाँव में भी पढ़े-लिखे लोग हैं, उनका इन परंपराओं से क्या ताल्लुक है !

आशीष त्रिपाठी : शायद हम मूल बात से भटक रहे हैं। आप 24 वर्षों से काम कर रहे हैं। हिंदी रंगमंच में कहानी को लेकर कुछ कोशिश दिखाई देने लगी है। जो समकालीन हिंदी रंगमंच है तथा उसमें आपका योगदान अगली पीढ़ी के लिए रेखांकित करने लायक हुआ है ?

देवेन्द्र राज अंकुर : यह अगली पीढ़ी तय करेगी। अगर आप इतिहास पलटकर देखें तो भारतीय रंगमंच के बड़े-से-बड़े निर्देशक यहाँ लौटकर आए हैं। उसको भी बहुत साल हो गए। जैसे 86 में कारंत ने 3 कहानियों को लेकर काम किया था। उसके बाद सत्यदेव दुबे ने 87 में शुरुआत की। युवा रंगकर्मियों में दिनेश खन्ना लगातार कहानियों पर ही काम कर रहे हैं और नए लोग हैं। फिर कहानियों को कहानियों की तरह से चाहे न करें लेकिन स्रोत सामग्री पर अगर गौर करें तो रंजीत कपूर ने नाटकों से ज़्यादा उपन्यासों के मंचन किए हैं—'मुख्यमंत्री' वग़ैरह...

आशीष त्रिपाठी : वे तो नाट्य रूपांतरण ही हैं।

देवेन्द्र राज अंकुर : नाट्य रूपांतरण ही मगर स्रोत के लिए वो बार-बार साहित्य की तरफ़ लौटते हैं। फिर दुबे तो लगातार इसी पर काम कर रहे हैं। फिर अभिनेताओं को भी लग रहा है कि इस दिशा में काम होना चाहिए। यह भी 'उत्साहवर्द्धक है। असर तो पड़ेगा। पर अभी तो काम चल रहा है। पिछले 5 हज़ार साल के रंगमंच का हम

पर क्या असर पड़ा है ? अरे 5 सौ साल का ही क्या पड़ा है। जैसे अभी मैं ही बात कर रहा था कि मुझ पर लोक रंगमंच का कोई प्रभाव नहीं पड़ा क्योंकि मेरा कभी रिश्ता ही नहीं रहा उससे। फिर भी लोग हैं जो इसका दावा करते हैं। उसी वजह से, हम जो नतीज़ा निकालते हैं वे नकारात्मक जो काम हो रहा है उसी से निकालेंगे न। सकारात्मक तो हमेशा चलता रहेगा।

आशीष त्रिपाठी : कहानी मंचन में आशु रचना का क्या मतलब है ?

देवेन्द्र राज अंकुर : आशु रचना यानी कोई पहले से लिखी हुई कहानी नहीं है। यह मालदीव में शुरू हुआ। वहाँ इसे धीरे-धीरे डेवलप करते चले गए क्योंकि उसे उनकी भाषा में करना था। एक नया देश था, नए लोग थे, नई भाषा थी। हालाँकि वे हिंदी समझते थे, हिंदी फ़िल्में देखते थे। और उनका अपना कोई लिटरेचर नहीं है। हमने पहले उनसे कहा कि अपनी लोक कथाएँ लाओ तो उनके पास तो लोककथा जैसी कोई चीज़ ही नहीं है। तब हमने उनसे उनकी समस्याएँ पूछीं। उन्होंने बताया कि कम उम्र में शादी हो जाती है, फिर तलाक हो जाता है, फिर बच्चे कहाँ जाएँ, फिर उनकी एजूकेशन का कोई सिस्टम नहीं है और...ऐसा करते-करते एक कहानी बन गई। फिर जब प्रोडक्शन तैयार हो गया तब हमने सोचा कि अब इसे लिख लिया जाए। स्क्रिप्ट जैसी बना ली जाए। कब वे मालदीव पहुँचे होंगे, उसका पहला ही दृश्य था कि कब दो हज़ार साल पहले नाव पर बैठकर कुछ लोग आए होंगे। तो नाव पर बैठने से उसकी शुरुआत हो गई। तूफान आया, कुछ मर गए, कुछ बच गए फिर सडेनली ज़मीन दिखाई पड़ी तो वे खुशी से चिल्ला पड़े। अभी यही सब कर रहे हैं। ज़्यादा कुछ लिखा नहीं है। तो ज़मीन पर पहुँचने से एकदम कहानी प्रेजेंट में शिफ्ट कर लेती है कि जैसे वह इतिहास पीछे छूट गया। अब आज का शहर है छोटा सा। जहाँ हिंदुस्तान से ज़्यादा सुविधाएँ हैं। वेस्टर्न ढंग का शहर है। लोग व्यस्त हैं, ऑफिस जा रहे हैं। अचानक एक औरत सड़क पर गिरती है। लोग चौंकते हैं कि क्या हो गया। कल्पनाएँ करते हैं। फिर अचानक वह उठकर खड़ी हो जाती है और कहती है कि तुम लोगों ने मेरे बारे में इतना कुछ कैसे सोच लिया। ऐसे कहानी आगे बढ़ती है।

आशीष त्रिपाठी : एक प्रश्न है कहानियों के चयन को लेकर। आपने जो कहानियाँ की हैं—उनमें दो कहानीकार प्रमुख हैं—प्रेमचंद और निर्मल वर्मा। अन्य या तो किए ही नहीं हैं या एक दो कहानियाँ की हैं। जैसे अमरकांत हैं। आज हिंदी क्रिटिसिज्म पूरा मान रहा है कि नई कहानी में शेखर जोशी, हरिशंकर परसाई, रेणु और अमरकांत प्रमुख हैं।

देवेन्द्र राज अंकुर : नहीं, अमरकांत की कई कहानियाँ की हैं। 'मूस' है, 'डिप्टी कलेक्टरी' है। 'मूस' तो मैंने उन्हीं के शहर इलाहाबाद में की थी। फिर 'ज़िंदगी और जोंक' को हमने बार-बार पढ़ा है। फिर पहले से तय नहीं होता। कहानियों का चुनाव मेरे हाथ होता तो दूसरी बात है। पर वह चुनाव भी काफ़ी हद तक अभिनेताओं के साथ चलता है। इसलिए कोई वैसी बात नहीं है। बहुत कुछ छूटा है। अभी तो आप

सिर्फ़ हिंदी की बात कर रहे हैं। फिर अन्य भाषाएँ हैं। विदेशी भाषाओं को तो छुआ तक नहीं गया है। गाहे-बगाहे केवल तीन विदेशी कहानियाँ करने का मौका मिला है। फिर निर्मल की भी तीन ही कहानियाँ हैं। चूँकि पहली उन्हीं की थी इसलिए वह अलग ही दिखाई देती है। बाद में उनकी कहानियाँ बिलकुल नहीं हैं।

आशीष त्रिपाठी : आख़िरी सवाल बातचीत का। अलग-अलग पृष्ठभूमि की कहानियाँ एक साथ मंच पर दिखाई जाती हैं। पहले सूत्रधार होता था। अब वो भी नहीं है। जैसे षष्ठी वल्लभ के साथ अखिलेश की कहानी बिलकुल अलग है। ऐसे में कोई भी कहानी अपना पूरा इंप्रेशन नहीं डाल पाती। आदर्श पाठक उसको कहा जाता है जो कहानी को पढ़े, रुके, फिर सोचे और विचार कर आगे बढ़े। आपको ऐसा नहीं लगता कि ऐसे में प्रेजेंटेशन से दर्शक पर एक मिला-जुला सा प्रभाव पड़ता है, कोई गहरा प्रभाव नहीं पड़ पाता।

देवेन्द्र राज अंकुर : मुझे तो ठीक उल्टा कहना है। जैसे कोलाज की कल्पना है कि अलग-अलग चीज़ों से एक पेंटिंग तैयार की जाए। उसमें आप रस्सी का भी इस्तेमाल करते हैं, रंग भी करते हैं, पत्थर भी लगा सकते हैं। यह भिन्न-भिन्न मूड की कहानियाँ आप एक शाम में देखते हैं। जैसे पत्रिका होती है। जब तक विशेषांक न हो तब तक पत्रिका में हर लेखक की अलग-अलग रचना को पढ़कर आनंद उठा सकते हैं।

आशीष त्रिपाठी : पर वहाँ तो पाठक के पास चुनाव का एक अवसर होता है कि वह कौन सी कहानी पढ़े।

देवेन्द्र राज अंकुर : हाँ, वह तो यहाँ भी है। जैसे हर कहानी के बाद 5 मिनट का अंतराल होता है। बल्कि दर्शकों का अनुभव यह है कि अलग-अलग कहानियों को देखने में उन्हें ज़्यादा विविधता मिल रही है। एक देखी लगा बहुत भारी हो रही है, तो अगली उसका विरोधी स्वर लेकर आ जाती है। थोड़ा उन्मुक्त कर देती है।

मैंने इसमें तीन तरह के प्रयोग किए। एक तो यह कि एक ही किस्म की कहानियाँ। कई लेखक हो सकते हैं। दूसरा यह कि एक ही लेखक की कई कहानियाँ, बिना कोई गैप दिए, इस क्रम में रखा और एक के बाद एक कीं कि वे एक संपूर्ण प्रस्तुति बन गईं जैसे मोहन राकेश की एक साथ चार कहानियाँ कीं।...फिर छात्रों की संख्या, हर छात्र को पूरा मौका मिले तो ये चीज़ें हमारे काम करने के ढंग को तय कर देती हैं। उनके साथ विविध रंगों की कहानियाँ ले जाने में मज़ा आता है। आज ब्रॉडली देखें, तो चाहे अलग-अलग रही हों, कहानियाँ एक सूत्र में बँधी होती हैं।

●●●